호텔·레스토랑
메뉴관리론

김옥란 지음

Hotel & Restaurant
MENU Management

백산출판사

Preface

오늘날의 사회를 말할 때 우리는 '변화가 빠른'이라는 단어를 자주 사용합니다. 하지만 외식산업만큼이나 속도와 변화가 빠른 업종도 없을 듯합니다. 국내외 경제 상황이 계속된 불경기로 침체일로에 있었고, 그와 맞물려 사회전반에 걸쳐 거품제거 현상과 소비자들의 소득 급감으로 인한 미래에 대한 불안감이 우선적으로 영향을 받는 업종이 외식산업입니다. 그만큼 현대사회에서의 외식산업에서의 비중이 날로 커지고 있는 실정입니다. 또한 인터넷의 발달로 더욱 현명한 소비를 하는 소비자들의 메뉴 선택으로 외식산업의 경영자들은 마냥 적자를 거듭할 수 없는 상황이 되었습니다.

지금까지 소비자들은 경기호황일 때의 과소비습관에서 형태를 바꾸고 보다 실용적이고 현명한 소비 형태를 보이고 있습니다. 이러한 사회 배경에 비추어 호텔이나 레스토랑에서도 메뉴에 대해 다시 한 번 소비자의 입장에서 고찰해야 할 때입니다. 사실 메뉴란 레스토랑의 가장 중요한 상품이기 때문에 품질뿐 아니라 가격까지도 고객의 욕구를 충족시켜야 합니다. 또한 레스토랑 경영자에게는 조직을 잘 경영할 수 있게 수익을 올릴 수 있어야 하기 때문에 상당히 어려운 역할입니다.

우리나라의 외식시장은 글로벌화의 바람을 타고 양면적으로 메뉴상품의 세분화와 판매시장의 세분화가 동시에 이뤄지면서 다품종 소량생산의 형태를 보이고 있습니다. 여기에서 가장 중요한 것은 소비자의 라이프스타일 등 트렌드의 변화라고 말할 수 있습니다. 그 어느 때보다도 외식업 종사자들의 지혜를 모아 소비자의 입장을 잘 살피고 고려하여 경영성과를 올려야 할 시점이라 할 수 있습니다.

외식산업에서의 상품이 되는 메뉴의 역할이 더욱 중요하게 여겨지면서, 메뉴관리에 대한 교재를 만들고자 계획하게 되었습니다. 조리에 입문하고 외식조리 관리학을 연구하면서 메뉴 연구를 해왔지만, 막상 계획하여 자료를 모으고 집필해 가면서 많은 한계를 느끼게 됩니다.

이번에 출간하게 될 책은 총 16장으로 구성되었으며, 1부는 메뉴의 학문적 이론과 경영을 다루었고, 2부에서는 실제로 메뉴를 다루어야 하는 실무자에게 필요한 메뉴에 대한 해설과 적용을 구성하였습니다. 실제적으로 현장에서 적용할 수 있는 메뉴관리를 교육하기 위해 심사숙고하여 만들어서 교재로 사용하기 쉬울 것이라 여겨집니다.

사실 많은 세월 외식업의 창업을 도우면서 그동안 메뉴만을 밤낮으로 연구했다고 자부했음에도 불구하고 막상 책을 출간하면서 학문적 이론과 능력의 부족함을 느낍니다. 그러나 나름대로 노력했음을 밝히며 차후에 더욱 많은 수정과 보완을 해 나갈 것을 약속드립니다.

여러 가지 어려움 속에서도 배려해 주신 동기와 선후배들에게 감사의 말씀을 드리며, 본서가 출간되도록 도움을 주신 백산출판사의 진욱상 사장님과 명사동 부장님, 그리고 편집부 여러분께 머리숙여 감사드립니다.

2012년 2월 30일

김옥란

Contents

제1부 메뉴연구

제2부 메뉴해설

제1부

메뉴연구

메뉴의 개념과 중요성

Chapter **01**

Chapter 01 메뉴의 개념과 중요성

1. 메뉴의 역사

고객을 위한 레스토랑(restaurant)이 출현하기 전까지는 메뉴에 대한 인식이 그다지 필요하지 않았을 것이다. 다만 귀족들의 공적 또는 사적인 행사에서 메뉴가 쓰여졌을 것이다. 그들은 부를 과시하기 위해서 초대받은 사람들을 위해 많은 음식을 제공했을 것이란 추측이 있다. 귀족들이나 특권층이 아닌 일반 대중을 위한 레스토랑의 시초는 프랑스의 'Palace-Royal'에 있었던 레스토랑들이라고 기록되어 있다. 이곳에서부터 레스토랑 상품으로서의 메뉴가 시작되었다고 볼 수 있다.

메뉴에 대한 유래와 역사는 여러 가지로 전해 내려오고 있지만 어떤 것이 정설인지는 확실치는 않다. 하지만 여러 가지 설들이 얽혀서 전해지면서 자리매김했을 것이다. 여러 가지 추론 중에 1571년의 어느 특권층의 결혼식에 제공된 음식을 세부분으로 나누어보면 아래와 같은 메뉴구성을 확인할 수 있다.

첫 번째 코스는 오늘날 제공되는 전채요리의 성격으로 구성된 14가지가 제공되었고, 두 번째 코스는 메인으로 구성된 21가지가 제공되었고, 세 번째 코스는 후식으로 구성된 17가지 음식이 제공되었다.

사실 이렇게 많은 음식을 고객에게 제공할 때 과연 메뉴판의 크기는 얼마나 커야 될까? 그때의 상황을 보면 메뉴는 고객보다는 조리하는 사람이나 서브하는 사람을 위한 지침서였을 가능성이 크다고 볼 수 있다. 그러므로 고객에게 음식을 제공하는 서브하는 사람들이 제공될 음식을 순서대로 기록한 리스트는 'Escriteau : 에스크리또'라는 이름으로 불리었으며 일반화된 오늘날의 메뉴의 시작이라고 기록되어 있다.

몇 가지 유래를 살펴보면 다음과 같다.

첫 번째는, 조리사 또는 시중드는 사람들을 위한 지침서 역할을 하기 위해 만들어졌다는 설로, 대중을 위한 레스토랑이 없던 시기에 특권층들은 그 명예와 부를 과시하기 위해 많은 파티를 열었고, 그 파티에는 많은 음식을 제공하면서 시중드는 하인들이 제공순서 때문에 힘들어 하자, 제공음식의 순서를 기록한 리스트를 제공하여 그 리스트를 '에스크리토(escriteau)'라고 불렀던 것이 메뉴의 유래라 한다.

두 번째는, 이탈리아의 메디치가의 딸들로 인해 이탈리아에서 프랑스의 음식문화에 큰 영향을 끼쳐 음식문화가 발달하면서 귀족들이 프랑스음식을 즐기는 파티를 하기 시작했다. 프랑스요리는 가짓수가 많아 본인들이 좋아하는 요리가 나오기도 전에 배가 불러져 정작 좋아하는 음식을 먹기 힘들어지자 제공순서를 기록한 판을 만들어 음식조절을 하게 되었다. 이렇게 음식제공 순서를 기록한 것이 메뉴의 시작이라고 전한다.

세 번째는, 새로 도입된 이탈리아 음식문화가 프랑스음식에 비해 상당히 수준이 높은 음식이어서 그 원재료와 조리법을 기억하는 것이 어려워 그 음식의 원재료와 조리법을 기억하기 위해 메모하기 시작한 것이 메뉴의 시작이라는 것이다.

네 번째는, 프랑스 앙리(Henri) 8세 시절 브랑위그라는 공작이 향연을 베풀면서 요리의 순서와 내용 등을 리스트를 만들어 식탁에 놓고 음식 나오는 순서를 보면서 즐겼는데, 이 메모를 초대된 사람들이 묻자 '요리표'라고 표현했다고 전해진다.

이렇게 해서 특권층의 메뉴는 유래가 되었다고 볼 수 있고, 어쨌든 우리가 알고 있는 오늘날의 메뉴의 탄생은 'Palais-Royal'에 자리 잡은 레스토랑들이 시초라고 보여진다.

18세기 전까지만 해도 여러 가지 목적으로 집을 떠나 여행하는 사람들은 그들이 머무는 숙박시설에서 식사를 해결했다고 한다. 숙박시설에서 준비된 음식을 정해진 시간에 제공받았는데, 이것이 정찬메뉴(타블도트 : table d'hôte)의 시초라고 전한다.

그 외 집이 아닌 다른 곳에서 식사를 해결할 수 있는 방법으로는 요리한 개별음식보다는 고기를 덩어리로 파는 등의 식재료상 정도였다고 한다. 그리고 1765년 블랑제(Boulanger)라는 부이용(수프의 일종)을 파는 사람이 그 부이용의 이름을 레스토랑

(restaurant)이라 칭하고, 출입문에다 "블랑제 데비트 데 레스토랑 디벵(Boulanger devite des restaurants divins) : 블랑제는 신성한 레스토랑을 판다."라고 적어 걸어두었다고 한다.

블랑제는 양의 족을 삶아 흰 소스를 끼얹은 요리를 만들어 고객에게 팔았는데, 트레테르(Traiteur)(고기와 각종 음식을 만들어 파는 가게)를 운영하는 사람들의 조합에 가입하지 않은 사람이기에 어떠한 소스 또는 라고(Ragoûts : 일종의 스튜)도 팔 수 있는 권한이 없었다고 한다. 그래서 그 조합으로부터 고소를 당해 법정에 서게 되었는데, 법정은 양의 족을 흰 소스와 함께 제공하는 것은 라고(Ragoûts)가 아니라는 결정과 함께 블랑제에게 유리한 판결을 내려 블랑제가 승소한 것이다.

그 후 블랑제의 양의 족과 흰 소스는 파리 시민으로부터 선풍적인 인기를 얻어, 많은 사람들이 몰려들었다고 한다. 그 후 메뉴와 레스토랑을 말할 때 블랑제를 이야기한다.

그렇다면 우리들이 사용하고 있는 오늘날의 메뉴의 시초인 얇은 종이 또는 판지의 용도는 '고객을 위한 차림표' 또는 '고객에게 제공할 음식을 만드는 조리사를 위한 지침서' 또는 '만들어진 음식을 고객에게 제공하는 하인들을 위한 지침서'였다고 요약되어진다고 볼 수 있다.

이와 같은 과정을 거쳐서 대중화되는 레스토랑이 생겨남에 따라 고객에게 제공될 음식을 기록한 차림표의 용도로 메뉴가 쓰여지면서 메뉴는 더 예술적이고 고급스럽게 만들어지기 시작하였으며, 메뉴의 의미도 확대되고 발전되어 쓰이게 되었다.

2. 메뉴의 정의

메뉴(Menu)의 어원적 의미는 라틴어 미뉴터스(minutus), 영어의 미뉴트(minute)에서 유래되었고, '상세하게 기록한 것'이라는 의미를 가지고 있다.

일반적으로는 "In a restaurant dr at a formal meal, the menu is the food and drinks that are available", 즉 레스토랑 또는 카페에서 정찬으로 이용 가능

한 음식과 음료라고 말하는데, 이것을 상세히 기록한 것이다.

메뉴는 원래 주방에서 식재료를 조리하는 방법을 기술한 것이다. 메뉴는 오늘날에는 전 세계적으로 통용되는 용어이다. 레스토랑에서는 메뉴를 상품으로 제공하여 고객의 주문에 의해 매출을 올리는 중요한 도구이고 고객한테는 지불한 돈에 대한 가치로서의 상품으로 만족을 주는 매개체라 할 수 있다.

오늘날의 메뉴는 1541년 프랑스 앙리(Henri) 8세 때 브라위그 공작이 개최한 만찬회에서 제공하는 음식의 복잡하고 제공순서의 불편함을 없애기 위해 요리명과 순서를 기록한 리스트를 사용하면서 시작됐다.

19세기에 프랑스 파리에 있는 팰러스로열(Palace Royal)에서 일반적으로 메뉴의 명칭이 사용되기 시작했다. 사전적 의미로는 웹스터(Webster)사전에서 "메뉴는 식사로서 제공되는 음식들에 관해 상세히 기록한 표(a detailed list of the foods served at a meal)"로 설명되어 있다. 옥스퍼드(Oxford)사전에서 "메뉴는 연회나 식사로서 제공되는 음식들에 관해 상세히 기록한 표(a dctailcd list df thc dishcs tl be served at a banquet or meal)"로 정의되어 있다. 한영사전에서는 "메뉴는 차림표 또는 식단"으로 풀이되어 있다.

메뉴는 오늘날에는 메뉴판이나 메뉴 북의 의미로도 사용되는데, 메뉴판은 제공되는 음식상품이나 음료에 대한 내용을 안내하는 목록표로서, 과거에는 단순히 음식 정보만 전달했지만 근래에는 고객의 식욕을 자극해 구매할 수 있도록 마케팅도구로 쓰이게 되면서 그 의미가 확장되고 있다. 그러므로 메뉴가 내부적인 통제도구이면서 판매, 광고, 판매촉진을 포함하는 마케팅 도구(Marketing Tool)로서의 역할도 큰 것을 의미한다. 또한 레스토랑을 운영하는 과정에서 메뉴는 중추적인 역할을 담당하는 관리도구, 통제도구, 그리고 판매도구인 것이다.

메뉴의 정의는 학자에 따라 각자의 주장은 다양하게 나타나지만 결국은 많은 공통점을 가지고 있음을 알 수 있다 이를 〈표 1-1〉에 정리했다.

〈표 1-1〉 학자에 따른 메뉴의 정의

학자	정의
Judy L, Miller(1992), Jack E, Miller(1992), Mahmood A, Khan(1991), Edward A, Kazarian(1989), Jack D, Ninemeier(1986), John W, Stokes(1982), Lendal H, Kotschevar(1975)	메뉴는 식음 운영에 있어서 가장 중추적인 역할을 담당하는 관리도구이며 통제도구이다.
Bernard Davis & Sally Stone(1991), Donard E, Lundberg(1989), Judi Radice(1987), William L, Kahri(1978), Douglas C, Keister(1977)	메뉴는 판매도구이다.
Robert A, Brymer(1987), Anthony M, Rey & Ferdinand Wieland(1985)	메뉴는 가장 중요한 마케팅 도구이다.
Hrayr Berberoglu(1987)	메뉴는 정보의 제공자이다.
Lothar A, Kreck(1984) Leonard F, Fellman(1981)	메뉴는 레스토랑과 고객을 연결하는 대화의 고리이다. 메뉴는 커뮤니케이션의 도구이다.
Albin G, Seaberg(1991), David v, Pavesic(1989), Nancy Scanlon(1990)	메뉴는 레스토랑의 대화, 판매, 그리고 PR도구이며 가장 중요한 내부의 마케팅도구이다.

자료 : 나정기, 1994 : 5.

3. 메뉴의 기능 및 역할

1) 메뉴의 기능

메뉴는 레스토랑이 판매하려고 하는 식음료 품목들을 고객이 잘 이해할 수 있고 구매하고 싶은 욕구를 촉진할 수 있는 능력을 갖춰야 한다. 즉 메뉴란 고객과의 커뮤니케이션에 사용되는 가장 중요한 마케팅 도구이며, 식음료업장의 단골 고객화에 대한 고객의 잠재적 욕구에 큰 영향을 주고 있어, 식음료경영에 주요한 부분을 차지한다.

메뉴로써 소개되는 제품 및 서비스는 고객의 메뉴선택에 많은 영향을 주며, 식음료업의 경영방법과 서비스형태를 결정하게 된다. 대부분의 고객들은 레스토랑 직원들과 대화를 하기 전에 그들이 건넨 메뉴와 대화를 먼저 하게 된다. 그러므로 메뉴는 고객과의 대화로써 메뉴 아이템을 선택하도록 유도한다.

메뉴를 계획하는 사람은 성공적인 커뮤니케이션을 위해 레스토랑의 전체적인 개념에 근거하여 실제 얻은 정보와 과거의 경험을 바탕으로 고객에게 전달할 메시지를 결정해야 한다. 즉 고객에게 제공할 음식의 콘셉트를 정하고, 메뉴 아이템을 정하고 또한 메뉴가격전략을 세워야 한다.

이러한 여러 가지 메뉴의 기능을 정리하면 다음과 같다.

<u>메뉴의 기능</u>

① 메뉴는 판매도구이다.
② 메뉴는 식당의 얼굴이며 상징이다.
③ 메뉴는 경영자와 고객을 연결해 주는 커뮤니케이션 수단이다.
④ 메뉴는 식당의 분위기를 말해준다.
⑤ 메뉴는 구매해야 할 식재료를 지시한다.
⑥ 메뉴에 따라 구입해야 할 주방기기가 결정된다.
⑦ 메뉴는 주방 및 업장의 디자인과 설계에 영향을 준다.
⑧ 메뉴는 원가통제절차를 결정한다.
⑨ 메뉴는 생신에 필요한 상황을 지시한다.
⑩ 메뉴는 서빙방법을 지시한다.

2) 메뉴의 역할

레스토랑은 메뉴에 의해 평가된다고 말할 수 있다. 메뉴는 레스토랑에서 판매되는 상품에 대한 자세한 설명과 가치 증진의 효율을 위한 마케팅 도구로써, 고객의 물리적, 정신적 만족을 증대시키기 위한 가치의 척도를 의미한다.

메뉴는 내용에 따라 식재료의 구매, 저장, 재고관리, 음식의 조리, 서비스형태 등의 관리활동 내용을 결정한다. 그러므로 메뉴의 역할은 관리(Control)와 마케팅의 관점, 관리자와 고객의 입장에서 관리와 통제자의 역할을 하고 이 두 역할이 통합되는 하나의 시스템을 관리하고 통제하는 역할을 한다.

"성공적인 식음관리는 식음부분의 운영에 직 · 간접적으로 관련이 있는 모든 영역을 종합적인 관리시스템"으로 만들어 관리하는 것을 말한다. 실제로 메뉴는 식재료의 구매, 저장, 식음료관리, 주방 및 홀의 시설관리, 그리고 기자재의 배치 등, 레스토랑의 관리는 메뉴로 시작해서 메뉴로 끝난다고 해도 틀린 말이 아니다. 그러므로 이러한 관리가 메뉴의 특성에 따라 적절하게 시행되어야 하며 그러한 메뉴에 의해 레스토랑의 성공이 좌우된다고 볼 수 있다.

① 메뉴는 고객에게 제공되는 판매도구이며 가치이다.

메뉴는 고객이 제공받는 최초의 커뮤니케이션 도구로서 판매되는 유형물이다. 메뉴를 통해 이미지, 지불한 가격에 대한 보상물, 즉 예상되는 품질 및 서비스는 음식이라는 상품을 구매하는 고객에게 기대하는 가치가 된다. 실제로 식음료 상품은 상품을 보고 결정해 구매하는 것이 아니고 메뉴를 통해 주문하고 음식상품을 제공받는 것이기 때문에 기대하는 가치를 주문하는 것이다.

② 메뉴는 레스토랑의 마케팅 도구이다.

레스토랑경영에서 중요한 것은 마케팅이다. 마케팅은 레스토랑 구성원, 즉 종업원과 경영진 모두의 욕구충족과 목표달성을 위해 이윤추구를 해야 하는데 제품, 서비스, 아이디어를 개발하고, 가격결정과 판매촉진과 유통을 하는데 관련된 모든 활동을 하는 과정을 말한다. 따라서 레스토랑 경영의 모든 활동은 메뉴계획에서부터 시작한다고 할 수 있으며, 메뉴는 상품으로서 중요한 역할을 담당하고 고객에게 환영받는 품질과 가격, 가치를 주며 관리자에게는 레스토랑의 콘셉트, 시설, 설비를 통제하고 관리하는 역할을 하게 된다. 그러므로 메뉴는 무언의 세일즈맨으로서 판매를 촉진시키는 마케팅도구로서 역할을 담당한다.

③ 메뉴는 요리연구와 메뉴개발의 자료가 된다.

레스토랑을 경영하다보면 고객들의 메뉴선호를 알 수 있게 된다. 잘 팔리는 메뉴와 그렇지 않는 요리를 분석함으로써 고객이 좋아하는 메뉴를 연구하고 개발하여 레스토랑의 매출을 증대시킬 수 있다.

3) 메뉴의 특성 및 중요성

(1) 식음료상품의 특성

① 빠른 부패성으로 장기보존이 불가능하다.

음식상품은 주문받은 후에 주방에서 조리를 하여 즉시 제공해야 하는 시간적인 제약을 가지기 때문에 식재료의 품질관리나 위생관리가 절대적으로 필요하다. 또한 조리 후 짧은 시간 내에 부패가 진행돼서 상품성을 잃게 된다.

② 제공되는 장소적인 제약을 받는다.

일반적으로 레스토랑은 고객이 직접 업장을 찾아와서 주문하여 요리를 제공받기 때문에 장소적인 제약을 받는다.

③ 제공되는 시간적인 제약을 받는다.

레스토랑은 정해진 식사시간이 있기 때문에 고객이 밀리는 시간을 어떻게 효과적으로 식사제공을 하느냐가 매출증대가 결정된다. 어떤 메뉴를 어떻게 서브하고 준비하느냐에 따라 한정된 장소에서 제한된 시간에 최고의 효율성을 기대할 수 있다.

④ 레스토랑의 시설과 분위기에 영향을 받는다.

레스토랑에서 주방의 설비는 요즘처럼 인건비가 높은 시대에 인력을 대신해 줄 최고의 대체재라 할 수 있다. 지능화된 주방설비는 인건비를 절감해준다. 현대인들은 음식의 맛도 중요시하지만 그에 못지않게 인테리어 등의 분위기에도 민감하기 때문에 실내 인테리어 설비 투자도 중요해졌다.

(2) 식음료 상품생산의 특성

① 생산과 판매가 동시에 이루어진다.

일반적인 상품제조와 달리 외식업의 상품인 메뉴는 현장에서 생산과 판매가 동시에 이루어진다. 레스토랑을 방문한 고객에 의해 주문이 이뤄지고 메뉴상품이 만들어지고, 그 레스토랑에서 판매와 소비가 이루어지는 특성을 가지고 있다.

이 메뉴상품은 일정한 시간이 지나면 맛과 품질이 떨어지고 상품가치를 떨어뜨리는 원인이 되므로 순간의 제공시간이 중요한 요소이다.

② 주문에 의해 생산이 이루어진다.

보통의 제조 상품처럼 일정한 규격으로 많은 양을 생산할 수가 없다. 외식업의 메뉴상품은 레스토랑의 현장에서 고객의 주문에 의하여 요리가 생산되고 그 즉시 판매되는 특성이 있다.

③ 수요예측이 불확실하다.

내점한 고객의 주문에 의한 생산이므로 수요예측이 불확실하다. 주문량을 예측해 식재료를 준비한다해도 계절, 날씨, 요일, 고객층별로 다양한 변수가 작용해서 식사수요가 변동될 가능성이 매우 높다. 수요예측으로 인한 식자재 구입과 생산이 불가능하다.

④ 메뉴의 다양성과 소량생산이 이뤄진다.

내점고객의 다양한 선택을 위해 메뉴의 종류가 많을수록 소량생산이 이루어지고 소량생산에 의한 식재료재고도 그만큼 많아진다. 그러나 일부 레스토랑은 메뉴수를 한정할 수 있는 전문점일 경우 대량생산도 가능하기도 하지만 한계가 있다. 대부분의 레스토랑들은 다양한 고객의 선호도를 맞추기 위해 메뉴를 다양하게 갖춘 곳이 많다.

⑤ 노동집약적인 특성이 있다.

음식상품은 다른 제조품에 비해 기계를 사용하는 부분이 일부이고 대부분이 사람 손에 의해 만들어지므로 생산과 판매가 인적자원에 의한 의존도가 높은 편이다. 따라서 인건비가 차지하는 비중이 높아 노동집약적인 특성이 있다.

(3) 메뉴의 중요성

메뉴의 중요성을 주장한 레빈슨(Charles Levinson)은 경영자가 메뉴계획을 비교적 중요하지 않은 것으로 여겨 왔으나, 사실은 메뉴는 레스토랑의 중요한 경영도구라고 강조하고 있다.

메뉴는 고객의 육체적·정신적 만족을 주기 위하여 제공되는 음식품목과 형태를 체계적으로 짜놓은 차림표를 말한다. 제공되는 음식을 상세하게 설명한 표인 메뉴는 식재료를 사용하여 음식을 제조 및 생산하기 위한 모든 시설과 인력을 포함하여 모든 행위를 일컫는 것 이상으로 의미를 가지고 있다.

일반적으로 책은 외형에 의하여 평가되지 않고 내용에 의해 평가된다고 한다. 그러므로 책은 겉표지보다는 내용에 충실하면 된다. 그러나 레스토랑은 메뉴에 의하여 한 번도 가보지 않은 레스토랑의 전체적인 개념(concept)을 파악할 수 있다고 한다. 그러므로 메뉴는 레스토랑에서 가장 중요한 유형의 상품이기 때문에 고객이 무엇을 어떻게 원하는가를 찾아서 구매 욕구를 충족시켜주는 레스토랑의 강력한 판매 촉진도구라고 할 수 있다.

따라서 메뉴는 다음과 같은 점들에 중점을 두고 만들어지는 것이므로, 일반 제조업의 상품화 도구와는 다른 특징을 가지고 있다.

① 메뉴는 성공적으로 계획되어야 한다.

메뉴의 성공적인 계획이란, 제공될 여러 종류의 음식을 판매하기 전에 어떤 고객에게 어떤 재료를 가지고 어떻게 조리하여 어떤 가격으로 어떻게 판매할 것인가를, 사전에 종합적으로 검토하여 작성하는 작업을 말하는 것이다.

② 식재료의 충분한 공급시장이 확보돼야 한다.

식재료를 필요할 때 제대로 구입하지 못한다면 아무리 좋은 메뉴일지라도 쓸모없는 메뉴가 된다. 식재료의 계절적인 출하 상황이라든가 재배 작황 또는 산지의 가격형성 등 시기를 놓치지 않고 연중 내내 쓸 수 있는 물량을 확보할 수 있어야 한다.

그렇게 함으로써 어떤 상황에서도 메뉴가 제공될 수 있어야 한다. 계절별로 미각을 살릴 수 있고, 식재료의 출하 가능여부를 고려하며, 재고도 감안할 수 있는 메뉴를 작성할 수 있어야 한다.

재고가 충분치 않는 품목은 구입소요기간이 고려되어야 하며 재고처분을 위한 특별메뉴와 이벤트도 계획되어야 한다.

③ 고객을 위한 메뉴이어야 한다.

레스토랑 판매상품인 메뉴는 철저하게 시장조사가 이루어져 고객을 위한 메뉴이어야 한다. 메뉴계획자는 본인의 욕구와 기능을 발휘할 수 있는 메뉴개발보다는 가능하면 소비자인 고객의 입장을 고려할 수 있어야 한다.

레스토랑의 규모가 크면 클수록 메뉴는 고객에게 초점을 맞추어져야 한다. 고객의 수요 욕구를 알아내기 위해 모든 방법을 동원해야 하며, 고객의 메뉴 만족도에 관한 계속적인 평가뿐만 아니라, 메뉴트렌드에 대한 연구도 계속되어야 한다.

Chapter **02**

메뉴의 분류

Chapter 02 메뉴의 분류

1. 메뉴의 내용에 따른 분류

1) 정식 메뉴(Table d'hote Menu : Full Course)

정식 메뉴란 'Table of host'를 뜻하는 것으로 오늘날의 호텔이나 여러 숙박기능을 하는 시설에서 고객을 위해서 정해진 가격에 투숙한 고객에게 같은 음식을 제공하면서 유래된 메뉴형식이다. 테이블 도트(table d'hote, full course menu)는 정식요리 또는 코스 요리로 제공되는 메뉴를 말하며, 아침, 점심, 저녁 등 식사시간에 따라 각각 정해진 메뉴로 구성되어 있다.

메뉴의 구성에는 전채, 수프, 생선, 주요리, 샐러드, 후식, 차 등의 순서로 되어 있다. 정식메뉴는 풀코스로 제공되는데 중세시대에는 길고 복잡한 코스로 구성되었으나 현대에 이르러 비슷한 요리를 생략하거나 통합하여 3코스, 5코스, 7코스, 9코스 등으로 구성되어지며 대체적으로 7코스의 메뉴가 가장 많고 구성 내용은 다음 〈표 2-1〉과 같다.

〈표 2-1〉 정식메뉴의 코스 구성

코스	구성내용
3course	appetizer → main dish → dessert
5course	appetizer →soup → main dish → dessert → beverage
7course	appetizer → soup → fish → main dish → salad → dessert → beverage
9course	appetizer → soup → fish → sherbet → main dish → salad → dessert → beverage

연회(Banquet)에서 제공되는 일반적인 정식메뉴는 다음과 같다.

① 찬 전채(Cold Appetizer–Hors d'oeuvre froid)
② 수프(Soup–Potage)
③ 더운 전채(Hot Appetizer–Hors d'oeuvre chaud)
④ 생선(Fish–Poisson)
⑤ 주요리(Main dish–Releve)
⑥ 더운 앙뜨레(Hot Entree–Entree chuad)
⑦ 찬 앙뜨레(Cold Entree–Entree froide)
⑧ 가금류 요리(Roast–Roti)
⑨ 더운 채소요리(Warm Vegetable–Legume)
⑩ 찬 채소(Salad–Salade)
⑪ 더운 후식(Warm Dessert–Entremets de Douceur chaude)
⑫ 찬 후식(Cold Dessert–Entremets de Douceur froide)
⑬ 생과일 및 조림과일(Fresh or Stewed Fruit–Fruit ou Compote)
⑭ 치즈(Cheese–Fromage)
⑮ 식후 음료(Beverage–Boisson)

이와 같은 순서에서 근래에는 간편화되어 ⑤, ⑥, ⑦, ⑧의 네 가지 코스를 따로 분리하지 않고 주요리로 명시하게 되었다. 위에 제시하고 있는 제공순서와 제공되는 아이템은 편의상 짜놓은 순서에 불과하며 그대로 활용되는 경우는 많지 않다. 실제로는 디저트 다음에 제공되는 음료를 따로 코스로 포함하지 않고 디저트부분에 포함하기도 하며, 생선코스 다음에는 메뉴구성상 셔벗이 제공되는 것이 상식처럼 되어 있어 코스에는 포함되지 않기도 한다.

후식 전에 치즈가 서빙되는 것이 전통적인 프랑스 레스토랑의 메뉴 순서이다. 또한, 5코스 이상이면 샐러드가, 7코스 이상의 정식메뉴일 경우 치즈가 제공되는 빈도가 높음을 확인할 수 있다. 메뉴의 경량화추세로 생선코스 대신 소량의 파스타가 제공되기도 하고, 5코스 이상일 경우 수프는 맑은 수프를 제공하거나 삭제되기도 한다. 〈그림 2-1〉에서 정식요리코스 디너메뉴의 예를 살펴보자.

정식메뉴의 특징은 다음과 같다.

정식메뉴의 특징

- 고객의 메뉴선택이 용이하다.
- 가격이 각 품목별로 선택할 때보다 저렴하다.
- 신속하고 능률적인 서빙을 할 수 있다.
- 조리과정이 일정하여 인력이 절감된다.
- 객단가가 높아 매출액이 높다.
- 제공되는 요리품목의 메뉴규성이 한정되어 있다.
- 고객의 기호와는 달리 메뉴의 선택의 폭이 좁다.
- 메뉴작성이 쉽다.
- 메뉴가 정해져 있어 신속한 서비스가 쉽다.
- 가격이 고가이다.
- 고객의 선택이 용이하다.
- 원가가 낮아진다.
- 매출액이 높다.
- 가격이 고정되어 회계가 쉽다.
- 신속하고 능률적으로 서브할 수 있다.
- 조리과정이 일정하여 인력을 절감할 수 있다.

2) 일품요리 메뉴(A La Carte Menu)

알라 카르트 메뉴(a la carte menu)는 일품요리를 말하는데, 이는 고객의 기호에 따라 한 품목씩 자유롭게 선택하여 먹을 수 있는 메뉴이다.

일품요리 메뉴는 레스토랑에서 판매되는 주된 차림표로서 그 구성은 전통적인 정식식사의 순서에 따라 몇 가지씩 요리품목을 명시한 것으로, 현재 프랜차이즈 레스토랑에서 사용하는 메뉴는 거의 다 일품요리 메뉴이다.

이와 같은 일품요리 메뉴는 한 번 작성하면 장기간 사용할 수 있는 메뉴이기 때문에 요리준비나 재료구입, 그리고 조리업무에 있어서 효율적이라 할 수 있다.

그러나 때로는 원가상승으로 인하여 이익이 줄어들 수도 있고 단골고객에게는 신선한 매력과 맛을 잃게 되어 고객이 줄어 들 수도 있다. 따라서 알라 카르트 메뉴는 고객의 호응도를 감안하여 새로운 메뉴계획을 꾸준히 시도해야만 한다.

〈그림 2-1〉 정식요리코스 디너메뉴의 예

FULL COURSE DINNER
25,000원
(one choice from each category)

APPETIZERS

Fruit Cup with Port Wine Consomme Profiteroles
Prosciutto Ham with Seasonal Fruits Soup of the Day
Homemade Seafood Bisquet

SALADS

Spanish Salad Tossed Green Salad with Sesame Seed House Dressing

ENTREES

Supreme of Chiken
With Wild Mushroom Sauce
Prim Rib of Beef
Yorkshire Pudding, Creamed Horseradish

Charbroiled Filet Mignon
Sauce Bearnaise

Fresh Fish of the Day

Grilled Veal Medallion
With Sage Butter Sauce
Dover Sole Meuniere
Sauteed with Lemon Butter
Included with Your Entree
Fresh Vegetables of the Day

DESSERS

Fresh Homemade Ice Cream Caramel Custard
Selections of the Day

고객의 주문에 의해 조리하는 일품요리는 일반적으로 호텔의 그릴 또는 전문 레스토랑에서 제공하고 있다. 고객은 일품요리의 메뉴에 따라 자기의 선호음식을 주문하게 되며, 이 때 식당 측에서는 고객에게 폭넓은 서비스로 욕구를 충족시켜 주고, 또한 판매 촉진을 위해 전문화된 서비스를 제공하고 있다. 또한 일품요리는 각 품목마다 가격이 정해져 있어 식사가 제공된 후 합산해 지불하게 되므로 가격이 비싸게 돼서 판매 능력에 따라 매출을 올릴 수 있는 이점이 있다.

일품요리의 특징은 다음과 같다.

<u>일품요리의 특징</u>

- 가격이 정식 메뉴보다 비교적 비싼 편이다.
- 고객의 기호에 따라 다양한 메뉴를 선택할 수 있다.
- 각각의 요리품목들이 개별적으로 제공된다.
- 제공되는 요리품목의 메뉴구성이 다양하다.
- 메뉴의 종류가 많아 식자재의 관리가 어렵다.

3) 연회 메뉴(Banquet Menu)

연회 메뉴(banquet menu)는 연회의 목적에 따라 차이가 있을 수 있다. 연회예약을 접수할 때 행사의 내용이나 주최하는 고객의 요구에 따라 메뉴는 달라진다. 정식 메뉴나 일품요리의 좋은 점만을 선택하여 주문하는 고객이 대다수이다. 보통 연회를 하기 전에 요리의 가격과 질에 따라 고객과 상의하여 고객이 원하는 요리의 품목을 결정한 후 메뉴를 구성한 후 제공하기 때문이다.

현대사회에서는 많은 사람들이 맞벌이를 함으로써 가정에서의 모임준비가 번거로워 외부 레스토랑에서 모임을 선호하게 되었다. 그래서 연회의 목적이 다양해질 수밖에 없는 상황이다. 또한 레스토랑은 연회 메뉴가 예약에 의해 이뤄지므로 식재료의 낭비도 없고 대량 조리로 인해 원가도 낮출 수 있어 수익성면에서도 상당히 효율적이다.

4) 특선 메뉴(Special Menu)

특선 메뉴(speciality menu)란 특정 고객 또는 레스토랑의 차별화된 운영을 위한 메뉴이다. 따라서 특별한 날을 기념하기 위하여 만든 메뉴이거나 식재료의 성수기에 계절메뉴로 만들어 판촉하는 특별한 메뉴가 된다.

이와 같이 스페셜 메뉴에는 축제메뉴, 이벤트메뉴, 계절특선메뉴, 주방장의 특별한 조리 노하우로 만드는 주방장 특별메뉴가 되는 게 보통이다. 또한 레스토랑이 전략적으로 재고정리를 위한 특별하게 판촉메뉴를 만들기도 한다.

특선 메뉴의 장점

- 매일매일 준비된 상품으로 신속한 서비스를 할 수 있다.
- 재료의 재고품 판매를 꾀할 수 있다.
- 고객의 선택을 흥미롭게 할 수 있다.
- 매출액을 증진시킬 수 있다.

〈그림 2-2〉 알라 카르트 메뉴

APPETIZERS

Grilied seafood sausages whith crayfish sauce
Chicken fillets wrapped in filo pastry, baked with peach sauce
Tasmanian oysters with Chabish mousseline

SOUPS

Vegetable consomme flaveoured with fresh coriander
Chilled cherry and red wine
Cream of spinach and walnur

COLD ENTREES

A Terrine of Tasmanian salmon with brluga sauce
New Zealand smoked scallops with ginger, lime and honey sauce
Avodcado and turkey roulade on fresh lillipillies

HOT ENTREES

Goose liver baked in brioche served on rose sauce
Crab and lemon grass souffle
Fresh hot asparagus with buttered chanterelles
Fritters of calves brains on a chiffonnade of sorrel with a hot herb dipping sauce

MAIN COURSES

Pan-fried medallions of veal with leek duxelle on bed of poppy seed noodles in sherry butter sauce
Broiled duckling breast pressed in Cajun spices, silced and served on olive sauce
Poached coral trout steaks with sauce beurre blanc
Char-grilled slivers of venison wrapped in thin crepes, served with red wine and plum sauce
Vegetable struedl accompanied with beancurd cheese and green peppercorn sauce
Roast loin of lamb filled with herbs, served with glazed carrots and zucchini timbale

All dishes accompanied with a bouquet of fresh spring vegetables

DESSERTS

Pastry tulip with assorted fresh fruits served on warm English sauce
Apple tarte tatin served with homemade vanilla icecream
Pavlova roll in wattle seed croquant
Chocolate pare with nougat sauce
Banana and amaretto souffle

〈그림 2-3〉 연회 메뉴(Banquet Menu)의 예

✲

Morro Bay Shrimp Cocktail California Fruits au Kirsh
Freshly Squeeaed Orange Juice Chilled Tomato Juice

✲

Lobster Bisquet Chicken a la Reine
Consomme Madrilene

✲

Poached Filet of Pacific Sole Marguery

✲

Roast Capon with Chestnut Dressing
Broiled Nevada Lamb Chops, Mint Sauce
Roast Sirloin of Beef au Jus
Baked Virginia Ham, Champagne Sauce
Early June peas au Beurre Duchess Potatoes

✲

Limestone Rolls and Butter

✲

Cafe Noir

1인당 55,000원

5) 뷔페 메뉴(Banquet Menu)

뷔페 메뉴는 사전에 고객이 주문한 음식을 준비하여 제공하는 것이 아니라, 다수의 음식을 만들어 제공함으로써 고객이 선호하는 음식을 선택하여 먹을 수 있도록 한 것이다.

뷔페 메뉴의 구성에 있어서는 특정국가나 지역음식만으로 구성된 메뉴, 각국이나 각 지역의 음식을 제공하는 메뉴, 샐러드 바에서 제공하는 것과 같이 특정음식만을 제공하는 메뉴, 조식뷔페와 같이 특정시간에 먹는 음식들로 구성된 메뉴, 브런치 음식과 같이 조식과 중식 사이에 먹는 음식들로 구성된 메뉴가 있다. 그리고 오픈뷔페일 때는 각 요리의 명세 및 가격을 표시하지만, 뷔페연회의 경우일 때는 정식 연회와 마찬가지로 차림표를 작성하되, 주 요리(main dish)만은 몇 가지를 정확하게 기록하여 선택할 수 있도록 하며, 제공되는 포도주의 이름도 반드시 표시하여야 한다.

〈그림 2 4〉 뷔페 메뉴

Home-maed pates and terrines
Rock oysters
Buluga and Molosol caviar with blinis
Venison ragout with wood mushrooms
Vegetable tortellini pasta in light mustard sauce

Warm Dutch-style potato salad
Tossed green salad
Waterchestnut and spinach salad
Tomato salad with light pesto sauce

Whole smoked Tasmanian trout with herb mascarpone
Roast turkey breast stuffed with macadamia nuts
Pastrami-style buffalo fillet with mango chutney sauce

Maple syrup glazed leg of ham
Barramundi wrapped in spinach and brioche dough
Sirloin of beef baked in salt dough with bearnaise sauce
Saddle of venison on the bone with chestnut jelly
Piccata of veal with lemon and Marsala wine sauce
Fresh cheese and bean shoot strudel with green peppercorn sauce

Exotic tropical fruits glazed with caramel, served with Champagne sabayon
White chocolate marquise on a coffee bean sauce
Gippsland brie, New Zealand chive cheddar, Bleu de Montagne,
Parmigiano-regiano

6) 스낵(Snack)

경식 메뉴(light menu)는 가벼운 음식 종류로서 단식하는 사람들이나 비만증인 고객을 위해서 구성되는 메뉴로서 생선, 달걀, 우유, 치즈, 과일주스 등을 주제로 하며, 일반적으로 육류, 가금류를 제한시키기도 한다.

스낵메뉴의 음식수는 거의 한정적이다. 햄버거, 각종 샌드위치류, 가벼운 간식거리, 그리고 팬케이크를 포함한 조식메뉴(breakfast menu)의 음식들처럼 조리법이 대체로 간단한 것들이다. 이러한 메뉴들은 숏오더(short-order) 메뉴에 속하지만, 주문받은 후에 만들어지기 때문에 패스트푸드는 아니다. 이러한 메뉴의 가격은 중저가이어야 할 필요가 있다. 스낵메뉴의 주 고객은 젊은 층으로서 이런 고객들은 다른 여가활동에 많은 돈을 소비하고 식사에는 알뜰한 소비를 해야 하기 때문에 낮은 가격의 스낵을 주로 선택한다.

아메리칸 스타일로 음식이 제공되므로 빠른 서비스와 빠른 좌석 회전율로 매출효과를 기대한다. 물론, 레스토랑 인테리어도 중요하지만 고객들은 분위기를 중요하게 여기지 않고, 테이블웨어도 그다지 비싸지 않은 경제적인 것을 선택하고 현대적인 감각을 돋보이게 장식하고 내구성이 강한 기자재를 선택해야 한다.

주방은 그릴과 튀김장비와 조리지역 근처에 충분한 냉장 공간이 필요한 숏오더 유형이어야 한다. 웨이추레스가 오더받기 쉽고 불필요하고 복잡한 단계를 최소화하여 능률적인 오픈 주방형태가 가장 좋은 배치가 될 것이다. 좌석 회전율이 빠를수록 식기세척시설이 충분하고 내구성이 좋아야 한다. 또한 특별한 조리기술이 필요하지 않기 때문에 인력부분에서도 상당한 절감효과가 있을 것이고, 주방인원도 최소화할 수 있다. 식재료 수급부분에서도 유통업체와의 긴밀한 유착으로 단순물품과 대량구입이 가능해서 원가절감효과를 볼 수 있을 것으로 기대한다.

일반적으로 찬 스낵류, 더운 스낵류, 그리고 샐러드와 샌드위치류가 포함되나, 햄버거류, 샌드위치류, 블랙타임메뉴, 특별메뉴, 디저트류, 샐러드류, 그리고 음료가 포함되기도 한다.

〈그림 2-5〉 스낵메뉴(Snack Menu)

HAMBURGERS

SELECT BURGER 1.40
A big 1/4 lb.patty, cheese, chopped lettuce, and secret sauce. All with french fries

TIFFIN BURGER 1.25
1/4 lb. - lettuce, tomato, french fries

PATTY MELT 1.05
1/4 lb. patty, cheddar cheese. Tiffin sauce on grilled rye bread

SUPER BURGER 1.85
1/2 lb. patty on rye, lettuce, raw onion slice, and french fries

SNADWICHES

PASTRAMI 1.55
Thinly sliced on rye with lettuce, tomato, pickle, and potato salad

CORNED BEEF 1.45
Served on rye, lettuce, tomato, etc.

BOTH PLUS 1.85
Pastrami, Corned Beef, Swiss cheese, 1000 island dressing, plus potato salad, best combo around

MONTE CRISTO 1.45
Ham and cheese on white bread, egg dipped and grilled golden. French fries come with

TIFFIN CLUB 1.75
A three decker beauty, Turkey, Bacon Strips, tomato and lettuce

COLD BEEF 1.60
On you name it bread with lettuce, tomato, pickle and cole slaw

REUBEN 1.70
Direct from New York, Corn Beef, Sourkraut, Swiss cheese, 1000 island dressing all stuffed on rye, Potato salad

STEAK SANDWICH ... 1.70
Sirloin steak on a bun. Lettuce, tomato, and French fries

LOX AND BAGELS ... 1.85
A deli delight, Nova Scotia salmon, and cream cheese on toasted bagels.

WHAT'S LEFT?
Bacon, Lettuce, Tomato ... 1.10
Grilled cheese .... .85
Cold Turkey 1.15

DESSERTS

Deep Dish Apple Pie .... .50
Splashed with Honey Rum Sauce

Sundaes .... .60
Hot Fudge, Strawberry, Pineapple, etc.

Cream Pie .... .50
Ask your waitress, se knows!

Cheese Cake, as is .... .55

Cheese cake, as with strawberries .... .70

French Pastry-Tffin-made .... .60

Black Bottom Pie .... .45
Banana Split .... .95

Strawberry Shortcake .... .75
Shortcake biscuit, vanilla ice cream, and strawberries, delicious!!

BREAKFAST TIME

ORANGE JUICE.35TOMATO JUICE .... .30

BUTTERMILK PANCAKES
Like Grandma's with a gob of whipped butter

Blueberry Pancakes 1.00 Strawberry Pancake 1.10
Smothered with appropriate fruit naturally

Two Eggs any Style with Ham, Bacon, or Sausage and Buttered Toast 1.70

FEATURED

TOP SIRLOIN CLUB STEAK
Thick, juicy and cooked as you wish. Colorado's finest beef, served with French fries

SIZZLING CHOPPED STEAK
A large portion of our fresh ground beef. Cooked as you like with French fries and onion ring garnish

FRENCH FRIED GULF SHRIMP
Golden brown goodies. French fries and our tangy shrimp sauce

CHEESE BLINTZES
Served with sour cream and strawberries or blueberries

CHILI SIZE. 1.35
CHILI, ZESTY .... .75
Chilli topped with a beef Just a steaming bowl of patty over a toasted bun our own chili

CRISP AND COOL

CHEF'S SALAD BOWL 1.85
Julienne of ham, turkey, and Swiss Cheese. Tomato wedges and hard boiled eggs on tossed garden greens

PLAIN OLD TOSSED

BEVERAGES

Coffee, Tea, Milk .... .25

Now the good ones!

Maltsand Shakes .... .60

Soft Drinks(small) .... .20
Large .... .30

Hot Chocolate .... .25

Double Dip Soda .... .60

〈그림 2-6〉 레이트 스낵메뉴(Late Snacks)

구분	Regular(원)	Large(원)
Fresh Vegetable Sticks (야채스틱)	27,000	45,000
Fresh Fruit Platter (신선한 과일)	29,000	48,000
Assorted Korean Dry Sancks (마른안주)	28,000	40,000
Smoked salmon (훈제연어)	29,000	48,000
Ham & Cheese Selection (햄과 모듬치즈)	29,000	48,000
Marinated Prawns and Sea Scallops (왕새우와 가리비 안주)	30,000	50,000
Sliced Fresh Ginseng and Chestnuts with Honey (꿀을 곁들인 신선한 인삼과 밤)	32,000	52,000

찬 스낵류(Cold Snacks)(1)

구분	Regular(원)	Large(원)
Mininature Spicy Sausage Rolled with Bacon (베이컨으로 감싼 미니소시지)	29,000	46,000
Sauteed seafood and Vegetables-Lobster, Prawns, Scallops and Squid with Chili Sauce (해산물과 야채볶음-바다가재, 왕새우, 가리비, 오징어)	40,000	60,000
Traditional Cubes of Beef Tenderloin (소고기안심 찹스테이크)	34,000	56,000
Baked, Nachos with Chili Carne, Pimentos, Coriander and Melted Chedda Cheese (멕스코풍의 나쵸)	31,000	41,000
A Choice of Steak-Sirloin, Tenderloin of Ribeye (소고기안심, 등심 또는 립아이스테이크)	29,000	
Barbecued Chicken Wings with Peanut-Lime Sauce (닭날개 바비큐)	31,000	41,000

더운 스낵류(Hot Snacks)(2)

구분	Regular(원)	Large(원)
Traditional Hamburger with Cheese or Fried Egg (햄버거-치즈버거, 에그버거)	17,000	
Triple Decker Club Sandwich (삼단클럽 샌드위치)	17,000	
Grilled Sirloin Steak Sandwich (등심스테이크 샌드위치)	22,000	
Oak Room Chef's salad-Ham, Turkey and Cheese (주방장 특선 샐러드모듬)	20,000	

〈표 2-2〉 메뉴 내용에 따른 분류

메뉴명	내용	예시
정식메뉴 (table d'hote menu)	미리 정해진 요리의 종류와 순서를 고객에게 제공하는 메뉴이며 5, 7, 8, 9코스로 이뤄진다.	전채(appetizer), 수프(soup), 생선(fish), 주요리(main dish=entree), 샐러드(salad), 디저트(dessert), 음료(beverage)
일품요리메뉴 (a la carte menu)	한 품목씩 따로 제공할 수 있게 만들어진 메뉴로써 계절적인 식재료별로 다양한 요리와 조리기술에 따른 변화 있는 메뉴가 많은 품목이다. 고객이 선택해서 먹을 수 있다.	
특별메뉴 (special menu)	기념일, 명절 등의 특별한 날의 목적에 맞게 주방장의 아이디어와 기술을 발휘하여 제공되는 메뉴이다. 고객에게 별미를 제공하는 메뉴이기도 하다.	오늘의 스페셜요리, 어버이날요리, 어린이를 위한 특별요리, 성탄절 칠면조요리
뷔페 메뉴 (buffet menu)	정액요금을 지불하고 이미 준비된 음식을 셀프서비스방식으로 먹는 메뉴이다.	연회, 각종 행사, 조식, 일정한 인원을 위한 일시뷔페(closed buffet), 불특정 다수를 위한 상시 뷔페(open buffet) 등

2. 메뉴의 제공되는 시간에 따른 분류

1) 아침식사 메뉴(Breakfast Menu)

아침에 제공되는 요리를 총칭하는 것으로 보통 오전 10시까지 제공되는 요리를 말한다. 아침요리는 대체로 가벼운 요리로서 과일·주스·계란요리·빵·곡물류 등을 제공하는 양조식과 한조식, 일조식, 조식 뷔페 등의 메뉴가 있다.

서양의 일반적인 조식은 보편적으로 일정 메뉴품목으로 구성되어 있다. 메뉴품목이 간단하고, 음식제공이 빠르며, 가격이 저렴하다. 조식메뉴(breakfast menu)는 대표적으로 미국식 조식과 유럽식 조식으로 구분되며 나라별 특징이 있다.

(1) 미국식 아침식사

미국식 조식메뉴(American breakfast menu)는 대부분의 호텔·레스토랑에서 널리 사용하고 있는 메뉴이다. 메뉴는 보통 계란·과일·주스·시리얼·팬케이크·와플·베이컨 소시지 등으로 구성되어 있다. 한편 영국식 조식(English breakfast)은 여기에 생선구이(sole or halibut)가 추가되는 것이 일반적이다.

〈표 2-3〉 미국식 아침식사

American Breakfast menu

Choice Chilled Fruit or Vegetable Juice or Fruit Cocktail
과일 또는 야채주스

Two Fresh Country Eggs Any Style
Scrambled, Fried, Boiled, Poached, Omelets.
Served with Ham, Bacon or Sausage and Hash Brown Potatoes
계란요리, 감자와 햄, 베이컨 또는 소시지

Baker Master's Basket
Croissants, Danish Pastries, Rolls, Doughnut and Toast
각종 빵과 토스트

Marmalade, Jam, Honey and Butter 마말레이드, 잼, 꿀, 버터 Freshly Brewed Coffee or Tea 커피 또는 홍차

(2) 유럽식 아침식사 메뉴(Continental Breakfast Menu)

유럽식 아침식사는 계란과 시리얼이 포함되지 않고 빵과 커피 및 우유 정도로 간단히 하는 식사를 말한다. 호텔의 객실료에 식사요금이 포함되어 제공되는 아침식사이다.

〈표 2-4〉 유럽식 아침식사

Continental Breakfast
Choice of Chilled Fruit or Vegetable Juice or Fruit Cocktail 과일, 채소주스, 또는 과일 칵테일 Baker Masters Basket Croissants, Danish pastries, Rolls, Doughnut and Toast 각종 빵과 토스트 Marmalade, Jam, Honey and Butter 마말레이드, 잼, 꿀, 버터 Freshly Brewed Coffee or Tea 커피 또는 홍차

(3) 건강식 아침식사(Healthy Breakfast)

건강식 조식메뉴는 환자나 건강을 필요로 하는 사람들을 대상으로 탄수화물을 중심으로 한 발효음료와 과일 등의 혼합메뉴로 구성되어 있다.

〈표 2-5〉 건강식 아침식사

Healthy Breakfast
Freshly Squeezed Orange or Grapefruit Juice 신선한 오렌지주스 또는 그레이프후르트 주스
Chilled Half Grapefruit or Yoghurt 그레이프후르트 또는 요구르트
Bircher Muesli(Swiss Oat Meal with Fresh Fruits) 스위스 오트밀과 신선한 과일
Baker Master s Basket Croissant, Danish pastries, Rolls, Doughnut and Toast 각종 빵과 토스트
Marmalade, Jam, Holney and Butter 마말레이드, 잼, 꿀, 버터
Freshly Brewed Coffee or Tea

(4) 한국식 아침식사

대개는 내국인을 위한 아침식사로서 자극적이지 않고 부담되지 않는 식재료를 사용하여 가볍고 간단한 요리로 구성하는 메뉴이다.

국, 생선구이, 나물과 김치, 밥, 제철과일, 인삼차 등으로 차려진다.

〈표 2-6〉 한국식 아침식사

Korean Breakfast
Beef and Turnip Soup 소고기무국
Baked Fish with Steamed Rice and Seaweed 생선구이, 밥과 김
Selection of Three Vegetables and Kimchi 세 가지 나물과 김치
Fresh Fruit in Season 신선한 계절과일
Ginseng Tea 인삼차

(5) 일식 아침식사(Japanese Breakfast Menu)

일본식 아침식사를 원하는 고객을 위해 만든 요리로서 채소조림, 생선구이, 밥, 김, 절임류, 된장국, 계절과일, 녹차 등으로 구성되어 있다.

〈표 2-7〉 일본식 조식

Japanese Breakfast
Braised Vegetable in Soy Sauce 채소조림
Broiled Mackerel Fish 고등어구이
Steamed Rice 밥
Dried Seaweed 김
Pickles 절임류
Miso Soup 된장국
Fresh Fruit in Season 신선한 계절과일
Japanese Tea 일본식 녹차

(6) 조식 뷔페(Brekfast Buffet Menu)

아침 조찬모임이나 단체관광객을 위해 호텔 등에서 제공되는데 찬요리와 더운 요리 등으로 구성되어 있다. 메뉴구성으로는 주스류, 곡물류, 계란요리, 빵류, 샐러드류, 과일, 소시지, 음료 등을 셀프서비스 식으로 제공한다.

〈표 2-8〉 조식 뷔페

Breakfast Buffet

Cold Buffet 찬 요리

Selection of Chilled Fruit or Vegetable Juices : Orange, Grapefruit, Pineapple Apple, Tomato, and V-8 Juice
과일 또는 채소주스 : 오렌지, 그레이프후르트 , 파인애플, 사과, 토마토와 채소주스

Fresh Fruit in Season 계절과일
Fruit Cocktail 과일 칵테일
Fruit Compote 과일설탕조림
Assorted Yoghurts 각종 요구르트
Swiss Bircher Muesli(Swiss Oat Meal) 스위스 오트밀
Homemade Cold Cuts 모듬 전채
Smoked Salmon with Garnished 훈제연어
Black Forest Ham 햄
International Cheeseboard 치즈 모듬
Choice Cereals with Cold Milk 시리얼

Hot Buffet 더운요리

Scrambled Eggs 스크램블
Boiled Eggs 삶은 계란
Spanish Omelette 스페인식 오믈렛
Poached Egg Florentine 시금치 계란요리
Ham, Bacon, Sausage 햄, 베이컨, 소시지
French Toast with Cinnamon Sugar 프랑스식 토스트
Golden Pancakes with Maple Syrup 메이플시럽을 곁들인 팬케이크
Korean Rice Porridge with Ganishes 죽
Beef and Turnip Soup 소고기무국
Fish Meuniere with Lomon 생선요리

From the Bakery 빵류

French Croissants, Danish Pastries 크로와상, 데니쉬
Fruit Muffins, Soft and Hard Rolls 머핀, 롤빵
Assorted Breaks, Doughnut and Toast 각종 빵류, 도넛츠와 토스트
Marmalade, Jam, Honey and Butter 마말레이드, 잼, 꿀, 버터

Beverage 음료

Freshly Brewed Coffee or Tea 커피 또는 홍차

2) 브런치 메뉴(Brunch Menu)

브런치 메뉴(Brunch menu) 는 아침식사(Breakfast)와 점심식사(Lunch)가 합쳐진 용어로 미국의 레스토랑에서 많이 사용하고 있는 메뉴로서 아침과 점심식사의 중간쯤에 있는 제공하는 메뉴를 말한다. 이 메뉴는 주말이나 휴일을 느긋하게 즐기는 바쁜 현대인들이 많이 사용하는 메뉴이기도 하다.

근래에는 트렌드가 도심 중심가에 브런치 레스토랑이 성황을 이루어서 많이 개점하고 있는 추세이다.

3) 중식 메뉴(Lunch Menu)

런치(Lunch)나 런천(Luncheon)은 둘 다 점심이라는 뜻이지만, 영국에서는 런치를 반드시 아침과 저녁 중간에 먹는 식사를 말하고, 미국에서는 시간에 관계없이 아무 때나 간단히 먹는 식사를 런치라고 한다. 그러나 런천은 비교적 몇 가지의 코스를 갖춘 오찬을 말하는데, 대개의 경우 3~4가지 코스가 구성된 중식 메뉴(Lunch menu)는 저녁식사보다 간단하고, 코스도 적을 뿐만 아니라, 비교적 쉽고 빨리 만들 수 있는 약식 메뉴로 구성되어있다. 메뉴에는 샌드위치 · 수프 · 스파게티 · 샐러드 등 기타 일품요리가 있다.

4) 에프터눈 티(Afternoon Tea)

이것은 영국인들의 전통적인 식사습관으로 밀크 티와 시나몬 토스트를 점심과 저녁사이에 간식으로 먹는 것을 말한다. 그러나 지금을 영국뿐만 아니라 세계 각국에서 오후에 티타임(Tea time)이 오후 간식시간으로 보편화되고 있다.

5) 저녁식사 메뉴(Dinner Menu)

'점심은 가볍게, 저녁은 많이(light lunch, heavy dinner)'라는 세계적인 식습관의 경향에 따라 저녁은 내용적으로나 시간적으로 충분한 식사를 하게 된다. 이러한 경향에 따라 레스토랑 경영상 요리는 더 좋은 품질로, 또한 많은 일손과 정성으로 서비스해야 하며, 고객 당 매출을 올리는데 최선을 다해야 한다.

보통 저녁은 4~5가지 코스(appetizer, soup, entrée, dessert, coffee or tea)로 제공되고 있지만 정식 디너에서는 생선(fish)이나 토스트를 추가한 6~7가지 코스로 제고하기도 한다. 따라서 레스토랑에서는 주류를 포함한 각종 음료를 적극 판매함으로써 높은 요리원가의 상승을 막고 영업이익률을 극대화해야 한다.

모든 사람들에게 저녁식사는 시간적인 여유를 갖고 즐기기를 원한다. 따라서 저녁식사 메뉴(dinner menu)는 음식의 개성이 강하고 메뉴가 다양하다. 고객은 저녁식사를 통해서 서비스와 분위기 및 음식의 맛에 대한 새로운 경험을 기대하며, 조식과 중식보다 높은 가격을 지불한다. 또한 석식은 메뉴선택의 폭이 넓은 편으로 스테이크 · 랍스터 · 파스타 · 로스트 등의 주요리로 구성되어 있다. 또한 포도주와 칵테일 · 샴페인 등은 매출에 높은 기여를 하는 중요한 음료들이다.

6) 만찬(Supper)

만찬은 원래는 격식 높은 정식을 의미하였으나 근래에 와서는 그 이미지가 변화되어 늦은 저녁 밤참으로 제공되는 것을 말한다. 늦은 저녁행사(음악회 · 오페라) 등 큰 모임 후의 식사로서 2~3가지 간단한 코스로 제공되며, 진한 수프(thick soup)와 소시지나 샌드위치에다 음료 정도의 간단하고 가벼운 식사로 제공된다.

〈표 2-9〉 메뉴의 제공시간에 따른 분류

분류	메뉴명	내용	예시
아침식사 (breakfast)	미국식 (American style)	미국인들이 아침에 먹는 식사로서 간단하면서도 영양이 고루 섭취될 수 있도록 구성된 메뉴이다.	계란요리, 시리얼(곡류), 빵류, 육가공품, 신선한 과일
	유럽식 (Continental style)	영국 또는 유럽 쪽의 아침식사로 아메리칸 스타일과 비슷하나 계란요리가 제공되지 않는 게 특징이다.	빵류, 주스, 커피, 홍차를 제공함
	비엔나식 (Vienna style)	위에 부담되지 않을 정도로 간단하고 담백하게 제공되는 아침식사이다.	계람요리, 롤빵(Roll bread), 커피 등
	영국식 (English style)	아메리칸 스타일과 같으나 생선요리가 추가된다는 점이다.	
브런치(새참, Brunch)		서양식은 아침과 점심의 겸용으로 12시 이전에 제공되는 메뉴를 말하며, 우리나라에서는 이른 식사 후에 점심까지의 공복을 채우기 위해서 제공되는 식사이다.	서양식에는 빵과 음료가 주로 제공되며, 우리나라에서는 국수류 능 가벼운 식사가 제공된다.
점심식사(Lunch)		아침과 저녁 사이에 제공되는 식사이고, 주로 12시 이후에 제공되는 식사로서 수프(soup), 주요리(entrée), 후식(dessert), 차(coffee) 등 코스로 이어지는 메뉴를 제공하며, 영국에서는 점심을 'Lunchon'이라고 부른다.	정식(course)의 메뉴로 구성되지만 정찬보다는 가벼운 식사로 제공한다.
오후 간식(Afternoon tea)		일종의 다과회 형식의 메뉴가 제공되며 간단한 스낵류로 세미나·컨벤션 등에 이용되는 메뉴이며 주로 점심과 저녁에 제공되는 메뉴이다.	샌드위치, 크래커, 초콜릿, 우유, 차, 등
저녁식사(Dinner)		하루 식사 중에서 가장 중요하게 제공되는 식사로서 정찬·만찬·성찬 등으로 불리어지고, 메뉴의 내용이나 품질이 좋은 가장 중요한 메뉴이다.	모든 메뉴가 다양하게 구성된다.
만찬(Supper)		원래는 격식 높은 정찬을 의미하나, 근래에는 늦은 저녁행사 후의 식사로서 간단한 코스로 제공되는 추세이다.	

3. 메뉴변화에 따른 분류

1) 고정 메뉴

메뉴의 내용이 일정기간 또는 매일 변화하지 않는 메뉴이다. 이러한 고정메뉴의 장점은 다음 〈표 2-10〉과 같다.

〈표 2-10〉 고정메뉴의 장 · 단점

장 점	단 점
• 노동력 감소 • 수요예측의 용이성으로 인한 제고 및 잔여음식 감소 • 효율적인 관리용이 • 인력 훈련의 감소 • 경쟁으로 인해 고객에게 품질 좋은 메뉴제공 • 식재료의 대량구입으로 원가절감	• 메뉴 변화 없어 음식에 대한 권태 • 재고품목이 많아질 수 있음 • 경쟁으로 인해 고도의 숙련된 조리인력 필요

2) 순환 메뉴(Cycle Menu)

메뉴 내용이 주기적으로 일정기간 또는 매일 변화하는 메뉴이다.

이러한 사이클 메뉴의 장점은,

첫째, 고정메뉴 계획 후 메뉴개발에 많은 시간을 투자할 필요가 없으며,

둘째, 고정적으로 사이클 메뉴를 이용하면 식음료 준비과정이 표준화되기 쉽고,

셋째, 메뉴에 따라 종업원 및 주방기기의 계획표를 작성할 수 있으며,

넷째, 주방기기의 효율적 사용이 가능하고,

다섯째, 구매가 쉬워지며,

여섯째, 식음료 재고 자산을 통제하기가 쉬워진다.

호텔 레스토랑과 단체급식업체의 경우 고정메뉴와 사이클 메뉴를 효율적으로 사용할 수 있어서 좋고, 이러한 사이클 메뉴를 이용하면 고객의 불만을 최소로 줄일 수 있으며, 계절적인 사이클 메뉴를 이용하면 식재료의 원가를 줄일 수 있다.

3) 변동 메뉴

메뉴 내용을 계속적으로 변화시키는 메뉴이다. 이러한 메뉴의 특징은,

첫째, 메뉴의 권태로움은 제거할 수 있지만 대신 고도로 숙련된 조리인력이 필요하다.

둘째, 새로운 메뉴아이디어가 무한정적이며 잠재력이 충분히 있으나, 노동비의 증가를 피할 수 없다.

셋째, 계절별, 월별, 일별 변화가 가능하지만 메뉴인쇄 및 잡비용이 증가할 수 있다.

넷째, 경쟁으로 인해 잔여음식처리가 용이하다. 하지만 재고 및 통제력이 결여되어 간다.

〈표 2-11〉 메뉴변화에 따른 분류

<table>
<tr><th>분류</th><th>메뉴명</th><th>내용</th><th>예시</th></tr>
<tr><td rowspan="3">메뉴빈도에 따른 분류</td><td>고정메뉴
(static menu, fix menu)</td><td>정기적인 메뉴라고 하며, 일정기간동안 동일한 메뉴가 반복적으로 제공되는 메뉴</td><td>전문 음식점, 향토음식점</td></tr>
<tr><td>순환메뉴
(cycle menu)</td><td>특정기간을 주기로 메뉴가 교체되는 메뉴</td><td>봄, 여름, 가을, 겨울,
1주, 1달, 1년 등</td></tr>
<tr><td>단기메뉴
(Random)</td><td>오늘의 메뉴, 주간 메뉴처럼 매일 또는 주별로 정한 메뉴를 메뉴 북을 거치지 않고 간단하게 만들어 제공되는 메뉴</td><td>식재료의 특성에 따라 신선하고 질 좋은 메뉴를 고객에게 제공하기 위해 즉시 만들어 제공. 스페셜 메뉴가 해당됨</td></tr>
</table>

메뉴의 계획관리

Chapter 03

Chapter **03**

메뉴의 계획관리

1. 메뉴계획의 의의

메뉴는 고객의 생활패턴과 환경이 변화해감에 따라 소비의 행태도 변화해 간다. 레스토랑의 고객도 마찬가지로 기호와 수요의 변화에 따라 탄력성 있게 대응하여야 한다. 메뉴계획은 고객만족을 통한 이익의 극대화라는 목표를 가지고 시작되는 마케팅의 일부분이다.

메뉴는 식음료판매업자이기도 한 경영자와 수요자인 고객을 연결해 주는 역할을 수행함으로써 외식업의 수익성 있는 경영의 첫 번째 조건이다. 그러므로 메뉴는 고객의 필요와 욕구를 충족시키고 조직의 목표를 달성할 수 있도록 계획하고 관리되어야 한다.

한편 대부분의 메뉴계획자들은 새로운 메뉴를 계획하기보다는 기존의 메뉴를 수정 · 보완하거나 또는 모방하는 정도에 그친다. 대부분의 호텔에서는 이렇게 중요한 메뉴의 계획을 각 업장 주방의 책임자가 맡고 있기 때문에 실제로 메뉴가 마케팅과 관리수단으로의 역할을 하는 데는 협력이 제대로 이뤄지지는 않고 있다.

과거에는 고객의 욕구와 필요, 경쟁, 제비용, 특히 인건비가 그다지 중요하지 않았기 때문에 좋은 식재료로 맛있는 음식만을 만들면 되는 것이 주방부서의 큰 역할이었다. 그러나 요즘은 음식뿐 아니라 여러 가지 요소가 고객욕구의 조건이 되므로 최저의 비용으로 고객에게 최대 만족을 주고 레스토랑도 최대의 이윤을 추구하여야 하는 입장이 되었다.

따라서 근래에는 음식을 잘 만드는 기능인보다 체계적 관리와 효율성으로 비용을 최소화하고, 고객의 욕구를 경제적 방법으로 충족시킬 수 있는 관리능력을 가진 관리자만이 메뉴를 관리할 수 있는 주방부서의 책임자가 될 수 있게 되었다.

호텔식음부문의 운영·관리에 있어서 고객의 필요와 욕구, 그리고 조직의 목표를 평가한 후에 행해야 하는 다음 단계는 메뉴의 계획이다. 그러므로 성공적인 메뉴계획이란 레스토랑 측에 최대한 이윤을 창출할 수 있는 내용과 외양을 갖추어야만 한다.

일상적으로 사용되는 메뉴계획이란 다음과 같다.

- 어디서(레스토랑의 종류와 형태)
- 누구에게(고객)
- 무엇을(고객에게 제공될 아이템)
- 어디서 구매하여(식자재의 시장조건)
- 얼마나 다양하게(아이템의 수와 다양성)
- 어떻게 조리하여(조리방식)
- 언제(음식이 제공되는 때)
- 얼마나(매출량)
- 어떻게(서비스 방식) 제공하여야 하는가?

등을 고려하여 고객이 원하는 아이템, 조직의 목표를 달성할 수 있는 가장 이상적인 아이템과 아이템의 수, 그리고 다양성을 결정하는 것이다. 그러나 모든 고객을 만족시킬 수 있고, 또한 모든 레스토랑의 상황에 구애받지 않고 적용할 수 있는 메뉴를 계획한다는 것은 거의 불가능한 일이다. 또한 언제, 누가 메뉴를 계획하여야 하는지는 메뉴가 사용될 레스토랑의 형태, 규모, 위치, 영업 중인지 또는 개업하기 위한 것인지에 따라 차이가 있다.

일반적으로 영업 중인 레스토랑에서 메뉴교체가 필요하게 되면 메뉴관리자들에 의해 구체적인 내용들이 메뉴계획을 위해 논의된다. 하지만 새로 개업을 하기 위한 레스토랑의 경우에는 대부분 주방장이 없는 사태에서 메뉴계획이 이뤄지기가 쉽다. 그 때문에 주방시설과 주방의 위치와 규모, 주방기기의 종류와 용량, 저장시설의 규모와 위치, 그리고 공간의 배분과 동선 등이 레스토랑의 콘셉트와 일치하지 않는 등의 문제점을 만들어 비용 증가와 생산성의 저하를 가져오게 된다.

메뉴아이템의 선정은 구체적인 메뉴계획 과정을 거쳐 팀워크에 의해 이뤄져야 하고, 모방이 아닌 창조가 바람직하다. 이렇게 해야만이 차별화될 수 있는 아이템이 선정될 수 있고, 차별화된 아이템만이 가격경쟁에서 선점할 수 있다.

메뉴개발과 계획	✲ 신메뉴 : 창작중심 ✲ 기존메뉴 수정 : 분석중심

2. 메뉴계획 관리

시스템이 이뤄져야 성공적인 메뉴가 계획되고 관리될 것이다. 메뉴계획은 레스토랑을 운영하는 모든 지식을 필요로 하는 복합적인 업무이다. 음식의 영양가에 대한 이해와 음식의 심미적인 감각도 가져야 하고 다른 예술과 마찬가지로 메뉴계획은 세심한 계획과 관리가 필요하다. 누가 메뉴를 계획하느냐에 따라 메뉴의 종류, 레스토랑의 유형과 규모, 조직 그리고 소유의 형태와 영업 중 또는 준비 중인 레스토랑 등, 각각 다르다고 말할 수 있겠다.

레스토랑의 형태에 따라 달라질 수도 있겠으나 보통 영업 중인 외식업소의 경우는 경영자, 주방의 책임자, 업장의 지배인 등이 메뉴계획의 담당자가 되는 경우가 많다. 메뉴아이템의 선정만은 주방의 책임자가 그 누구보다도 전문가일 수가 있다.

사실적으로 주방책임자는 주방의 상황, 즉 주방 구성원의 조리실력과 성향을 잘 알고 주방시설과 기물 등을 잘 알아 생산능력을 파악하고 있다고 볼 수 있다. 그러므로 대부분의 레스토랑의 아이템선정은 주방 책임자가 하도록 되어 있다.

그러나 주방책임자가 선정하는 메뉴아이템은 한계가 있을 수 있다. 전반적인 레스토랑 관리자는 마케팅적인 고객의 취향을 놓치고 전체적인 것을 고려하기 보다는 어쩌면 주방책임자가 선호하는 메뉴아이템, 또는 본인의 기술적인 한계 내에서만 메뉴아이템을 선정하는 경향을 보이게 된다. 그렇게 함으로서 전체적인 콘셉트(concept)와 맞지 않는 아이템, 모방된 아이템, 독창성이 없는 아이템, 선호도가 없는 아이템, 수익성이 없는 아이템, 트랜드를 반영하지 못하는 아이템 등으로 아이템 선정이 편중될 수밖에 없어 레스토랑의 종합적인 경영면에서의 성공적인 메뉴계획을 기대할 수가 없게 된다.

메뉴가 성공적으로 관리되기 위해서는 메뉴를 관리하는 관계자들이 같은 목표만을 가지고 있어야 실행에 옮겼을 때만이 가능하다.

메뉴의 관리는 사무실에 앉아있는 관리자에 의해서 이루어지는 것보다 현장에서 실제 조리하고 서브하는, 즉 고객을 접점에서 만나는 관리자들과 서로 유기적인 그러므로 결국은 메뉴를 계획하고, 메뉴판을 디자인하고 평가, 분석할 전문적인 메뉴계획팀이 절대로 필요하다고 볼 수 있다. 성공적인 메뉴를 위해 이론과 실무를 겸비한 사람들로 팀이 구성되면 더욱더 바람직할 것이다.

〈표 3-1〉 메뉴에 포함되어야 할 내용

구분	내용
시장성	메뉴는 목표하고자 하는 고객의 특성에 맞도록 한다.
경제성	최소한의 원가로 최대한의 이익을 달성하도록 한다.
우수성	우수한 맛과 질을 유지할 수 있는 능력이 있어야 한다.
진실성	메뉴에 기록한 내용과 일치해야 한다.
경쟁성	고객에게 매력을 줄 수 있는 품목과 가격 및 디자인이 있어야 한다.

자료 : 신재영 · 박기용 2001 : 289.

식음료를 담당하는 주방의 책임자는 메뉴계획과 관리를 통해 고객의 욕구와 필요조건, 경쟁, 제비용 등의 제반문제를 수용해야 한다. 최소의 비용으로 최대의 만족을 제공하고 동시에 최대의 이윤을 창출해야 하는 입장에서 원가도 관리하는 중요한 역할도 담당해야 한다. 따라서 고객의 측면과 레스토랑의 측면에서 좋은 메뉴가 되기 위해서는 다음과 같은 조건들을 고려해야 한다.

① 메뉴는 마케팅 목표를 갖고 있어야 한다.

마케팅 목표란 고객지향적인 입장에서 레스토랑이 운영되어야 하며, 고객에게 욕구와 필요에 즉각적으로 부응할 수 있어야 한다. 고객지향적 메뉴계획은 레스토랑의 성공여부를 결정지을 것이고 레스토랑의 마케팅목표와 일치도어야 한다. 즉 판매 대상(Target)이 누구냐에 따라 원하는 메뉴를 개발하여 욕구와 필요를 충족시켜야 한다.

② 메뉴는 절대적으로 통제원가이어야 하며 효율적이어야 한다.

레스토랑의 영업장 및 단체급식업체 영업장 등 외식업체는 고정비부문의 임대료를 비롯하여 메뉴계획과 관리를 위한 식재료비, 제경비 등이 원가통제기준을 넘지 않아야 수익을 낼 수 있다. 따라서 메뉴 계획할 때 반드시 원가절감 목표를 기지고 있어야 목표하는 수익성을 기대할 수 있다. 그러므로 최저비용 목표를 세워 메뉴에서 중요한 식재료의 원가를 고려해야 한다.

③ 메뉴는 품질관리와 마케팅 목표는 일치하여야 한다.

레스토랑은 메뉴를 통해 품질과 가격과 수익성이 보장되므로 메뉴의 품질관리는 중요한 부문이다. 품질관리는 마케팅관리와 연관되며, 각 업장의 마케팅개념과 일치되도록 관리되어야 한다. 요즈음은 업장에서 추구하는 품질의 일관성으로 개념이 변하고 있다. 이러한 품질이 마케팅차원에서 다루어져야 하는 것은 품질의 평가를 고객이하며, 고객의 인지도에 따라 달라질 수 있는 등 주관적이기 때문에 서비스업체의 품질관리는 용이하지 않다. 또한, 메뉴의 품질이란 영양가 및 메뉴가 서브되는 방법에도 관련이 있기 때문이다. 영양이 충분하며, 서로 조화는 잘 이루는지, 색상, 맛, 냄새 등의 전체적인 일관성이 있는지 등을 살펴보아야 한다.

3. 메뉴계획에 고려되는 기본적인 변수

메뉴계획(Menu planning)은 근본적으로 호텔·레스토랑의 영업전반에 영향을 미치기 때문에 각 업장의 입지조건과 판매대상 및 고객의 동향을 철저히 분석한 후 고객의 욕구충족과 경영전략차원에서 이루어져야 한다.

메뉴의 구성은 그 주방의 책임자 또는 지배인의 책임 하에 경영주의 의사를 존중해서 시장조사 후에 이루어져야 하며, 조리사들은 이 메뉴에 의하여 때에 맞춰 조리하도록 되어 있다. 특히 유의해야 할 것은 식재료의 조달 가능성이 중요하므로 식재료시장의 공급능력도 충분히 검토해야 한다. 다음은 메뉴계획 시 고려해야 할 사항을 살펴보면 다음과 같다.

① 고객의 필요와 욕구

특정한 세분시장의 고객욕구가 무엇인지를 고려하는 것이 필요하다. 사실상 외식업은 경영주를 대상으로 하는 것이 아니라, 고객을 대상으로 하기 때문이다.

② 원가와 수익성

메뉴에서 중요한 식재료는 신선한 품질을 유지해야 메뉴품질을 유지할 수 있기 때문에 각별히 주의를 기울여야 하는 부분이다. 신선도를 유지하면서도 원가가 낮은 식품 구입하는 것이 중요하다, 그렇게 함으로써 질 좋은 메뉴를 제공하고 수익성을 기대할 수 있다.

③ 이용 가능한 식품

식재료에 대한 정보를 입수하고, 재료의 물량공급 및 기간에 유념하여 사계절에 알맞는 재료에 대한 메뉴를 작성할 수 있어야 한다. 계절별로 미각을 살릴 수 있고 식재료의 출하가능 여부를 고려하며, 재고도 감안한 메뉴작성이 이루어져야 한다. 재고가 충분치 않는 식재료는 구입소요기간이 고려되어야 하며, 재고처분을 위한 특별 메뉴의 운영도 고려해야 한다.

④ 조리설비의 한계

레스토랑의 주방에서 보유하고 있는 조리설비와 기구의 특성을 감안하여 메뉴를 계획하여야 함은 기본이다. 고객에게 매력적이고 특별한 메뉴를 계획하기 위해서 적합한 장비를 갖추고 있는 주방이 필요하다. 메뉴는 주방의 크기와 장비의 종류 및 생산능력을 감안하여야 하며, 장비의 이용과 장비의 수에 따라 작업부담이 크지 않는 한도 내에서 이뤄져야 한다.

⑤ 메뉴의 다양성과 매력

메뉴는 고객의 음식습관과 선호에 미치는 경제적·사회적·지역적·윤리적·종교적·종교적·행태적 영향을 감안하여 메뉴를 작성되어야 하며, 고객의 미각변화에 대처할 수 있는 영양적 요소와 메뉴제시의 다양성 및 매력성이 가미되어야 하며, 고객의 선택이 용이하도록 표현방법과 설명제시가 추가되어야 한다.

<u>메뉴계획 수립시 기본원칙</u>

- 같은 재료의 요리를 중복시키지 않는다.
- 같은 색의 요리를 반복시키지 않는다.
- 비슷한 소스를 중복해서 사용하지 않는다.
- 같은 조리방법(cooking methods)을 두 가지 이상 같은 요리에 사용하지 않는다.
- 요리와 곁들어지는 재료(garniture)와의 배합과 배색에 유의한다.
- 계절감각과 용도별 성격 및 특산물을 고려하여 작성한다.
- 메뉴의 표기문자는 요리의 내용에 따른 각국의 고유문자를 사용하나, 양식인 경우 불어표기를 원칙으로 하며, 나라명과 지방명 및 사람의 이름 등 고유명사는 대문자로 표기한다.

〈표 3-2〉 메뉴 계획을 위한 체크리스트

체크	항 목
(　　)	메뉴는 경영자의 목표와 목적에 적합하게 구성되어 있는가?
(　　)	메뉴는 메뉴패턴에서 계획된 모든 선택 안들을 포함하고 있는가?
(　　)	메뉴는 최저가격과 최고가격의 음식들로 조화롭게 구성되어 있는가?
(　　)	장비와 시설들이 적절히 이용되는가?
(　　)	직원은 효과적으로 이용되는가?
(　　)	메뉴에 계절음식들이 효과적으로 이용되고 있는가?
(　　)	계획된 모든 메뉴음식들을 일정한 시간 내에 생산할 수 있는가?
(　　)	메뉴가 바라는 영양요구량을 포함하고 있는가?
(　　)	메뉴가 영양관점에서 잘 조화되어 있는가?
(　　)	메뉴가 색상조합이 잘 계획되었고 매력적으로 만족스러운가?
(　　)	메뉴가 여러 농도와 질감을 가진 음식들로 구성되어 있으며, 조화로운 식사를 제공하는데 문제가 없는가?
(　　)	가니쉬와 사이드디쉬들은 매력적이고 호소력이 있는 것들인가?
(　　)	조화된 식사를 제공하기 위한 선택된 맛이 훌륭한가?
(　　)	음식은 서로 다른 유형과 크기로 선택되어 있는가?
(　　)	메뉴는 핫 음식과 콜 음식으로 적절히 구성되어 있는가?
(　　)	음식이 조리방법에 따라 적절히 분포되어 있는가?
(　　)	음식의 선호도나 인기성에 따라 제공될 수 있는 음식들로 구성되어 있는가?
(　　)	같은 날이나 주에 중복되거나 반복되는 음식들로 구성되어 있지 않은가?
(　　)	전체 메뉴의 품질이 높고 매력적이며 각각의 식음료를 잘 관리할 수 있도록 되어 있는가?

자료 : 김기영 외, 외식산업관리론, 현학사, 2003, p. 163.

4. 메뉴계획 모형

메뉴를 계획하기 전 또는 그 과정에서 고려되어야 하는 변수들은 무수히 많지만, 두 가지의 관점으로 나눈다면, 레스토랑의 관리적인 관점과 고객의 관점으로 크게 대별할 수 있다.

고객은 메뉴를 통하여 레스토랑이 전달하고자 하는 의미를 파악하여 메뉴를 선택하고 레스토랑은 그들이 전달하고자 하는 메시지를 통하여 고객에게 전달한다. 따라서 메뉴는 고객만족이라는 측면과 기업이 추구하는 이윤극대화라는 측면을 동시에 수행하여야 하는데, 이를 메뉴의 양면성이라고 한다.

그러므로 메뉴가 경영주의 입장에서 계획된다면 고객의 만족을 충족시킬 수 없고 고객만족만을 생각한다면 기업의 이윤추구의 목표달성은 어려울 수 있다.

따라서 메뉴가 일방적으로 어느 한쪽에 치우친 상태에서 계획된다면 고객의 만족추구와 기업의 이윤창출이라는 본래의 목적달성은 불가능할 것이다. 이 두 가지의 관점을 중심으로 학자에 의해 발표된 메뉴계획 모형이 있다. 이 중 가장 적합한 모형이라고 평가된 3개의 모형을 중심으로 메뉴계획과정에서 고려되어야 하는 사항들을 살펴보기로 한다.

1) Mahmood A. Khan의 모형

〈그림 3-1〉에서 제시된 이모형은 가장 최근의 모형으로 메뉴 계획시 고려되는 요인들을 관리자의 관점(조직)과 고객(시장)의 관점에서 다룬 모형이다.

이 모형은 기존의 모형과 비교하였을 때 상대적으로 고객의 관점을 더욱 강조한 모형이라고 평가되고 있다.

〈그림 3-1〉 Khan의 메뉴계획 모형

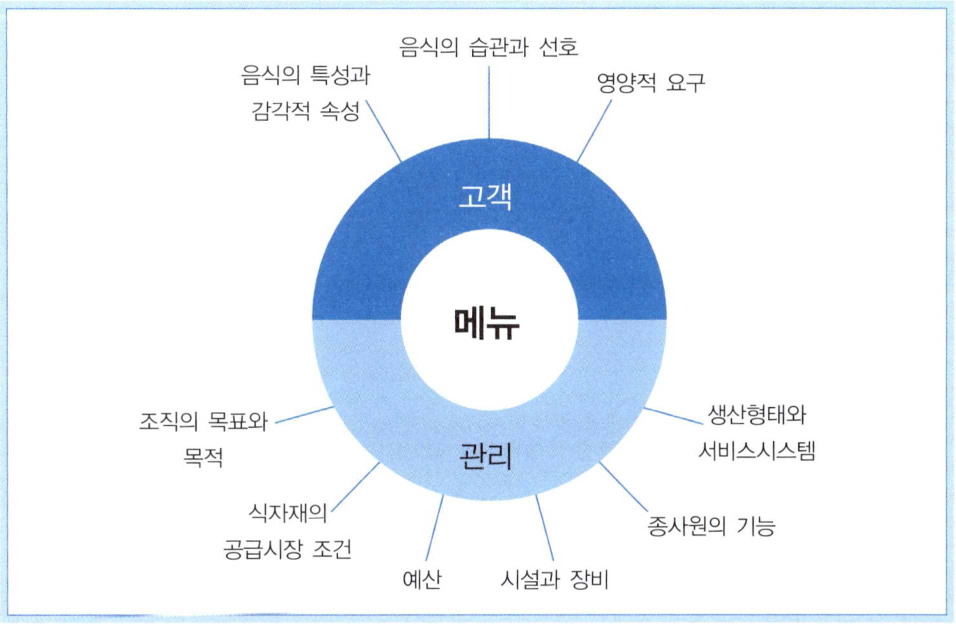

자료 : Mahmood A. Khan(1991), Concepts of Foodservice Operations and Management, 2nd ed., VNR, p. 41 ; Idem(1993), VNR's Encyclopedia of Hospitality and Tourism, VNR, p. 89.

① 관리자(조직)의 관점

– 조직의 목적과 목표

기업의 목적과 목표는 이윤추구라고 볼 수 있다. 레스토랑에서는 메뉴가 그 역할을 감당해야만 한다. 따라서 레스토랑의 원활한 운영을 위해 영리를 목적으로 할 때 가능한 모든 자원을 합리적으로 이용하여, 경제적으로 고객을 만족시키고 동시에 매출과 이윤을 극대화하여 조직(기업)의 생존에 필요한 이윤 창출은 계속적으로 이익총액을 장기간에 걸쳐 증대시켜 나가야 한다.

– 식자재의 공급시장 조건

레스토랑에서 제공하는 메뉴에 필요한 식자재의 원활한 공급은 절대적으로 필요하다. 계획된 메뉴가 원하는 기간까지 공급할 수 있게 시장상황을 파악해 어떤 상황에도 변함없이 메뉴제공이 가능해야만 한다.

메뉴계획자는 메뉴에 사용되는 식재료가 무엇인지를 인지하고 구입이 가능한 품목과 재고 품목을 활용할 수 있도록 하여야 하며, 원가절감을 통한 이윤창출이 이루어질 수 있도록 식자재 구입이 합리적으로 실행되도록 한다. 식재료의 다양성은 요리의 다양성으로 이어지고 요리의 다양성은 차별화로 이어진다. 또한 제철에 공급되는 식자재를 고려하여야 하며 신선한 품목을 구입하기 위한 식자재 공급시장의 상황을 파악해야만 한다.

– 예산

레스토랑의 경영에서 가장 중요한 예산은 원가관리, 즉 원가절감의 목적에서 필요한 부분이다. 얼마나 수익을 올리느냐의 문제는 얼마나 지출하느냐가 얼마를 벌 수 있느냐로 이어지는 식재료 원가율에 달려 있다. 따라서 얼마를 버느냐는 레스토랑의 규모, 타깃으로 하는 고객의 경제력, 원가율, 메뉴가격, 마케팅활동 등에 따라 달라진다.

레스토랑 경영에서는 판매가 대비 식재료 원가율이 가장 큰 비중을 차지하므로 예산은 메뉴계획과정에서 가장 중요하다. 합리적으로 계획된 메뉴라도 원가가 높다면 고객의 지출비용은 높아질 수밖에 없고 가격에 대한 부담감을 주 수 있게 되어 메뉴의 매출실적이 낮아질 수 있다. 그러므로 메뉴 계획자들은 항상 원가의 목표율을 염두에 두어 적절한 이윤의 창출과 매출을 향상시킬 수 있도록 하여야 한다.

– 시설과 장비

레스토랑의 시설 및 장비는 그 무엇보다도 레스토랑의 콘셉트에 맞는 메뉴에 따라 설비되어야 한다. 주방시설이 잘 되어 있다 함은 메뉴에 따른 기자재 및 기물 사용이 원활할 때를 말함이다. 주방은 상황에 따라 적합한 규모, 상황에 따라 적합한 동선, 시설과 도구가 구비되어야 한다.

메뉴의 품질경쟁력을 갖추기 위해서는 메뉴특성에 적합한 전문설비의 도입이 필요하다. 주방을 설비할 때에는 메뉴, 동선, 서비스방식, 타깃고객, 레스토랑타입, 콘셉트 등을 고려하여야 한다. 또한 작업의 흐름(work flows)의 고려도 메뉴계획에서 중요한 부분을 차지한다. 예를 들어, 식재료가 최종 소비자에게 메뉴라는 음식상품으로 가공되어 제공되기까지의 과정을 중요하게 관리하는 것을 말한다.

따라서 조리작업의 흐름은 각 부분간의 상호관계성 등이 고려되어 메뉴가 계획되어야 한다고 말한다. 즉 검수 ⇨ 저장⇨ 출고 ⇨ 준비 ⇨ 조리 ⇨ 서빙 등의 과정(workplace)을 중요하게 관리하는 것이다.

– 종사원의 기능

근래에는 외식업체가 다양한 메뉴아이템을 제공하고 나름대로의 전문화된 메뉴아이템을 가진 차별화되고 있다. 그에 발맞춰 조리사들도 전문기술을 가지고 있어 모든 메뉴아이템을 생산할 수 없다. 그러므로 주방종사자의 능력과 숫자에 따라 생산할 수 있는 아이템을 선정하든지, 메뉴아이템에 맞는 주방종사자를 채용하든지 해야 한다. 특별한 기술을 필요로 하는 상품을 생산해내지 못한다면 메뉴상에 그 음식을 포함시킬 수 없을 것이다. 따라서 직원들의 수용력과 이용가능성은 메뉴를 계획할 때 반드시 고려되어야 한다. 또한 조리사가 생산한 메뉴를 서비스 직원이 제대로 제공할 수 있는 효율적인 안력규모 및 배치가 고려되어야 한다.

– 생산형태와 서비스시스템

레스토랑 경영에 있어서 가장 중요한 부분이 그 레스토랑의 콘셉트이다. 이에 따라 메뉴와 서비스방식이 달라지기 때문이다. 무엇을, 어떻게 생산하고 서비스하느냐에 하는 문제는 타깃으로 하는 고객의 특성에 따라 달라진다. 그래서 이와 같은 중요한 요소는 레스토랑의 콘셉트개발 단계에서부터 구체적으로 고려되어져야 한다.

공간의 배분, 필요한 주방기기와 설비, 생산시설의 레이아웃 등은 생산방식과 서비스방식에 따라 완전히 바뀔 수 있다. 생산형태와 서비스시스템을 설계하는 데 있어 무엇보다도 중요한 것은 먼저 철저한 고객중심의 사고방식을 가지고 접근해야 한다는 것이다. 레스토랑기업은 생활수준의 향상, 다양한 가치관, 라이프스타일의 변화, 서비스에 대한 다양한 욕구 등을 고객중심에서 철저하게 분석하여 다양하고 복합적인 만족을 제공해야 한다.

② 고객의 관점

– 영양적인 요구

인류 사회의 진화, 문화의 발전과 더불어 음식은 생리적 욕구만을 만족시키기 위한 문제를 넘어서 이제는 문화적인 욕구까지 충족시켜야 하는 단계로 발달되어왔다. 현대의 음식은 영양적 요소에서 기능적인 요소로 바뀌고 있다. 고객에게 균형있는 영양, 특히, 건강에 대한 관심이 높아져 이제는 기능적인 부분까지 제공해야만 한다. 메뉴 계획할 때 영양적인 균형을 맞추는 것 또한 중요하다. 영양은 모든 사람들의 생활수준, 대사과정, 연령, 성별, 활동성에 따라 다르게 나타나기 때문에 열량과 더불어 영양도 5대 기초식품군에 기초한 메뉴계획이 바람직 할 것이다.

– 음식에 대한 습관과 선호

인간이 진화하여 음식에 대한 가공법이 달라져가고 그들의 음식에 대한 습관과 선호도 변화되어가고 있다.

음식의 습관이란 음식과 관련된 일상적인 것이며, 무엇을, 언제, 왜, 그리고 어떻게 먹을 것인가를 사전에 결정하는데 연상되는 태도이다. 그래서 지역적이나 문화적인 습관이 음식의 선호에 많은 영향을 끼쳤으나, 식품가공기술의 발달, 유통망의 확장, 식자재시장의 세계화 등이 특정 음식에 대한 선호에 영향을 미치는 정도가 커지고 있는 실정이다.

반면 음식의 선호는 특정음식을 어느 정도나 좋아하는가를 말하는 것이며, 음식에 대한 개인이 가지고 있는 음식 습관과 깊은 관련이 있다.

사람들은 어떤 형태의 음식에 대하여 비슷하거나 예상할 수 있는 식욕을 소유하여 왔다. 이러한 식욕은 크게 생리적인 것과 유전적인 것에 기초하고 있다고 말할 수 있다. 특정음식에 대한 습관과 선호에 영향을 미치는 요인은 무수히 많다고 한다. 그러나 이러한 요인들도 독립적으로 영향을 미치지 않고 여러 가지의 요인들이 복합되어 특정음식에 대한 선호, 습관 그리고 수용에 영향을 미친다고 한다.

〈그림 3-2〉 음식에 대한 습관, 선호 그리고 수용에 영향을 미치는 요인

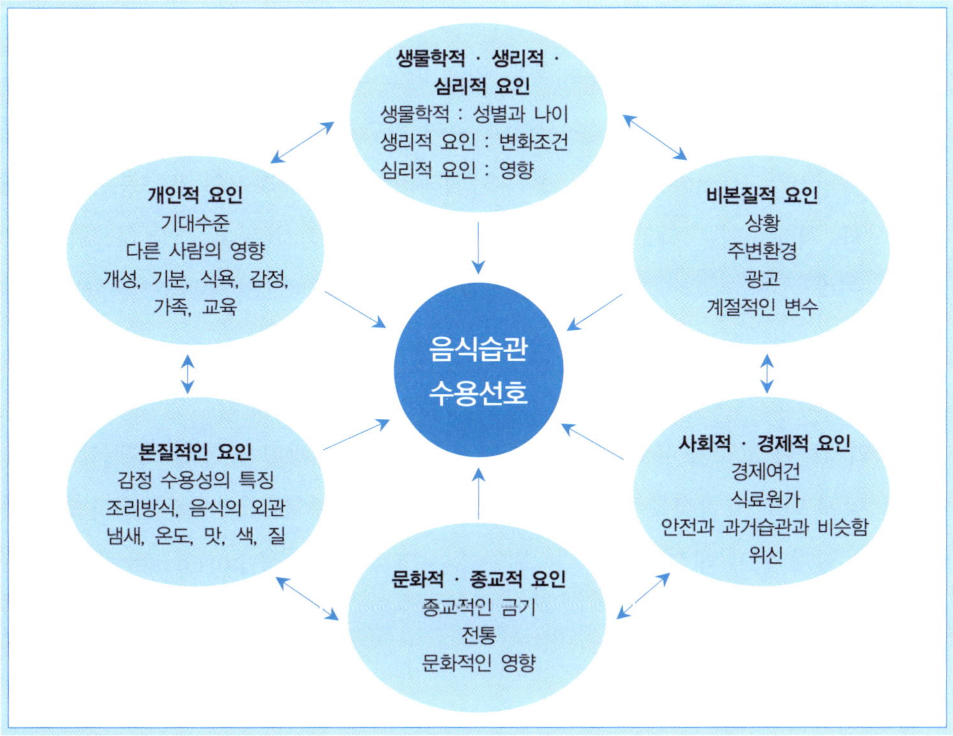

자료 : Mahmood A. Khan(1991), Concept of Foodservice Operations and Management, 2nd ed., VNR, p. 56 ; Idem(1993), VNR's Encyclopedia of Hospitality and Tourism, p. 91.

③ 비본질적인 요인

음식의 선호에 영향을 미치는 외적(비본질적)인 요인은 다음과 같다.

– 환경

음식을 만드는 가장 중요한 식재료는 무한 공급 가능한 환경이 되어야 한다. 원식재료의 공급과 관련이 있는 거시적인 환경에서는 지리적 조건과 기후조건을 들 수 있다. 왜냐하면 공급가능성이 희박하거나 한계가 있는 식재료는 음식으로 만들 수 없기 때문이다. 그래서 대부분의 사람들은 그 지역에서 생산되는 음식을 많이 먹을 수밖에 없다. 결국은 식품을 둘러싸고 있는 기술적인 환경과 유통환경, 그리고 정치

와 경제적 환경은 계절과 장소적인 제약을 차츰 벗어나고 있다.

미시적인 환경측면에서 제공되는 음식을 보면 주변 환경이 절대적으로 영향을 미치는 것을 알 수 있다. 가정에서 가족을 위해 만들어진 식사, 특별한 때를 맞이하여 고급 레스토랑에서의 외식, 또는 시간이 없어 간단하게 패스트푸드 레스토랑에서 해결하는 핑거푸드(finger food), 병원 카페테리아에서 생리적인 욕구충족을 위해 하는 식사, 사교모임을 하는 클럽에서 즐기는 한 끼의 식사 등은 각각 다른 의미를 가지고 있다.

– 광고

외식업체들이 고객을 유인하기 위해 이 방법을 쓴다. 광고를 통해 고객은 새로운 메뉴를 알게 되고 호기심을 갖고 접하게 된다. 사람들은 새로운 메뉴를 광고를 통해 알고 현혹되기 쉽고 내점하게 된다. 최근에는 POP(point of purchase) 광고를 중요하게 여기게 된 이유이다.

– 상황적인 기대

사람들은 평범한 음식이라 할 찌라도 음식의 수준을 상황과 소비되는 시간에 의미를 두고 있다. 어떤 일로 음식이 차려지느냐에 따라 의미를 두고 분위기를 만들면서 음식에 대한 기대심리를 가지게 된다.

– 시간과 계절적인 변수

메뉴의 선택은 그 음식을 제공받는 시간, 계절, 요일, 날씨 등의 영향을 받는다. 예를 들어, 흐리고 비오는 날은 이탈리아 레스토랑의 파스타와 칼국수, 빈대떡 등이 잘 팔리고 여름에는 시원한 냉면이나 팥빙수가 잘 팔리는 경우이다.

④ 본질적 요인

음식과 직접적인 관계가 있는 내적 요인으로 다음과 같다.

- 감각수용의 특징
- 조리방식
- 음식의 외관
- 음식의 냄새, 맛, 온도, 색, 맛, 질

⑤ 생물학적 · 생리적 그리고 심리적인 요인

생물학적 · 생리적 그리고 심리적 요인에 의해서도 음식에 대한 이해와 느끼는 정도가 달라져 식욕의 변화를 일으켜 음식에 대한 선호도가 달라질 수 있다.

- 생물학적으로 가장 중요한 부분은 섭취된 음식을 효과적으로 소화 흡수를 용이하게 하고 신진대사에 필요한 적절한 영양공급이라 할 수 있다.

성별과 연령, 유전, 그리고 생리적인 조건, 체질 등을 말하는 것으로서 섭취할 음식에 대한 이해와 지각 그리고 식욕 등에도 영향을 받는다. 사람은 자랄 때 먹어온 식습관과 유전적인 것도 음식선택에 많은 영향을 준다. 특히 음식에 대한 거부반응은 거의 유전적인 연유에서 비롯된다. 또한 성별과 나이 등에 따라서도 음식선택에 영향을 받는다.

- 생리적

신체의 본능적 · 육체적인 변화에 따라 음식에 대한 이해와 선호가 달라질 수 있다. 예를 들면, 컨디션이 좋지 않아 식욕이 없다든지, 외국 여행시 시차적응 문제로 식욕을 잃는다든지, 추운 겨울날씨에 찬 음식을 싫어한다든지, 반대로 더운 여름에는 찬 음식을 선호한다든지 하는 것이 생리적인 현상이다.

- 심리적

인간의 의식과 현상에 관한 심리적 변화에 따라 음식의 선호와 지각에 영향을 받는다. 예를 들면 위생, 건강, 체면, 인간이 음식을 대하는 태도, 유행, 종교 등과 요인들이 음식의 선호에 미치는 심리적 요인의 일례이다.

⑥ 개인적 요인

– 기대수준

특정 레스토랑의 음식이 맛이 없을 것이라고 기대했었는데 먹어보니 기대 이상인 경우에 그 음식을 더욱더 선호하게 된다는 것이다. 반대로 비록 선호하는 음식이 기대수준이 높았는데 기대했던 것보다 품질이 낮고 수준이 낮았다면 그 음식을 선호하지 않게 된다는 것이다.

– 우선사항

식사를 하는 사람들의 우선사항은 식사에 있지 않고 어떤 목적에서 만나느냐에 따라 비즈니스라든지 친목으로든지 그 목적이 우선시 되는 것이다. 그렇기 때문에 음식 자체는 크게 영향을 받지 않는 다는 것이다. 병원에서 제공하는 식사나 기내식 등도 여기에 해당된다.

– 친밀성

사람들은 본인이 경험한 음식만을 선호하는 경향이 있고, 제공되는 아이템의 선정에 있어서도 본인에게 익숙한 아이템만을 선택한다고 한다.

– 다른 사람의 영향과 교육수준

가족 구성원으로서 같이 식사를 많이 했던 사람들이나 친구, 친척, 상사 등이 음식의 선호에 영향을 미친다. 제공된 음식에 대한 확고한 신념이 없을 때 전문성이 있는 동석한 사람들의 조언에 따라 영향을 받는 경우가 많다. 즉 음식에 대한 확고한 신념이 있는 사람의 권유를 많이 받아들인다고 볼 수 있다. 또한 교육수준이나 전공, 매스컴의 영향을 받아서나 교육받은 정도에 따라 음식을 선택하는 형태가 달라진다고 볼 수 있다.

⑦ 사회 · 경제적인 요인

메뉴패턴은 사회경제적인 요인의 영향을 받게 된다. 음식의 패턴을 형성하거나 또는 한시적으로나 영구적으로 경제적 요구 때문에 바뀌게 된다. 따라서 음식의 선호는 어떤 집단의 수용, 유사성, 그리고 위신을 나타내는 수단으로 작용한다.

사실, 음식자체를 중요시하기보다는 사람들의 즐기는 형태나 실질적인 음식의 맛보다는 상징적인 의미가 내포되는 경우가 더 많다. 또한 자기연출을 위한 기회로서 식당을 선택하는 사람이 있는 한 음식과 사람사이, 음식의 위계와 사람의 위계 사이에 유사성이 있다는 사실이 문화를 이루게 되는 속성이 된다.

사실, 어떻게 보면 음식에 대한 상징적 의미를 부여하는 것은 음식 자체와는 별 관련이 없다. 대다수의 사람들에 있어 어떤 특정한 음식을 먹는다는 것은 단순히 충족만이 아니라 일종의 자신만의 가치를 가지고 경험하는 것으로 여기는 것이다. 결국 음식을 소비하는 것은 자신의 어떤 정체성을 확인하고 그와 관련된 문화와 소통하는 것으로 느끼는 것이다.

⑧ 문화와 종교의 요인

인류의 역사에서 발달되어온 음식을 보면 사람들은 음식을 생명유지를 위한 수단으로 욕구와 더불어 발달시켜 왔다고 볼 수 있다. 즉 음식을 발견하고, 준비하고, 차려내고 소비하는 데에 쓰여진 방법들은 음식자체의 역사와 함께 문화에 따라 다르다. 단순하게 사람들은 그저 먹기만 하는 것보다 그 음식을 소비하는 데에는 언제나 의미를 두고 행하여졌다는 것이다. 그 의미는 상징적인 것이 많았으며, 또, 상징적으로 소통되었다. 그 결과 음식을 소비하는 사람들의 교육정도, 각자 경험의 정도에 따라 이해하는 폭, 건강에 대한 이해, 수입의 정도, 사회적인 지위. 전통과 신앙, 가치관, 등 모든 것을 음식선택의 속성에 포함시킨다.

또한 음식습관의 많은 부분들이 종교와 그리고 신념 및 사회성과 놀라울 만큼 얽혀 있다. 특정 종교에서 보면 사순절 기간의 금요일에 육식을 먹지 말 것을 요구하는 것, 소고기를 금기식으로 하는 것, 돼지고기 섭취를 금기하는 종교 등이 음식선호에 미치는 종교관의 일례이다.

사실, 음식은 육체적 생명유지를 위해 필연적인 요소이지만 종교적 영향을 많이 받게 되었다는 것이 자연스런 일이 되었다. 그리고 이러한 필연성은 음식습관을 각기 다른 종교들을 구분하는 수단으로도 쓰여지게 되었다. 하지만 근래에는 그런 의미를 상실해 가는 추세이다.

⑨ 음식자체의 특성

음식은 역사를 거듭할수록 문화와 더불어 발달되어가고 문화와 경제적인 속성에 영향을 받았다 하더라도 메뉴계획에서 실제적으로 가장 중요하게 다루어야 하는 것은 그 음식 자체가 될 수밖에 없다. 감각적인 속성(sensory properties)과 같은 음식의 특성이 음식의 선호에 절대적인 역할을 한다. 그러한 특성을 살펴보기로 하자.

– 색상

음식 자체의 색상은 그 음식의 주재료의 색상을 살리기도 하고 또는 소스나 부재료의 색상을 살리기도 한다.

음식의 컬러는 주변 환경과의 조화에서 식욕을 돋우기도 하고 떨어뜨리기도 한다. 주변 환경, 즉 가니쉬, 플레이트, 냅킨, 촛불, 조명, 식탁, 테이블크로스 등과의 조화도 각별히 고려하여 음식의 특성을 살리도록 해야 한다.

음식의 선호도에 영향을 미치는 것이 인간의 오감(시(視), 청(聽), 후(喉), 미(味), 촉(觸)) 중에서 시각이라 할 수 있다. 메뉴계획에서는 자연적인 색깔을 이용한 조화가 필수적이다. 고객이 음식을 선택하는데 가장 중요한 요인인 컬러는 심리적으로 많은 영향을 미친다. 붉은색, 오렌지, 살구색, 핑크, 브라운, 노랑, 그리고 연한 그린 색깔이 선호하는 색상이다. 반면에 보라색, 바이올렛, 진한 그린, 회색, 올리브 색상은 그다지 선호되는 색상이 아니다.

– 조직(Texture, mouth feel)과 모양

음식에서의 조직(texture)이란 음식을 씹었을 때 느끼는 질감을 말한다. 음식에 사용되는 주요한 형용사는 주로 연한 또는 부드러운(soft), 딱딱한 또는 질긴(hard), 바삭바삭한(crispy), 씹히는(chewy), 오도독한(crunchy), 입에 당기는(smooth), 부서지기 쉬운(brittle), 그리고 거친(grainy) 등이다.

음식선호도에 영향을 미치는 음식의 조직감은, 예를 들면 수프는 바삭바삭한 크래커와 조화를 이루고 질감이 부드러운 감자는 씹히는 스테이크와 조화를 이룬다. 또한, 음식에 곁들이는 가니쉬의 모양도 시각적으로 고객의 시선을 집중시킬 수 있어 음식의 선호에 영향을 미친다. 특히, 컬러와 모양, 그리고 조직감은 시각적인 효과 외에도 메뉴를 다양화시키는데 이용할 수 있어 메뉴계획 과정에서 중요하게 고려해야 할 요인들이다.

– 농도(consistency)

음식의 농도는 음식의 점착성(끈적임)의 정도를 말하는데, 이것 또한 입안에서 느끼는(mouth feel) 감각인 조직감과 마찬가지로 메뉴아이템의 다양성을 제공한다. 음식의 농도를 표현할 때 액체모양(runny), 젤라틴 질(gelatinous), 반죽 같은(pasty), 묽은(thin), 진한(thick), 또는 찐득찐득한(sticky), 끈적끈적한(gummy)과 같은 형용사가 많이 사용된다.

이러한 용어들은 주로 소스와 그레이비의 종류에서 많이 사용한다. 질긴 조직감을 가진 육류에서는 진한 농도의 소스가 제공되는 것이 소스의 부드러운 농도와 육류의 질긴감을 조화롭게 만들어 놓은 것이라 볼 수 있다.

– 맛(flavor)

일반적으로 사람들은 4원미라 부르는 단맛, 쓴맛, 신맛, 짠맛과 통각이라 부르는 매운맛 등을 구별할 수 있다고 한다. 음식은 식재료와 향신료 등을 이용하여 원하는 맛을 만들어 내고 맛들 간의 조화를 이뤄내는 것이 조리사의 역할이며 숙련도이다.

– 음식의 조리방법

메뉴를 계획할 때 조리방법은 다양하게 고려되어야 한다. 얼마나 다양한 조리방법을 이용하느냐는 메뉴에 대한 이해도, 조리사의 스킬, 사용하는 식재료와 주방에서 사용하는 기자재에 따라 달라진다. 그러나 근래에는 주방설비는 잘 갖춰져 있으나 그것들을 효율적으로 사용할 수 있는 메뉴계획이 잘 이루어지지 않는 경향이 있다. 따라서 메뉴를 계획할 때에 주방 설비에 따른 조리방법이 충분히 고려되어져야 한다.

사실 메뉴계획을 할 때 조리방법을 고려한다면 코스와 코스 간의 조화가 이뤄지는 것만 중요하게 여긴다. 첫 번째 코스와 두 번째 코스의 조리방법이 다르게 사용되어 단조로움을 피해야 한다. 따라서 다양한 조리방법을 통하여 단조로운 메뉴를 다양한 메뉴로 바꾸는 게 좋다. 메뉴 출시 후 일정기간이 지나 고정된 메뉴아이템에 식상해 하는 고객들에게 조리방법을 다르게 변형시켜 새로운 맛을 선사하고 또한 가격을 올려 매출상승도 기대해 볼 수 있다.

이와 같이 적절하고 다양한 조리방법을 사용함으로써 고객관리와 레스토랑의 매출을 올리는 중요한 역할을 수행할 수 있어 메뉴계획자와 관리자는 음식의 조리방법을 중요하게 다루어야 할 것이다.

– 서빙온도

메뉴 계획 시 찬 음식과 더운 음식의 조화는 매우 중요하다. 그리고 차가운 음식은 차갑게 내고 더운 음식은 따뜻하게 내는 것이 원칙이다. 일반적으로 사람들이 맛있게 느끼는 음식의 온도도 거의 정해져 있으므로 상식적인 선에서 제공하는 게 바람직하다. 사실 서빙온도는 계절에 따라 다르고 식사가 제공되는 때에 따라 영향을 받기도 한다. 하지만 지혜롭게 조율해가며 연령과 장소적인 것을 고려해 제공하는 것이 좋다.

– 진열 및 서빙방법

주방에서 정성스럽게 준비한 음식들은 마지막으로 고객에게 서빙할 수 있도록 그릇에 담거나 또는 진열하는 것이 중요하다. 음식이 담긴 상태, 진열된 상태, 또는 제공되는 방법에 따라 특정 음식에 대한 고객의 만족정도는 아주 큰 차이가 있을 수 있다.

고객은 먼저 시각으로 감동을 받고 그 다음 음식의 맛을 보기 때문에 아무리 값지고 맛있는 메뉴라도 시각적으로 감동시키지 못한다면 음식 맛을 잃게 된다고 한다. 그래서 근래에는 시각적인 플레이트 장식과 푸드 스타일링에 중점을 두고 있다.

요즘에는 좋은 레스토랑을 방문하게 되면 음식보다도 내부 인테리어와 분위기, 또한 배경음악까지도 세심하게 살피고 감동받기를 원한다. 그런 다음 테이블 세팅, 주문한 음식, 그 음식을 만든 조리사까지도 관심을 보이며 감동을 남기고자 사진촬영도 열심히 한다.

2) Ninemeier의 모형

Ninemeier의 메뉴계획 모형은 Mahmood의 모형보다 마케팅 측면을 구체화 하였다. Ninemeier는 메뉴계획에서 지(知)피(彼)지(知)기(己)(적의 형편과 나를 아는 것)을 강조하였다. 즉 피(彼 : 고객 : 마켓)와 지(知 : 내부적인 내용 : 레스토랑 자체)를 주로 강조하여 성공적인 메뉴를 계획할 수 있도록 개발한 모형이다. 고객, 제공될 아이템의 질, 원가, 생산과 원식자재의 공급, 최대 생산량과 영업적인 문제, 위생적인 문제, 주방시설의 문제, 그리고 주방기기의 문제 등을 메뉴계획 과정에서 메뉴계자가 고려하여야 하는 주요사항으로 세분화하였다. 이 모형은 제공되는 아이템의 질과 고객을 중심으로 모형을 구체화한 것으로 고객과 음식자체의 변수들을 메뉴계획자가 메뉴 계획시 고려해야 하는 변수로 발전시킨 모형이다.

〈그림 3-3〉 Ninemeier의 메뉴계획 모형

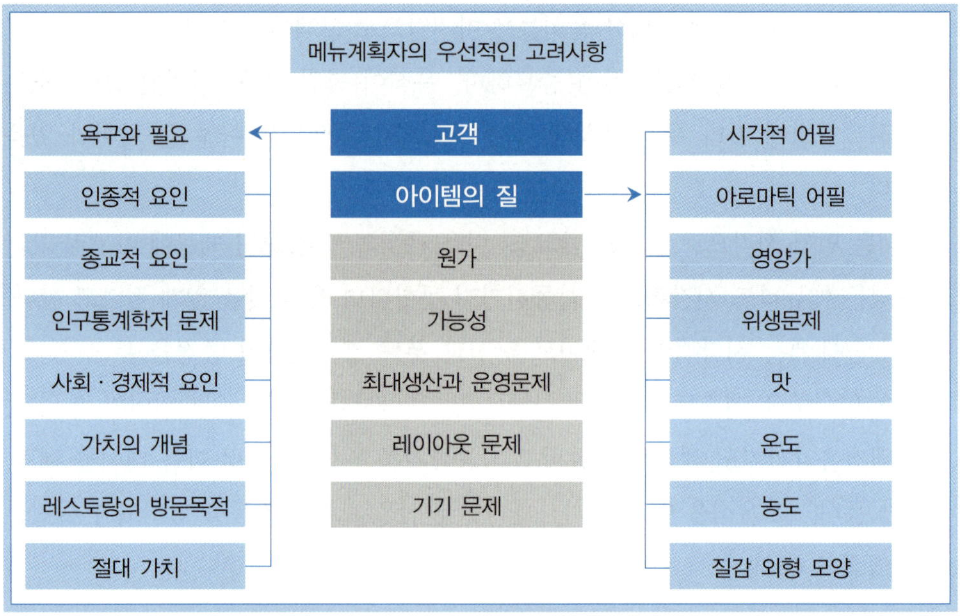

자료 : Jack D. Ninemeier(1984), Principles of Food and Beverage Operations, AH & MA, p. 115., Idem(1986), F & B Control, AH & MA, p. 91., Anthony M. Rey and Ferdinand Wieland(1985), Managing Service in Food and Beverage Operations, AH & MA, p. 44.

3) Lothar A. Kreck의 모형

크렉(Lothar Kreck)의 모형은 메뉴계획 모형을 식음료 부문에서 요구되는 통합 시스템 내의 하부시스템의 하나로 간주하여 모형을 전개하였다.

호텔식음료 부문의 운영에 요구되는 모든 자원(inputs)과 이러한 자원을 이용(process)하여 수익성 있는 메뉴(outputs)를 계획하는 개념이 내포된 모형을 말한다. 크렉의 메뉴계획 모형에 의하면 메뉴의 위치는 식음료부문의 운영모형의 산출(outputs)의 앞이라는 것이다. 즉 메뉴의 위치는 과정(process)이라는 것이다. 왜냐하면 식음료부문의 운영에 요구되는 자원(input)과 투입된 자원을 활용하여 산출(output)을 얻게 되는데, 메뉴는 고객의 만족과 조직의 목표를 달성하는데 관리도구와 마케팅도구로서의 역할을 수행하여야 하기 때문에 그 위치는 과정에 두어야 한다는 것이다.

이 메뉴계획 모형은 〈그림 3-4〉와 같이 투입(input), 과정(process), 산출(output)의 3부분으로 구성되어 있다. 그러므로 이모형의 투입요소는 식음료부문의 운영에서 요구되는 통합시스템 모형에서 얻어지는 정보에 의해서 결정된다. 이렇게 해서 얻어진 모든 정보에 의해 성공적인 메뉴가 계획될 수 있는데 여기에서 성공적인 메뉴는 고객의 만족과 조직의 목표달성을 동시에 가져올 수 있는 메뉴계획을 말한다.

〈그림 3-4〉 Lotar Creck의 메뉴계획 모형

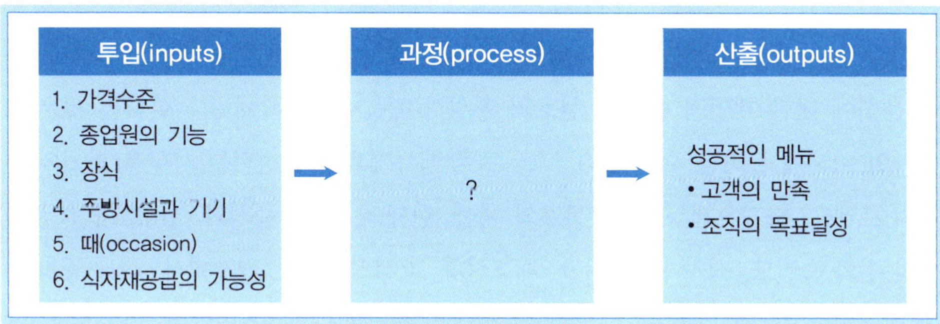

자료 : Lothar A. Kreck(1984), Menu : Analysis and Planning, 2nd ed., CBI Book, p. 30.

Lothar Creck은 이 모형을 보다 구체화하여 산출결과를 분석하고, 분석된 결과를 사전에 설정한 표준과 비교 · 평가하여 필요한 개선책을 다음 메뉴계획에 반영하는 완전한 메뉴계획 모형을 〈그림 3-5〉와 같이 전개하였다.

이 모형에서는 메뉴의 개선을 위한 메뉴의 평가단계를 추가하여, 분석된 결과를 사전에 설정된 표준과 비교하고, 개선의 필요가 요구되는 경우에는 다음 메뉴계획에 반영할 수 있도록 개발된 모형이다.

〈그림 3-5〉 크렉의 완전한 메뉴계획 모형

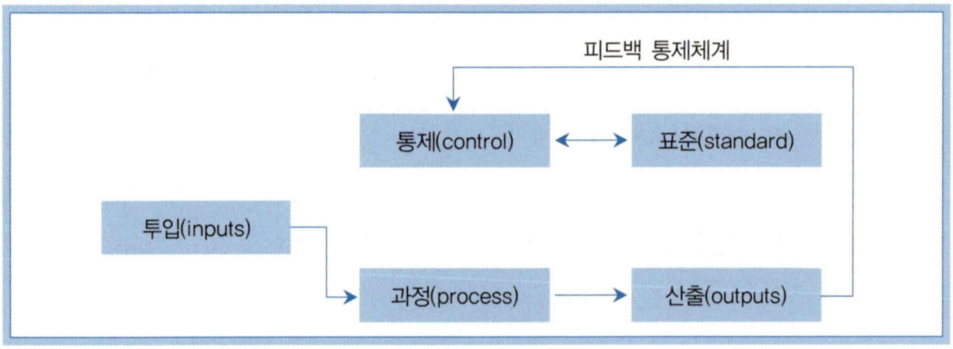

자료 : Lothar A. Kreck(1984), Menu : Analysis and Planning, 2nd ed., CBI Book, p. 147.

이와 같은 모든 요인들을 메뉴계획시 고려한다는 것은 거의 불가능한 일이다. 특히 음식에 대한 개인적 습관과 선호의 형성까지를 메뉴계획에 고려한다는 것은 추상적인 이론에 불과할 수도 있다. 그러므로 메뉴계획시 고려되는 사항을 과거와 현재의 트렌드, 타깃고객, 조직의 목표와 예산, 현재의 생산가능성과 서비스시설, 종사원의 수와 숙련도, 식자재공급기장, 재고현황, 계절성, 원가, 경쟁회사, 이윤 등과 같이 내적인 고려사항들과 타깃고객을 중심으로 하는 판매가, 조리방법, 다양성, 음식의 형태, 메뉴자체의 특성, 가치 등을 기본적으로 고려해서 메뉴를 계획해야 한다.

다시 정리하면, 타깃고객을 중심으로 그들이 원하는 아이템, 그들을 만족시킬 수 있는 아이템, 생산이 가능한 아이템, 그리고 수익성이 있는 아이템을 선정하는 것을 메뉴계획이라고 할 수 있다.

5. 메뉴계획의 순서 및 진행과정

1) 메뉴계획 순서

메뉴계획은 식음료와 조리방법과 서비스방법 등에 대한 지식만 요구되는 것이 아니라, 음식에 대한 이해와 영양에 대한 지식, 디자인, 음식의 색상, 그리고 경영과 마케팅 감각까지도 필요한 부분이다.

현대의 식음료경영은 과거보다 훨씬 고객만족 부문에 집중하기 때문에 고객의 욕구에 맞는 메뉴가 계획되어져야 한다. 그다음으로 원가, 이미지, 구입 불가능한 식재료, 부적절한 조리기구, 부적절한 조리기술 및 조리인력, 품질유지의 어려움 등을 고려하여 최대의 고객욕구 만족을 시킬 수 있도록 노력해야 한다.

〈그림 3-6〉 메뉴계획 작업절차

고객의 욕구 및 욕망 파악

↓

현재와 과거의 메뉴품목 조사

↓

표준조리표 작성

↓

계절음식 목록
최우선 구매목록 조사

↓

표준 1인분 원가계산

↓

과거 판매기록 및 생산기록 참고

자료 : 이애주, 1996. p. 196-197.

2) 메뉴계획 진행과정

메뉴계획은 조직의 목적과 목표, 예산, 현재의 생산과 서비스시설, 조리인력의 수와 숙련도, 식자재 공급시장의 조건, 식자재의 재고관리 등과 같은 조직의 관점과 메뉴의 선정, 조리방법, 메뉴의 다양성, 메뉴의 특성 등의 고객의 관점을 가장 중요하게 다루어 고려해야 한다. 이러한 관점들을 고려하여 전체적이고 보편적인 메뉴

계획을 〈그림 3-7〉에서 살펴보면 다음과 같다.

〈그림 3-7〉 메뉴계획의 진행과정

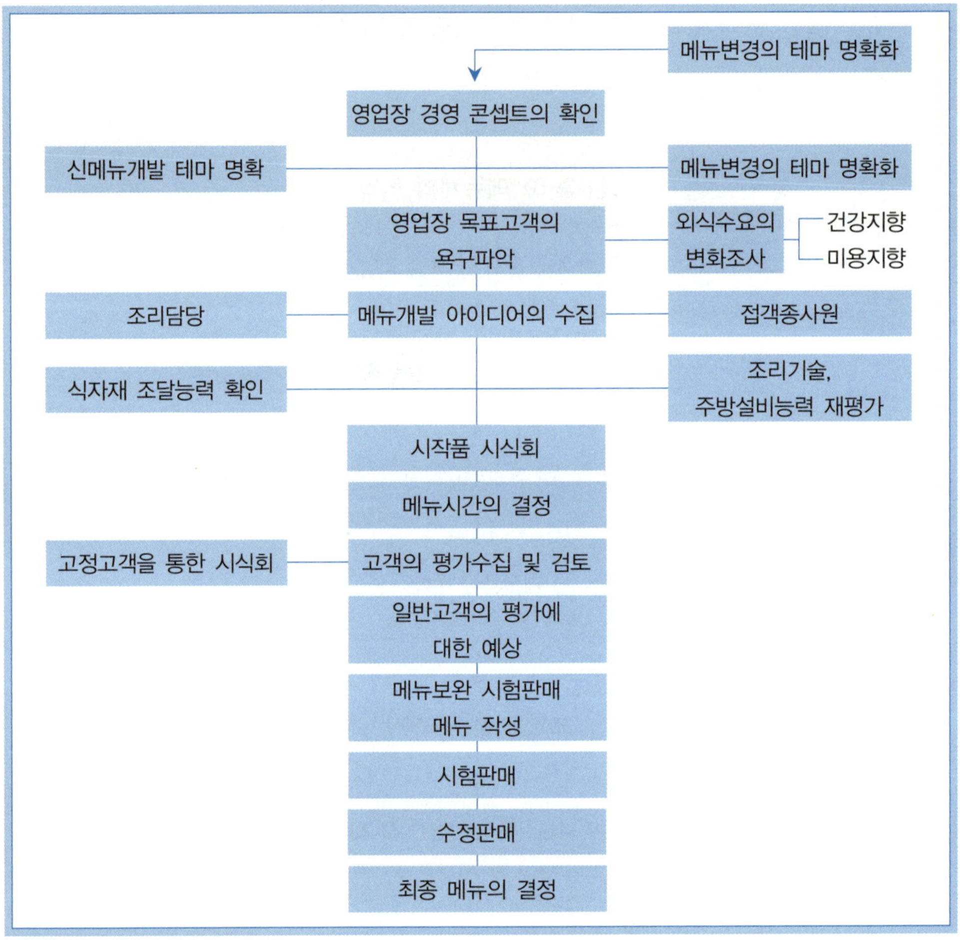

자료 : 쉐라톤 워커힐 조리부 매뉴얼.

메뉴 디자인

Chapter **04**

Chapter 04

메뉴 디자인

1. 메뉴 디자인의 개요

메뉴계획자가 메뉴 북에 기록할 이상적인 아이템을 고객과 관리적인 양면을 고려하여 선정하는 과정을 메뉴계획이라 정의한 반면, 메뉴 디자인이란 메뉴계획에서 선정된 메뉴아이템을 메뉴판에 옮기는 과정을 말한다. 그러나 그 과정이 단순하게 아이템들을 늘어놓는 것이 아니라 고객과의 커뮤니케이션 및 마케팅도구로 사용됨을 알아야 한다. 사실 메뉴는 고객에게 레스토랑이 약속하는 일종의 서약서라고 볼 수 있다. 따라서 메뉴계획과 동시에 디자인과정 또한 중요하다. 일반적으로 메뉴를 디자인하기는 쉬워 보이지만 메뉴 디자인에 대한 이론적인 고찰을 바탕으로 제대로 된 메뉴를 디자인한다는 것은 쉬운 일이 아니다.

대부분의 메뉴를 디자인하는 사람들은 미적인 면만 강조하고 있으나 최근에는 미의 화려함보다는 기능에서 앞서가는 메뉴가 훨씬 중요시되며, 메뉴 디자인에 있어서 가장 크게 부각되는 부분이다.

2. 메뉴의 특징

메뉴는 레스토랑에서 판매하는 메뉴상품을 고객에게 알리기 위해 기록한 목록이다. 다시 말해서 메뉴상품은 고객들이 실제로 상품을 보지 못하고 살 수밖에 없기 때문에 메뉴를 기록하는 방법이 판매에 큰 영향을 미친다고 볼 수밖에 없다. 따라서 고객과 레스토랑 경영주 사이의 커뮤니케이션의 도구가 되어야 하며, 고객들에게는 레스토랑의 이미지를 전달하고, 경영주에게는 레스토랑을 경영하는 데의 관리도구로 사용되어지고 있다.

메뉴에는 반드시 레스토랑에서 제공하는 음식목록, 서비스, 분위기, 가격, 조리방법, 식재료의 특징과 계절에 대한 감각 등이 표현되어져야 하며 고객의 욕구를 반영하는 부분들이 들어가 있어야 한다. 즉 고객의 욕구에 대한 만족과 또한 레스토랑 경영주의 이익 목표달성이 이뤄져야 하기 때문에 메뉴는 이러한 기능들을 다할 때 완전한 메뉴작성이 되었다 할 수 있다.

3. 메뉴 디자인이 가져야 하는 특징

레스토랑에서 판매되는 외식상품인 메뉴는 다른 제조상품과는 다른 디자인과는 차별화된 디자인의 특징을 가지고 있다. 음식상품이 갖춰야 하는 특징들을 잘 파악해서 실제로 메뉴를 계획하고 개발할 때 잘 적용시키고, 또한 고객의 욕구를 만족시키므로 매출증진을 최대로 올릴 수 있다. 메뉴 디자인의 특징을 살펴보면 다음과 같다.

1) 색상에 대한 특징

메뉴상품의 특징은 시각적인 특징이 식욕으로 연결됨으로서 구매결정이 되기 때문에 메뉴 북에서부터 색상은 중요하다고 볼 수 있다. 잘된 디자인은 좋은 색상의 배합과 조화를 통해 최대 효과를 낼 수 있다. 고객들은 메뉴색상에서 메뉴에 대한 관심을 갖게 되고 구매 욕구를 가지게 된다.

일반적으로 사람들은 개별적으로 선호하는 색상이 있고, 연령이나 성별에 따라 그리고 분위기 등에 따라 좋아하는 색도 달라진다. 그러나 음식에 있어서는 식욕을 증진시키고 맛있게 보이게 하는 색상들이 있다. 빨간색, 주황색 등 붉은 계통의 색깔은 식욕을 자극하고, 먹고 싶은 욕구를 자극한다고 한다. 반면 노란색과 연두색은 식욕을 자극하는 정도가 현저하게 감소되며, 또한 보라색이나 자주색 계종도 식욕을 자극하지 못하는 것으로 나타난다.

식재료 중의 채소의 색깔을 제외한 녹색의 음식은 식욕을 자극하지 못하고 음식의 거부감마저 들게 한다. 그리고 옅은 색이나 무색의 음식들은 식욕을 자극하지는 못하고 거부감도 생기게 하지도 않는다. 메뉴상품은 메뉴 디자인에서 색상이 차지하는 비중이 상당히 높다고 볼 수 있다.

2) 디자인 활자에 대한 특징

메뉴 디자인에서의 활자는 다른 분야의 디자인 활자 배열과 크게 다르지 않다. 디자인 인쇄가 특히 눈에 잘 띄어야 하는 것은 물론이고 균형도 맞아야 하며 다른 일러스트레이션과도 전체적인 조화도 이뤄져야 한다. 메뉴 전체에서 활자는 얼마만큼 차지해야 하는가는 정해져 있지 않으나 인쇄부분과 여백이 1 : 1 정도가 가장 이상적이라 할 수 있다. 특히 레스토랑의 형태와 분위기에 따라 활자체를 활용하는 것이 효과적이다.

3) 메뉴 형태에 따른 특징

메뉴 디자인은 레스토랑의 메뉴형태에 따라 그 디자인과 내용을 다르게 디자인해야 한다. 레스토랑에서 메뉴의 용도, 즉 지속시간에 따라 고정메뉴와 주기메뉴 및 단기메뉴로 나누어지는데 그것에 따라 디자인과 내용을 다르게 하는 것이 효과를 높일 수 있다. 또한 음식소비 형태와 서비스장소, 그리고 가격에 따라 메뉴는 다양해지고 메뉴 디자인도 각기 다른 특징을 갖고 디자인되어야 한다.

레스토랑의 모든 경영은 메뉴와 관련해서 이루어지고 메뉴의 맛에 따라 목표 달성이 달라진다. 실내 인테리어와 서비스수준 등 모든 것이 조화를 이루어 효과를 내기는 하지만 고객이 처음 대하고 주문하는 메뉴 북은 디자인이 얼마나 중요한지 강조할 수밖에 없다.

〈그림 4-1〉 음식 맛의 여러 가지 요인

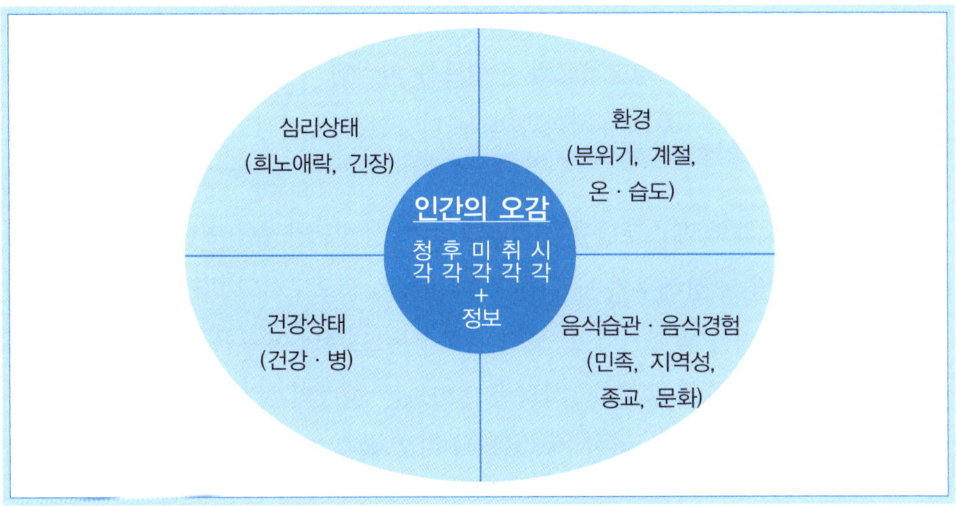

〈그림 4-2〉 기본적인 4원미를 포함한 맛의 분류

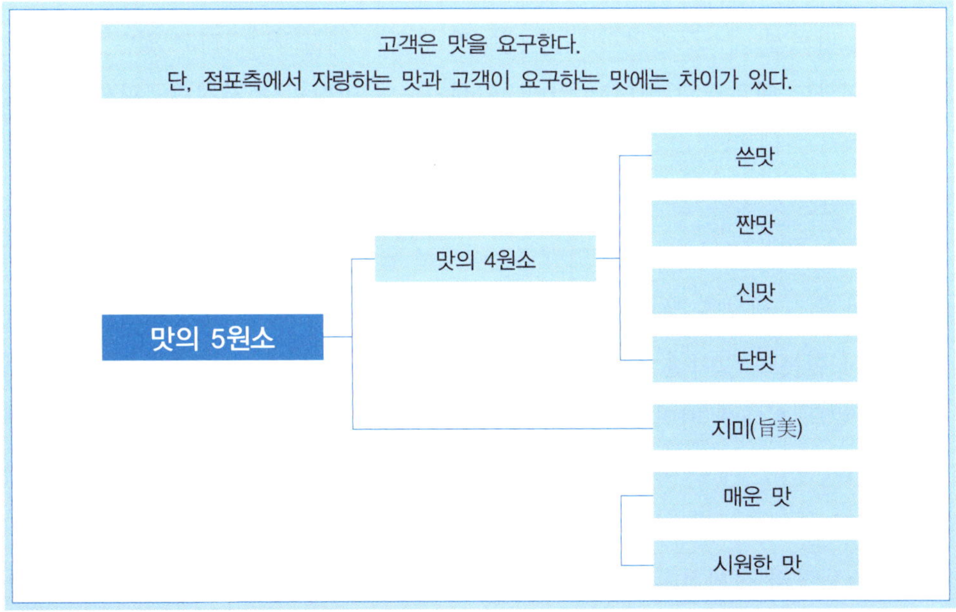

4. 메뉴 디자인의 기본

1) 메뉴 디자인의 계획

메뉴 디자인을 계획하기 전 디자인 담당자는 메뉴계획의 의도를 먼저 파악해야 한다. 레스토랑 경영주의 경영목표와 콘셉트를 파악한 후에라야 디자인 목표가 확실하게 세워질 것이다. 즉 메뉴계획과 메뉴 디자인은 동일시되어지고 콘셉트에 맞아 떨어지게 된다.

사실 메뉴는 고객과 레스토랑을 연결시켜 주는 상호보완적인 역할을 담당하고 레스토랑의 수익성을 보장해주기 때문이다. 메뉴가 상품으로서의 마케팅 효과와 함께 생산성 증가의 목적을 달성시키고, 또한 변화하는 고객의 욕구를 충족시킬 수 있는 트렌드(Trend)를 주도해야 한다. 이처럼 변화하는 환경의 분석은 레스토랑 경영주보다도 메뉴개발자나 메뉴 디자인 전문가들이 더욱 빠르게 선행해야만 할 문제들이다.

2) 레스토랑 콘셉트에 따른 메뉴 디자인 계획

예전과 다르게 레스토랑의 형태와 메뉴의 형태가 세분화되어지고 있다. 또한 디자인의 변화도 빠르게 진행되고 있다. 인쇄기술의 발달과 컴퓨터그래픽의 발달로 인해 간편하고 다양한 디자인 기술이 보편화되었다. 또한 독특한 아이디어로 창의적인 메뉴판들이 속속 등장하고 있어 레스토랑에 특징을 잘 살려주고 있다. 따라서 고객들의 잠재욕구를 자극하는 마케팅전략으로 활용되어진다. 예를 들면, 각 나라의 국기와 특징 색상을 활용하여 메뉴를 메뉴판을 보지 않고도 어느 나라 음식인지를 고객이 한눈에 알아볼 수 있게 표현하기도 한다.

레스토랑의 형태에 따라 메뉴 북의 품질이나 디자인이 달라지고 품격에 맞는 메뉴 북이어야 한다. 메뉴 내용이 부실하다든지, 메뉴 북이 품격이 레스토랑의 콘셉트와 맞지 않다면 고객의 시선을 끌지 못할 것이다. 레스토랑의 콘셉트(concept)라 함은 레스토랑의 전체적인 분위기를 말하는 것으로서 거기에 맞는 분위기, 이미지에 조화를 이룬 메뉴를 제공하는 것이 가장 중요한 일이다.

3) 메뉴 디자인의 기본원칙

메뉴 디자인은 메뉴의 시각적인 구성 양식(format)에 관한 가장 중요한 요소 중의 하나이다. 레스토랑 경영주나 관리자들은 기존의 레스토랑과 경쟁업체들과 관련된 여러 가지 메뉴 디자인들을 취합하여 비교 분석하는 것이 당연하며, 메뉴계획자(menu planner)는 외부업체의 메뉴 디자인에 관하여 여러 가지 구성요소들을 평가하고 분석해야만 한다.

메뉴의 기본디자인은 레스토랑에서 사용될 실제 양식으로 결정되며, 이러한 메뉴 양식으로는 크기(size), 형태(shape), 쪽수(pages), 패널(panel)에 따라 달라지게 된다. 이러한 양식들은 4×6인치 크기의 카드로 부토 13×18인치 또는 그 이상의 큰 사이즈로 광범위하게 사용할 수도 있다.

패널이란 용어는 메뉴의 외부표지와 같은 접지 않는 단일화된 부분을 말한다. 3겹 표지판 양식은 한 페이지를 1/3로 접은 것과 같은 반면, 2겹 표지는 표면과 뒷면으로 구성된 책 형태로 되어 있다. 메뉴의 양식들은 여러 가지 모양(직사각형, 원형, 삼각형 등)으로 제작될 수 있으며 표지들 사이에 다양한 페이지를 삽입할 수 있다. 메뉴 디자인의 효과는 레스토랑 경영자가 고객에게 전달하고자 하는 메시지를 효과적으로 의사소통(communication)이 될 때 나타나게 된다.

메뉴 디자인 계획할 때 고려해야 할 사항을 살펴보자.

- 메뉴 북은 견고해서 얼룩이 가지 않는 종이를 사용할 것
- 메뉴 북의 크기는 테이블의 크기에 맞춰 적당할 것
- 메뉴를 쉽게 읽을 수 있도록 여백이 적당할 것
- 형태를 일정하게 하고 활자의 종류와 크기는 읽기 편할 것
- 전문용어를 피하고 이해가 잘되게 표현할 것
- 주력메뉴는 굵은 활자체, 밑줄 긋기, 스티커나 추가조항을 붙여 돋보이게 할 것

- 가격, 문법, 철자 등을 정확히 쓸 것
- 영업장의 이름, 주소, 전화번호, 서비스 기간 등을 메뉴에 기록할 것

〈표 4-1〉 메뉴 커뮤니케이션을 통한 메뉴 디자인 모형

메뉴 디자이너

1. 레스토랑이 전달하고자 하는 메시지를 고려한다.
   ① 레스토랑의 전체적인 개념(concept)
   ② 경험적인 사고
   ③ 마케팅 리서치의 결과
   ④ 과거의 성공적인 운영방법과 실질적인 머천다이징
2. 전달하고자 하는 메시지의 뜻을 단어나 부호로 표현
   ① 레스토랑의 목표
   ② 레스토랑의 정책
   ③ 레스토랑의 철학
3. 전달하고자 하는 메시지를 인쇄된 메뉴를 통하여 전달한다.
   ① 메뉴의 표지
   ② 메뉴 카피(copy)
   ③ 활자
   ④ 색상
   ⑤ 심미성(審美性) 작업(art work)
   ⑥ 위치(position)

메뉴를 보는 사람들

1. 메뉴계획자가 의도한 메시지를 인쇄된 메뉴를 통하여 접한다.
   ① 접한 메시지를 해석한다.
   ② 그리고 개인적인 의향(attitudinal concept)을 형성한다.
2. 전달받은 단어나 부호를 해석한다.
   ① 단어나 부호를 해독한다.
   ② 기대를 나타낸다.
   ③ 지각된 가치를 본다.
3. 전달받은 메시지의 뜻을 이해하고 수용한다.
   ① 행동한다.
   ② 원하는 아이템을 주문한다.
   ③ 수익성 있는 아이템을 주문한다.
   ④ 단골고객이 된다.

자료 : Jack E. Miller(1992), Menu Pricing and Strategy, 3rd ed., VNR, p. 20.

5. 메뉴 디자인의 실제

레스토랑 경영주나 관리자들은 기존의 레스토랑과 경쟁업체들과 관련된 여러 가지 메뉴 디자인들을 취합하여 비교분석하는 것이 당연하며, 메뉴계획자(menu planner)는 외부업체의 메뉴 디자인에 관하여 여러 가지 구성요소들을 평가하고 분석해야만 한다. 메뉴의 기본디자인은 레스토랑에서 사용될 실제 양식으로 결정되며, 이러한 메뉴양식으로는 크기(size), 형태(shape), 쪽수(pages), 패널(panel)에 따라 달라지게 된다.

1) 메뉴 북의 구성(Menu Formats)

메뉴 북을 제작할 때에 사진, 도형, 문자 등을 일정한 공간에 구성・배열하는 것을 구성(formats)이라 한다. 즉 메뉴 북을 받은 고객의 심리적 접촉효과를 고려하면서 레스토랑에서 팔기를 원하는 아이템으로 고객의 시선을 끌 수 있게 메뉴를 디자인하는 것을 말한다.

메뉴 북의 기본 디자인은 메뉴의 포맷에 의해 결정되며 그 구성요소는 메뉴 북의 크기(size), 형태(shape), 페이지 수(pages), 그리고 패널(panel) 등으로 다양하다.

그러므로 적절한 포맷 구성은 가독성을 상승시키고 전체적인 균형에 영향을 미치며 레스토랑의 이미지를 표현할 수 있는 중요한 요소이다.

2) 메뉴 북 구성(Format) 종류

메뉴 디자인은 점, 선, 면, 공간, 일러스트레이션, 사진, 색상 등으로 이루어지는 시각적인 디자인의 한 영역으로서 각 요소들이 어떻게 배치되고 활용되는가에 따라 그 가치가 결정된다. 다음은 일반적으로 많이 사용하고 있는 메뉴 커버와 포맷(format)을 정리한 것이다.

〈그림 4-3〉 메뉴의 기본 패널(Panel)

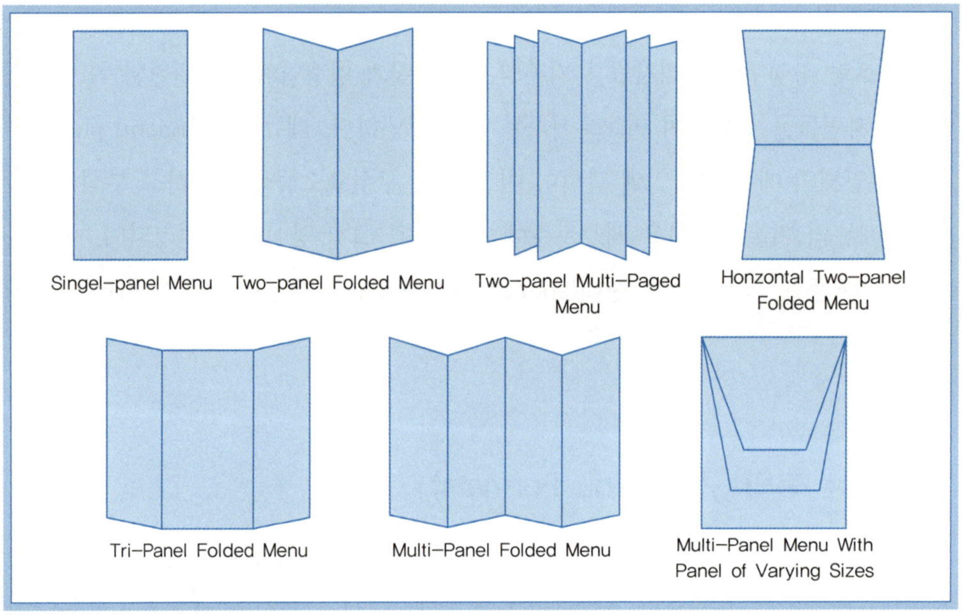

자료 : Jack D. Ninemeier, Management of food and beverage operations, AH & MA, 1990, p. 124

① 싱글 패널(Single-pane)

메뉴 북의 패널은 메뉴의 외부 표지와 같은 접지 않은 단일화된 부분을 말하며, 일반적인 싱글 패널형 메뉴의 크기는 6×8인치와 9×12인치라고 할 수 있으나 더 큰 크기의 싱글 패널형 메뉴도 종종 사용된다. 형태는 직사각형, 원형, 삼각형 등 다양하게 디자인되고 이러한 형태는 캐주얼 레스토랑에서 많이 사용되고 있다.

② 투 패널 폴드(Two-panel Fold)

투 패널 폴드는 코스요리의 메뉴에서 가장 많이 쓰여지고 있으며, 전통적인 스타일로서 우리가 일반적으로 가장 많이 보아온 메뉴 북이다.

투 패널 폴드의 메뉴 북은 너무 많은 요리품목들을 나열 할 경우 전체 공간이 좁아져서 레이아웃이 복잡해지는 단점이 있어 전체적인 조화를 이루게 만들기 어렵다. 그러나 메뉴품목을 간결하게 정리하고 디자인을 조율해서 아주 적절하게 쓸 수 있는 폴드 형식이다.

③ **투 패널 멀티 페이지**(Two-panel Multi-paged Menu)

투 패널 멀티 페이지는 여러 페이지를 두 겹으로 된 메뉴를 말한다. 이 메뉴 북은 메뉴 품목들이 여러 가지이고 내용이 길거나 선택의 폭이 넓을 때 사용되는 메뉴 북 형태로서 메뉴를 위한 공간을 충분히 확보할 수 있다. 또한 다른 메뉴 북의 종류와 마찬가지로 페이지의 분량은 고객의 입장에서 편리하게 제작하는 것이 가장 효과적이다.

④ **수직 투 패널 폴드**(Horizontal Two-panel Folded Menu)

이 형식은 페이지의 형태가 수평으로 길게 된 것으로 기존의 형식과는 다르게 색다른 느낌을 주는 페이지로서 메뉴품목을 나열할 때 여유로운 분위기와 편안함을 준다. 이러한 수직 투 패널 폴드 형식은 캐주얼 레스토랑이나 스낵바에서 많이 쓰이는 형태이다.

⑤ **트라이 패널 폴드**(Tri-panel Fold)

이 형식은 기본적인 싱글 패널 메뉴판 양쪽으로 하나씩 패널이 붙어 있는 형식으로 3개의 패널로 구성된 메뉴 북 형식이다. 이와 같은 트라이 패널 폴드는 시선이 중앙에 집중되는 메뉴 북으로서 메뉴 품목을 나열할 때 수익성 있고 많이 팔고자 하는 메뉴 품목을 중앙 위치에 두어야 한다.

⑥ **멀티 패널 폴드**(Multi-panel Fold)

이 메뉴 북 형태는 병풍식으로 접어지는 형태로서 패널이 4개 이상으로 구성된 형태를 말한다. 특별한 경우를 제외하고 그다지 사용되지 않고 있으나, 젊은 층을 대상으로 하는 호프레스토랑 등에서 간혹 사용되어지고 있다.

〈그림 4-4〉 여러 가지 메뉴 북(패밀리레스토랑과 한정식)

〈그림 4-5〉 한 장으로 된 메뉴 북

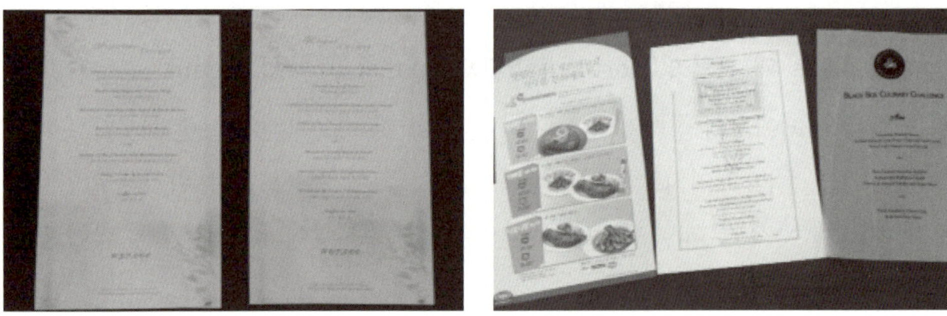

〈그림 4-6〉 한 장으로 된 시즌특선 메뉴 북

〈그림 4-7〉 한 장으로 접는 메뉴 북

〈그림 4-8〉 3쪽 이상의 메뉴 북

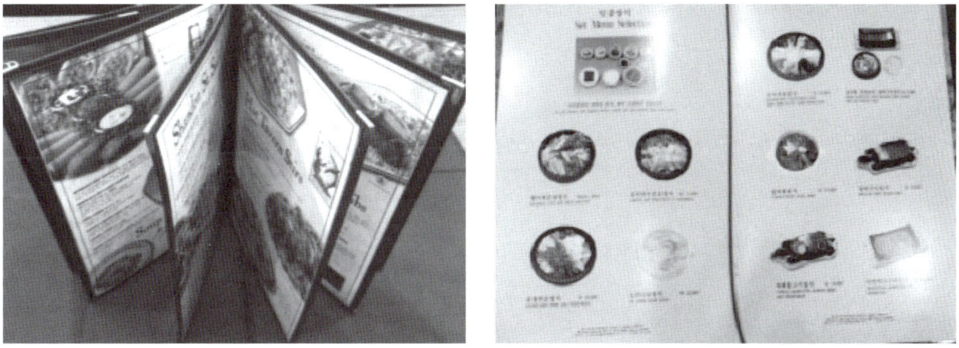

〈그림 4-9〉 쉐프의 붓글씨 수기로 쓴 한 장 메뉴 북

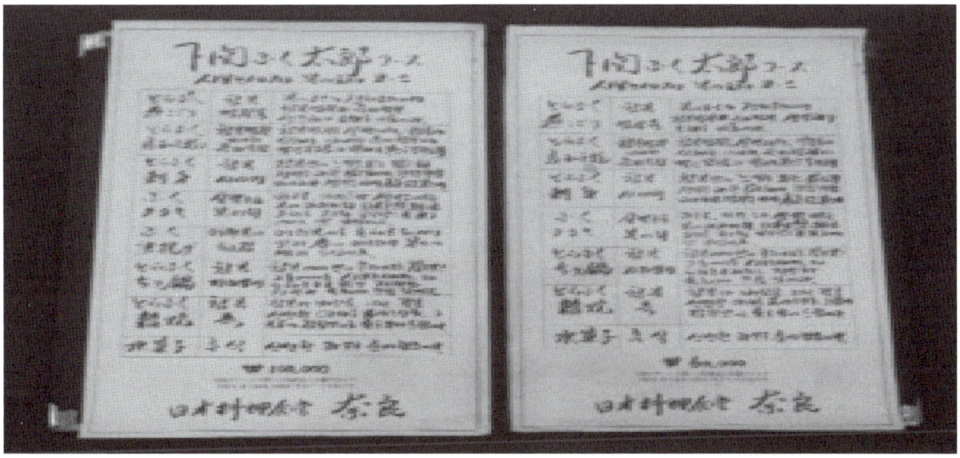

〈그림 4-10〉 세계 각국의 메뉴 북

3) 메뉴 아이템의 기본 배열

메뉴 아이템의 구성은 레스토랑에서 제공되는 메뉴구성 위주로 되기 마련인데 오늘날에는 고객의 욕구를 반영하는 메뉴 아이템과 레스토랑 측의 수익성을 고려한 메뉴아이템의 배열을 원칙으로 배열하고 있다.

메뉴 북에서의 배열에 관해서는 어떤 형의 아이템의 배열이 이상적이라고 말할 수는 없으며, 아이템 수와 레스토랑의 기본적인 포맷 등에 따라 적절한 배열 방식을 선택해야 한다. 일반적인 메뉴품목은 배열(layout)은 기본적인 대칭형, 비대칭형, 트리형, 혼합형 등을 구분할 수 있다. 메뉴의 크기나 접는 메뉴 북의 패널수 그리고 페이지 수에 따라 메뉴품목 배열이 달라진다. 또한 음식품목의 배열은 제공되는 순서에 의한 것이 바람직할 것이다.

〈그림 4-11〉 기본적인 메뉴 아이템의 배열

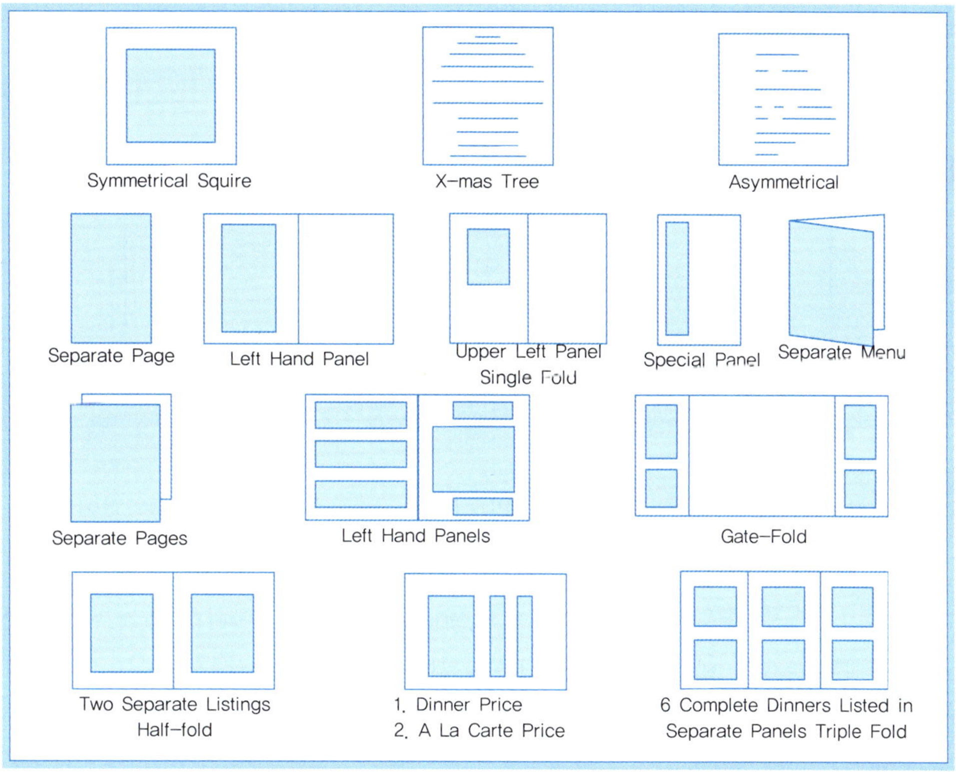

4) 메뉴 북에서의 시선의 이동

레스토랑의 내점고객은 메뉴를 주문을 할 때 메뉴 북을 보고 메뉴를 선택해야 한다. 고객의 시선은 오른 쪽 상단에서 왼쪽 상단으로 움직이며, 본인이 원하는 메뉴 아이템을 찾기 위해 시선의 이동이 일곱 번 이상 메뉴 북의 중앙 부분을 가로질러 움직인다고 한다.

〈그림 4-12〉 메뉴 북 시선의 중심점과 시선의 이동방향

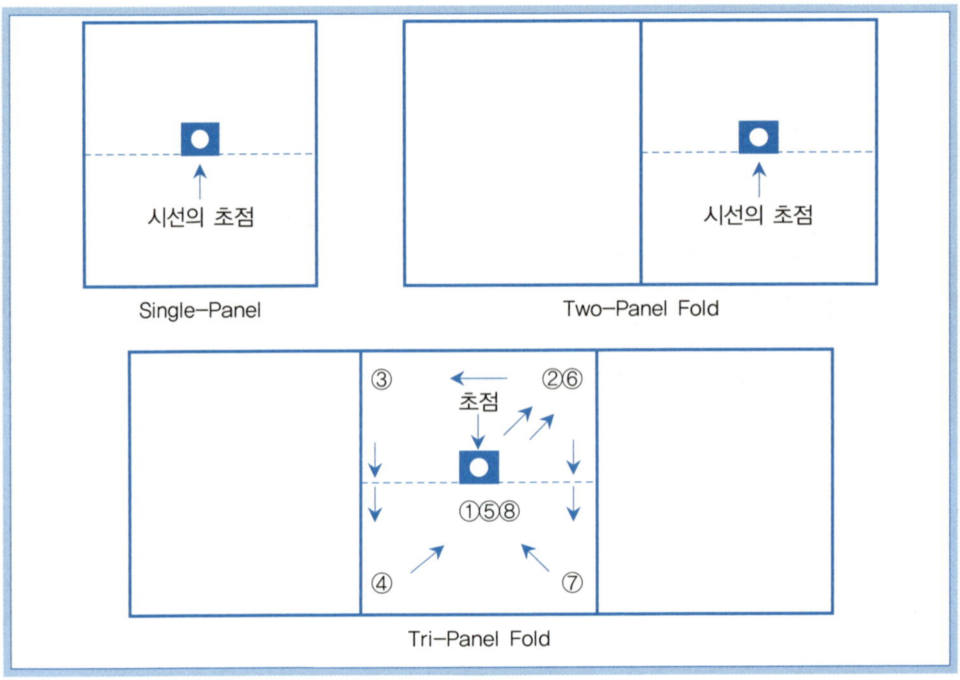

다시 말해서 모든 메뉴 북에는 고객의 시선이 집중되는 곳이 있다는 것이다. 즉 시선이 제일 먼저 집중되는 곳을 말하며, 그 지점은 메뉴의 포맷, 페이지수, 패널수, 컬러, 활자체, 도안 등에 따라 다르게 나타나는 것이다. 따라서 메뉴 디자인에서 고려되는 중요한 요소 중 하나가 레스토랑에서 판매하는 전략적인 아이템, 정책적인 아이템, 많이 팔고자 하는 아이템을 메뉴 북의 어느 위치에 배치하느냐 하는 것이다. 밀러(Jack E. Miller)의 저서 「*Menu : Pricing and Strategy*」에 의하면, 도어플러(Wil-lam Doerfler)의 시선의 이동방향에 관한 연구가 나와 있다.

5) 메뉴 북 글자체 배열

(1) 타이퍼그라피와 가독성(Typography & Legibility)

디자인 그래픽에서의 메시지 효과는 문자로 읽히는 개념보다는 보여지는 것, 또

는 말로 읽히는 것의 효과를 고객에게 전달되어지게 함이다. 메뉴의 메시지가 고객에게 효과적으로 전달되기 위해서는 메시지의 내용의 정확성, 용이성, 적합성 등만이 문제되는 것이 아니라 그것을 표현하는 요소들 활자, 사진, 여백 등의 조화가 통일된 체계 속에서 이루어져야 한다.

타이퍼그라피는 효과적인 의사전달을 위한 인쇄상의 여러 요소를 적절하게 배치하는 기교를 말한다. 그 중에서 가장 중요한 것이 활자이다. 최근에는 그래픽 디자인의 발달로 새로운 활자체가 많이 개발되어 있다. 활자의 가독성은 활자를 얼마나 쉽게 읽을 수 있느냐 또는 얼마나 시각적으로 잘 보이느냐 하는 것이다.

메뉴 북의 경우 레스토랑의 조명 아래에서 편안하게 읽을 수 읽을 수 있을 정도의 활자크기가 되어야만 할 것이다. 일반적으로 10~12포인 정도의 활자가 읽기에 가장 편안한 크기인 것으로 알려져 있다.

(2) 활자의 서체와 크기

글자체는 그 나름대로의 특성을 가지고 있어 메뉴의 미적·심리적 효과를 거두기 위해 글자체의 선택도 디자인에서는 가장 중요하다.

활자의 선택에는 적합성도 고려해야 하는데, 심리적인 적합성, 고객의 교육수준, 연령 등의 적합성과 서로 다른 활자와 전체 지면과의 조화에 대한 적합성이 있다. 또한 글자체의 선택은 레스토랑의 콘셉트와 타깃고객에 따라 달라진다. 즉 레스토랑의 전체 분위기를 전달할 수 있고, 고객이 쉽게 읽을 수 있는 활자의 선택을 말한다.

활자를 선택할 때의 고려사항

① 글자와 글자간의 간격을 나타내는 공간의 크기
② 색깔, 글씨체, 공간, 박스와의 대비(contrast)
③ 심미성
④ 특정 아이템을 돋보이게 하는 강조

〈그림 4-13〉 메뉴 북에 쓰이는 다양한 활자체

메뉴관리의 이해 10p
메뉴관리의 이해 12p
메뉴관리의 이해 14p
메뉴관리의 이해 16p
메뉴관리의이해 20p
메뉴관리의 이해 24p
메뉴관리의 이해 32p

메뉴품목에는 당연히 고급메뉴와 특별메뉴가 배치되어야 하며, 문구나 문체는 마케팅 목적에 알맞은 것으로 선택하여야 한다. 부연 설명된 문구에는 각 메뉴의 특징을 명확하고 간단하게 적어 넣는다. 메뉴의 역사적인 정보나 스토리텔링을 적어 넣어도 고객의 마음을 끌 수 있다. 본인 부담의 편의나 함께 제공되는 음료 또는 서비스의 내용을 표기하기도 한다.

6. 메뉴 카피(Menu Copy)와 메뉴구성(Menu Format)

1) 메뉴 카피의 정의

메뉴의 카피(copy)와 메뉴구성(format)을 통한 판촉활동과 판매행위 등을 일반적으로 메뉴의 실제(The Physical Menu)라고 한다.

메뉴 카피는 메뉴의 품목을 판매하기 위한 일종의 설명서로서 레스토랑이 제공하는 서비스를 알리는 중요한 역할을 한다. 여기에는 메뉴의 조리방법, 기본 식재료, 사용되는 부위, 크기, 품질 등 여러 가지 정보를 고객들에게 제공함으로서 레스토랑의 매출을 증진시키고 고객들에게 레스토랑이 제공하는 서비스를 알려주는 중요한 역할을 한다.

2) 메뉴 카피의 종류

일반적으로 메뉴 카피의 종류는 세 가지가 있다.

(1) 상품에 대한 카피(Merchandising)

메뉴상품, 그 자체의 상품에 대한 카피이다. 메뉴품목을 나타내는 것으로 상품의 종류를 말하는 것이다. 예를 들어 '감자튀김'하면 감자로 만든 요리로서 메뉴의 이름이다. 즉 메뉴 아이템을 나타내는 것으로 상품의 종류를 말한다.

(2) 상품에 관한 강조(Accent)

위에서 말한 상품만을 말하는 것보다 '감자튀김'을 강조하기 하기 위해 고객들의 인지도가 좋은 것을 선택해서 '우리나라 강원도 감자'라고 표현할 수 있을 것이다. 강원도에서 출하된 감자라는 것을 강조해 고객들에게 더욱 품질 좋은 식재료를 사용한 메뉴라고 인식시켜 먹고 싶은 욕구를 느끼게 한다.

(3) 상품에 관한 설명(Descriptive)

이것은 메뉴의 기본 기능을 알리는 것으로서 고객에게 음식 품목에 대한 정보를 제공하여 그 음식이 조리되는 과정이나 첨부되는 재료들을 미리 알 수 있도록 하는 것이다.

위의 '감자튀김'을 예를 들면, 감자튀김- '우리나라 강원도 감자'(강원도 감자를 얇게 썰어 기름에 살짝 튀긴)와 같이 메뉴 품목에 대한 설명을 덧붙이는 것이다. 이렇게 해서 고객들은 음식에 대한 보다 많은 정보를 접하게 되고, 진실되게 표현된 설명을 통하여 고객들이 그 품목을 선택할 수 있도록 유도하는 역할을 하는 것이다.

레스토랑의 입장에서 위의 내용들에 덧붙여 레스토랑에 대한 정보를 제공하는데 사용하여 업장에 대한 신뢰도를 확보할 수 있다. 근래에는 음식의 맛과 분위기도 중요하지만, 아울러 레스토랑의 신뢰도도 중요하다. 레스토랑의 역사나 전통 등을 그대로 간직하여 고객들에게 인지도를 높이는 데 중점을 두고 있다.

3) 메뉴 카피의 구성 형태

고객들이 메뉴를 얼마나 잘 읽을 수 있고 이해하고 음식에 대한 흥미를 유발시키는가는 레스토랑의 매출을 얼마나 증진시킬 수 있느냐의 문제이기 때문에 상당히 중요하게 다루어야 한다. 시각적인 메뉴 구성을 위해 여러 가지 구성요소들이 필요하게 된다. 이러한 것들은 적절한 레이아웃, 형태, 그림, 디자인, 일러스트레이션과 함께 그래픽 디자인,종이, 색상, 그리고 표지 등과 같은 여러 가지 요소들이 실제로 이용되어져야 한다.

(1) 헤딩(Heading)

헤딩에는 코스 또는 음식의 그룹을 분류하는 주 헤드(major heads : 전채, 수프, 생선, 주 요리 등)와 각 코스별 주 요리의 재료를 세분하는 서브헤드(sub heads : 주 요리의 재료에 따라 소고기, 돼지고기, 가금류, 해산물 등으로 분류) 그리고 아이템의 이름이 포함된다.

(2) 서술적 카피(Descriptive Copy)

서술적 카피에는 메뉴의 주재료와 보조재료, 곁들이는 소스, 그리고 조리방법 등이 포함되어 있다. 메뉴에 대한 자세한 설명으로 고객에게 이해의 폭을 넓히고 음식에 대한 정보를 제공함으로써 고객이 원하는 메뉴를 선택할 수 있도록 유도하는 과정이다.

(3) 서플리멘틀 머천다이징 카피(Supplemental Merchandising Copy)

레스토랑의 이름, 주소, 전화번호, 영업시간, 로고, 편의시설, 포장이 되는 요리, 특별 이벤트 등을 포함하여 판매 계획문을 만들어 레스토랑이 제공할 수 있는 모든 서비스에 대정보를 홍보하는데 사용한다.

(4) 인스티튜셔널 카피(Institutional Copy)

이 메뉴 카피 형태는 음식서비스업체의 질, 음식서비스업체의 역사, 그리고 어떤 특별한 사실에 관한 내용을 강조하는 메뉴이다. 이 카피 형태는 고객에게 음식서비스업체의 어떤 특징을 인지시켜 준다. 이 형태에는 네 기지 형태가 있다.

첫째, 한 음식서비스업체가 유구한 역사를 가지고 있는 건물에 위치하고 있을 때, 이 건물에 대한 역사를 설명함으로써 상징성을 부각시키는 형태이다.

둘째, 레스토랑자체의 전통성을 부가시키는 형태이다.

셋째, 조상으로부터 전통 비법을 전수받아 음식을 조리하는 레스토랑이라는 점을 부각시키는 형태이다.

넷째, 레스토랑의 어떤 특정한 분위기 등을 강조하는 형태이다. 이것은 전문성을 강조하기 위하여 일본풍, 영국풍, 프랑스풍, 그리고 중국풍 등의 사진을 첨부하는 형태이다.

7. 메뉴 디자인 평가

메뉴 디자인 평가는 레스토랑 자체의 내부인력보다는 그 레스토랑에 대해 알지 못하는 제 3자를 통해서 평가하는 게 바람직하다. 다시 말해 평가할 레스토랑에 대해 들어본 경험과 내점해보지 않은 외부인이 메뉴 북을 평가하여 업종과 업태, 타깃 고객, 서비스형태, 분위기 등의 전반적인 사항들을 고려한다면 효과적인 메뉴 북이 될 수 있을 것이다. 레스토랑을 대표하는 메뉴 북이 제공해야 할 정보를 살펴보면 다음과 같은 것들이 있다.

메뉴 북이 제공해야 할 정보

① 레스토랑에 대한 전체적인 분위기
② 레스토랑의 업종 및 업태
③ 주요 고객층
④ 서비스
⑤ 시설 및 설비
⑥ 시각효과
⑦ 배치 및 표현

메뉴는 레스토랑이 제공하고 있는 모든 서비스의 내용을 설명해 주는 고객과의 의사전달 수단으로서의 마케팅 역할을 수행하고 있다. 그 반면에 레스토랑의 메뉴 북은 레스토랑의 상품을 나타내는 카탈로그인 셈이다. 따라서 레스토랑의 콘셉트를 명확하게 표현할 수 있어야 하며 모든 요소들과 균형 및 조화를 이루어야 한다. 상품 카탈로그 역할의 메뉴 북은 고객을 유인하는데 중요한 역할을 하기 때문에 전력을 다해 만들어야 하고 지속적으로 연구해야 한다.

〈그림 4-14〉 메뉴 디자인 평가 요소

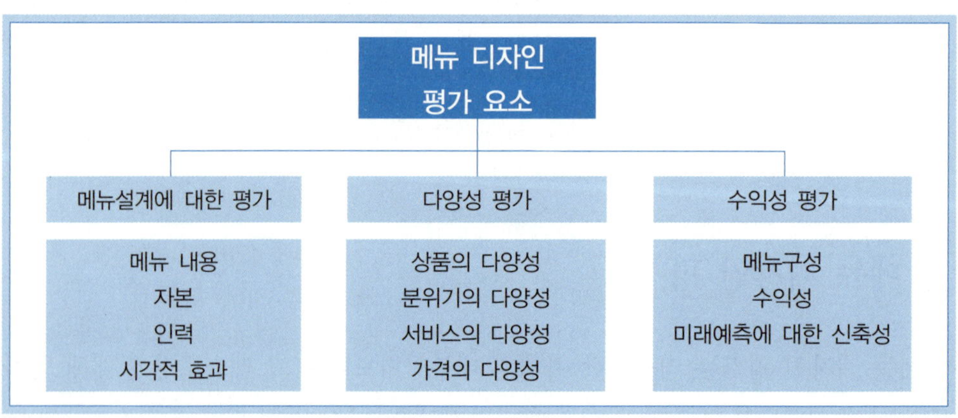

메뉴가격 결정

Chapter **05**

Chapter 05

메뉴가격 결정

외식산업의 급격한 발달은 다른 산업의 발달에 비해 획기적이라고 하지만 사실은 산업전체의 발전과 외식산업 종사자들의 꾸준한 노력과 인내의 결과라고 할 수 있을 것이다.

2002년 월드컵을 계기로 우리나라의 외식산업도 괄목한 만한 성장을 하였으며 주 5일제 근무로 인해 더욱 발전을 하게 되었다. 우리 주변에는 각양각색의 수많은 외식업체들이 있다. 이 업체들은 각각 나름대로의 경영전략과 마케팅기법을 통하여 매출을 증진시키고자 노력하고 있다. 그렇지만 각고의 노력에도 불구하고 매출하락으로 인하여 폐업하거나 전업을 하는 많은 업체들을 볼 수가 있다.

이러한 외식업체의 성패를 좌우하는 가장 큰 원인들을 살펴보면, 첫째, 상권입지조건, 둘째, 경영전략, 셋째, 서비스, 넷째, 인적자원 등이 있다. 그 중에서 경영전략 중에 메뉴가격은 상당히 심혈을 기울여 수립해야 할 부분이라 할 수 있다.

메뉴가격 결정목적은 다음과 같다.

<u>메뉴가격 결정 목적</u>

① 업장의 매출달성과 수익목표
② 객단가의 이익 극대화
③ 고객의 점유율 유지
④ 주방과 식당경영의 합리하 방안 모색

이러한 메뉴가격을 결정하는 데 있어서 경쟁의 우위를 확보하기 위해서는 다음과 같은 부분이 고려되어야 한다.

- 수요를 자극할 수 있는 가격인가?
- 경쟁력이 있는 가격인가?
- 비용과 이익이 균형을 이루고 있는가?
- 가격리더가 될 수 있는가?

이러한 점들을 중점적으로 도입하여 메뉴관리자들은 가격결정을 신중하게 다루어야 할 것이다. 레스토랑의 경쟁력은 전략적으로 가격결정에서부터 시작된다고 해도 과언이 아니기 때문이다.

1. 수요의 법칙

① 수요량(quantity demanded) : 소비자가 가격을 치르고 구입할 의사와 능력이 있는 재화나 서비스의 양을 의미한다.

② 수요(demand)란 소비자가 그 재화나 용역을 구매하고자 하는 의도나 계획을 의미한다.

③ 수요는 다음과 같은 두 가지 중요한 성질을 가진다.

- 수요란 소비자가 구매하고자 하는 의도・계획을 나타낸다(willingness to buy). 따라서 반드시 실제로 구매한 양을 나타내는 것은 아니며 초과수요가 존재할 수 있다. 단 구매능력이 뒷받침되지 못하는 의도나 계획까지 포함하는 것은 아니다.
- 어떤 일정 기간 동안의 구매의 흐름(flow, 유량)을 말한다. 따라서 수요량을 말할 때에는 '한 달에 100개'처럼 기간을 반드시 명시해야 한다.

④ 수요곡선 : 가격과 수요량 사이의 관계를 그림으로 그린 것이다. 다른 조건이 동일하다고 가정하고 수요량과 가장 밀접한 관계를 지니고 있는 가격만을 고

려한다. 가격이 오르면 수요량은 줄고 가격이 내리면 수요량은 늘어난다.

⑤ 수요의 법칙(law of demand) : 가격과 수요량 사이의 역의 관계를 말한다. 따라서 수요 곡선은 우하향한다. 그러나 수요의 법칙과는 달리 비쌀수록 수요가 증가하는 품목이 있다(전시효과).

⑥ 수요함수 : 재화의 가격과 수요량 사이에 존재하는 함수관계로서 각 가격수준에 대응하여 소비자들이 구매하려 하는 재화의 양을 규정하는 함수이다.

2. 수요의 결정 요인

① 가격 : 가격이 높을 때 수요는 적고 가격이 낮을 때 수요는 많다(수요의 법칙).

② 소득(income) : 소득이 증가할 때 수요가 증가하거나 감소하는 두 가지 종류의 재화가 존재한다.

- 정상재(normal goods)의 경우 소득이 증가함에 따라 수요가 증가한다.
- 열등재(inferior goods)의 경우 소득이 증가함에 따라 수요가 감소한다.

③ 연관재의 가격 : 한 재화의 가격이 오를 때 다른 재화의 수요가 영향을 받을 수 있는데 수요가 증가하거나 감소하는 두 가지 종류의 재화가 존재한다.

④ 소비자의 기호(taste) 혹은 선호(preference) : 건강에 대한 선호가 커짐에 따라 건강식품, 무공해식품에 대한 수요가 증가한다.

⑤ 인구 혹은 인구구성의 변화 : 인구의 증가에 따라 수요가 증가하며 노인층의 비중이 증가함에 의료서비스, 실버산업에 대한 수요가 증가한다.

⑥ 예상, 기대 : 재화의 가격이 상승할 것으로 예상되면 수요가 증가한다(주식에 대한 수요, 사재기).

3. 공급의 법칙

1) 공급량

공급량(quantity supplied)은 생산자가 팔 의사와 능력이 있는 수량이고, 공급(supply)은 생산자가 재화나 용역을 판매하고자 하는 의도를 말한다. 수요와 마찬가지로 공급은 다음과 같은 두 가지 중요한 성질을 가진다.

① 공급이란 생산자가 판매하고자 하는 의도를 나타낸다(willingness to sell).
② 어떤 일정기간 동안의 판매의 흐름(flow, 유량)을 말한다. 하루에 100개 등

- 공급곡선 : 가격과 공급량 사이의 관계를 그림으로 그린 것
- 다른 조건이 동일하다(other things being equal, celeries parishes)고 가정하고 공급량과 가장 밀접한 관계를 지니고 있는 가격만을 고려함
- 가격이 내리면 공급량은 줄고 가격이 오르면 공급량은 늘어남
- 공급의 법칙(law of supply) : 이러한 가격과 공급량 사이의 정의 관계 따라서 공급곡선은 우상향함

2) 공급의 결정요인 및 그 영향

① 가격 : 그 재화의 가격이 상승하면 생산자에게 더 커다란 이익을 가져다주므로 공급량이 증가한다.
② 연관재의 가격(대체 생산으로부터의 수입) : 가격이 오른 재화를 생산하는 것이 기업에게 더 유리하므로 다른 재화의 가격이 상승하면 가격의 상승이 없는 재화의 공급은 감소한다.
③ 생산요소의 가격 : 생산요소 가격이 상승했을 때 그 생산요소를 사용하는 재화의 생산비용이 증가하므로 공급이 감소한다.

3) 공급량의 변화와 공급의 변화

가격이 변하면 ⇒ 공급량의 변화/공급곡선 상에서 점의 이동(movement along the supply curve) 가격 이외의 요인이 변하면?

- 공급곡선은 가격과 공급량 사이의 관계를 나타내고 있기 때문에 가격 이외의 요인이 변할 때 이를 공급곡선 상에 표시할 수 없으며 공급곡선 자체의 이동을 표시된다.
- 가격 이외의 요인이 변하면 ⇒ 공급의 변화/공급곡선 자체의 이동(shift of the supply curve)

4. 균형가격의 결정

수요곡선과 공급곡선은 동일한 축에 있으므로 두 곡선을 하나의 축에 포갤 수 있다. 수요 곡선과 공급곡선이 만나는 점에서 균형이 이루어진다. 외부로부터의 충격이 발생하면 옛날 균형은 깨지고 새로운 균형으로 이동해간다.

5. 균형의 이동

1) 수요가 증가하는 경우

무슨 이유에서인지 충격이 발생하여(예를 들면, 소득이 증가하여) 수요가 증가하게 되면 현재의 가격 수준에서 초과수요가 발생하게 된다. 초과수요는 위에서와 마찬가지로 가격의 상승을 초래하고 가격이 상승하면서 수요량이 감소하고 공급량이 증가한다. 초과수요가 사라질 때까지 가격의 상승이 계속되고 마침내 새로운 균형에 도달하게 된다.

- 수요를 증가시키는 충격이 발생할 경우, 충격이 있기 이전의 균형에 비해 충격이 있기 이후의 균형에서는 균형 가격이 상승하고 균형 거래량이 증가함을 알 수 있다.

2) 공급이 증가하는 경우

무슨 이유에서인지 충격이 발생하여(예를 들어, 생산요소의 가격이 하락하여) 공급이 증가하게 되면 현재의 가격 수준에서 초과공급이 발생하게 된다. 초과공급은 위에서와 마찬가지로 가격의 하락을 초래하고 가격이 하락하면서 수요량이 증가하고 공급량이 감소한다. 초과공급이 사라질 때까지 가격의 하락이 계속되고 마침내 새로운 균형에 도달하게 된다.

- 공급을 증가시키는 충격이 발생할 경우, 충격이 있기 이전에 균형에 비해 충격이 있은 이후의 균형에서는 균형 가격이 하락하고 균형 거래량이 증가함을 알 수 있다.

6. 수요와 공급이론의 적용

1) 최고가격제도(Price Ceiling, Maximum Price)

전쟁 등으로 일시적으로 재화의 공급이 부족하여 재화가격이 폭등할 경우 정부는 현재 가격보다 낮은 수준에 최고가격을 설정하고 그보다 높은 가격을 받을 수 없게 만드는 제도이다.

- 배분 : 원래는 가격이 배분의 기능을 수행하는 것이지만 이 경우 가격상승이 법으로 금지되어 있으므로 가격 이외의 다른 배분방법을 채택해야 한다.

2) 최저가격제도(Price Floors, Minimum Price)

시장에서 결정된 가격이 너무 낮아 정부가 그보다 높은 가격을 설정하고 그 이하로 지불할 수 없도록 하는 제도이다.

3) 조세의 부담

정부가 상품에 대해 세금을 부과하는 경우 조세납부자인 생산자가 그 세금 전부를 부담하는 것도 아니고 소비자가 그 세금을 전부 부담하는 것도 아니다. 생산자는 일부를 소비자에게 전가하는데 이를 조세부담의 전가(tax incidence)라 한다.

7. 가격결정방법

1) 고객수 중심의 가격결정

① 장점

고객수의 감소로 인한 서비스질의 향상과 쾌적하고 조용한 분위기의 연출로 인하여 개개의 고객에게 높은 수준의 서비스를 제공할 수 있는 기회가 많아 높아진 점이다. 이로 인하여 고객중심의 서비스기 실행됨으로 단골고객의 확보가 가능하여, 차후 미래의 매출증진에 크게 기여되었다.

② 단점

여러 가격 결정의 요인들 가운데 고객수중심의 가격결정 방법이 배제되어 가격이 결정되었다. 따라서 고객이 감소하는 결과를 초래하였으며 고객수의 감소로 기대에 미치지 못하는 매출이 발생하였다.

2) 경쟁업체 중심의 가격결정

① 장점

고객들의 수준이 향상되어 식당 전체적인 분위기와 서비스가 한 단계 업그레이드 되어 주변의 최고급 식당들과의 경쟁력 향상에 도움이 되어 고급 고객들의 이용을 용이하게 할 수 있는 기회가 제공되었다.

② 단점

주변의 경쟁업체의 가격을 중심으로 가격을 책정하여, 기존의 경쟁력이 조정이 되어 매출증진의 기회가 상실된 것이다. 저가의 가격에서는 주변의 소규모 식당의 고객들이 부담 없이 이용되던 것이 인상을 함으로서 소규모의 저가식당으로 이동 되어갔다는 것이다.

3) 원가 중심의 가격결정

① 장점

원가가 낮아짐으로 인하여 고객중심의 다양한 식재료를 사용할 수 있게 되어 음식의 고급화, 다양화를 실행하여 보다 고급이미지에 걸맞는 식당으로의 발전을 했다.

② 단점

식재료의 원가가 현실화 되어 고객이 느끼는 가격만족도에서 거부감을 느낄 수 있도록 기회를 제공하여 고객 불평이 많아지는 결과를 초래하였다.

4) 인지가치의 가격결정

① 장점

가격의 인지도가 높은 수준으로 향상되어 고객의 기대감이 커짐으로 인하여 기대에 부응할 수 있는 기회가 많아짐으로 보다 많은 고객에게 식당의 이미지 개선에 일조하였다. 따라서 미래의 잠재고객의 확보에 보다 탄력성을 갖게 되었다.

② 단점

가격결정의 목표는 가격들을 고객의 수에 영향을 미치지 않는 범위까지 인상을 하는 것이다. 그것은 가격이 약간 인상될 수 있으나 고객의 수가 많이 떨어질 수도 있기 때문에 상당히 어려운 과제이다.

반대로 보다 높은 가격의 인상은 수요를 떨어뜨리지 않고 시행될 수 있는데 경제학자들은 이것을 수요의 탄력성이라 한다. 이러한 과제가 있음에도 가격이 높은 수준으로 인상이 되어 고객수의 감소를 초래하였다.

Chapter **06**

메뉴 원가관리

Chapter **06**

메뉴 원가관리

1. 원가의 개념

원가(cost)란 제품의 제조, 용역의 생산 및 판매를 위하여 소비된 유형·무형의 경제적 가치이다. 따라서 외식원가란 음식을 생산하여 제공하기 위해 소비된 경제적 가치로서 급식에 소요되는 제반 비용들, 즉 식재료비, 인건비, 경비(수도광열비, 통신비, 감가상각비 등)가 모두 포함된다.

① 원가의 3요소

- 재료비, 인건비, 경비
- 주요원가(기초원가) = 식재료비 + 인건비

② 원가의 분류

- 제품생산 관련성에 따른 원가의 분류
- 직접비 : 특정제품에 사용된 것이 분명한 비용
- 간접비 : 제품에 공통으로 또는 간접적으로 소비되는 비용

③ 생산량과 비용의 관계에 따른 분류

- 고정비 : 생산량 증가에 관계없이 고정적으로 발생하는 비용
- 변동비 : 생산량에 따라 함께 증가하는 비용

- 반변동비 : 변동비와 고정비의 성격을 동시에 갖고 있는 비용

④ 비용 통제 가능성에 원가의 분류

- 통제 가능 원가 : 관리자가 짧은 기간에 변화시킬 수 있는 비용
- 통제 불가능 원가 : 관리자가 변화시키기 어려운 비용

〈그림 6-1〉 판매가격의 구성

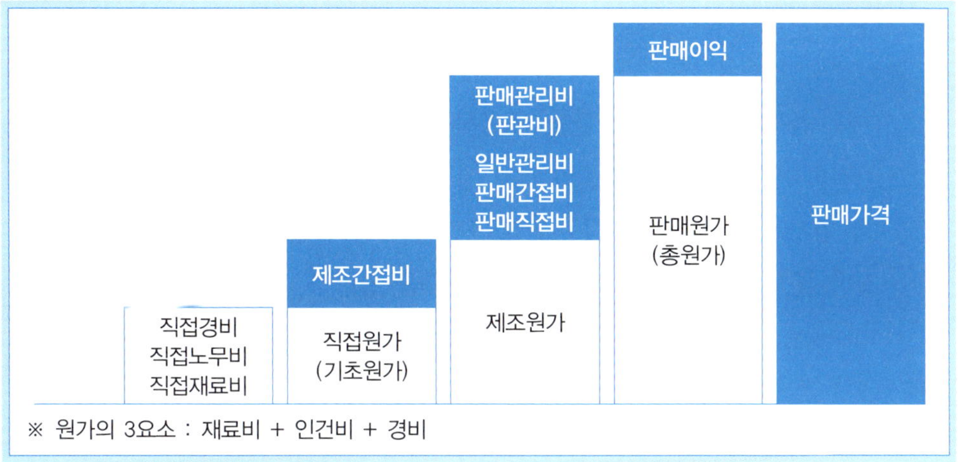

- 간접재료비 : 보조재료비, 소모품비
- 간접노무비 : 간접작업임금, 휴업임금, 상여, 퇴직금
- 간접경비 : 감가상각비, 보험료, 수선비, 전력비, 수선비, 수도광열비, 임대료, 잡비
- 직접재료비 : 주요재료비, 매입부품비
- 직접노무비 : 직접임금, 급여
- 직접경비 : 외주 가공비

2. 원가분석

원가분석은 원가 수치를 분석함으로써 경영활동의 실태를 파악하고 이를 해석하는 활동이 원가분석이며, 원가분석의 목적은 원가를 여러 각도에 분석하여 가장 효과적인 원가관리 및 원가절감 방안을 수행하기 위한 경영 의사결정 자료를 제공하기 위해서다.

① 원가분석방법

- 식재료비 분석 : 식재료비 비율은 전체 매출액 중 식재료비가 차지하는 비율(메뉴 품목별 식재료비 비율을 각 품목의 메뉴가격 중 식재료비의 비율로 계산)
- 인건비 분석 : 인건비 비율은 전체 매출액 중 인건비가 차지하는 비율(정규직과 임시직이 있으므로 정규직 환산인원 산출이 필요)
- 경비 분석 : 경비 비율은 전체 매출액 중 경비가 차지하는 비율

원가관리자의 의무

① 노동생산성 관리를 위한 계획 수립
② 평가와 조언
③ 재무보고
④ 기업의 자산에 대한 유지와 보호
⑤ 재고자산 및 가치평가
⑥ 경영 예측
⑦ 예산 수립

3. 원가관리의 중요성

원가계산이란 일정기간 동안 소비된 모든 원가를 집계하여 그 기간 동안의 생산량으로 나누어 원가를 산출하는 절차를 말한다. 따라서 원가의 구조와 판매가격의

결정을 위하여, 제품의 판매가격을 결정할 때 각 요소별로 발생하는 원가를 계산하는 것은 필수적인 과정이며 직접원가, 제조원가, 총원가 순서의 원가계산에 근거하여 총원가에 이윤을 더하여 판매가격을 결정한다. 따라서 원가의 구성 요소와 항목별 원가계산을 하여야 한다.

〈표 6-1〉 원가의 구성요소

원가계산의 목적

기업외부의 이해관계자	결산서를 작성하고 보고하기 위해
기업 내부의 각 계층 관리자	① 가격 결정의 위해 ② 원가관리를 위해 ③ 예산편성을 위해 ④ 재무제표 작성을 위해 ⑤ 경영비교 기초자료 제고의 목적

원가의 종류

실제원가	(= 확정원가 또는 보통원가) 그 제품의 제조를 위하여 실제로 소비된 경제가치
표준원가	업체가 정상적으로 운영될 경우에 해당되는 원가 영업활동이 최고수준에 이르렀을 때, 최소원가의 역할을 하여 실제원가를 통제
예정원가	(= 예상원가, 견적원가, 기대원가 또는 추정원가) 제품의 제조 이전에 예상되는 원가로 원가관리에 도움을 주는 자료

4. 식재료비

음식 생산을 위해 구입한 식재료 비용으로 식품비, 식재료비, 식자재비라고도 하며 구매시의 비용이다(실거래 가격을 이용한 계산, 표준 레시피를 이용한 계산, 재고조사를 이용한 계산).

5. 인건비

인건비는 제품생산을 위해 소비되는 노동력의 가치를 화폐액으로 측정한 것이다.

6. 경비

경비는 제품의 제조를 위해 소비되는 원가 중에서 재료비와 노무비를 제외한 모든 원가 요소(지급경비, 월할경비, 측정경비, 발생경비 등)

7. 재료비의 계산

1) 재료소비량의 계산

① 계속 기록법

- 입출시 계속적으로 수입, 불출, 재고량을 계속적으로 기록
- 발주에 의사결정이 신속하며 통제가 용이
- 시간과 비용이 많이 소요됨

② 재고조사법

- 기말이나 일정시기에 재료의 실제 재고량을 조사
- 재고실사법

③ 역계산법

- 표준소비량을 정하고 제품의 수량을 곱하여 전체 재료소비량 산출
- 제품단위당 표준 소비량×생산량 = 재료소비량

2) 재료비 소비가격의 계산

(1) 취득원가법

① 개별법

• 실제구입단가 = 재료의 출고단가

날짜	적요	입고			출고			재고		
		수량	단가	금액	수량	단가	금액	수량	단가	금액
1/1	양파	300	1,000	300,000	200	1,000	200,000	100	1,000	100,000
1/7	양파	200	1,100	220,000	200	1,100	220,000			
1/9	양파	500	1,200	600,000	300	1,200	360,000	200	1,200	240,000
합계							780,000			340,000

② 선입선출법

• 먼저 구입한 것은 먼저 사용

날짜	적요	입고			출고			재고		
		수량	단가	금액	수량	단가	금액	수량	단가	금액
1/1	양파	300	1,000	300,000						
1/7	양파	200	1,100	220,000						
1/21	양파				300	1,000	300,000	200	1,100	220,000
합계							300,000			220,000

③ 후입선출법

• 나중에 구입한 것은 먼저 사용 – 인플레이션 / 물가상승시 – 이익 최소화

④ 최종매입원가법

• 재고금액을 기말에 가장 가까운 구입단가로 평가하여 재료의 소비액 계산

(2) 평균원가법

① 총평균법

- 재료대량구매 및 출하시 사용
- 총 구입액 / 총구입량 = 재료 소비가격

  예) 1,120,000 / 1,000EA = 1,120원

날짜	적요	입고			출고			재고		
		수량	단가	금액	수량	단가	금액	수량	단가	금액
1/1	양파	300	1,000	300,000						
1/7	양파	200	1,100	220,000	100	1,040	104,000			
1/21	양파							400	1,040	416,000
합계										416,000

② 단순평균법

- 단순히 단가의 평균가격만을 산출

  (1,000 + 1,100 + 1,200) / 3 = 1,100

③ 이동평균법

- 재고로 남아 있는 자료와 구입재료와의 가중평균

날짜	적요	입고			출고			재고		
		수량	단가	금액	수량	단가	금액	수량	단가	금액
1/1	양파	300	1,000	300,000				300	1,000	300,000
1/7	양파	200	1,100	200,000				500	1,040	520,000
합계										520,000

(3) 예정가격법

- 사전에 실정한 소비가격을 적용하는 방법
  추정가격법, 표준원가법, 사전원가법

(4) 시가법

- 취득원가와 관계없이 재료시기로서 계산하는 방법
  재료비 차이 발생

8. 인건비의 계산

1) 지급형태에 따른 분류

- 임금 : 생산현장 직원에게 지급
  기본급 + 제수당(초과 근로수당, 위험작업수당)
- 급료 : 사무직 직원에게 지급
- 잡급 : 임시고용직 종사원과 잡역인부에게 지급
- 종업원 상여수당 : 작업과 관계 무 정기상여금, 가족수당, 주택수당, 통근수당
- 퇴직급여 충당금 전입액 : 퇴직 충당금
- 법정 복리비 : 의료보험, 국민연금
- 기타 : 복리후생비, 실업보험료, 교육비 등

2) 노무비의 성격에 따른 분류

- 노무주비 : 제품생산을 위해 사용되는 노동력의 대가
- 노무부비 : 종사원의 고용, 관리 및 유지하는 데 소요되는 비용

3) 제품과의 관련성에 따른 분류

- 직접노무비 : 제조활동에 직접 투입된 직접공 등의 임금
- 간접 노무비 : 간접공, 감독자 등의 임금

4) 지급임금의 계산

- 지급임금액 : 노동시간수×지급임률
- 일급 : 작업일수×지급임률
- 시간급 : 작업시간수×지급임률
- 성과급 : 생산량×지급임률

9. 경비의 계산

1) 경비의 구성

- 서비스 소비 : 전력비, 수도광열비, 보험료, 수선비, 운임, 통신비, 여비교통비, 보관료, 임차료, 감가상각비
- 물품의 소비 : 사무용 소모품비, 도서비
- 사회적인 비용 : 법정 복리비, 복리 후생비, 조세공과(인지세, 자동차세…)
- 경제가치의 손실 : 제고 감손비, 공손비

2) 경비 계산

- 지급 경비 : 실제 지급액 또는 지급청구액이 있을 때 원가가 되는 경비
- 월할 경비 : 원가기간 내에 발생한 월별분할 경비

• 측정 경비 : 전력비, 수도 광열비 등
• 발생 경비 : 금액이 클 경우 비원가 항목

3) 경비의 계산법

• 균등상각법 : 생산량(사용시간)비례법, 정액법(직선법)
• 체감상각법 : 정률법, 연수합계법, 이중체감법
• 체증상각법(복리법) : 연금법, 상각기금법
• 특수상각법 : 재고법, 폐기법과 교체법, 조별법과 종합법

경비의 계산

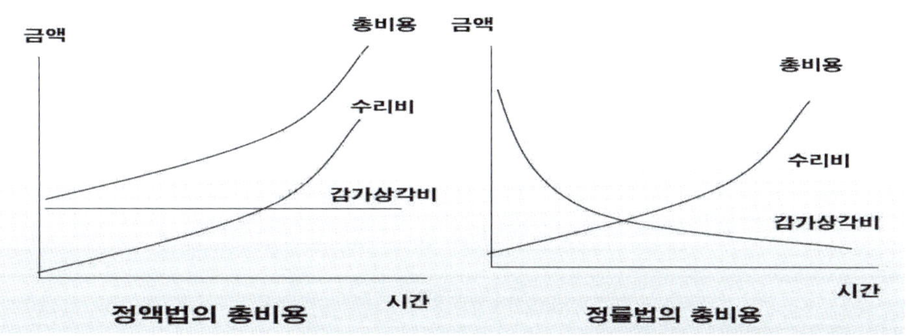

Chapter 07

메뉴의 분석과 평가

Chapter 07 메뉴의 분석과 평가

1. 메뉴분석(Menu-Engineering)

1) 메뉴분석의 개념

레스토랑이나 단체급식의 관리자들은 성공적으로 운영관리하기 위해 메뉴상품을 통하여 경쟁력을 높이고 경영성과를 개선하기 위해 고민하고 있다.

이들은 메뉴에 대하여 항상 의문을 가지는 데 그것은,

- 현재 판매하는 음식의 가격은 얼마나 적당한가?
- 수익을 극대화할 수 있는 메뉴의 가격과 판매량은 어느 정도인가?
- 현재의 메뉴 중 가격변동이나 삭제 등의 조치가 필요한 것은 없는가?
- 메뉴를 바꾼 후 성공여부를 어떻게 알 수 있을까?

이러한 것들이다. 이런 의문에 대해 경영의사 결정에 도움을 주는 도구가 바로 메뉴분석(menu-engineering)이다. 즉 메뉴 분석은 현재의 메뉴의 효율성을 평가하며 메뉴의 가격 및 그 내용과 디자인을 결정하는 도구이다. 다시 말하면, 메뉴분석이란 고객선호도와 내부 관리능력을 평가하여 매출량을 증가시키고 순이익을 증가시킬 수 있는 메뉴 아이템의 평가를 말한다.

2) 메뉴분석의 목적

레스토랑의 목적을 달성하기 위해서는 가장 중요시해야 할 두 가지 측면이 있다. 외식업체의 목표이기도 한 고객의 욕구와 기업의 수익성이다. 따라서 레스토랑을 성공적으로 경영하기 위해서는 고객의 욕구를 잘 파악해야 하고 조직의 목표를 달성할 수 있어야 할 것이다. 그러므로 외식업체에서 메뉴계획은 가장 중요한 업무이다. 잘 계획된 메뉴는 고객을 만족시키고 레스토랑종사원의 동기부여 및 경영의 성공을 가져올 수 있어야 할 것이다.

메뉴 분석의 목적은 동종업체간의 비교, 분석이나 특정 레스토랑 내에서 같은 종류의 메뉴아이템 간의 비교분석을 통하여 메뉴의 원가구조를 파악한다. 그리고 수익성과 선호도의 분석을 이용하여 메뉴전략을 수립해야 한다. 또한 메뉴 판매 지속성과 메뉴 변화 가능성을 측정하여 메뉴가격변동을 시도할 수 있다.

메뉴 분석은 칸사바나와 스미스에 의해 개발된 분석 프로그램을 이용하면서 처음 사용하였다 한다. 이들은 메뉴 분석이란 용어를 사용하면서 어떠한 의미를 부여하지는 않았지만, 엔지니어링(engineering)이란 사전에는 교묘한 처리로서 메뉴를 분석하기 위해서는 정교한 기술이 필요함을 말하는 것으로서 메뉴 분석에 적용시킨 것이라 볼 수 있다. 따라서 메뉴 분석의 목적은,

- 각 메뉴의 가격은 적당한가.
- 주어진 메뉴의 식재료 원가는 얼마인가.
- 메뉴의 가격수준이 얼마일 때 최대의 이익이 발생할까.
- 어떤 아이템일 때 매출이 상승되는가.
- 현재 메뉴 중 재가격 조정 · 유지 · 삭제 · 재위치화를 것은 어느 것인가.
- 성공적인 메뉴 변경은 어떻게 평가하는가.

에 대한 최상의 답으로 수익성 있는 메뉴이면서 고객의 만족을 충족시킬 수 있을 것이다.

메뉴분석의 중점요소

① 고객수요 : 일정 기간동안 한 점포를 이용한 고객의 총수
② 메뉴 아이템 분석(Menu Mix : MIM) : 판매된 각 아이템을 총이용 고객수에 대한 고객의 선택경향을 분석하는 것. Sales Mix라고도 한다. 판매된 아이템 비율
③ 각 아이템의 공헌이익(Contribution Margin : CM) : 판매비와 식재료비의 차액, 각 아이템의 총이익 분석, 공헌이익은 재료비를 제하고 남은 돈, 즉 다른 비용으로 쓰거나 이익이 되는 돈

메뉴분석에서 메뉴의 역할은 단지 식재료비를 관리하는 것이 아니라 메뉴를 통해 이익을 많이 나도록 관리하는 것이다. 따라서 메뉴 분석은 수익성이 우선이며 정해진 직재료비 목표를 달성하는 것은 아니라고 할 수 있다. 지금까지 메뉴가격 책정을 할 때 식재료비에 기초한 비용승수법(cost multiplier formulas)에 의존하여 왔으나, 이 방법도 여러 가지 결점이 있음이 나타났다. 즉 식재료비 %가 낮다고 해서 반드시 이익이 많이 나는 것이 아니기 때문이다.

〈표 7-1〉를 살펴보면, 식재료비 비율이 가장 높은 Lobster Tail(50%)이 공헌이익($4.50)도 가장 큼을 보여준다. 레스토랑에서는 재료비를 낮추기 위해 Chicken Dinner를 더 늘릴지 모르나 이렇게 하면 전반적인 식재료비 %는 낮아지지만, 공헌이익, 즉 레스토랑의 이익은 더 적어진다. 이러한 경우에 오히려 공헌이익이 가장 높은 Lobster Tail을 더 늘리도록 해야 하며, 이것은 식재료비 %가 높음에도 불구하고 더 많은 이익을 얻을 수 있기 때문이다. 그러므로 공헌이익 접근방법은 가격책정을 위해 중요하며, 이것이 고객수요와 접목되었을 때는 훨씬 더 큰 영향을 주게 된다.

〈표 7-1〉 Menu Item Analysis

Menu Item	Item Food Cost	Menu Selling Price	Food Cost %	Contribution Margin
Chicken Dinner	$1.50	$4.50	33%	$3.00
My Strip Steak	$3.00	$7.00	43%	$4.00
Lobster Tail	$4.50	$9.00	50%	$4.50

〈표 7-2〉와 〈표 7-3〉의 메뉴 믹스 A와 B는 식재료비 비율과 평균공헌이익 사이의 관계를 나타낸 것으로, 메뉴 믹스 A와 B는 똑같은 표준 레시피를 사용하고, 메뉴 아이템과 총판매수량이 동일하다. 그러나 각 메뉴 아이템은 다양한 비율로 판매되고 있음을 알 수 있다. 즉 더 높은 식재료비 비율(44.9%)을 더 많이 산출한다는 것이 잘 나타나 있다. 그러므로 메뉴분석의 기본개념은 레스토랑의 총판매식음료의 모든 재료비를 제하고 재투자할 수 있는 이익을 얼마나 많이 내느냐 하는 것이다.

〈표 7-2〉 Menu Mix Analysis Menu Mix A

Menu Item	Menu Sales Mix	Food Cost	Dollar Sales	Contribution Margin
Chicken	1,000	$1,500	$4,500	$3,000
Steak	4,000	1,200	2,800	1,600
Lobster	300	1,350	2,700	1,350
Total	1,700	$4,050	$10,000	$5,950

$$\text{Food Cost \%} = \frac{\$4,050}{\$10,000} = 40.5\%$$

$$\text{평균 CM} = \frac{\$5,950}{1,700} = \$3.50$$

〈표 7-3〉 Menu Mix B

Menu Item	Menu Sales Mix	Food Cost	Dollar Sales	Contribution Margin
Chicken	300	$450	$1,350	$900
Steak	800	2,400	5,600	3,200
Lobster	600	2,700	5,400	2,700
Total	1,700	$5,550	$12,350	$6,800

$$\text{Food Cost \%} = \frac{\$5,550}{\$12,350} = 44.9\%$$

$$\text{평균 CM} = \frac{\$6,800}{1,700} = \$4.00$$

결과적으로 메뉴분석의 기본 목적은 레스토랑의 총 판매 메뉴상품의 모든 식재료비를 제하고 얼마나 많은 이익을 낼 수 있느냐가 중요한 것이다. 외식업체에서 경기불황으로 인해 타격을 받을 때나 물가상승으로 원가관리가 어려워질 때 여러 가지 노력을 하게 된다. 그 중에 인건비와 식재료비의 경비를 낮추려는 경향이 많은 편이다. 하지만 이러한 방법은 자칫하면 고객의 가치에 대해 나쁜 영향을 끼치고 레스토랑의 이미지가 실추되어 매출하락으로 이어질 가능성이 커지므로 주의해야 한다.

따라서 이러한 불황에는 효과적으로 대처할 수 있는 메뉴를 개발해야만 한다. 메뉴분석은 이때에도 인플레에 대비하고 이익감소로 인한 경영의 어려움을 극복하고자 적극적으로 고객수요를 늘리는 방법을 모색해야 한다. 또한 가격전략과 더불어 판매촉진과 대체메뉴 개발도 힘써야 한다. 그리고 한편으로는 유동자금을 활성화하는 방법도 있고, 공헌이익이 더 많은 메뉴아이템을 개발해 이익을 극대화해야 한다.

그러므로 메뉴분석은 메뉴의 내용, 가격의 결정, 메뉴 디자인 등의 결정을 평가할 수 있는 능력을 가진 관리자가 필요하며, 의사결정권을 주어 고객의 수요를 늘리고, 각 메뉴 아이템의 공헌이익을 개선할 수 있도록 하는 것이 중요하다.

3) 메뉴분석의 방법

지금까지 발표된 메뉴 분석 방법들은 많이 있으나 결국은 일정기간동안의 영업성과를 중심으로 메뉴상의 아이템의 수익성과 선호도, 그리고 식재료 원가 등을 기초로 분석이 이루어져 왔다. 하지만 이러한 방법들이 모든 레스토랑에 공통적으로 쓰여질 수 있는 것은 아니고, 그러한 방법들이 지금에 와서는 적용하기에는 너무나 무리가 있는 경우가 많은 편이다. 기존에 발표된 메뉴분석 방법들을 몇 가지 살펴보자.

(1) 밀러(Jack E. Miller)의 방식

Jack Miller가 주장했던 메뉴 평가방법으로 「메뉴가격 결정과 전략(*Menu Pricing*

and Strategy)」이라는 책에서 발표한 방식으로 일정기간에 판매된 모든 아이템의 원가와 판매량을 전체 아이템에서 차지하는 비율로 산정하였다.

〈그림 7-1〉 밀러의 메뉴분석 매트릭스(Menu-analysis Matrices)

판매량		식료원가비율 Low	식료원가비율 High
	High	Winners	Marginals(I)
	Low	Marginals(II)	Losers

위의 〈그림 7-1〉에서 보면 4개의 그룹으로 나누어 있다. 이 방법에서 가장 좋은 메뉴란 식료원가의 비율이 가장 낮고 판매량이 가장 높은 아이템을 말한다. 즉 판매량은 높고 원가는 낮은 품목(인기도 있고 수익성도 있는 아이템)이 최상의 품목(winners)이고, 판매량은 낮고 원가는 높은 품목(인기도 없고 수익성도 없는 아이템)이 최하의 품목(losers)이 된다. 인기도는 메뉴 아이템의 판매량을 평균판매수준(average sales level)에 비교하여 평가된다.

이 매트릭스는 메뉴 관리자가 최저 식료원가비율로 메뉴 품목을 선택하는 데는 도움이 되지만 원가율이 낮은 품목은 판매가격도 낮아 이윤이 낮은 수익성 없는 품목이 되며, 수익성이 있는 품목으로 만들기 위해서는 판매가격을 높이면 고객의 감소를 가져올 수 있다는 점이 단점으로 지적되었다.

(2) 칸사바나와 스미스의 방식(Michael Kansavana & Donald Smith)

1982년 칸사바나와 스미스에 의해 개발되어 발표된 체계화된 메뉴분석 프로그램(menu engineering program)으로 이 방식에 쓰여진 정보는 아이템의 판매가와 원가 그리고 판매 수량뿐인 아주 간단한 분석방법이다. 이 분석기법은 발표 초기에는 사용하기 쉬운 방법으로 학계와 업계의 많은 호응을 받았으나 나중에는 많은 단점을 가지고 있다는 지적을 받게 되었다.

〈그림 7-2〉 칸사바나와 스미스의 메뉴분석 메트릭스

판매량			
	High	Plow Horses	Stars
	Low	Dogs	Puzzles
		Low	High
		공헌이익	

〈그림 7-2〉에서 보면 각 아이템의 공헌이익과 판매량(수요) 그리고 전체 판매량에서 각 아이템의 판매 수량(menu-mix)을 기준으로 수익성과 선호도를 분석하여 4 그룹으로 나누었다. 이 분석 방법에서는 높은 공헌이익(contribution margin : 판매가 - 원재료비)과 판매량이 많은 아이템, 즉 수익성이 높고 선호도도 높은 아이템을 최고의 아이템(stars), 수익성도 낮고 선호도도 낮은 아이템(dogs)이라고 주장하였다.

〈표 7-4〉 칸사바나와 스미스의 메뉴분석 방법의 장·단점

장점	단점
• 사용자측에서 분석 프로그램을 쉽게 사용할 수 있다.	• 선호도와 기준을 정하기 위해 [1/N×0.70]이라는 공식을 사용했는데, 이 기준에 객관적인 근거제시를 못함 • 선호도와 수익성이 단순산술평균에 의해서 산출됨 • 식자재의 원가를 제외한 다른 비용이 고려되지 않음 • 분석대상이 되는 아이템의 수가 많을 때만이 분석이 의미 있음 • 아이템의 판매가 결정전략이 분석에 고려되지 않음 • 판매촉진 및 up-selling 등과 같은 외적변수가 고려되지 않음

① 칸사바나와 스미스방식의 각 그룹별 메뉴개선 전략

— Stars (선호도↑ 수익성↑)

선호도도 높고 수익성도 높은 아이템으로 분류된 아이템그룹으로 다음과 같은 개선이 요구된다.

- 현재의 수준을 유지한다(포션 크기, 음식의 질 등).
- 가격의 변화에 고객이 민감한 반응을 보이지 않기 때문에 가격인상을 시도해 본다.
- 메뉴를 눈에 띄기 쉬운 최상의 위치에 배열한다.

위의 개선사항 중 '최상의 위치에 배열한다'는 전략은 바람직할 수도 있고 바람직하지 않을 수도 있다. 왜냐하면, 일단 Star군에 포함된 아이템은 고객에게 잘 알려져 있기 때문에 메뉴상의 위치에 관계없이 고객은 그 아이템을 선호하기 때문이다. 반대로 메뉴상 최상의 위치는 레스토랑에서 많이 팔기를 원하는 전략적인 아이템이 배열되어야 한다.

메뉴상 최상의 위치에 두어야 할 메뉴

- 수익성이 높은 아이템
- 재고가 많이 남은 아이템
- 판매를 촉진하는 아이템
- 고객을 유인하는 아이템

또한 가격인상과 같은 방법은 재고되어야 한다. '판매가가 높은 아이템은 가격의 인상에 민감하지 않다'는 판단에서 판매가의 인상이 나온 것이나, 판매가의 인상으로 수익성을 높이려는 방법은 자제되어야 한다.

– Plow Horses(선호도↑ 수익성↓)

선호도는 높으나 수익성이 낮은 아이템그룹을 말한다. 보통 중저가의 가격의 아이템으로 가격의 변화에 민감한 반응을 보이는 아이템들이다. 이 아이템그룹에 포함되는 아이템은 수익성(공헌이익)만 높이면 'Stars'가 될 수 있기 때문에 개선방향은 수익성을 높이는 방향으로 이루어져야 한다.

- 신중한 판매가격인상을 시도한다(경쟁업체에는 없는 유일한 아이템일 때 효과적이다).

- 가격인상에 대한 반발이 있을 경우 아이템의 재배치나 Repackaging하여 가격을 인상하는 방법을 고려한다.
- 식재료비가 낮은 아이템과 결합하여 세트 메뉴를 개발한다.
- 선호도가 높기 때문에 고객의 시선이 덜 집중되는 곳에 위치하도록 메뉴상 아이템의 배열을 재고한다.
- 원가를 줄이기 위해 아이템의 양을 줄인다.

이 분석에서 수익성은 공헌이익으로 평가되기 때문에 수익성을 높이기 위해서는 판매가를 인상하거나 원가를 낮추어야 한다. 그러나 공헌이익을 높이기 위해 판매가격을 인상하면 매출 감소를 초래할 수 있기 때문에 식재료원가를 낮춰서 공헌이익을 높이는 것이 좋은 방법이다.

– Puzzles(선호도↓ 수익성↑)

가격대가 높은 아이템으로서 선호도만 높이면 'Stars'군에 속하는 아이템들이다. 수익성은 높지만 선호도가 낮은 아이템으로 이 아이템의 선호도가 높으면 높을수록 아이템의 마진은 높게 나타낸다. 이 아이템들의 개선방향은 다음과 같이 선호도를 높이는 방향이 바람직하다.

- 생산하는 데 특별한 기능이 요구되기 때문에 많은 인건비 비율이 높은 아이템은 메뉴에서 삭제한다.
- 고객의 눈에 잘 보이는 곳에 있도록 메뉴상 최상의 위치에 배열한다.
- 아이템의 이름을 새롭게 바꾼다.
- 판매가의 인하를 통하여 선호도를 높인다.
- 이 그룹에 속하는 아이템의 수를 최대한 줄인다.

선호도만 높이면 'Stars'가 될 수 있기 때문에 조리방법과 포션의 크기 및 아이템의 배열방식 또는 가니쉬 등을 새롭게 하여 고객에게 새로운 아이템으로 제공하는 개선전략을 세운다.

– Dogs(선호도↓ 수익성↓)

수익성과 선호도 모두 없는 아이템으로 가장 최하의 아이템군에 속한다. 선호도와 수익성을 동시에 올릴 수 있는 방법을 써야 하는데, 다음과 같은 방법이 일반적인 개선사항이다.

- 메뉴에서 과감하게 삭제한다.
- 판매가를 인상하여 'Puzzles'그룹의 아이템으로 만든다.

② 칸사바나와 스미스 방식의 분석단계

칸사바나와 스미스 방식의 분석단계는 〈표 7-5〉와 같은 양식에 의해서 다음과 같이 분석된다.

〈표 7-5〉 칸사바나 & 스미스의 Menu Engineering Worksheet

A	B	C(%)	D	E	F(E–D)	G(D×B)	H(E×B)	L(F×B)	P	H	S
1	210	7	4.90	7.95	3.05	1,029.00	1,669.50	640.50	L	H	PH
2	420	14	2.21	4.95	2.74	928.20	2,079.00	1,150.80	L	H	PH
3	90	3	1.95	4.50	2.55	175.50	405.00	229.50	L	L	D
4	600	20	4.95	7.95	3.00	2,970.00	4,770.00	1,800.00	L	H	PH
5	60	2	5.65	9.95	4.30	339.00	597.00	258.00	H	L	PZ
6	360	12	4.50	8.50	4.00	1,620.00	3,060.00	1,440.00	H	H	S
7	510	17	4.30	7.95	3.65	2,193.00	4,054.50	1,861.50	H	H	S
8	240	8	3.95	6.95	3.00	948.00	1,668.00	720.00	L	H	PH
9	150	5	4.95	9.50	4.55	742.50	1,425.00	682.50	H	L	PZ
10	360	12	4.00	6.45	2.45	1,440.00	2,322.00	882.00	L	H	PH
계	N					I	J	M			
	3,000					12,385.5	22,050	9,664.8			
* 1~10은 아이템명						K=I/J		O=M/N	Q=(1/items)×(0.7)		
						56.17%		$3.22	7%		

주 : A : 아이템명
B : 각 아이템의 판매량
C : 전체 매출량에서 차지하는 비율
D : 원가($)
E : 각 아이템의 판매가($)
F : 각 아이템의 CM($)
G : 각 아이템의 총원가($)
H : 각 아이템의 총수입($)
I : 전체 아이템에 대한 총원가($)
J : 전체 아이템에 대한 총수입
K : 원가율(%)
L : 각 아이템의 총 CM
M : 총 CM($)
N : 각 아이템이 팔린 총량
O : 각 아이템에 대한 공헌이익($)
P : 수익성 분석결과
Q : 선호도기준 계산공식
R : 수익성 분석결과
S : 최종분석결과

자료 : Kasavana & Smith, 1990.

- 메뉴상에 있는 모든 아이템들을 'A'에 기록한다(예를 들어, 메뉴상의 메인 아이템의 수가 10개이면 10개의 아이템을 차례로 기록한다).
- 각 아이템이 일정기간동안에 판매된 수량을 'B'에 기록한다.
- 총 매 아이템을 만드는 데 소요되는 식자재의 원가를 'D'에 기록한다.
- 아이템을 만드는 데 소요되는 식자재의 원가를 'D'에 기록한다.
- 각 아이템의 판매가를 'E'에 기록한다.
- 각 아이템의 공헌이익(판매가 – 원가)을 계산하여 'F'에 기록한다.
- 일정기간 팔린 특정 아이템에 대한 총원가를 계산하여 'G'에 기록한다.
- 일정기간 팔린 특정 아이템에 대한 총수입을 계산하여 'H'에 기록한다.
- 일정기간 팔린 특정 아이템에 대한 총공헌이익을 계산하여 'L'에 기록한다.
- 전체 아이템에 대한 원가를 계산하여 'I'에 기록한다.
- 전체 아이템에 대한 수입을 계산하여 'J'에 기록한다.
- 전체 아이템에 대한 공헌이익을 계산하여 'M'에 기록한다.
- 수익성에 대한 분석의 결과를 'P'에 기록한다. 특정 아이템의 수익성이 높고 낮음의 기준은 한 아이템에 대한 평균공헌이익을 기준으로 하며, 평균공헌이익은 총공헌이익을 총매출량으로(팔린 수량) 나누어서 구한다(9,664.80 / 3,000 = 3.22). 각 아이템의 CM 을 평균 CM과 비교하여 평균 CM보다 높으면 High로 분류하고, 평균 CM보다 낮으면 Low로 분류한다. 수익성에 대한 분석의 결과를 'P'에 기록한다.

• 선호도에 대한 분석의 결과를 'R'에 기록한다. 선호도에 기준은 [(1/N)×(0.70)]의 공식에 의해서 얻어지며, N은 아이템의 수를 의미하고, 70%의 기준은 저자가 경험에 의하여 정한 기준치로 일반화된 수치이지 절대적인 수치는 아니다. 그러므로 〈표 6-5〉를 계산해 보면 기준점은 (0.1)(0.7)=0.07, 즉 7%이다. 또한 %가 아닌 팔린 아이템의 수를 기준으로 할 경우 기준점은 (0.1) (0.70)(3000)=210, 즉 210개의 아이템이 된다. 따라서 일정기간동안 아이템이 210개 이상 팔린 경우는 선호도가 High라고 표시하고, 210개 이하일 경우에는 Low라고 표시한다.
• 분석의 결과를 'S'에 기록한다. 분석의 결과 모든 아이템은 〈그림 6-2〉와 같은 4개의 그룹으로 나누어지며, 각 그룹마다 특정한 명칭을 부여하였다. 또한 각 그룹마다 메뉴의 계획이나 관리는 위에서 열거한 개선사항을 각 아이템의 특성에 맞게 적절하게 조치하게 되는 것이다.

(3) 헤이스와 후프만(Hayes & Huffman)의 분석방법

이 분석 방법은 헤이스와 후프만(Hayes & Huffman)이 주장한 방법으로 칸사바나와 스미스(Kansavana & Smith)의 선호도와 수익성 분석에 대한 모순점을 지적했다. 이러한 모순점을 해결하기 위한 방법으로 이것은 원가율과 공헌마진 그리고 선호도를 이용하여 아이템에 대한 수익성과 선호도를 분석하는 기법을 발표한 것이다. 이 분석방법은 순수익을 기준으로 아이템에 대한 수익성을 평가했기 때문에 식자재 원가뿐만 아니라 각 아이템마다 고정비용과 변동비용을 고려하여 각 아이템마다 손익계산서(profit and loss statement)를 만들었다. 그리고 각 품목들에 대하여 순수이익이 높은 순위대로 서열을 정한 후 목표 이익과 비교한 방법이다.

헤이스와 후프만의 방법은 앞에서 주장한 방법과의 차이점은 각 아이템에 대한 수익성을 계산하는데 있어서 절대적인 변수, 즉 각 아이템에서 발생하는 고정비용과 변동비용을 고려하지 않은 것이다. 그러나 이 방법은 매출액 그리고 다른 변수로 고정비용과 변동비용을 메뉴상의 아이템마다 할당하여 손익계산서를 작성한 것이다.

(4) 파베식(David V. Pavesic)의 분석방법

파베식(Daavid V. pavesic)의 방법은 앞 단계의 단점을 제시한 연구로서 원가율이 낮은 아이템은 또한 판매가격도 낮아 마진이 수익성이 없는 아이템이 되며, 수익성이 있는 아이템으로 만들기 위해서는 판매 가격을 높이면 고객이 줄어들 수 있다는 점을 지적했다. 이 결점을 보완하기 위하여 세 가지 요소, 즉 식재료 원가율, 선호도로 측정된 공헌이익을 혼합한 방법을 발표하였다. 즉 메뉴상의 전체 아이템에 대한 평균을 이용하여 각 아이템에 대한 선호도와 원가의 높고 낮음을 산출한 방법이다. 마진은 가중된 전체 마진을 아이템 수로 나누어 공헌마진의 높고 낮음을 판단하는 방식이다.

(5) 허스트 메뉴분석법(Hurst Method of Menu Scoring)

이 분석법은 1960년 미국의 플로리다 주립대학의 마이클 허스트(Michael Hurst) 교수가 만든 메뉴 분석방법으로, 가격의 변화, 원가, 인기도, 이익공헌도 등의 판매에 미치는 영향을 측정하였다. 이 분석법은 다음과 같이 측정이 이루어진다.

- 평가기간을 정한 뒤 총매출액에 공헌도가 높은 품목들을 평가대상으로 선발한다.
- 선발된 품목의 총판매수량에 남아있는 품목들의 판매량을 모두 합해 업소의 총판매량을 정한다.
- 선발품목들을 매출액과 식자재원가를 계산한다.
- 총이익(총매출액 – 총식자재원가)과 총매출액 대비 총이익(총이익 / 총매출액)을 계산한다.
- 평균수익계산(평균객단가 × 총수익률)
- 선별품목의 총판매수 / 업소 전체품목 판매수
- 메뉴스코어 산출(품목평균수익 × 선별품목판매율)

메뉴스코어는 그 자체만으로는 어떤 결과를 기대하기 힘들어서 판매량과 가격변화 · 원가 · 메뉴교체 등가의 상호작용을 파악해야 한다. 효과적으로 사용하기 위해서는 평가기간이 다른 여러 개의 메뉴스코어를 상호 비교한다. 메뉴스코어가 높을수록 좋은 변화를 의미하며, 스코어가 하향하거나 등락이 심하면 정밀한 조사가 필요하게 된다. 또한 지속적으로 스코어가 낮아지면 품목 교환이나 이익이 높은 다른 품목에 주력해야 한다. 객단가가 낮음에도 불구하고 메뉴 스코어가 낮다면 높은 원가율에 기인하므로 원가율을 개선하거나 메뉴교체 등을 검토한다.

(6) SWOT 분석법

메뉴분석에서 James F. Keiser는 SWOT분석법을 권장하였다. 이 분석방법은 기업의 환경분석을 통해 강점(strength)과 약점(weakness), 기회(opportunity)와 위협(threat) 요인을 규정하고 이를 토대로 마케팅 전략을 수립하는 기법이다.

기업의 내부 환경을 분석하여 강점과 약점을 발견하고, 외부 환경을 분석하여 기회와 위협을 찾아내어 이를 토대로 강점은 살리고 약점은 죽이고, 기회는 활용하고 위협은 억제하는 마케팅 전략을 수립하는 것을 말한다. 이때 사용되는 4요소를 강점 · 약점 · 기회 · 위협(SWOT)이라고 하는데, 강점은 경쟁기업과 비교하여 소비자로부터 강점으로 인식되는 것은 무엇인지, 약점은 경쟁기업과 비교하여 소비자로부터 약점으로 인식되는 것은 무엇인지, 기회는 외부환경에서 유리한 기회요인은 무엇인지, 위협은 외부환경에서 불리한 위협요인은 무엇인지를 찾아낸다. 기업 내부의 강점과 약점을, 기업 외부의 기회와 위협을 대응시켜 기업의 목표를 달성하려는 SWOT분석에 의한 마케팅 전략의 특성은 다음과 같다.

- SO전략(강점-기회전략) : 시장의 기회를 활용하기 위해 강점을 사용하는 전략
- ST전략(강점-위협전략) : 시장의 위협을 회피하기 위해 강점을 사용하는 전략
- WO전략(약점-기회전략) : 약점을 극복함으로써 시장의 기회를 활용하는 전략
- WT전략(약점-위협전략) : 시장의 위협을 회피하고 약점을 최소화하는 전략

학자에 따라서는 기업 자체보다는 기업을 둘러싸고 있는 외부환경을 강조한다는 점에서 위협·기회·약점·강점(TOWS)으로 부르기도 한다. SWOT 분석은 각 사업 단위나 메뉴아이템의 강점과 기회를 살릴 뿐만 아니라 위험요소들을 최소화 할 수 있는 장점이 있는 분석법이다.

(7) ABC(Activity Based Costing) 분석법

ABC(Activity Based Costing)분석이란 부가가치 생산에 중점을 둔 원가계산법으로 '활동기준 원가계산'을 이르는 말이다. 원가관리의 초점을 원가(cost)에 두기보다 활동(activity)에 두고 활동별로 원가를 발생시키는 주된 요인 곧 원가동인(原價動因, cost driver, activity driver)을 확인하고 원가동인을 기준으로 원가를 배부(配付)하고 측정하는 원가계산기법이다.

상품의 20%가 매출의 80%를 차지한다는 20 대 80 법칙을 적용할 수 있는 고객이 선호하는 메뉴의 대부분은 극히 일부분의 메뉴에 의해 구성되는 경우를 알 수 있다는 분석법이다. 이 분석법은 요리부분만을 대상으로 고객이 좋아하는 일부 메뉴아이템이 어떤 것인지를 알아내어 고객에게 장기간 인기를 유지할 수 있도록 하는데 유리한 방법이다. ABC 메뉴분석은 다음과 같은 방법으로 실시한다.

- 1개월간 판매된 메뉴의 수와 금액을 통계 합산한다.
- 매출액이 많은 순서대로 나열한다. 이때 하나도 판매되지 않은 메뉴도 기재한다.
- 모두 총합계를 낸다.
- 각각의 메뉴금액을 총합계로 나누어 전체에서 차지하는 %를 낸다.
- %의 누계를 낸다.
- 누계치의 75%까지를 A부문이고 나머지 100%까지를 C부문으로 한다.

이렇게 해서 분석해 보면 메뉴의 판매 상태를 알 수 있게 돈다. 잘 팔리는 상품을 상위로 집중시키면 제공시간을 단축할 수 있다. 또한 고객의 메뉴선호성향을 파악할 수 있으므로 신메뉴를 런칭할 때 메뉴계획을 효과적으로 할 수 있다. 이 메뉴 분석법은 대부분 중소형의 단일 메뉴를 취급하는 외식업체에서 이용하고 있다.

이 방법은 단순하게 판매수와 판매금액만을 기준으로 하기 때문에 점포 내부적으로 생산과정에서 일어나는 인력강도 등은 분석되지 않기 때문에 정확한 분석의 결과를 얻기가 어려운 단점을 가지고 있다.

2. 메뉴의 평가

1) 메뉴의 평가

메뉴평가는 외식사업을 성공적으로 이끌기 위한 필수조건인 성공적인 메뉴를 확인하는 방법으로 수익창출과 고객욕구 충족의 도구로서 평가되어야 한다. 그러므로 이식사업체들은 이에 대해 철저하게 연구하고 고객 선호도에 대응하여야 한다. 따라서 메뉴 평가는 영업활성화를 통한 매출증대 및 수익창출 고객만족이라는 오식사업 궁극적 목표를 달성하기 위한 하나의 과정으로서 고객선호도와 내부관리 능력을 평가하여 매출 증진을 통한 순수익을 올릴 수 있는 메뉴의 역량평가라고 할 수 있다.

따라서 메뉴평가에는 전체적인 느낌, 메뉴의 형식, 모양, 고객의 형태, 서비스의 유형, 기술 및 설비, 메뉴에 기재된 아이템 그룹 간의 균형과 다양성, 시각적인 효과, 메뉴아이템을 설명하는데 따른 단어 또는 배치 등, 그리고 계절적 요소, 기타 업체가 중요시하는 특정요소 등이 평가요소로 제시되고 있다. 메뉴평가의 내용에는 크게 메뉴설계에 대한 평가, 메뉴의 다양성에 대한 평가, 메뉴의 수익성평가 등으로 구분할 수 있다.

〈표 7-6〉 메뉴평가의 내용

설계 평가	다양성 평가	수익성 평가
• 내용 • 시각적 효과 • 품격 • 제작비	• 상품의 다양성 • 서비스의 다양성 • 분위기의 다양성	• 구성 • 수익성 • 미래에 대한 신축성

2) 메뉴상품 평가

레스토랑의 성공은 메뉴의 선호도에 따른 구매에 달려있다고 볼 수 있다. 그러므로 효과적인 메뉴평가 시스템을 유지하며 맛을 평가할 수 있는 전문가 패널을 통한 정기적인 평가는 소비자들의 감각과 심리작용을 이용하여 품질을 평가하는 방법이다. 이 방법은 고객의 기호성을 고려하여 관능적 평가 품목을 설정해야 하며 식품의 종류, 조리방법, 영양적 가치, 조리모양, 맛, 색깔, 냄새 등이다. 또한 관능적 평가는 주관적인 방법이기 때문에 관능검사용 패널이 잘 훈련되고 실험 계획이 과학적인 방법이 되어야 하고 결과도 통계처리 방법까지 확립되어 있어야 한다.

업체에서는 내부 패널의 평가도 중요하지만 외식시장의 소비자이 고객의 평가에도 많은 비중을 두어야 한다. 메뉴의 평가요인은 실용적인 측면과 사회적인 측면에서 다음과 같이 분석할 수 있다.

〈표 7-7〉 메뉴상품의 평가요인

구분	평가요인	내용
실용적 측면의 메뉴상품	우질성	음식의 질, 음식의 양, 음식의 맛, 식재료의 신선도, 가공식품의 사용정도, 조리방법, 조리기술(숙련도), 조리기기의 다양성, 적절한 식재료의 양, 메뉴 북 설명과의 일치도, 식재료의 조화, 주요리와 부요리의 조화
	내구성	선호도 있는 메뉴의 종류와 수
	쾌적성	음식의 신속성, 음식코디, 음식색상, 접시의 청결, 음식의 조화, 음식의 외관, 음식온도, 향, 농도, 텍스추어, 건강 기여도, 풍미
	보존성	음식질의 일관성, 용기의 적절성, 식재료 구입가능성, 적절한 저장창고

구분	평가요인	내용
사회적 측면의 메뉴상품	운반성	메뉴의 신속성, 배달가능성
	적가성	메뉴가격, 질과 가격과의 조화, 가격경쟁력
	대체성	메뉴수, 메뉴의 다양성, 메뉴종류, 후식의 종류, 메뉴교체 주기, 소스의 종류, 사이드 음식의 종류
	독점성	어린이 메뉴 유, 무, 후식제공 유・무, 한정판매 메뉴 유・무
	공지성	유명메뉴 종류, 메뉴해설, 메뉴 북의 기능, 메뉴 북 디자인
	희소성	메뉴조합도, 특별메뉴 종류, 계절메뉴 유・무, 신소재 식재료의 사용정도, 판매가의 다양성, 오늘의 메뉴 유・무, 메뉴의 독창성
	무공해성	건강메뉴 유・무, 다이어트메뉴 유・무, 음식의 영양성, 위생, 청결

자료 : 김기영 외 2인, 메뉴경영관리론, 2006, p. 160.

3) 전문가집단 평가

메뉴의 평가는 고객만족과 합리적인 운영을 위해 반드시 실시되어야 한다. 제공되는 모든 메뉴에 대한 전문가집단의 의견을 종합 평가하여 메뉴운영에 반영하기 위해 전문가들이 직접 메뉴를 시식하고 메뉴의 구성 등을 평가카드에 기입하여 종합점수를 산정하여야 한다.

〈그림 7-3〉 메뉴평가 전문가용 설문

메뉴명 :	**날짜 :**
메뉴의 평가를 위한 조사에 협조해 주시면 감사하겠습니다. 귀하의 평가를 수평선 위에 X로 표시해 주시기 바랍니다.	
	① 안 좋음 ② 보통 ③ 좋음
모양	
색깔	
질감	
향미	
전반적인 느낌	
성실히 답변하여 주셔서 감사드립니다.	

메뉴의 성공여부는 메뉴의 인기성이나 구매에 달려 있기 때문에 효과적인 메뉴평가 시스템을 유지하여야 한다. 따라서 경험이 풍부한 메뉴 평가 전문가들을 구성하여 팀을 만들어야 한다. 메뉴는 브랜드명이나 계절 등에 따라 변화가 있을 수 있기 때문에 정기적인 평가가 이루어져야 한다.

메뉴 평가 전문가들을 위한 설문지를 만들어 취합 후 통계처리되어야 한다.

4) 고객의 평가

레스토랑에서의 고객의 평가는 항상 관리해야만 하는 메뉴상품의 품질이라고 해도 과언이 아니다. 새로운 메뉴가 도입될 때만이 아니라, 이미 제공되고 있는 메뉴들에 대해서도 고객이 어떻게 생각하고 있는지 평가·분석하는 것이 바람직하다.

메뉴의 성공요소는 상품력(메뉴의 맛, 볼륨감, 영양의 균형, 상차림의 조화, 간판상품의 유무 등), 점포분위기(청결한, 특이성, 가정과 같은 편안함, 테마성, 고객의 수준 등), 접객서비스(직원들의 생동감, 건강미, 고객에 대한 주의력과 배려, 경영자나 관리자의 리더십, 트레이닝시스템 등), 염가성(제품내용에 대비한 높은 가치감이 있을 것) 등이다.

이전에는 '음식 맛만 좋으면 환경이 다소 열악하고 종업원의 접객서비스가 불친절해도 고객은 다시 찾아온다'고 생각되어 왔다. 이처럼 점포의 성공요인 중 일부요소만 우수하면 고객을 유치할 수 있었다. 맛 + 점포분위기 + 접객서비스 + 염가성 = 점포성공요인 이라는 공식이 통용되었던 것이다. 위의 공식처럼 맛이 우수하면 다른 요소가 낮은 점수를 보여도 일정 수준 평가를 받을 수 있었다.

그러나 근래에는 이러한 생각들이 통하지 않게 되었다. 일단 레스토랑은 성공요인이 공식처럼 '맛 × 접객서비스 × 점포분위기 × 염가성 = 점포 성공요인'과 같은 개념으로 바뀌었기 때문이다. 즉 맛, 분위기, 염가성이 100점이라도 접객서비스가 0이 되면 '맛(100점) × 점포분위기(100점) × 접객서비스(0점) × 염가성(100점) = 점포 성공요인(0점)'과 같은 결과를 가져온다는 가정이다.

이런 관점에서 이제는 맛만 좋으면 고객은 늘 찾아온다는 허망한 생각에서 깨어나야 한다. 결국 레스토랑의 성공은 점포 성공의 모든 요소가 골고루 일정수준 이상으로 수준이 향상되어야 한다는 것을 명심하여 노력하여야 할 것이다.

〈그림 7-4〉 메뉴평가 고객용 설문

메뉴의 맛을 평가하는 데 협조하여 주시면 감사하겠습니다.
메뉴의 이름 ______________________

1. 메뉴를 평가하여 주십시오.
① 아주 좋지 않음 ② 좋지 않음 ③ 보통 ④ 좋음 ⑤ 아주 좋음

2. 이와 같은 메뉴를 먹어 본 적이 있습니까?
① 예(어디에서 ____________) ② 아니오

3. 위의 메뉴를 선택하게 된 계기는?
① 직원이 권유
② 옆 고객이 선택을 하여서
③ 초대한 사람
④ 동행한 사람이 권유
⑤ 기타 이유

4. 선택하게 된 이유와 순서를 정하여 주십시오.

① 음식의 이름	② 모양
③ 이전 경험	④ 가격
⑤ 크기(양)	⑥ 호기심
⑦ 맛	⑧ 영양가치
⑨ 채소	⑩ 기타

5. 다음에도 이 메뉴를 선택하시겠습니까? ① 예 ② 아니오

6. 다른 하고 싶은 말씀을 하여 주십시오.

요금을 지불할 때 본 설문지를 되돌려 주시기 바랍니다. 감사합니다.

메뉴 마케팅

Chapter 08

Chapter **08**

메뉴 마케팅

1. 마케팅의 의의

일반적으로 마케팅이란 "소비자의 욕구를 밝히고, 그 욕구를 충족시킬 제품을 개발하며, 제품이 주는 편익을 개인이나 조직에게 소개 · 전달하고, 적절한 시장으로 유통시키는 것을 말한다."

"마케팅이란 개인이나 조직의 목표를 만족시키는 교환을 창조하기 위한 아이디어, 상품, 서비스에 대해 개념 정립, 가격 설정, 프로모션, 유통을 계획하여 실행하는 프로세스다."(1985년, 미국마케팅협회)

시장경제체제에 있어 생산 – 유통 – 소비가 경제 순환을 이루며 생산 이후 소비에 들어갈 때까지의 과정을 시장, 즉 Market이라 한다. 제품이 시장을 통과하여 소비자에 도달하려면 그리 쉬운 일이 아니므로 처음부터 계획(planning)을 세우고, 그에 따라 실천(doing)하고 다시 실천 후에는 계획과 실천이 잘 맞았는지 안 맞았는지를 검토(seeing)해야만 다음에 더 좋은 시장 활동을 할 수 있는 것이다. 그래서 계획, 실천, 검토의 각 단어에 –ing를 market에 붙여서 marketing으로 이름지었다는 것이다. 따라서 마케팅은 하나의 학문의 이름이며, 고유명사인 것이다.

전적 의미에서의 마케팅은 '제품을 생산자로부터 소비자에게 합리적으로 이전하기 위한 기획활동, 시당조사, 상품계획, 선전, 판매촉진 따위'이다.

미국마케팅학회(AMA)에 따르면, 마케팅이란 "개인 및 조직의 목표를 충족시키는 교환을 창출하기 위해 제품 · 서비스 · 아이디어의 개발, 가격책정, 촉진, 유통 등을 계획하고 실행하는 과정이다"라고 한다. 통상적으로 마케팅이라고 하면 주로 기업이 수행하는 것으로 인식되어 왔으나 기업이외의 조직과 개인이 수행할 수도 있다.

2. 메뉴 마케팅의 개념

외식산업의 급격한 발전은 외식 종사자들의 부단한 노력에 의해 이루어졌다고 볼 수 있다. 그 노력 가운데는 메뉴개발 외에도 고객에게 다가가 선택되어지는 노력도 무시할 수 없이 크다고 한다.

외식업체의 마케팅 문제는 메뉴뿐만이 아니라 광고, 실무, 관리, 경영 등을 총망라하여 음식의 조리부터 판매에 이르기까지 모든 제반활동이 뒤따른다. 사회가 변하고 문화, 경제 및 인간의 삶의 질이 향상되면서 고객은 계속해서 지금의 외식업체가 추구하는 마케팅 전략을 앞질러 혁신적인 서비스를 원하고 있다. 따라서 외식업체의 마케팅은 경영자들의 시장변화에 대응할 수 있도록 시장여건의 변화 요인을 예측할 수 있는 능력을 필요로 하며, 기존 고객의 심리적 측면과 잠재 고객의 심리적 측면을 모두 파악해야만 한다.

메뉴 마케팅이란 상품계획, 가격계획, 판매계획, 판매촉진과 함께 메뉴와 서비스의 관계에 따라 인원계획, 설비계획을 결정하고 이를 통하여 고객의 욕구를 파악하여 고객의 욕구를 만족시킬 수 있도록 하는 모든 활동을 마케팅 활동이라 말할 수 있다.

(1) 미국 마케팅학회의 정의

미국 마케팅학회(AMA : American Marketing Association)는 1936년 처음으로 재화와 용역의 유통에 중점을 두고 마케팅 개념을 정의하였다. 그 후 1960년에는 초기의 정의를 수정하여 기업의 기능이나 역할에 중점을 두고 다음과 같은 마케팅을 정의하였다.

"마케팅은 생산자로부터 소비자 또는 사용자에게 재화와 용역의 흐름을 지휘하는 기업 활동이다(Marketing consists of the performance of business activities that direct the flow of goods and services from producer to consumer or user)." 이 정의에 포함되어 있는 모든 의미는 다음과 같다.

- 마케팅을 생산 활동 이후의 행위로 보고 있다.
- 마케팅은 생산자가 만든 제품을 고객에게 판매하는 것이다.
- 마케팅은 생산자로부터 출발해서 소비자에게 끝난다.
- 마케팅은 재화와 용역을 그 대상으로 하고 있다.

이러한 견해는 초기의 산업사회와 판매자 중심시장의 상황에서는 받아들일 수 있었으나, 오늘날과 같이 대량 생산에 따른 기업 간의 치열한 경쟁과구매자 중심의 시장 상황을 고려한다면 현대적 마케팅 장의로서는 적합하지 않다고 볼 수 있다. 따라서 오늘날의 마케팅은 다음과 같은 사항들을 포함해야 할 것이다.

첫째, 마케팅을 생산 활동 이후의 행위로 보고 만들어진 상품을 단순히 소비자에게 판매하는 것으로 볼 것이 아니라 생산 이전(pre-prodution)의 활동도 마케팅의 정의에 포함시켜야 한다.

둘째, 마케팅은 생산자로부터 시작하여 소비자에게서 끝나는 것이 아니라 소비자로부터 시 작하여 소비자에게서 끝나야 한다.

셋째, 마케팅은 재화와 용역만을 그 대상으로 한정할 것이 아니라 유·무형의 교환의 대상이 되는 것을 모두 포함할 수 있어야 한다.

미국 마케팅학회(AMA)는 지금까지의 마케팅 정의를 대폭 수정하여 1985년 현대적 마케팅 개념을 다음과 같이 정의하였다.

"마케팅은 개인 및 조직의 목적을 충족시켜 주는 교환을 창출하기 위하여 아이디어와 재화 및 용역의 창안, 가격결정, 촉진 및 유통을 계획하고 실행하는 과정이다. (Marketing is process of planning and execkuting the conception, pricing, promotion, and distribution of ideas, goods, and services to create exchange that satisfy individual and organizational objectives)."

〈표 8-1〉 학자들에 따른 마케팅의 정의

학자	정의	고찰
멕카시 (E. J. McCarthy)	소비자의 욕구충족과 기업의 목적을 달성하기 위하여 재화와 용역을 생산자로부터 소비자나 사용자에게 전달하는 기업활동이다.	소비자의 욕구충족이 기업의 목적달성과 함께 추구되어야 함을 직시함으로써 현대마케팅 콘셉트의 기초를 형성했다고 할 수 있다.
스탠톤 (W. J. Stanton)	현재 및 잠재적 고객에게 욕구를 충족시키는 재화와 서비스의 계획, 가격, 촉진 및 유통을 설계하는 기업활동의 총체적 시스템이다.	마케팅을 영리 조직체인 기업에서만 수행되는 것으로 보고 있다. 즉 비영리 조직체에서 볼 수 있는 기업과 소비자 관계에서 수행되는 기업활동을 마케팅으로 보고 있다.
프라이드와 퍼어렐 (W. M. Pride & O. C. Ferr딧)	변동적인 환경요인 안에서 교환을 조성, 촉진시키는 데 목표를 두고 행해지는 개인 및 조직의 활동이다.	마케팅을 영리조직인 기업에만 국한되는 것이 아니라 비영리 조직까지도 적용되는 것으로 보고 있다. 기업이 생산한 재화와 서비스뿐만 아니라 아이디어, 이슈, 개념도 마케팅에 포함되어야 하며, 사람까시노 마케팅의 초점의 대상이 되어야 한다고 보고 있다.

3. 메뉴 마케팅의 기능

마케팅의 기능을 말할 때 일반 상품과 메뉴 상품을 비교하지 않을 수 없다. 고객이 일반 상품을 구매할 때는 상품을 살펴보고 구매를 하지만 메뉴 상품은 보지 못하고 메뉴 북에 의존하고 또한 메뉴가 만들어지는 과정상의 문제도 상당한 리스크를 안고 있기 때문이다.

사실 메뉴 상품은 구매하고 경험한 후에야 올바른 평가가 가능하기 때문이다. 때문에 메뉴 마케팅의 기능은 이러한 리스크에 대한 인식을 없애고 고객의 신뢰를 창출할 수 있는 메뉴 마케팅 전략을 개발해야 한다는 것이다. 그러므로 메뉴 마케팅의 기능 중에는 경재적인 기능, 상품화의 기능, 생산과 품질관리의 기능 등을 포함하고 메뉴 마케팅을 통한 메뉴계획과 관리가 상세하게 이루어지는 것이 식음료 경영관리에 매우 중요하다.

이러한 마케팅의 기능을 종합해 보면 이윤창출과 고객유치 그리고 중요한 결정자로서의 궁극적인 조정기능을 하며, 제한 요소로서 메뉴 마케팅은 업소 운영의 전반에 걸쳐 내부 통제와 통합, 판매, 광고, 판매촉진 등과 함께 고객을 창출하는 마케팅의 도구이다.

(1) 마케팅믹스(Marketing Mix)

마케팅의 모든 요소를 통합하여 그 효과를 최대한 발휘한다. 맥카시는 제품(product), 장소(place), 촉진(promotion), 가격(price)의 4p로 마케팅믹스를 만들면서 통합한 내용을 다음과 같이 단순화하였다.

〈표 8-2〉 맥카시의 마케팅믹스

4P	내 용
제품(product)	이윤을 얻어내는 근원, 만족가치, 효용의 총체, 외식산업에서는 메뉴상품을 중심으로 인적, 물적, 분위기, 편익, 가치의 토탈서비스
장소(place)	유통경로로서 소비자에게 값싸고 질 좋은 상품을 전달하기 위해 소비자 · 소매상 · 도매상 · 제조업자 · 운송업자 · 금융기관이 참가하여 유통기능을 특화하여 이상적인 방법을 모색
촉진(promotion)	판매활동을 원활하게 하는 동시에, 매출액을 증가시키기 위해 실시되는 모든 판매활동
가격(price)	제품을 판매자로부터 제공받은 재화나 서비스에 대하여 구매자가 지급하는 서비스양의 비율

4. 메뉴 마케팅 전략

1) 메뉴 마케팅의 차별화 전략

차별화 전략은 고품질 전략, 틈새시장 전략, 마케팅 혁신 전략, 가격 전략이 4가지 차별화 전략으로 분류하고 있다.

① 고품질 전략

소비자가 메뉴를 선택할 때 메뉴의 내부적 요인(음식의 영양가, 음식의 청결성, 메뉴의 본질적 요인, 음식의 맛, 음식의 시각적 요소)이 영향을 미친다. 가격의 인하 대신 메뉴의 질을 한 단계 높여 업그레이드(Up-Grade) 정책을 통해 타 업소 메뉴와의 차별화 전략을 구사해 나가야 좋은 효과를 얻을 수 있을 것이다.

② 틈새시장 전략

틈새시장 전략은 다른 점포보다 한 발 앞서 시장을 주도할 수 있는 선점 효과를 위한 전략이다.

③ 마케팅 혁신 전략

한정된 시장에 치열한 경쟁이 이루어질 때는 아무리 메뉴가 뛰어나다하여도 효과적인 마케팅 전략이 수반되지 못하면 실패할 가능성이 크다. 고객은 부담스럽지 않는 가격에 가능하면 좀 더 크고 많고 볼륨감 있는 것을 선호하는 것으로 나타났다. 이것은 단순히 계산적이고 실리적인 원인 때문이 아니라 갈수록 각박해지고 위축되는 사회분위기에 대한 반발심리가 작용한 결과로 볼 수 있다.

④ 가격 전략

경기가 침체되고 실업이 늘어난 상황에선 그만큼 가격에 민감한 고객에 대응하기 위해서 가장 우선적이고 광범위하게 고려될 수 있는 방법이다. 이는 현재의 메뉴를 단순 가격인하의 이미지에서 저가메뉴로 변화시켜 낸다면 고객이 느끼는 가격 감각은 가격 거품이 가득했던 식당의 이미지를 그대로 받아들일 뿐 아니라 향후 영업 전략에도 엄청난 걸림돌로 작용할 소지가 크다.

2) 포지셔닝 전략

메뉴 북에 메뉴를 어느 곳에 위치시키는 것은 중대한 문제가 될 수 있다. 중점적으로 판매하고자 하는 메뉴를 고객으로 하여금 선택하게 만들 수 있는 곳을 찾아 소비자로 하여금 선택하게 하는 전략이 절실히 필요하다. 소비자는 첫 대면에 있어서 인상 깊은 사항은 깊이 간직하고 있으며, 이는 곧 구전으로 인한 홍보 효과를 가져 올 수 있다. 소비자와의 첫 대면이라 할 수 있는 메뉴 북에서 소비자로 하여금 한 눈에 볼 수 있는 메뉴 디자인은 중요한 마케팅 전략이 될 수 있다.

(1) 메뉴 다양화 전략

상품이 일단 시장에 선을 보이게 되면 상품 나름대로의 상품 수명주기를 갖게 된다. 그러나 판매가 무한정 지속될 수는 없기에 기업은 상품의 다양화 전략을 통해서 잠재고객을 창출하고 기업의 이윤 극대화에 힘쓸 필요가 있다.

- 매출의 계절적, 주기적 침체를 제거하기 위해
- 수요의 전체적 감퇴를 억제하기 위해
- 자금의 효율적 사용, 특히 여유 자금의 효율적인 이용을 위해서
- 부산물의 유리한 이용을 위해서
- 회사의 연구성과를 공표하기 위해서
- 새로운 거래선을 획득하기 위해서
- 새로운 고객을 확보하고 특수한 고객의 애호를 받기 위해서
- 상표명이나 회사명에 대한 재인식을 습득시키기 위해서
- 직접 마케팅을 유효하게 전개하기 위해서

(2) 메뉴 표준화 전략

서비스 상품의 특성 중의 하나가 표준화가 어렵다는 것인데, 이와 같은 어려움을 극복할 경우에는 여러 가지 장점을 갖게 된다. 최근 외식업 경영에서는 패스트푸드

가 급속하게 확산되고 프랜차이즈 형태의 운영이 늘고 있어 조리에서부터 생산판매에 이르기까지 표준화 작업이 활발히 진행되고 있다. 주방에서의 표준화 작업은 일의 능률을 향상시킬 뿐 아니라 인력 절감, 원가 절감 등 식당 경영의 다방면에 이익을 준다. 외식경영 과정 중 식재의 표준화를 기할 경우 다음과 같은 장점이 있다.

- 일정한 수준의 품질을 유지할 수 있다.
- 원가를 절감시킬 수 있다.
- 매뉴얼 하기가 쉽다.
- 사업을 계획적, 의도적으로 할 수 있다.
- 재고 배송관리를 사전에 통제할 수 있다.
- 품질관리를 기할 수 있다.
- 조리시간을 단축시킬 수 있다.
- 숙련 조리사가 아니더라도 조리가 가능하다.

(3) 마케팅을 통한 개발 메뉴의 상품화 전략

요즈음은 보다 합리적이고 균형적인 식생활이 중요하다는 인식이 확산되고 건강식에 대한 수요가 크게 늘어가고 있으며 또한 자신의 체질과 기호에 맞는 음식을 선별해서 먹는 추세이다. 이에 대응하여 메뉴의 구성에 있어 저지방 메뉴, 저콜레스테롤 메뉴와 청정 채소, 무공해 식품 등 질 좋은 식품을 이용하여 신메뉴를 개발하고 이에 맞는 홍보전략이 필요하다. 이는 고객의 변화에 대응하는 기능면을 계절메뉴, 세트메뉴, 기호메뉴, 신상품 메뉴, 건강식 메뉴 등 다양하고 합리적인 메뉴 상품 마케팅 전략방안을 전개해 나가야 할 것이다.

5. 커뮤니케이션 전략

1) 광고

외식업체의 경쟁이 나날이 심화됨에 따라 광고 판매촉진의 중요성이 대두되고 있다. 경기가 침체되고 외식업체간의 경쟁도 날로 심화됨에 따라 광고에 의한 판매촉진방법이 중요시 되고 있다. 광고는 불특정 다수에게 주입식으로 하는 방법이 있고, 타깃을 정하여 집중적으로 하는 방법이 있다. 따라서 두 가지 광고기법을 적절하게 사용하여 자사에 맞는 전략을 구사하여야 할 것이다. 광고의 방법으로는 공중파, 라디오, 잡지, 광고판 등 다양하게 이용할 수 있다.

광고는 글, 그림, 음성 등 시청각 매체가 동원된다. 광고의 정의는 다양하나, 미국 마케팅 협회가 1963년에 "광고란 누구인지를 확인할 수 있는 광고주가 하는 일체의 유료형태에 의한 아이디어, 상품 또는 서비스의 비대개인적(nonpersonal) 정보제공 또는 판촉활동이다."라고 정의하였다.

사실 광고에서 흔히 혼동해서 쓰는 PR(Public relations)과 선전(propaganda)은 '유료', '누구인지를 알 수 있는' 이란 두 관점에서 광고와 다르다. 즉 홍보와 선전은 광고처럼 일정한 광고료를 내지 않으며, 또 홍보와 선전을 하는 주체가 분명히 밝혀져 있지 않다. 이 두 가지 정의에도 예외가 있는데 그것은 무료 공공광고(public service advertising)의 경우이다. 이는 매체가 광고료를 받지 않고 게재, 또는 방송하기 때문이다. 광고란 낱말은 영어로 'advertising' 또는 'advertisement' 라고 하는데 전자는 광고활동 모두를 뜻하고, 후자는 낱낱의 광고물을 뜻한다. 따라서 외식업체의 광고활동도 예전에 비하여 다양하고 비약적으로 발전한 상태라고 볼 수 있다. 요즘은 가장 효과가 높고 비용도 비싼 TV광고, 그것도 황금시간 때에 외식업체의 광고가 많이 등장하고 있다.

2) 인적 판매

외식산업에서 인적판매는 많이 사용하지 않던 방법이었지만 경기침체와 경쟁점의 판매촉진방법 등이 다양해지고 심화됨에 따라 중요한 촉진도구로 인식되기 시작되었다. 인적 판매는 각기 세분시장에 따라 판매쿼터를 판매원에게 책임지게 하는데, 그의 능력에 따라 편지, 전화, 인터넷, 개인 방문 등을 사용하여 업체의 판매를 대행하고 그에 따른 수수료를 받는 방식으로 이루어진다. 아직까지는 활성화되지 않는 방법 중에 하나로 앞으로 개선 발전시켜 외식업의 커뮤니케이션 전략의 한 축으로 자리매김을 할 수 있을 것이다.

3) 내부 판매

내부 판매란 추가적 판매와 고객만족을 촉진시키기 위한 종업원의 판매활동을 뜻한다. 기존의 종업원이 정상적인 판매활동 및 서비스 외에 본인의 능력에 따라 자신의 인력풀을 이용하여 추가적인 고객유치나 판매활동을 말하는 것으로 종업원의 능력에 따라 내부 판매의 활동이 좌우되는 커뮤니케이션 전략 중의 하나이다. 따라서 능력이 갖추어진 종업원을 어떻게 채용하느냐의 문제는 결국 경영자의 인식에서부터 출발하여야 한다. 또한 신입사원을 채용하여 교육을 어떻게 시키느냐도 위와 같은 맥락에서 보면 중요시해야 할 문제이다. 능력 있고 언어구사 능력이나 판매수완이 좋은 종업원이 그의 능력에 따라 고객의 저항감 없이 매출을 더 올릴 수 있는 경우도 있다.

또한 내부 판매의 한 종류로 종업원들에게 업체의 메뉴를 저렴한 가격에 판매하는 방법이 있는데, 종업원이 근무시간 외에 타 업소에서 식사 및 회식을 할 것을 자사에서 저렴한 가격에 할 수 있도록 유도하는 것이다. 이것도 적은 비용으로 매출을 증진시키는 방법 중 하나이다.

4) 홍보

홍보란 설득적인 마케팅 커뮤니케이션의 한 형태로서 자사제품의 판매를 촉진하기 위한 수단으로 궁극적으로 수요를 자극하는 행위라고 볼 수 있다.

홍보는 광고와 구별되는 방법으로 시작되었으나 현재는 광고성 홍보활동이 많아짐에 따라 광고와 구별이 쉽지 않게 되었다. 홍보는 비용을 투자하지 않고 업체를 알리는 방법 중 하나이다. 따라서 광고와는 달리 업체의 장점이나 사회적인 활동 등을 여러 매체를 통하여 알림으로써 효과를 극대화 할 수 있다. 기업·단체 또는 관공서 등의 조직체가 커뮤니케이션활동을 통하여 스스로의 생각이나 계획·활동·업적 등을 널리 알리는 활동이라는 사전적인 의미가 있다.

(1) 메뉴 마케팅을 통한 상품화 전략사례

현재 외식업소에서 다양하게 시도되고 있는 마케팅 전략들을 아무리 한 업소에서 성공을 거두었다 해도 콘셉트와 고객층이 전혀 다른 업소에 그대로 적용한다면 효과를 기대할 수 없다. 그러므로 흉내 내기 식에서 탈피해 업태, 메뉴, 가격전략, 고객층 등 여러 가지 요소들을 고려한 통합적인 접근이 불가피하며, 중요한 것은 핵심목표를 세운 다음 마케팅 전략을 구사해 나가야 한다.

보고(BOGO)마케팅 – 덤마케팅

물건을 하나 사면 하나를 덤으로 끼워 주는'보고(BOGO : Buy One Get One)'가 인기다. 불황탓에 무료 사은품을 덧붙인 상품이 소비자들에게 인기를 끌자 외식업소들도'Two for One' 또는 '하나 더'등의 과감한 프로모션으로 고객몰이에 나서고 있으며 보고 마케팅은 소비자의 구매욕구를 촉진시키면서 동시에 저렴한 비용을 제품 홍보도 하는 1석 2조의 마케팅 전략이라고 할 수 있다.
'던킨 도넛' 은 커피메뉴 홍보와 내점 객수를 늘리기 위해 직영점을 중심을 커피를 주문한 고객에게는 도넛 1개를 덤으로 주는 전략을 구사해 커피메뉴 홍보효과는 물론 고객수 늘리기 작전에도 성공을 거둬 커피 매출이 10% 상승하는 효과를 보였다.

가격 마케팅

불황극복을 위해 대부분의 외식업소들이 가장 쉽게 시도 할 수 있는 마케팅이다.
가격 마케팅은 대부분이 가격을 인하하여 박리다매를 시도하는 마케팅으로 이해를 하고 있다. 하지만 불황기에 고가 마케팅도 한 방법으로 사용할 수 있다. 또한 끝자리 가격 마케팅도 많이 쓰이는 방법 중에 하나이다. 가격의 끝자리에 9를 붙여서 고객의 가격에 대한 저항력을 감소시켜주는 효과가 있다. 이처럼 고가 또는 저가, 끝자리 가격을 시도한 전략이 바로 가격 마케팅이다. 대부분의 외식업체들이 매출이 급감하자 가격할인 또는 가격파괴를 단행하며 살아남기 위해 시행한 불황기 메뉴전략, 무턱대는 가격조정이나 가격파괴로 매출상승을 이룰 수 없다는 지적도 있다. 그것은 가격은 한번 낮추면 다시 회복하는데 오랜 시간이 걸리고, 고객의 저항감이 크다는 데 어려움이 있다. 그러나 경제적 어려움이 가중되고 있는 소비자들은 매력적인 저가정책을 환영할 수밖에 없다. 외식업체에서 가격파괴와 가격인하를 실시하는 목적은 결국 기존의 고객만족과 더불어 기존고객의 이용횟수 증대, 신규고객 창출 등이 이유이다.

스타벅스의 고품질 이미지 내부 마케팅

1971년 시애틀에서 창립하여 연간 14억 달러의 매출과 전 세계 2,800여개의 매장을 보유하고 있다. 스타벅스는 '92년부터 '97년까지 포천지에서 선정하는'가장 성장속도가 빠른 100대 미국기업'에서 단 한 번도 제외된 적이 없다. 스타벅스가 이렇게 성장한 여러 요인 중의 하나가 바로 이 업체의 주상품인 커피의 고급화 전략 때문이다. 기존에는 일용품이나 저가의 인스턴트식 커피시장이 전부였는데 스타벅스는 1등급 아라비카종을 고집한 고가의 커피로 차별화를 시도하여 점포 내에 커피 믹서, 머그잔 등 각종 커피용품, 스타벅스 로고가 새겨진 다양한 관련제품, 매장에서 들려주는 엄선된 음악이 담긴 CD를 판매해 스타벅스가 무의식중에 일상생활에 자리 잡도록 유도했다.
미국의 외식업계 투자 분석 전문가인 앨런 히콕은 스타벅스를 '브랜드 구축의 성공사례'의 교과서'라고 평가하고 있다. 한 잔에 2달러가 넘는 커피를 들고 다님으로써 '나는 최고의 품질을 찾는 고상한 사람'이라는 느낌을 갖게 만드는 마력을 갖고 있다고 분석한다.
스타벅스의 경영철학은 '스타벅스에선 고객도 왕이고 종업원도 왕'이라고 강조하면서 인력자원을 무엇보다 중요시하며 '89년 아르바이트생을 포함한 전사원에게 의료보험과 주식을 배정하여 회사의 배려만큼 직원들의 충성도가 강하다. '97~'98년 연속 포천지에서 선정하는 '일하기 좋은 100대기업' 순위에 오른 것은 당연한 일이며, 슐츠는 "스타벅스를 10년만에 최고의 브랜드로 키운 것은 광고가 아니라 함께 일하는 사람들을 존중하고 우대했기 때문"이라고 말한다.
스타벅스는 타 업체보다 앞선, 차별화된 마케팅으로 이젠 미국인들에게는 생활의 일부가 되었으며, 이 업체의 마케팅 전략이 세계시장에서는 어떻게 성공할 것인지에 관심을 모을 만하다.

시간 마케팅

아이들(idle) 타임의 매출을 올리거나 점심 · 저녁 고객을 늘리기 위해 가장 많이 쓰이는 방법으로 해당 시간대에 방문하는 고객에 한해 가격을 할인해 준다거나 무려서비스를 주는 등 특별한 혜택을 주는 것이다. 시간대 별로 다양한 혜택을 부여하는 마케팅은 고객들에게 같은 가격에 좀 더 많은 것을 혹은 평소보다 싼 가격으로 먹을 수 있다는 장점이 있다.

- 피자헛 : 오전 11시 30분~오후 5시까지(주말, 공휴일 제외) 품목할인
- 베니건스 : 오후 6시~8시, 10시~12까지 해피아워를 지정해 투포원 행사

세트메뉴(번들링)

세트메뉴 출발점은 컴퓨터에서 유래되었다는 설이 유력하다. 컴퓨터를 사게 되면 본체, 모니터, 키보드, 마우스 등 주변기기를 사지 않고는 컴퓨터 세트가 완성이 되지 않기 때문에 풀 세트로 구입할 수밖에 없는 구조이다. 이것을 외식업체에 적용한 것이 세트 메뉴 프로모션이라고 할 수 있다. 세트 메뉴 프로모션은 한 코스의 식사를 묶어서 또는 두 사란의 몫을 묶어서 판매하는 것을 말하며, 목표는 평균 객단가를 높이기 위한 수단이다. 대부분 세트메뉴는 메인 아이템, 음료, 사이드 아이템으로 이루어지는 것이 기본이며 할인가격으로 판매하거나 할인 쿠폰을 이용하기 때문에 메뉴원가가 낮아져 경영자 입장에서 이익을 창출할 수 있다.

약속 마케팅

일정 시간대에 서비스를 제공하지 못하면 그에 합당한 혜택을 주는 제도로 외식업체에서는 자주 사용하고 있는 제도이다.

- 베니건스 : 오전 11시~오후 4시까지 '타임 크런치 런치'
- 도미노 피자 : 45분 내 피자 배달 보증제

짝짓기 마케팅

요즘 식품업계에는 식품 재료와 소스를 묶는 마케팅 바람이 불고 있다. 풀무원은 순두부찌개 양념장을 내놓은 뒤 순두부 매출이 30% 성장했으며, 여름 서수기를 겨냥해 생냉면과 냉면 육수, 콩국수와 콩국물을 출시한 짝짓기 마케팅의 성공효과를 누리고 있다.

6. 마케팅믹스

1) 마케팅믹스의 개념

마케팅믹스(marketing mix)는 마케팅관리자가 마케팅 활동을 수행하기 위하여 쓸 수 있는 도구를 일컬으며, 다음과 같은 네 가지 요소로 구성되어 있다.

- 제품(product) : 소비자가 제품으로부터 향유하는 제품의 모든 측면을 다룬다(제품의 물질적 측면 및 애프터서비스 등 서비스 측면을 포함). 어떤 때는 '제품'이 순전히 '서비스'의 형태를 띠는 수도 있다.
- 가격(price) : 소비자가 실질적으로 제품을 구매함으로써 부담하는 비용(할인·분할상환 등을 고려한) 및 제품을 판매하는 도매상과 소매상에게 부과하는 가격을 다룬다.
- 유통(place) : 도매상·소매상 등 회사이 최종소비자를 연결하는 중산 매개업체에 대한 정책을 다룬다.
- 촉진(promotion) : 기업이 기업에게 중요한 사람들(현재 및 잠재고객, 유통업자, 일반대중 등)에게 '이야기'하는 수단에 대해 다룬다. 이것은 광고 안전판매를 포함하기 때문에 마케팅활동 중에서 가장 눈에 잘 띄는 부분이기도 하다.

눈에 보이는 제품이 아닌 무형의 서비스를 파는 이들의 경우에 마케팅믹스의 효용은 더욱 두드러진다. 서비스를 팔려고 내놓은 업체들은 유형상품과 분리시켜 서비스만을 판촉하려 할 것이 아니라 상품과 서비스를 결합시켜 판촉하지 않으면 안 된다. 레스토랑마다 식사를 제공하고는 있으나 모든 레스토랑이 똑같지 않다. 모든 호텔은 나름대로 비품들을 설비해 좋은 객실을 고객으로 하여금 사용할 수 있도록 판매하고 있으나 모든 호텔이 똑같지는 않다. 이처럼 각각의 경우, 소비자는 상품을 평가할 때 모든 것을 전체적으로 생각한다. 즉 레스토랑의 경우 음식만을, 호텔의 경우 객실만을 생각하지는 않는다.

물적 상품과 서비스 상품의 차이를 반영하는 "새로운 마케팅믹스는 사업을 발전시키고 시장에서 성공적으로 경쟁하기 위한 모든 호텔업체의 전체 마케팅 전략의 일부가 되어야 한다." 재래식 상품판매 전략을 답습하는 것보다 특정서비스 판매 전략을 발전시키기 위해 노력하는 업체만이 성공할 확률이 가장 높을 수밖에 없다.

2) 마케팅믹스 사례

(1) Product

고품질의 다양한 메뉴, 차별화된 고객환희 서비스패밀리 레스토랑의 경우 Product는 크게 음식제품과 서비스로 나누어진다.

① 고품질의 음식

– 고품질의 음식

재료음식재료의 공급은 육류의 경우 우리나라는 고품질의 음식을 평가하는 정확한 기준이 없는 실정이라 미국의 초이스급의 육류를 사용하고, 신선함이 중요한 야채종류는 국내 최상급의 식자재를 사용한다.

– 컬리널리 챌린지 코리아

매년 업무 능력·자질 향상을 위해 영업점별·개인별 경연 컬리널리 챌린지 코리아를 개최한다(2004년). 8번째를 맞는 컬리널리 챌린지는 TGIF 요리사들의 업무능력, 자질향상을 도모하는 취지의 요리경연대회인데 이런 대회를 통해 고품질의 음식을 개발하게 되는 것이다.

② 다양한 메뉴

98년 패밀리 레스토랑의 전반적인 서비스 품질 평가결과 메뉴 다양성 분야에서 1위를 차지한 바가 있다(서울대 서비스연구회). 다음은 빅패밀리 레스토랑을 대상으로 애피타이저, 샐러드, 주메뉴, 디저트, 드링크, 어린이 메뉴를 중심으로 메뉴의 종류를 비교해 보았다. 그 결과 애피타이저, 샐러드, 디저트, 드링크의 종류가 타 레스토랑에 비해 더 많은 것을 알 수 있었다.

③ 고객환희 서비스

TGIF의 서비스는 패밀리 레스토랑 중 가장 먼저 고객환희 서비스를 실시함으로써 타 기업에서도 벤치마킹을 할 정도로 유명하다. 그러나 지금은 타경쟁사에서도 비슷한 서비스 전략을 펼치고 있다. 현재 TGIF만의 차별화된 서비스는 다음과 같다. 여성 화장실에 남자 어린이를 위한 어린이 소변기를 비치함으로써 엄마와 같이 온 남자 어린이의 입장을 생각하고 또한 전 TGI Friday's 화장실에 가그린을 설치함으로써 에티켓을 중시하는 고객들의 편의를 제공한다.

(2) Price : 고가격

패밀리 레스토랑의 경우는 일반 가족들이 한식을 외식하는 경우에 비해 가격이 많이 비싸다. 또한 나이가 어린 고객들이 많은 찾는 만큼 고가격의 부담은 클 수밖에 없다. 그럼에도 불구하고 많은 고객들이 TGIF를 찾는 까닭은 타기업과의 제휴로 인해 가격할인 혜택이 있기 때문이다. 현재(2000년 기준)는 TTL, LG2030, Chollian과의 제휴를 통해 많은 고객들이 가격할인혜택을 받고 있다. 이런 기회를 통해서 많은 고객들이 고가격의 부담을 덜어 TGIF를 다시 찾는 이유인 것이다.

(3) Promotion

① 이벤트

– TGIF 컬리널리 챌린지 코리아 2000 개최

TGIF는 이 이벤트를 4년째 시행하고 있으며, 이번 행사에는 TGIF의 직원 경연 외에 일반 대학생들도 참여하는 학생전 대항을 마련한 것이 특징이다. 이 행사는 자연스럽게 자사 내부의 행사를 외부와 연결시키는 이벤트라고 할 수 있다. 종업원들의 자질향상을 유도한다는 측면에서는 내적 이벤트이지만 학생들의 참여를 유도한다는 측면에서는 자사의 홍보전략을 기업의 이미지 구축전략과 연계해 적용하고 있음을 알 수 있다.

– 고객들을 위한 이벤트

생일을 맞은 고객에게 생일 축하 공연을 해주는 것은 TGIF의 색다른 이벤트이다. 즉석 폴라로이드 사진촬영을 해주며 노래 선물까지 제공해 준다. 이 외에 비정기적 행사로는 이번 여름시즌에 폭발적인 관심을 끌었던 라스베이거스 여행권 추첨 이벤트를 대표적으로 들 수 있겠다. 이벤트를 통하여 TGIF는 고객들에 대한 신뢰를 구축하고 자사의 브랜드 콘셉트를 확실히 새기게 했다. 또한 고객들의 관심을 증대시켜 매출의 신장과 이미지 설정에 커다란 성과를 거둘 수 있었다.

② 공공마케팅

– 동업종 내에서의 전략적 제휴

패밀리 레스토랑 업계의 빅5인 마르쉐, 아웃백스테이크하우스, 씨즐러, TGIF, 토니로마스(이하 MOSTT)가 '빅패밀리'란 이름으로 제휴, 공동마케팅을 실시하고 있다. 제휴 내용으로는 공동인터넷 사이트 구축 및 공동 신용카드와 공공 현금적립카드, 공동상품권, 연 2회 이상 공공 프로모션 실시 등이며 이에 따른 비용은 매장수가 가장 많은 TGIF가 30%를 나머지 4개 업체가 17.5%씩 공동부담하고 카드사 등 외부 업체의 협찬을 통해 이뤄지며 대외 홍보와 광고도 함께 진행하게 된다. 우선 패밀리 레스토랑에 대한 고객들의 선호도가 높아지는 가운데 5개 업체가 공동작전을 펼침으로써 그 파급 효과가 커 브랜드 인지도를 높일 수 있는 한편 DB의 공유 등으로 타깃 마켓이 한층 넓어지는 효과를 보고 있다.

MOSTT는 캐주얼 다이닝, 유럽형 패밀리 레스토랑, 스테이크, 샐러드, 립 등으로 대표메뉴와 콘셉트가 달라 고객층에도 다소의 차이가 있었으나 공동 마케팅을 구사

함으로써 앞으로는 자사 타깃층 뿐 아니라 다른 4개 업체의 고객층까지 모두 끌어 안을 수 있을 것으로 보인다. 또한 마케팅에 소요되는 비용 절감의 효과도 있다.

5개업체가 함께 함으로써 과다한 비용에 부담으로 단독을 실시할 수 없었던 큰 규모의 광고와 프로모션을 적은 비용으로 진행할 수 있으며 제휴업체 선정에 있어서도 보다 유리한 입장에 설 수 있는 한편 시너지 효과와 함께 마케팅 효율을 극대화시킬 수 있게 됐다. 또한 다른 인터넷 전문 사이트와 달리 온라인과 오프라인을 동시에 갖고 있어 온라인 회원을 오프라인으로 연결시킬 수 있다는 메리트 때문에 각종 프로모션에 따른 기대효과가 커 새롬기술과 엠파스, 인터넷 복권업체인 타이거풀스 등 이를 공유하고자 하는 인터넷 전문 업체들로부터 제휴에 대한 제의가 꾸준히 들어오고 있다. 그러나 해당 업체에 돌아가는 이러한 가시적인 효과를 차지하더라도 경쟁 업체끼리의 이러한 전략적 제휴는 업체 간 윈윈의 효과를 최대로 발휘할 수 있는 한편 업계 발전에도 공헌하고 있다는 긍정적인 평가를 받고 있다.

– 이동통신회사와 카드회사와의 공동 마케팅

TGIF는 패밀리 레스토랑 중에서 공동마케팅을 실시한 선두 자격으로 SK텔레콤의 TTL과 제휴를 맺어 TTL카드를 소지한 고객이 매장을 방문했을 경우 음식 결제 금액의 25%를 할인해 준다. SK텔레콤과 할인 금액의 절반씩을 공동 부담으로 하고 있으며 TTL카드 사용 고객으로 인해 한 달에 4억여 원의 매출이 일어나고 있다.

이는 전체 매출의 약 10%를 차지하는 것으로 TTL과의 제휴가 실질적으로 매출에 영향을 미치고 있다는 것을 보여주고 있다. 또 자사 홈페이지에서 천리안에 가입하는 경우 천리안 가입비를 면제해 주고 있으며 파고다학원, Hall Park, 신라호텔, 대한항공, 아시아나 항공 등 10여 개가 넘는 다양한 회사들과 제휴를 맺어 제휴 회사 측의 카드를 소지한 고객이 매장을 방문했을 때 음료나 아이스크림을 무료로 제공하고 있다. TGIF는 이러한 제휴를 통해 직접적인 매출 상승과 간접적인 홍보효과를 노리고 있다.

③ 사이버 회원 모집

홈페이지를 통해 온라인과 오프라인의 연계를 도모하고 있다. 온라인상에서 사이버 회원을 모집하고 홈페이지에 접속할 때마다 점수를 부화하여 쿠폰이나 상품을 주고 있다. 또한 직접 매장을 들르는 고객뿐만 아니라 방문을 하지 않은 고객 또한 유인할 수 있기 때문에 잠재적 수요의 현실화에 크게 기여한다고 볼 수 있다. 대문에 모든 패밀리 레스토랑 업계에서 사이버회원 모집은 공통적인 현상으로 나타나고 있다.

④ 간접광고

TGIF는 드라마나 영화에 그 장소를 협찬함으로써 간접적인 광고 효과를 거두고 있다. SBS, MBC 드라마, 영화 '물고기자리' 등에서 TGIF는 깔끔한 패밀리 레스토랑으로서의 이미지를 시청자들에게 전달하고 TGIF의 존재를 전국에 알리는 계기로 삼았다. 또한 MBC '피자의 아침' 등의 시사/교양 프로그램에서 칵테일 전문점으로서의 개성을 표출하고 그들의 경쟁력을 과시했다.

(4) Place

① TGIF 각 매장을 통한 접촉

주된 경로는 레스토랑이 만큼 매장을 통해 고객에게 제품과 서비스를 전달하는 것이다. TGIF는 현재 고객과의 유통이 되는 17개의 매장을 가지고 있다.

- 대학생 : 신촌, 동교점 주요 고객이 젊은 고객들이 많기 때문에 대학가 주변에 위치
- 비즈니스 : 사당, 여의도, 종로점 비즈니스 미팅을 위해서 바나 고급 음식을 대접하는 고객을 타깃으로 비즈니스가 활발한 지역에 위치
- 지방, 거점 : 부산, 대구 아직 지방에는 두 군데의 영업점 밖에 없는데 거점 도시임을 이용해 많은 사람들이 이용하도록 위치

- 문화, 예술, 주거 밀집지역 : 강남역, 명동, 잠실, 강남 롯데점, 대학로, Coex 점 문화예술이 발달한 곳에는 사람들이 모이고, 상권이 발달되어 있고 현금 유통이 활발한 이점을 이용해 위치-대치, 논현, 목동점 패밀리 레스토랑에는 가족단위의 외식으로 찾는 고객이 많은 점을 이용해 많은 사람들이 사는 곳에 위치

② 매장 이외의 장소를 통한 접촉

– 배달서비스

매장 이외의 장소에서 TGIF의 맛을 즐기고 싶어 하는 고객들을 위해 배달 서비스를 통해 고객들에게 제품을 전달한다. 전화 한 통화면 집에서 집들이나 생일파티, 손님 초대 등을 TGIF의 맛으로 준비할 수 있다. 또한 바쁜 업무와 스케줄로 인해 레스토랑까지 방문하여 식사를 하기 힘든 직장인들을 위해 TGIF의 서비스와 요리를 배달해 주는 서비스로 벤처기업 붐이 일어나면서 인기를 얻고 있다.

– 출장뷔페 서비스

고객이 원하는 어느 곳이든 TGIF의 전문 출장 팀이 파견된다. 현장에서 직접 요리와 서비스 담당까지 TGIF의 주방과 홀이 그대로 고객의 파티장소로 옮겨진다. 생일파티와 같은 홈파티는 물론이고 피로연, 사업설명회, 야유회, 직원식당 특별메뉴 등 야외에서도 TGIF의 풍성하고 친절한 서비스를 느낄 수 있게 하였다.

이 서비스는 100명 이상의 식사를 기준으로 하여 고객이 진행하고자 하는 행사의 특성을 고려하여 TGIF가 직접 메뉴를 추천하고 고객이 원하는 분위기와 음식으로 케이터링 서비스

외식업계 불황마케팅

[앵커멘트]

요즘 패밀리 레스토랑 등 외식업계에서는 다양한 불황 탈출 마케팅이 전개되고 있습니다. 아침식사를 무료로 제공하는 공짜마케팅으로 고객들을 끌어 모으는가 하면 파격적인 가격대의 메뉴들을 출시하는 등 고객들의 주머니를 열기 위해 안간힘을 쓰고 있습니다. 박영진 기자가 보도합니다.

[리포트]

서울의 한 패밀리레스토랑 앞, 이 레스토랑은 불황속에서 고객확보를 위해 일주일에 한번, 3백인분 정도의 간단한 아침식사를 무료로 제공하는 이른바 공짜 마케팅을 실시하고 있습니다. 바쁜 출근길이지만 줄을 서 기다렸다 받아가는 사람들도 많고, 또 매주 만나는 단골 고객이 생길 정도로 반응이 좋습니다. 한 달에 수백만 원의 추가비용이 들어가는 셈이지만, 들어간 비용 이상으로 매출이 늘어 공짜 마케팅의 효과를 톡톡히 보고 있다고 레스토랑측은 설명합니다.

[녹취 : 김동진, 외식업체 점주]

첨에는 고객 서비스차원에서 시작. 아침무료제공 이후 우리 음식점을 미처 몰랐던 새로운 고객확보에 상당한 도움이 된다. 파격적인 가격의 메뉴 출시도 잇따르고 있습니다. 보통 패밀리레스토랑에서 한 끼 식사를 하려면 1인당 만 5천원 이상 들지만, 이곳에서는 점심시간대 일부 메뉴를 7천원이라는 파격적인 가격으로 판매하고 있습니다. 경쟁업체와 확실히 비교되는 저렴한 가격으로 고객을 끌어오겠다는 전략입니다.

[녹취 : 오지연, 학생]

학생입장에서는 이런 패밀리 레스토랑이 다소 부담, 그런데 지금 먹는 건 거의 반값의 할인이 되는 셈. 패스트푸드 업계에서는 건강을 앞세운 고가메뉴와 함께 천원 대의 초저가 메뉴도 출시해 놓고 다양한 층의 고객확보에 나서고 있습니다. 특히 천원 대 저가메뉴들은 역시 불황으로 주머니가 얇아진 고객들에게 인기를 모으고 있습니다. 소비심리위축을 가장 크게 체감하는 업종 가운데 하나인 외식업계에서는 이른바 공짜마케팅이나 저가 메뉴 출시 등 다양한 불황탈출 노력들이 시도되고 있습니다. ytn 박영진입니다.

YTN TV | 기사입력 2003-10-20 04 : 40

외식업계 '아침사양족'을 잡아라!

서울 종로에 있는 한 패스트푸드점.
오전 7시부터 인근의 직장인들이 몰려와 아침을 먹습니다.

[박해림/회사원 : 이렇게 바쁜 시간에 아침을 좀 간단히 해결하려고, 그래서 들렀습니다.]
보통 오전 8시부터 문을 여는 게 관례였던 패스트푸드점. 하지만 이곳은 지난달부터 출근길의 직장인을 공략하기 위해서 개점시간을 오전 5시로 앞당겼는데요. 기존의 주 메뉴이던 햄버거에서 탈피해 핫케이크와 소시지, 달걀을 주재료로 한 다양한 아침메뉴를 선보이면서 큰 인기를 끌고 있습니다.

[박종범/패스트푸드업체 영업이사 : 아침메뉴의 매출액이 전체 매출액의 15% 이상을 차지할 만큼 큰 인기를 얻고 있고 점점 증가추세에 있습니다.]
사무실이 밀집한 강남의 테헤란로. 직장인 김희정 씨가 아침을 해결하는 곳은 회사 근처의 한 도넛 전문점입니다. 얼마 전까지만 해도 아침을 굶는 '아침사양족'이던 김 씨가 이곳을 찾게 된 이유는 건강빵이라 불리는 베이글을 먹기 위해서. 12가지 곡물로 만들어져 지방도 적고 콜레스테롤도 낮아 김 씨는 매일 아침 베이글로 식사를 해결합니다.

[김희정/회사원 : 아침식사를 대신하러 왔는데, 아무거나 먹는 게 중요한 게 아니니까 몸에 좋은 베이글을 먹기 위해서 아침에 들렀습니다.]
도넛으로 유명해진 이 업체는 아침시장을 공략하기 위해 얼마 전 몸에 좋은 참살이 메뉴를 개발했는데요. 건강과 다이어트에 민감한 신세대 직장인들 사이에서 높은 호응을 얻고 있습니다.

[전성민/외식업체 마케팅주임 : 다이어트에 민감한 대학생들과 아침을 즐기고 싶지만 시간적 여유가 없는 직장인들이 주로 찾고 있습니다.]
최근에는 호텔들도 아침시장 공략에 발 빠르게 나서고 있습니다. 서울 광화문의 한 호텔 델리 코너. 이곳은 최근 샌드위치와 샐러드 뿐 아니라 수프를 아침메뉴로 개발했는데요. 소화에 도움을 주는 이점 때문에 찾는 이들이 늘고 있습니다.

[윤영지/회사원 : 아침을 거르니까 속이 좀 안 좋고 그랬는데, 따끈한 수프를 먹으니까 속도 좋고 하루도 거뜬하고 좋은 것 같다.]
또 호텔은 비싸다는 인식을 깨기 위해 합리적인 가격 마케팅 기법을 도입했는데요. 샐러드와 수프는 7~8천원대, 샌드위치는 1만원대로 책정해 인근 직장인들의 입맛을 사로잡고 있습니다.

[이석현/회사원 : 호텔에서 판매하는 수프라고 해서 되게 비쌀 줄 알고 왔는데, 외부에서 먹는 것과 별반 차이 없는 것 같고 음식의 질도 훨씬 나은 것 같습니다.]
20대 한국인 2명 중 1명이 거른다는 아침식사. 이들을 잡기 위한 외식업체의 경쟁은 더욱 치열해질 전망입니다.

SBS TV | 기사입력 2007-03-30 12 : 40

Chapter 09

메뉴의 순환주기

Chapter 09

메뉴의 순환주기

모든 제품은 각자의 제품 수명 주기를 갖고 있다. 특정제품의 매출, 이익이 거쳐 나가는 과정을 양적인 표현에 의해 나타낸 제품 수명주기(PLC, Product Life Cycle; 이하 PLC)이론의 중요성은 특정제품의 PLC 위치에 따라 광고, 가격정책, 분배정책 등 마케팅 수단의 형태가 각각 다르기 때문에 자기 제품의 PLC 위치가 어디에 있는가를 판단하여, 장래에 발생하는 사건을 예견하고, 다가오는 변화에 가장 잘 대응할 수 있도록 준비하는데 그 의의가 있다.

1. 제품수명주기 이론의 의의

신제품을 개발한 후에 그 제품을 영구적으로 판매하여 수익을 거둘 수 있는 제품은 매우 드물며 기술이나 경쟁상황, 소비자의 선호 등이 항상 변화하고 있으므로 제품의 시장지위(Market position) 내지 판매지위(Sales position)와 수익성(Pro-fitability)은 시간이 지남에 따라서 변화하는 것이 일반적이다.

제품수명주기란 신제품으로써 개발되어 그 제품이 시장에 도입되어진 이 후 일정기간동안 재품의 판매가 증대되었다가 차츰 진부화 되어가고 마침내 소비자 수요의 감퇴로 쇠퇴하게 될 때까지의 과정을 시간과의 함수관계로 나타내는 S자형 곡선이며 〈그림 9-1〉에서 보는 것처럼 도입기(Entry stage), 성장기(Growth stage), 성숙기(Maturity stage) 및 쇠퇴기(Decline stage)로 세분하는 것이 일반적이다.

제품수명주기는 제품종류(Product class), 제품형태(Product form) 및 상표에 따라 적용가능성이 다르게 된다. 일반적으로 제품종류는 제품형태나 상표보다 제품수명주기가 오래 지속되며 특히 성숙기가 오래 지속된다. 전형적인 제품수명주기는 제품형태에서 찾아볼 수 있으며 상표별 판매 실적은 마케팅 전략에 따라 변화되는 변칙적인 것이기 때문에 제품수명주기를 추적하기가 어렵다.

제품수명주기 모형을 S자형으로 일반화시키는 데는 여러 가지 문제점이 있지만 이는 신제품의 개발이나 기존제품 개량, 신용도 개척 등의 시기와 방향을 결정하는 데 중요한 정보를 제공하며 수익성의 관점에서도 시장수요의 변화나 이익곡선의 추이를 나타내주는 척도가 되므로 기업의 마케팅 전략의 중요한 기초가 된다.

〈그림 9-1〉 제품 라이프 사이클 모델(Product Life Cycle Model)

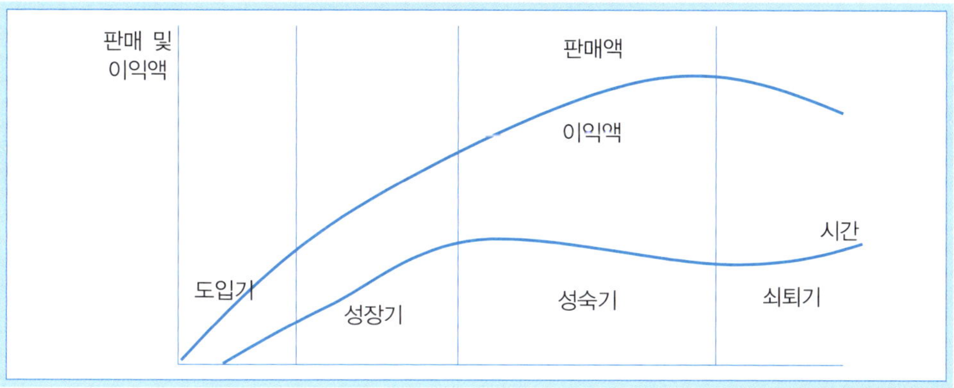

자료 : Philip kotler, "Marketing Management : Analysis, Planning and Control", Prentice-Hall, New Jersey, 1980, p. 289

2. 선행연구 학자들의 라이프 사이클의 단계 구분

제품 라이프 사이클 각 단계를 구분하는 기준에 대해서는 지금까지 획일적으로 결정적인 방법이 개발되어 있지 않다. 다만 일반적으로 판매량의 증감이나 이익률의 증감 등을 기준으로 하여 분류하고 있으며 제품의 성질에 따라 또는 연구의 목적에 따라 상이하며, 같은 단계로 구분하였다 할지라도 각 단계의 명칭도 상이하다.

제품 라이프 사이클의 단계를 구분하는 형태는 학자에 따라 3단계, 4단계, 5단계 등으로 구분하고 있으며, 일반적으로 미국의 학자들은 4단계로 일본의 학자들은 5단계로 구분하는 경향을 나타내고 있으며, 가장 일반적인 단계 구분은 코틀러(P. Kotler) 등이 사용하고 있는 도입기 – 성장기 – 성숙기 – 쇠퇴기의 4단계 방법이다.

제품 라이프 사이클의 단계 구분에 대한 대표적인 몇몇 학자들의 학설을 살펴본다면 다음과 같다.

1) William J. Stanton의 분류

- 도입단계(Introductory stage)
- 시장수용(Market acceptance)
- 시장감소(Market decline)

2) Otto Kleppener의 분류

- 개척기(Pioneering)
- 경쟁기(Competitive)
- 유지기(Retentive)

3) Mathews, Buzzell, Levitt & Frank의 분류

- 탄생과 확립(Birth and Establishment)
- 확장과 성숙(Expansion and Maturation)
- 안정과 쇠퇴(Stabilization and Death)

4) 4단계설

(1) Martin L. Bell의 분류

- 도입기(Introduction)
- 성장기(Growth)
- 성숙기(Maturity)
- 쇠퇴기(Decline)

(2) Eugene J. Kelley의 분류

- 도입기(Introduction period)
- 성장기(Growth period)
- 성숙기(Maturity period)
- 쇠퇴기(Decline period)

4단계설을 주장한 학자는 상기한 학자 외에도 Philip Kotler, robert D. Buzzell 및 E. J. McCarthy 등이 있다.

5) 5단계설

(1) Edgar A. Pessemier의 분류

- 도입기(Introduction)
- 성장기(Growth)
- 경쟁기(Competitive)
- 진부화기(Obsolescence)
- 종말기(Termination)

(2) Thomas A. Standt and Donald A. Taylor의 분류

- 도입기(Introduction)
- 성장기(Growth)
- 성숙기(Maturity)
- 포화기(Saturation)
- 쇠퇴기(Decline)

이외에도 5단계설을 주장하는 학자는 William Lazer, Arch Patton, Kenneth R. Davis, Martin ZoBer, Joseph C. SSeibert, Chester R. Wasson 등이 있다.

이상에서 알아본 학설에 의하면 제품 라이프 사이클 단계의 구분은 3단계, 4단계, 5단계로 구분되어지고 있는 것이다. 그러나 제품 라이프 사이클 단계의 구분은 4단계나 5단계의 구분 형식이 타당하다고 볼 수 있다. 왜냐하면 4단계 구분 형식에서 성장기를 전기와 후기로 구분한다면 4단계와 5단계는 내용상으로 같게 된다.

3. 제품수명주기의 발생 원인

특정 제품의 판매량이 늘고 줄며 마침내 완전히 쇠진해버림으로써 이것의 생애가 끝나게 되는 원인은 어디에 있을까. 다음의 몇 가지 요인들이 그 원인으로 종종 거론된다.

1) 소비자 욕구

소비자의 욕구는 끊임없이 변한다. 좋아하던 제품도 어느 기간 사용하면 싫증을 느끼고 단순히 어떤 제품이 새 것이라는 이유 하나로 다른 제품을 선호하는 경향도 있다. 새 것은 새로운 경험도 안겨 주지만 이것을 구매하고 사용하는 사람에게 자랑스런 느낌을 갖도록 해준다. 아직 자동차로서의 기능을 유감없이 수행하고 있는 차를 새 차로 갈아치우는 이유도 바로 여기에 있다.

2) 기업의 마케팅 노력

기업은 판매량을 늘리기 위해 마케팅 노력을 기울인다. 그러나 기업이 마케팅을 하는 데는 많은 비용이 수반되기 때문에 모든 제품을 무한정 밀 수 없다. 따라서 신제품 초기에는 열심히 마케팅 하던 제품도 어느 정도 인지도와 인기가 상승하면 마케팅 노력의 비중을 다른 제품으로 옮겨갈 수 있다. 한 제품이 얼마만큼 마케팅 노력의 뒷받침을 받느냐는 당연히 이 제품의 판매량에 영향을 미친다. 그러나 제품의 경쟁력이 뚜렷하고 수익을 계속 창출할 수 있다면 이러한 제품들은 당연히 마케팅 노력을 계속할 수밖에 없다.

〈표 9-1〉은 1925년에 미국에서 각종 제품 종류별로 1위인 상표가 60년 후인 1985년에 어떻게 변화되었나를 보여주는 자료이다. 거의 모든 제품들이 60년이 지난 후에도 1위의 자리를 계속 유지하고 있어 기업의 마케팅 노력을 엿볼 수 있다.

〈표 9-1〉 미국의 선도적 브랜드(1925~85)

제품 종류	1925년 1위 상표	1985년 순위
베이컨	스위프트(Swift)	1
건전지	에브레드(Eveready)	1
비스킷	나비스코(Nabisco)	1
시리얼	켈로그(Kellogg)	1
카메라	코닥(Kodak)	1
과일통조림	델몬트(Del Monte)	1
껌	리글레이(Wrigley)	1
초콜릿	허쉬(Hershey)	1
밀가루	골드메달(Gold-Medal)	2
캔디	라이프 세이버스(Life Savers)	1

제품 종류	1925년 1위 상표	1985년 순위
페인트	서윈 윌리엄스(Sherwin-Williams)	1
파이프	프린스 앨버트(Prince Albert)	1
면도기	질레트(Gillette)	1
재봉틀	싱거(Singer)	1
와이셔츠	맨해턴(Manhattan)	1
식용유	크라이스코(Crisco)	5
비누	아이보리(Ivory)	1
청량음료	코카콜라(Coca-Cola)	1
수프	캠벨(Campbell)	1
차	립톤(Lipton)	1
타이어	굿이어(Goodyear)	1
치약	콜게이트(Colgate)	2

자료 : Tomas S. Wurste, "The Leading Brand : 1925~1985,"Perspectives, Boston Consulting Group Publication, 1987.

3) 경쟁사의 활동

한 기업의 시장에서의 위치는 상대적이다. 즉 경쟁자가 우리 것에 비해 얼마나 좋은 제품을 만들고 적극적으로 마케팅 하느냐에 따라 우리기업의 경쟁적 위치가 결정된다. 경쟁사의 제품과 마케팅 활동이 우수할수록 우리 제품의 판매량은 저조하게 마련이고 더 나아가서 우리 제품의 수명을 단축시킬 가능성이 커진다.

4) 기술개발

기술개발을 바탕으로 소재, 기능, 스타일 등에서 보다 나은 제품이 출현하면 이 제품은 기존 제품을 대체하는 결과를 가져온다. 그렇기 때문에 경쟁을 기술개발에 크게 의존하는 현대의 기업 분위기를 감안하면 평균 제품 수명이 단축되어 가는 이유를 알만하다.

5) 정치, 법률 및 기타 환경요인의 변화

정치 또는 행정적인 이유로 특정 제품이나 소재의 사용을 금지하거나 제한하는 조치를 내릴 수 있다. 때로는 담배와 주류처럼 제품의 마케팅 활동이 규제를 받기도 한다. 없던 제재조치가 내려지면 판매량 감소를, 있던 규제가 풀리면 때로는 판매의 폭발적 증가를 가져온다. 앞에서 제품의 판매량 증감이나 제품사활에 영향을 미치는 요인들을 소개했다. 그런데 이들 요인은 개별적으로 작용하지만 대개는 두 가지 이상의 요인이 복합적으로 작용한다. 예를 들어, 흑백 TV의 죽음은 컬러 TV의 개발과 정부의 컬러 방향 및 컬러 TV수상기 국내시판 허용 조치가 주원인이었고, 여기에 소비자욕구의 변화, 기업 마케팅 노력의 변화가 가세되었기 때문이었다.

4. 제품수명주기의 유형

일단 출시에 성공한 모든 제품들의 제품수명주기들은 아래 이유들로 전반적으로 점점 더 짧아지는 경향을 보이고 있다.

첫째, 소비자선호의 계속적인 변화, 둘째, 변화를 추구하는 소비자들의 라이프스타일, 셋째, 급속한 기술혁신에 따른 신제품의 범람, 넷째, 성격상 수명주기가 비교적 짧은 개성제품 · 감성제품 · 유행제품 등을 기업들 · 마케터들이 증가적으로 생산 · 판매하는 경향, 다섯째, 시장개방 확대에 따른 고품질/저가 제품의 수입증대 및 외국인 기업들에 의한 그런 제품들의 국내생산 · 공급 증대 등 그 결과로 점점 더 많은 제품들의 제품수명주기곡선(product life cycle curve)과 제품이익주기곡선(product profit cycle curve)은 점점 더 짧아지고 있다. 그런 인식 하에, 유사종류의 제품들 및 공통특성을 지닌 제품들에 대한 고찰을 바탕으로, 제품수명주기곡선의 유형들을 일반적으로 분류해 보면 아래와 같다.

1) 전형적인 제품수명주기곡선

① 제품의 판매고가 시장도입기에는 서서히 증가하다가 g시점부터는 급격히 증가하되, ② m시점에 접근할수록 판매고의 증가율이 점점 줄어들다가 판매고가 최고인 m시점을 지나게 되면, ③ 판매고가 빠른 속도로 줄어드는 전형적인 제품수명주기곡선은 〈그림 9-2〉와 같다.

그러나 그런 종 모양(bell shape)의 제품수명주기곡선은 일반소비자 제품에서도 더 이상 현실을 반영하지 못하는 경우가 많다. 점선으로 표시한 바와 같이 이제는 제품수명주기곡선이 왼쪽으로 치우치기 시작했기 때문이다 퍼스널 컴퓨터·워크스테이션·네트워크 교환 장치와 같은 전자시스템, 반도체, 무선통신장비, 생명과학장비, 산업장비 등을 포함한 첨단제품 대부분의 수명주기곡선은 특히 그렇다.

〈그림 9-2〉 전형적인 제품수명주기곡선

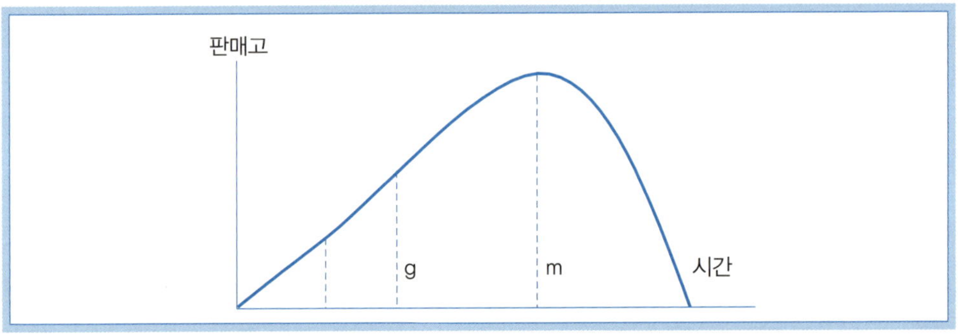

2) 계절성·유행성 제품의 수명주기곡선

① 제품판매를 시작한 후 비교적 단시일에 판매고가 최고점(m)에 도달했다가, ② 판매계절(selling season)또는 유행이 끝남과 동시에 급하강하여 시장으로부터 사라지는 현상을 보이는 계절성제품(seasonal products)과 유행성제품(fashion goods)의 수명주기곡선은 〈그림 9-3〉과 같다.

〈그림 9-3〉 계절성 · 유행성 제품의 수명주기곡선

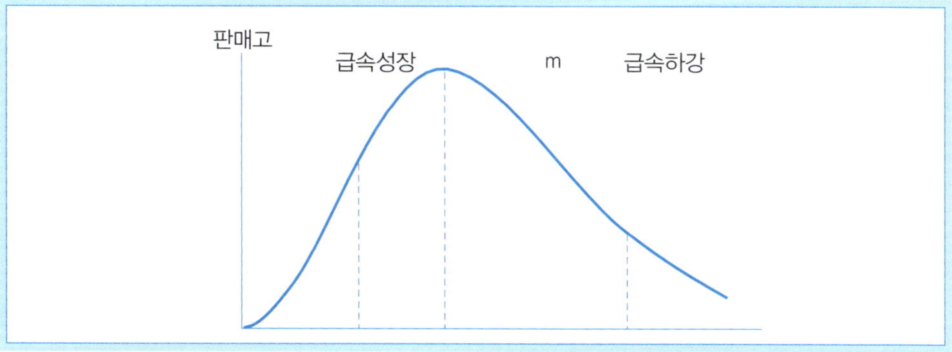

3) 편의품의 수명주기곡선

① 비교적 빠른 속도로 시장도입기(i)와 성장기(g)를 거쳐서 장기간 계속되는 성장기동안 판매고가 서서히 증가하여 최고시점(m)에 도달한 다음에, ② 급격히 하강하는 현상을 보이는 것이 소비재 중에서도 편의품의 수명주기곡선이다〈그림 9-4〉.

〈그림 9-4〉 편의품의 수명주기곡선

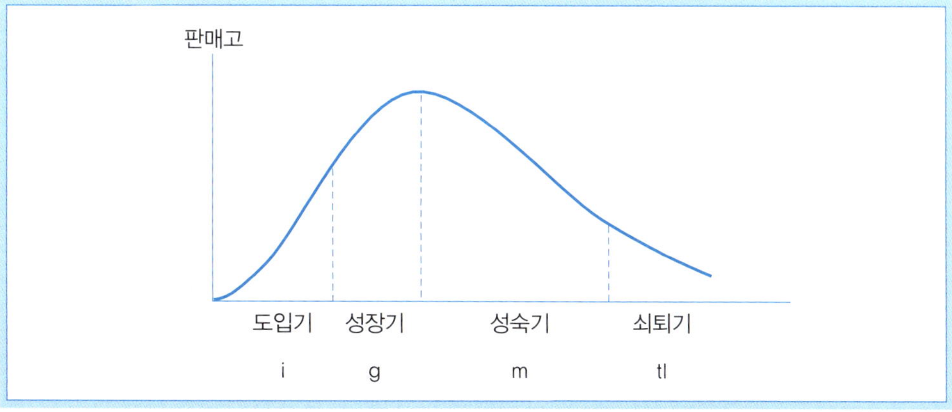

4) 내구성 소비재의 수명주기곡선

① 상대적으로 단기간 동안에 시장도입기와 성장기를 거쳐서 판매고가 최고점(m)에 도달한 이후, ② 긴 성숙기를 거쳐서 곧 쇠퇴기에 들어가는 현상을 보이는 것이 내구성이 긴, 따라서 사용시간이 긴 내구성 소비재의 수명주기곡선이다〈그림 9-5〉.

〈그림 9-5〉 내구성 소비재의 수명주기곡선

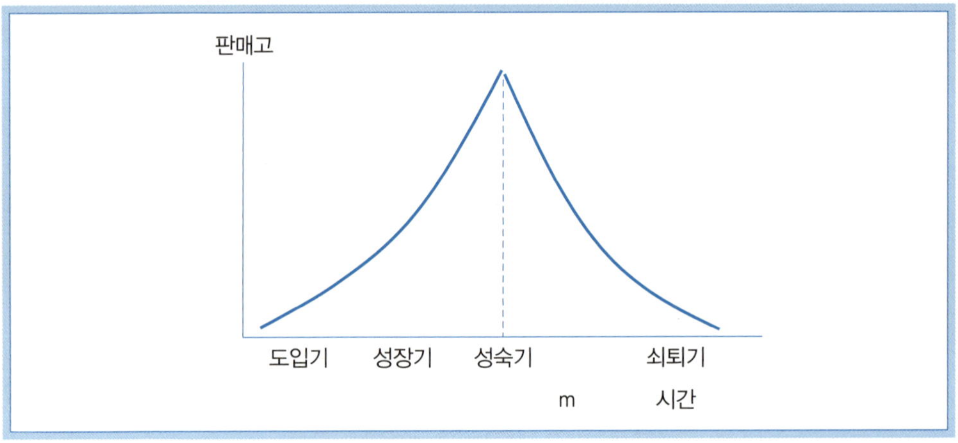

5) 낙타등형 및 부채꼴형 수명주기곡선

〈그림 9-6〉에서 보는 바와 같이 보편적 제품수명주기곡선이 아닌 것으로서 (A)의 주기-재주기패턴(cycle-recycle pattern)이라고도 부르는 낙타등패턴(camel-back pattern)은, ① 때때로 자본재의 판매고에서 찾아볼 수 있는 제품수명주기곡선으로서, ② 일단 1차주기(first cycle or hump)에서 한 번 최고점에 도달하고서, ③ 일정기간 후에 대체수요(replacement demand)가 발생하여 2차주기에서 한 번 더 최고점에 도달하는 것이 특징이다.

(B)의 부채꼴패턴(scalloped pattern)은 성장기나 성숙기에 이미 도달한 제품에서 ① 계속적으로 새로운 제품특성(new product characteristics)이 발견되거든,

② 제품의 신용도와 신시장(new uses and markets)을 개발함으로써, ③ 판매고가 부채꼴 모양을 보이면서 계속 증가하는 것을 가리키는 수명주기곡선을 말한다.

〈그림 9-6〉 낙타등형 및 부채꼴형 수명주기곡선

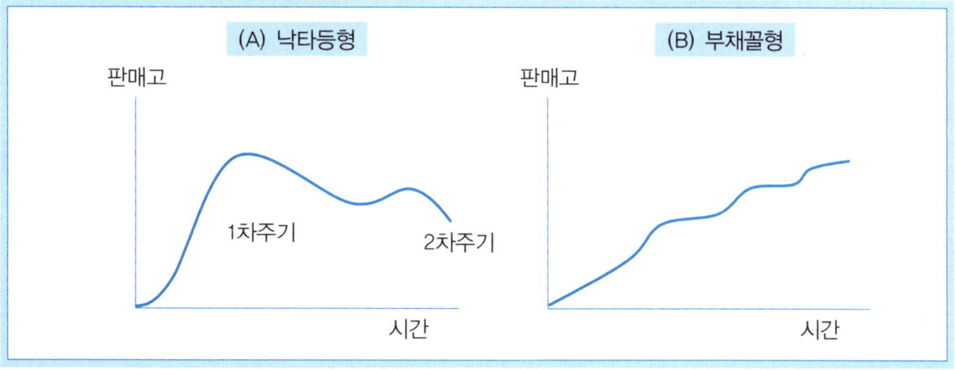

5. 제품 카테고리 설정

PLC를 설명하기 위해서는 메뉴 카테고리의 설정이 우선시 되어야 한다. 메뉴 카테고리를 어떻게 설정하느냐에 따라 PLC의 형태뿐만 아니라, 전체 주기의 길이, 혹은 각 단계의 길이가 다르게 나타날 수 있기 때문이다. 흔히 메뉴계층(product class), 메뉴형태(form), 상표(brands)를 구분해서 그 중에서 가장 널리 쓰이는 것이 메뉴계층이다. 메뉴형태나 상표 등은 PLC를 측정하는데 어려움이 많기 때문이다. 여기서 메뉴계층은 소비자 욕구의 하나를 만족시키기 위한 포괄적 단위이며, 여러 개의 상표와 메뉴형태를 갖게 된다. 이 때 메뉴형태에 의한 PLC는 메뉴계층에 비해 상대적으로 크게 나타날 수 있다.

6. PLC의 단계

1) PLC의 단계 구분

제품 수명주기(PLC)의 단계 구분은 시간의 흐름에 따른 매출액과 이익, 및 판매 성장률의 관계파악에서 시작한다. 메뉴개발 단계에서는 오랜 기간 개발 작업과 몇 개 시장에서의 시험판매 등을 거치게 되는데, 이때는 메뉴개발에 대한 투자액만이 이익곡선의 손실 부분을 차지하게 될 것이다. 그러나 본격적으로 판매를 개시하게 되는 도입기에 와서는 완만한 판매성장이 있으나 유통과 판매촉진활동에 많은 광고와 홍보비용이 소요되므로 손실을 입거나 이익이 있더라도 소액에 불과한 것이 보통이다. 성장기에서는 다수의 고객참여로 판매의 급격한 증가가 있으며 판매이익이 생기기 시작하게 된다. 그러나 메뉴의 판매 성장률이 어느 정도의 수준에 도달하게 되면(성숙기), 이익이 최고의 수준에 이르게 되나 그 이후부터는 경쟁에 대응한 메뉴 지위유지를 위한 비용(대체상품의 개발비용, 보다 적극적인 마케팅 비용 등)의 증대로 이익이 감소하게 된다. 그리하여 판매가 심한 감소현상을 나타내는 쇠퇴기에 이르게 되어 시장에서 완전히 자취를 감추거나 오랫동안 소규모의 판매만이 지속되기도 한다. 이상과 같이 제품의 판매와 이익곡선의 변동관계에 의해 제품 수명주기의 각 단계를 구분하게 되지만,

- 제품의 시장에서의 존속기간 : 특정 메뉴가 시장에서 어느 정도 존속하였는지 알 수 있는 데이터가 많지 않다. 때문에 자신의 레스토랑에서 판매되기 시작한 메뉴에서부터 데이터를 수집하여 메뉴 수명주기를 단계를 결정하여야 한다.
- 판매 및 이익 (손실)의 추세 : 정확한 판매량과 원가를 파악하여 이익이 나는지 손실이 나는지 알아야 한다.
- 구매행동 : 구매시 높은 가격에 구매를 하지는 않았는지를 알아야 한다, 구매행동이 문제가 생기면 메뉴의 코스트는 높아지기 때문이다.
- 경쟁업자의 활동 : 경쟁업자가 자신의 식당의 메뉴와 동일한 메뉴를 판매를

하는 것은 그 메뉴의 수명주기가 짧아질 것이다.

- 기술발전 또는 제품성능의 변화 : 조리기술이나 식재료의 품질이 향상이 된다면 고객의 만족도는 높아질 것이며, 따라서 메뉴의 수명주기도 영향을 받을 것이다.
- 환경적 요인 : 내·외부의 여러 환경에 메뉴에 미치는 영향을 파악하여 대처하여야 한다.
- 대체재 : 갑작스런 기후의 변화라든가 전염병의 발생으로 식재료의 공급이 중단 될 때를 대비하여 대체메뉴를 미리 개발하여야 한다.
- 원가구조 등의 포괄적 요인이 파악되어야만 비로소 PLC의 단계를 확인할 수 있게 된다.

2) 소비자의 수용과정(Adoption Process)

고객들이 새로운 '아이디어'를 어떻게 받아들이는가 하는 심리적 수용과정에 의해 PLC의 단계를 구분해 볼 수 있다. 특히 이러한 과정은 PLC의 도입기나 성장기의 단계에서 중요한 의미를 갖는다. 사람에 따라 신제품을 수용하는 속도가 각기 다른 것이고, 수용과정에 따라 이를 집단화하면 정규분포에 가까운 형태로 표를 그릴 수 있을 것이다.

로저스는 정규분포로 나타낸 다섯 개의 수용집단이 그들이 지니고 있는 가치관이나 성격에 따라 각각 특색이 있다고 주장한다. 물론 소비자가 100% 수용하는 것을 가정으로 하고 있기 때문에 모순이 있다는 주장도 있으나 마케팅 가이드라인을 제시해 준다는 점에서 유용성이 있다. 혁신자(Innovators : 수용 선도자)는 대다수가 모험심이 강하고, 따라서 위험을 무릅쓰고 새로운 아이디어를 시험하여 보려고 하며 성격이 외향적이라고 한다. 조기 수용자(Early Adopters)의 지배적인 가치관은 존경심이다. 이들은 그 사회에서 여론 주도자로서의 지위를 향유하며 새로운 아이디어를 조기에 수용하지만 선별적이다. 다수 조기 수용자(Early majority)의 특성은 대부분 신중을 기한다는 것이다.

이들이 지도자의 위치에 있는 경우는 드물지만 보통의 사람들보다 새로운 아이디어를 먼저 수용하는 경향이 있다. 다수 후발 수용자(Late majority)는 회의주의자인 경우가 대부분이다. 대부분의 사람들이 혁신의 효과를 입증하지 않는 한 그러한 혁신을 선택하지 않는다. 지체자(Laggards)는 대부분 전통을 고수하는 가치관을 지니고 있다고 한다. 이들은 변화에 대하여 항상 의심을 품으며 전통 지향적인 사람들과 어울린다. 이들이 혁신을 수용하게 되는 것은 그러한 혁신이 그들의 전통적인 가치관과 부합된다고 생각하기 때문인 것이다. 이상의 수용과정에 의한 소비자 집단의 특성이 설명되며, 설명한 PLC의 각 단계에 대하여 마케팅 변수의 특성을 나타낼 수 있다.

3) PLC 단계에 따른 마케팅전략

앞서 말한 바와 같이 모든 메뉴는 각자의 제품 수명 주기를 갖고 있다. 특정메뉴의 매출, 이익이 거쳐 나가는 과정을 양적 표현에 의해 나타낸 제품수명주기(PLC) 이론의 중요성은 특정 제품의 PLC 위치에 따라 광고, 가격정책, 분배정책 등 마케팅 형태가 각기 다르기 때문에 자기 제품의 PLC 위치가 어디에 있는가를 판단하여 장래에 발생할 수 있는 사건을 예견하고 다가오는 변화에 적절히 대응할 수 있도록 준비하는데 그 의의가 있다.

〈그림 9-7〉 PLC 단계별 특성

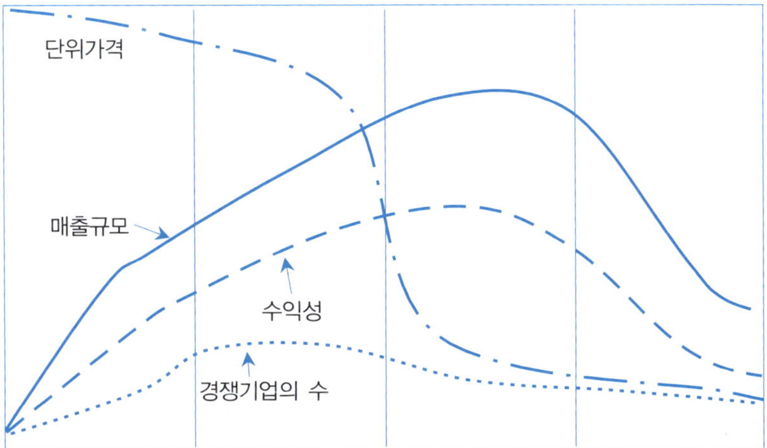

	도입기	성장기	성숙기	쇠퇴기
매출규모	저매출	매출 급성장	매출 극대화	매출감소
비용(단위고객당)	고비용	평균비용	저비용	저비용
이윤	거의 없음	이윤증가	고이윤	이윤감소
고객특성	혁신적 고객	선구매고객	일반고객	특정낙오고객
경쟁업체수	없음	증대	안정세	감소

7. 각 단계의 전략

1) 도입기에서의 전략

도입기에선 새로운 메뉴의 판매가 시작되고 소비자는 구매가 가능하게 된다. 유통범위는 매우 한정적인데 그 이유 중 하나가 바로 이 기간에 대부분의 고객에게는 메뉴가 인지되지 않아, 메뉴에 대한 선택의 폭이 매우 좁기 때문이다. 이 단계에서는 메뉴의 고객에게 인식되어 지는 시간이 상당히 오래 걸리며 판매도 천천히 늘어나게 되는데, 고가인 경우 혁신을 받아들이려는 구매자의 수가 더욱 적고 메뉴가격이 비싸다는 것과 같은 요인 때문에 판매가 지연될 수도 있다.

도입기의 가격정책은 대체로 시장에 빨리 침투하고자 할 때의 저가격에 의한 침투전략(Penetration policy)과 고급 이미지를 유지하길 원하거나 특정의 시장에 어필하고자 할 때의 고가에 의한 스키밍전략(Skimming policy) 등의 두 가지가 있는데, 고가정책을 채택하는 경우가 많다.

저생산성과 생산기술의 미숙으로 인한 높은 원가와 판촉비용이 많이 소요되어 높은 이윤폭을 확보해야 하기 때문이다. 전략적인 측면에서도 성장기에 돌입하면 가격이 인하되어야 하는 필연성이 있기 때문에 표준가격보다 약간 높게 가격설정을 하는 것이 유리하다. 또한 경쟁자는 소수에 불과하고 소비자들은 아직도 신제품을 수용할 태세가 완전히 세워져 있지 않기 때문에 언제든지 구매할 능력이 있는 고소득층을 상대로 판매활동을 하는 것이 보통이다. 란체스터 전략에서 말하는 '1점 집중주의'가 기본전략으로, 소비의 모체가 될 수 있는 제품수용 층의 범위를 좁혀서 고소득층과 같이 구매태세가 갖추어진 구매자나 특정의 사용자에게만 한정한다든지 하는 구분을 해야 한다. 이에 따라 제품의 라인이나 브랜드도 단일화, 집중화하며, 광고도 전단형태의 광고매체가 효과적이다.

유통채널에 있어서도 전문점이나 대형백화점에만 한정해서 판매하는 방법과 같이 범위를 좁히는 것이 좋다. 도입기에서는 광고와 프로모션이 매우 필요하게 되며 광고와 프로모션의 목표도 유망소비자에 대한 제품의 인지에 중점이 주어지게 된다. 즉 신제품의 존재, 이점 및 사용방법 등을 소비자에게 알려줌으로써 기본적수요(Primary demand : 특정종류의 제품 또는 카테고리에 대한 수용)를 자극시키는 광고가 된다.

2) 성장기에서의 전략

신메뉴가 고객의 욕구를 충족하면 판매는 상당히 증대되기 시작한다(신장률도 급속히 증대한다). 이 시기에 대량생산과 이익확대의 기회가 생기므로 소위 'me too' 제품을 가지고 새로운 경쟁자가 시장에 진입하게 된다.

급속한 판매증대로 판매액에 대한 촉진비의 비율이 낮아지고 제조단가도 생산경험에 의한 경험곡선의 효과로 가격하락보다 더 빨리 저하되므로 이익은 최대가 된다. 따라서 기업은 이 단계에서 가능한 오랫동안 급속한 시장성장이 지속되도록 해야만 하는데 이를 위해서는 다음과 같은 전략전개가 필요하다.

- 메뉴의 품질을 개선하고 새로운 메뉴특성이나 모델을 추가한다.
- 진출할 새로운 세분시장을 탐색한다.
- 추가적인 메뉴매출을 위해 새로운 유통경로를 탐색한다.
- 메뉴인지를 형성하려는 광고문안 으로부터 제품 확산 및 구매론 유도하려는 것으로 수정한다.
- 가격반응성이 높은 구매자 층을 시장에 끌어들이기 위한 가격인하의 적정시기를 결정해야 한다.

성장기말에 대량생산이 시작되며 대체가능한 다른 제품보다 우월하다는 점을 강조하여 신택적 수요(selective demand)를 환기해야 한다. 즉 경쟁사에 의하여 대체품이나 유사품이 개발되므로 특정상표의 특징이나 이점(benefits)을 강조한 제품정보(information) 위주의 광고와 상표충성도를 제고하기 위한 제품차별화 정책이 필요하게 되는데, 이때 경쟁자뿐 아니라 자기제품과의 차별화도 필요하게 된다, 마케팅목표는 시장점유율 확대에 주어지게 되며, 광고목표도 브랜드인지보다는 특정의 소비자 이점에 대한 교육에 중점이 주어진다.

3) 플래토(Plateau)

시기에서의 전략 완만한 신장이 있었던 도입기가 끝나고 급속한 상승기에 들어선 뒤, 계속 그 수준에 머무르거나 뜻밖의 탈락을 만나는 수가 있다.

플래토 현상은 제품의 보급률이 10~15%쯤 됐을 때 일어나는데, 이러한 현상이 발생하는 원인은 도입기에서 혁신자에 의해 제품이 성숙되고 나서 대중화되기 쉬운 여건의 미성숙으로 상승률이 정체되어 나타난다고 볼 수 있다.

제품의 성패여부는 바로 이 시점을 어떻게 통과하느냐에 달려 있는데, 제품에 따라 플래토 지점을 상당히 오랫동안 머무르다 성숙기에 돌입한 제품이 있는가 하면 순식간에 통과한 제품도 있다.

소비자의 관념 속에 생필품으로 인식되기 쉬운 제품들은 단기간의 과정을 거치게 되며, 생필품보다는 사치품으로 인식되는 제품들은 오랜 시간을 거치게 된다. 그러므로 이 시기의 마케팅전략의 핵심은 생필품으로 접근이 되도록 하는 것인데 필요하면 프로모션을 동원해 장애를 무너뜨려야 한다.

크게 볼 때 두 가지의 접근방법으로 나누어, 소비자 관념 속에서의 여건성숙 촉진과 장애(애로) 제거의 방법을 들 수 있다. 즉 소비자의 의식변화 노력과 제품의 대개량을 통해서만이 플래토를 극복할 수 있다. 세탁기의 경우 오랫동안 플래토 상태에 머물러야 했는데 세제의 발달로 비로소 성숙기에 접어 들 수 있었으며, 전자레인지의 경우는 아직도 이 상태에 머무르고 있다고 볼 수 있다. 전자레인지는 한국의 음식문화와 밀접한 연관성이 있는데 불(火)로 요리하지 않고 전자파로 음식을 익힌다는 점과 껍데기를 노릇노릇하게 익혀주지 못한다는 점에서 주(主)요리기구가 아니고 보조요리기구라는 소비자관념이 장벽이 되고 있다. 그러므로 전자파에 대한 긍정적사고와 서구화 요리메뉴의 다양화개발로 주요리기구(생필품)라는 생활문화 형성이 주 마케팅전략이 되어야 한다고 보겠다.

4) 성숙기에서의 전략

전기를 불안정기(turbulence stage), 후기를 포화기(Saturation stage)라고 나누어 부르기도 하는 성숙기에서는 대부분의 소비자들이 제품을 이미 인지하고 있고 그 수요가 중간층에까지 확대되어 최고의 수준에 도달하게 되고 다시 수요가 감소하게 되는 시기이다. 성숙기는 이전의 단계보다도 오래 지속되는 것이 보통이며 중간층에까지 수요가 확대됨으로 인하여 대체구매수요가 시작된다. 이에 따라 제품은 빈번한 모델체인지를 하게 된다. 또한 제품 기능상의 차별화가 곤란하게 되어 다양한 서비스의 추가가 증대하게 된다.

성숙기에서의 경쟁은 신규침입자가 아니고 기존의 시장을 이끌어온 회사끼리의 경쟁이 되며 가장 큰 두 가지 특징은,

- 후기에 들어 다수 후발 수용자 층에까지 수요를 확대하려는 경쟁의 움직임으로 보급형 제품 라인-업 증대와 가격중심의 경쟁이 심화되며,
- 제품의 2차적 기능에 의한 경쟁으로 규정지을 수 있다. 이에 따라 광고의 문안도 제품의 2차적 기능 즉, 디자인이라든가 패키지 또는 '○○전용'이라는 식의 용도차별화에 그 중점이 옮겨지게 된다. 그러나 소비자에 대한 매스미디어광고의 효과는 줄어든다. 시장은 과점상태에 이르러 판매를 좌우하는 요소는 고도의 세그멘테이션만이 전략으로 지역세분화, 인적판매력으로 옮겨가게 된다.

마케팅 목표는 점유율 유지에 있으며, 광고의 중점은 브랜드 이미지의 차별화에 주어지게 된다. 성숙기에서 마케팅관리자가 수행해야 할 전략으로는 다음과 같은 세 가지가 있다.

① 시장의 조정(Market Modification)

이는 신규구매자를 발견하고 현재고객의 사용률(Usage rates)을 높이는 전략으로 제품을 구매사용하지 않는 신시장이나 세분화시장을 먼저 발견하도록 하고 다음으로 현재고객의 사용량을 증가시키는 방법, 그리고 더욱 큰 고객집단을 유치하기 위하여 현재의 상표특성을 바꾸는 방법(repositioning)으로 전략을 전개시킨다.

② 제품의 수정(Product Modification)

신규사용자나 사용률의 증대를 위해 제품 특성을 변경하는 것인데 여기에는 다음과 같은 방향이 있다.

- 품질개선 전략 : 내구성, 신뢰성, 속도 및 맛과 같은 제품의 기능적 효과를 증대시키는 것으로, 이 전략은 품질개선이 가능한 제품이고 구매자가 개선된 품질에 대한 기업의 주장을 믿고 있어야 하며 상당수의 소비자가 품질개선에 대한 반응성이 높아야만 효과적이다.
- 특성개선 전략 : 제품의 융통성이나 효용성, 안전성 또는 편의를 확대하는 것과 같이 새로운 특성을 추가하는 것으로 그 이점은 새로운 특성은 진보적이고 선도자의 기업이미지를 정립시켜 주며, 기능적 수단은 재빨리 부가하였다가 제거할 수도 있고 적은 비용으로 선택적 활용이 가능한 아주 융통성 있는 경쟁수단이며, 무료의 홍보효과를 가져올 수 있다.
- 디자인 개선 전략 : 제품의 심미적 소구력을 높이기 위해 정기적으로 새로운 디자인의 제품을 도입한다.

③ **마케팅믹스의 수정**(Marketing Mix Modification)

마케팅믹스 요소를 변경하여 판매증대의 가능성을 모색하는 것으로 다음과 같은 것이 있다.

- 가격인하
- 효과적인 광고캠페인의 시행
- 적극적인 촉진수단 활용(예 : 경품증정, 전시회 개최, 할인)
- 성장단계에 있는 대량판매경로(예 : 할인점) 이용
- 서비스의 추가나 개선

5) 쇠퇴기에서의 전략

대다수의 제품은 마침내 쇠퇴기로에 서있다면 판매와 이익은 감소되며 여러 기업이 그들의 자원을 수익성이 높은 다른 분야에 투자하기 위해 시장에서 철수하기도 한다. 이때 시장에서 곧 철수하지 않고 남아 있으려면 전략적인 결정을 합리적으로 하지 않으면 안 된다. 이때는 시장세분화나 신제품의 개발, 기존제품의 개량 또는 기존제품의 신용도 개발 등의 전략이 필요하게 된다. 이 때 광고의 주목적은 브랜드의 재고지, 브랜드 개선에 대한 소비자교육이 될 수 있다. 또한 쇠퇴기에서는 다음과 같은 세 가지 전략 중 어느 하나를 택해야 한다.

① 계속전략(Continuation Strategy)

과거의 마케팅전략, 즉 동일한 세분시장, 유통경로, 가격 및 촉진을 그대로 따른다.

② 집중전략(Concentration Strategy)

가장 강력한 시장과 유통경로에만 자원을 집중한다.

③ 회수전략(Harvesting Strategy)

마침내 제품이 사멸될 것을 알고 현재의 이익을 증대하기 위해 그 비용을 현저히 감소시키는 전략이다. 경우에 따라서는 아주 강한 상표충성도를 가진 소비자가 남아있어서 아주 낮은 수준에서의 촉진활동과 과거와 같은 가격이나 이보다 높은 가격으로 많은 이익을 얻고 제품을 판매하는 수도 있다.

〈그림 9-8〉 PLC 단계별 마케팅 특성

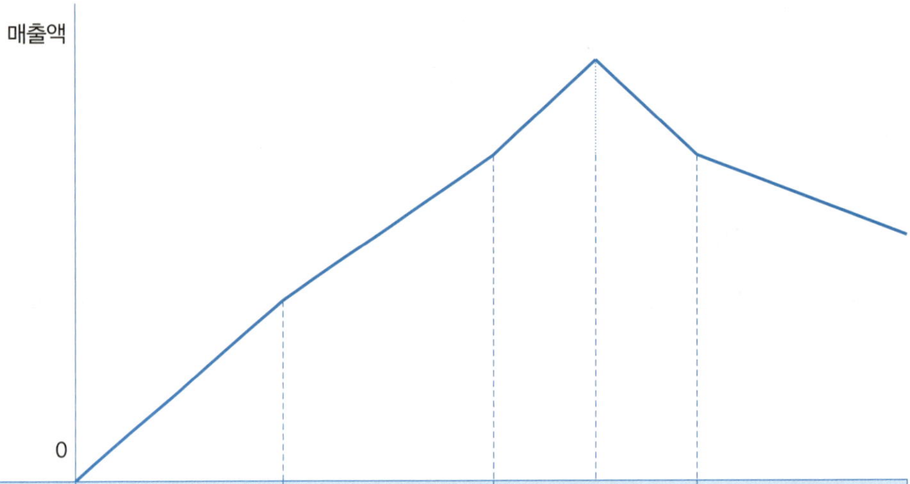

특성	도입기	성장기	성숙기	쇠퇴기
고객	혁신자	초기 선택자	대중	늦은 선택자
경쟁	공격전략 적은 규모의 경쟁사가 적다.	공격전략 적은 규모의 경쟁사가 많다.	방어전략 철수전략 경쟁규모가 크지만 경쟁사의 수는 줄어든다.	
가격	높다.	하락세	가장 낮다.	오르기도 한다.
원가	높다.	하락세	가장 낮다.	보통수준
마진	높다.	하락세	가장 낮다.	보통수준
판매경로	적다.	선택적 경로	경로의 수, 경로기관 증가	선택적 경로
서비스	낮다.	높다.	보통수준	낮다.
전략초점	상품개량		매출극대화	판매경비 절감
위험원천	수용예측과 제조기술		경쟁압력	신상품고객 기호변화
투자규모	적다.	많다.	보통	회수

8. PLC에 따른 마케팅믹스의 특징

1) 도입기

도입기에서는 품질이 가장 큰 영향을 미치게 되는데, 그것은 기업이 품질향상을 위해 약간의 비용을 투자할 경우 판매가 훨씬 신장되는 경향이 있기 때문이다. 다음으로 영향이 큰 것은 광고이며 다음은 가격과 서비스의 순이다.

2) 성장기

도입기에 행하였던 판매촉진, 유통경로 개척 등의 영향으로 조기 수용자는 이미 제품을 구입하였으므로 기업은 구매자저항(buyer's resistance)에 당면하게 된다. 그러므로 광고의 영향이 가장 크며, 품질, 가격, 서비스의 순으로 탄력성이 크다.

3) 성숙기

판매가 신장하는 단계이기는 하나, 가격에 민감하지 않은 구매자는 대부분 제품을 사용하였고 또한 새로운 기업의 시장침투로 경쟁이 격화되므로 가격인하로서 가격에 민감한 구매자(price-sensitive buyers)를 흡수해야 한다. 따라서 가격의 탄력성이 가장 크고 다음은 광고, 품질, 그리고 서비스의 순이 된다.

4) 포화기

판매가 최대수준에 도달하여 대체수요가 발생하는 성숙기 후반에 이르면 적극적인 가격경쟁으로 저가격이 형성되고 가격의 탄력성은 거의 없어진다. 이때에는 디자인이나 색깔, 패키지 등 2차적 기능이 중요시된다. 그러므로 탄력성은 준품질이 가장 크고 다음은 광고 서비스・품질, 가격의 순이다.

5) 쇠퇴기

신제품이나 대체품에 밀리게 되어 판매가 급격히 감퇴되므로 여기서는 제품의 신용도를 개발하거나, 제품의 개량 등을 광고해야만 판매가 신장된다. 품질과 서비스에 대한 투자도 약간의 효과는 있으나 가격인하에 거의 아무런 영향도 미치지 못한다.

9. 메뉴 수명주기 연장을 위한 개발전략

소비자의 식생활이 해가 지남에 따라 다양화되고 그에 따라 외식업도 보다 세부화된 메뉴에 의한 전문 체인화를 펼치고 있으며, 건강·미용지향, 미식지향 성질이 강하게 나타나고 있다. 또 DINK(Double Income No Kids : 맞벌이 부부로서 자식이 없는 가족)과 DINT(Double Income No Tim : 맞벌이 부부로서 소비할 시간적 여유가 없는 가족)족이 늘어나면서 이들의 욕구를 충족시킬 수 있는 신개념의 외식문화가 요구되고 있다.

외식업체나 레스토랑이 지속적으로 발전하기 위해서는 MLC를 최대로 연장시키고 새로운 메뉴를 끊임없이 개발하여야 한다. 이때 중요한 것은 고객지향적이며 환경·미래지향적이어야 하고 메뉴개발에도 과학적 기법을 활용하여야 한다.

1) 고객의 불평을 메뉴개발에 반영

항상 고객의 불평불만에 귀를 기울여야 한다. 어느 호텔의 어느 음식이 맛있었다거나 혹은 소스나 기물이 고객의 취향에 안맞다는 등등의 사소한 것일지라도 기록해 두었다가 고객이 좋았다고 칭찬한 호텔이나 업소에 지배인·조리장이 함께 방문하여 시식도 하고, 차기메뉴개발에 적극 활용하여 고객지향적적인 메뉴를 개발하여야 한다.

2) 시제품을 만들어 Test를 거친 후 상품화

Test를 거치지 않고 주먹구구식으로 신메뉴를 개발하면 메뉴의 수명주기가 짧아지기 때문에 불필요한 노력과 비용만 낭비하게 된다. 따라서 신 메뉴개발 시에는 일정기간 동안 시제품을 만들어서 품평회를 갖거나 고객의 반응을 체크하여 상품화를 할 것인지 아닌지의 여부를 결정하여야 한다.

3) 메뉴수명주기를 고려하여 전략을 수립

신 메뉴개발이나 도입기에는 신중을 기해서 테스트를 하고 상품화하여 성장기에 있는 메뉴는 적극적으로 홍보를 하고 성숙기에 있는 메뉴는 조리법이나 향신료, 부재료의 변화 또는 형태, 색상의 변화, 향신료의 교체 등을 통해 고객에게 새로운 면모를 보여줌으로써 메뉴수명주기를 연장할 수 있도록 하며 쇠퇴기에 있는 메뉴는 새로운 용도의 개발이나 가격인하 또는 새로운 고객층을 확보하거나 그렇지 못할 경우에는 언제 서비스제품믹스에서 철수할 것인지를 결정하여야 한다.

4) 건강메뉴(Health Menu) 개발

서양의학의 시조「히포크라테스」도 체질론을 말하였고, 동양의학의 최고 원전인 「황제내경」에도 체질론이 상당히 자세하게 논술되고 있다. 각 체질별로 유익한 음식과 해가 되는 음식물이 있고 이 해가 되는 음식물을 부지중에 장기간 섭취하면 신체에 이상이 생기고 병이 될 수 있다. 현대인의 질병과 건강관리에는 무엇보다도 합리적이고 균형 잡힌 식생활이 중요하다는 인식이 확산되고 있기 때문에 건강을 지키고 증진하며 특히 자신의 체질에 맞는 음식을 선별해서 먹는 추세가 계속 될 것이다. 저콜레스테롤메뉴 · 저염식 메뉴 · 저지방메뉴 등 기능식 메뉴와 청정재배 · 무농약 · 무공해식품소재와 알로에 · 신선초 · 해조류 등 건강에 좋은 재료를 활용한 식품메뉴를 개발하고 적극 홍보한다. 또 노인들은 부드럽고, 따뜻하고, 소화가 잘되는 것을 원한다. 특히 계절감각이 뛰어난 산뜻한 음식이 좋다.

그리고 어린이는 장래의 중요한 고객이다. 어린이에 대한 각별한 서비스는 일종의 투자나 다름없다. 이와 같이 고객 개개인의 체질이나 건강 등을 고려하여 적절한 메뉴를 개발하고 권장할 수 있도록 접객종업원에 대해서도 교육을 시켜야 한다.

5) 무공해 메뉴(Green Menu) 개발

21세기는 그린 르네상스(Green Renaissance)시대라고 할 만큼 환경 · 공해문제가 심각하기 때문에 음식쓰레기 배출량을 최소화하고 가능한 한 가공단계를 줄여서 천연재료가 가진 고유의 색 · 맛을 살리고 에너지의 과소비나 쓰레기의 배출을 줄일 수 있는 조리법을 사용하여야 한다. 미래의 모범기업은 그린기업으로 덜 쓰고 덜 버리며 재활용 극대화를 실천하는 기업이 될 것이다. 식용작물의 재배에도 화학비료나 농약을 사용하지 않는 수경재배, 청정재배, 무공해 영농법을 도입하여야 한다. 또한 특정농장과 계약재배를 하거나 레스토랑이나 식품제조회사에서 무공해 농장을 직영하는 방안 등도 검토해 본다.

6) 범세계화 메뉴화(Global Menu)

OECD, WTO 등 국제경제추세는 국제간의 교역을 촉진시키고 잦은 해외여행, 국제간의 비즈니스 등으로 인해 내국인이 외국에 갈 기회도 많아지고 외국인들의 방문도 빈번해지기 때문에 식문화도 점차로 범세계적인 메뉴의 출현을 요구하고 있다. 우리 식재료에 외국의 조리법을 활용하던가, 또는 외국의 식재료에 우리의 조리법을 사용하는 등 식재료 · 조리법 · 향신료의 사용 등이 국제화, 세계화를 지향하게 될 것이다. 이에 대한 새로운 식자재, 새로운 조리법, 새로운 향신료 개발을 위해서 연구하여야 한다.

7) 전문화와 집약화

사회가 고도로 발달할수록 모든 분야에 전문화 · 분업화가 촉진된다. 소비자의 식생활이 해가 지남에 따라 다양화되고 그에 대응하여 각 외식에도 한식 · 양식 · 중식 · 일식 등의 분야에 한하지 않고 보다 세분화된 메뉴에 의한 전문체인화를 펼치고 있다. 음식도 마찬가지로 주요 고객을 사회 견제적 · 인구 통계적 기법에 따라 시장세분화를 통해 몇 가지 메뉴를 특화하여 전문점형태로 운영하는 추세가 더욱 가속화 될 것이다.

식음료의 원가와 품질이라는 두 가지 관리목적을 동시에 달성하기 위해서는 흔히 메뉴품목의 종류와 수의 제한이 불가피하다. 메뉴수가 많으면 그만큼 재료비, 인건비의 상승요인이 되며 일정한 품질을 유지하기 어렵기 때문에 소수의 품목을 전문화하면 능률이나 품질이 향상되고 원가는 절감되며, 기계화 또는 자동화시스템의 도입이 용이하다. 소수의 제한된 품목(메뉴)으로 능률과 품질을 향상시키고 회전율을 높이는 방안을 강구하여야 한다.

8) 가족메뉴와 포장판매(Family Menu & Take Out Menu)

핵가족화, 여성의 진출확대와 경제활동증가, 맞벌이부부증가, 고령화 사회로의 이행 등으로 말미암아 여성의 시간비용(Time Cost)이 높아지기 때문에 매일 집에서 식사를 준비하는 것보다 외식을 하는 편이 비용도 적게 들고 시간도 절약되며, 더 맛있게 먹을 수 있기 때문에 가족단위의 외식이 늘고 바쁜 샐러리맨들을 위한 포장판매도 증가할 것이기 때문에 어린이와 노약자를 위한 부드럽고 소화가 잘되며, 영양가 풍부한 메뉴의 개발과 함께 포장판매에 용이한 메뉴의 개발이 요구된다.

9) 생선 · 수산식품을 이용한 메뉴개발

1970년초 덴마크 의사인 다이어버그 박사가 수산식품만을 상식하는 에스키모인들은 성인병에 잘 걸리지 않는다고 발표한 후 많은 학자들의 연구결과 수산식품에 만들어 있는 것으로 알려진 고도불포화지방산인 아이코사펜타엔산(EPA)과 도코사핵사엔산(DHA)의 성인병 예방 및 치료효과가 입증되면서 생선과 수산식품에 대한 수요가 늘어나고 있다. 지난 10년간의 외식업소 발전현황을 고찰해보면 전체업소가 2.5배 증가한데 비해 일식당은 2배에 가까운 4.7배 증가하였다. 앞으로도 생선요리에 대한 선호도(수요)는 더욱 증대되리라 예상된다. 따라서 어패류와 해조류를 이용한 메뉴개발에 적극적인 노력이 필요하다.

10) 음식궁합을 고려한 메뉴개발

남자와 여자가 부부로 한 쌍을 이루어 잘 사는 것은 궁합이 잘 맞기 때문이라고 한다. 그것과 마찬가지로 음식도 그러한 경우가 많다. 다른 식품과 함께 섭취할 때 영양효율이 높아지는 것은 음식의 궁합이 잘 맞는다고 할 수 있고, 효율이 떨어지는 것은 음식궁합이 안 맞는다고 보아야 할 것이다. 각각의 식재료가 갖고 있는 특성과 영양성분을 고려하여 영양효율이 높아지고 소화흡수가 잘되며 입맛을 돋울 수 있는 향신료를 배합하여야 한다.

콜레스테롤이 많은 식품에는 콜레스테롤을 줄여주는 식품을 배합하고, 산성식품에는 알칼리성 식품을 곁들이고, 육류에는 야채를 배합하고, 지방이 부족한 야채에는 기름을 이용하여 샐러드를 만들거나 튀기거나 볶는 요리를 만드는 등 합리적이고 과학적인 조리법을 이용하여 음식의 부가가치를 극대화하여야 한다.

메뉴 소비자의 이해

Chapter **10**

Chapter **10**

메뉴 소비자의 이해

1. 메뉴 소비자의 개념

1) 소비자의 정의

「소비자보호법」에서는 소비자를 "사업자가 제공하는 물품 및 용역을 소비활동을 위하여 사용하거나 이용하는 자 및 제공된 물품을 산업 및 조업활동을 위하여 사용하는 자"라고 정의하고 있으며, 재생산을 위한 자본재로서 사용하는 자는 제외하고 있다. 소비자의 역할은 소비자로서 개인과 가계의 전통적인 소비개념의 역할 뿐 아니고 자원의 획득, 배분, 구매, 사용 및 처분하는 과정까지 포함한 광범위한 역할을 뜻한다. 따라서 획득자, 배분자, 구매자, 사용자 및 처분자로서 사회와 상호 작용하는 역할까지의 종합적인 개념으로 정의된다.

2) 메뉴 소비자의 개념

사람들은 모두 하루도 빠짐없이 소비행동을 하며 살아가는 소비자이다. 매일 생활하며 식품 및 음식물, 의류, 교통, 통신, 정보 등 수많은 제품이나 서비스를 사용하면서 소비하고 있으며 원만한 일상생활을 유지하려면 이러한 소비활동을 지속적으로 해야만 한다.

메뉴 소비자는 메뉴라는 상품적 가치와 인간 생명과 건강이라는 의미를 동시에 함유하고 있기 때문에 일반적인 소비자와 다른 차원의 의미를 가지고 있다. 그러므로 메뉴소비자는 메뉴상품의 구매와 관련된 모든 행동과 의사결정과정까지 포함한다.

3) 메뉴소비자의 특성

일반적으로 소비자의 특성은 관여도, 인지욕구, 감정욕구 등의 세 가지로 나누어 볼 수 있는데, 메뉴소비자는 메뉴를 소비하는 주체로서 메뉴아이템의 선택과 함께 메뉴를 소비함으로써 소비자 행동을 수행하게 되는 특징이 있다. 따라서 메뉴 소비자의 특성은 소비자 자신의 개성적 특성을 가지고 메뉴를 선택하며 메뉴를 선택함에 있어 항상 목표지향적이다.

2. 메뉴 소비자행동

1) 소비자의 구매행동

일반적으로 소비자는 제품을 소비하는 소비자와 제품이나 서비스를 사용하는 사용자, 조직의 구매담당, 서비스를 받는 측의 사람 등의 4가지 유형의 소비자를 말한다. 이러한 소비자의 유형과 심리적 의사결정에 따라 경험을 통하여 소비자의 구매행동이 이루어지고, 소비자의 행동은 포괄적 개념을 함축하고 있다. 즉 소비자는 개인이나 집단 및 기관으로 구성되고, 소비자의 행동요인은 크게 심리적 요인과 환경요인으로 구분된다.

- 심리적 요인 : 내적 요소로서 소비자의 행동에 영향을 미치고, 지각 · 학습 · 동가 · 태도 · 개성 · 자아 등을 통하여 소비자 구매의사가 결정된다.
- 환경요인 : 외적 요인으로 외부적인 영향을 통하여 상품을 구매하는 행동이 표출되고, 사회 · 문화적 요인과 마케팅 전략에 의해 구매의사가 결정되며, 문화 · 사회 · 집단 · 가족 등에 의해 상품 · 가격 · 유통 · 촉진 등이 욕구를 자극하게 된다.

2) 소비자의 욕구

산업사회에서 정보집약적인 사회로 많은 변화를 초래하면서 식생활과 외식업의 환경변화가 급격해지면서 소비자의 욕구도 다양화 · 세분화 · 감각적인 변화가 나타나는 추세를 보이고 있다. 소비자의 구매 욕구를 살펴보면 다음과 같다.

- 사회 경제적 측면에서의 변화
- 식생활 환경의 급격한 변화
- 소비자 욕구의 다양화 · 세분화 · 감각화

3) 매슬로우 욕구 5단계

- 1단계 : 생리적 욕구(physiological needs)로 의식주 생활에 관한 욕구. 즉 본능적인 욕구를 말한다.
- 2단계 : 안전의 욕구(safety needs)로 사람들이 신체적 그리고 정서적으로 안전을 추구하는 것을 말한다.
- 3단계 : 소속감과 애정의 욕구(belonging and love needs)로 어떤 단체에 소속되어 소속감을 느끼고 주위 사람들에게 사랑받고 있음을 느끼고자 하는 욕구이다.
- 4단계 : 존경의 욕구(esteem needs)로 타인에게 인정받고자 하는 욕구이다.
- 5단계 : 자아실현의 욕구(self-actualization needs)는 가장 높은 단계의 욕구로서 자기만족을 느끼는 단계이다.

여기에서 자아실현의 욕구가 최종 단계로서 이것은 신체는 건강과 아름다움을 끊임없이 추구하고 있으며, 정신은 정신적 유행에 따라 미적 · 문화적 감각을 추구하고, 공간적으로는 쾌적한 주거공간과 생활환경을 추구하고 있으며, 자신을 위한 시간관리는 레저와 스포츠를 통하여 여가활용을 하는 선진국형의 유형이 소비자의 행동에 많은 영향을 미칠 것이다.

4) 소비자의 구매행동

구매의 유형은 소비자가 원하는 상품의 종류에 따라 많은 차이를 나타내지만, 소비자의 구매행동은 광고나 선전 및 매스미디어를 통해 구매 충동을 느끼기 때문에 외식업 소비자의 구매 유형을 파악하고, 메뉴계획과 관리를 함에 적용시키는 것이 중요하다.

- 목적성 구매 : 장기적 안목과 계획 구매(주택, 자동차, 전자제품 등의 충동구매가 아닌 장기적 목적구매)
- 비목적성 구매 : 현장결정 구매(소액·시장구매)로서 사전 계획 없이 정확한 상품종류의 구매가 결정되지 않은 상태
- 습관성 구매 : 필수 구매, 생활필수품의 경우, 상품구입 시 빈도와 가계수입의 한도 내 필수품 구입과 외식계획
- 가격민감성 구매 : 가격이나 기타 경제적 가치비교에 의하여 상품을 구입하는 구매로서 저렴한 가격상품, 저가격 메뉴, 다목적성 용도의 구매결정을 내린다.

또한 소비자로서의 역할을 중요하게 만든 배경을 살펴보면 다음과 같다.

- 생산 수단을 시장제품 가운데서 선택하여 구입
- 소비대상의 완성품화, 소비수단의 기계화, 노동력의 저하(제품구매의 능숙함이 소비자생활에 결정적 영향)
- 원재료가 자연적 재료에서 화학제품으로 이행하여 현명한 소비생활이 어렵게 됨
- 제품의 수명이 현저히 단축, 계속적 신제품 연구
- 표준설정과 통제가 효과적으로 이루어져야 한다.

5) 메뉴 소비자의 행동

일반적으로 사람들은 음식을 선택하거나 소비하기 전에 여러 가지 다양한 요인들에 영향을 받는다. 즉 한 개인이 따르는 식습관은 한 순간에 형성되어지는 것이 아니기 때문이다. 개인이 속한 사회 또는 문화, 또는 그 외 여러 가지 원인에 의해, 그리고 지각과 오랜 경험에 의해 이루어진다.

① 심리적 요소(Psychological Factors)

인간은 누구나 똑같은 동기와 지각을 가지고 있다 하더라도 항상 상황은 다르게 인식되기 때문에 행동과 패턴이 바뀌게 된다. 외식소비자는 심리적안 요인에 의해 외식메뉴상품을 선택하게 되고 그것에 따라 지각하는 정도가 다르게 나타난다. 외식 소비자는 소비 행동의 심리적인 안정이 있어야만 구매행동이 현실화된다.

② 개인적 요소(Individual Factors)

대부분의 외식구매자들은 그들의 라이프 타입에 따라 메뉴상품과 서비스를 바꾸게 된다. 따라서 외식소비자들의 구매행동을 높이기 위해서는 연령 및 라이프 사이클을 고려해야 한다.

- 직업 : 직업적인 유형에 따라 외식소비형태가 다르게 나타난다.
- 경제적인 상황 : 경제적인 수준과 경제적으로 처해 있는 상황인 수입정도, 저축, 이자율 등에 따라 외식소비행위는 다르게 나타난다.
- 라이프스타일 : 라이프 사이클은 소비자의 소비생활에 중요한 요인으로 일, 취미, 쇼핑, 스포츠, 사회적인 이벤트 등에 의해 관심의 정도가 다르다.
- 인성 및 자아 : 환경적인 영향에 의해 지속적으로 만들어진 심리적인 특성이 인성이라면 자아는 자신에 대한 아이덴티티(identity)라고 말할 수 있다.

③ 사회적인 요소(Social Factors)

- 멤버십 그룹 : 가족, 친구, 이웃, 직장 동료 등 비공식적인 상호작용을 하는 일차적인 잡단과 공식적인 상호작용을 하는 종교집단, 협동조합 등은 메뉴소비에 영향을 준다.
- 참고 그룹 : 개인의 행동이나 태도를 공식화하는데 참고가 되는 그룹으로 대면접촉을 할 수 도 있지만 간접적인 접촉도 할 수 있다.

④ 문화적 요소(Cultural Factor)

외식소비자들의 여러 가지 영향요인 중 문화적 요인은 고객에게 가장 폭넓고 깊은 영향을 준다. 새로운 메뉴상품을 출시하거나 새로운 스타일의 레스토랑을 개점할 때는 문화적인 이동을 고려하는 것이 매우 중요한 부분이다. 근래에는 문화적 이동으로 건강과 웰빙, 그리고 다이어트에 관심의 초점이 맞추어져 있어서 메뉴상품노 자연진화적이고 건강 지향적인 음식들이 큰 인기를 끌고 있다.

4. 소비시장의 트렌드

1) 환경 변화

(1) 경제 환경의 저성장유지와 소득구조의 변화

경제위기 이후 경제 환경은 계속적으로 IT산업과 서비스산업을 제외한 거의 모든 산업에서 성장 없는 고용, 투자저조 등으로 저성장 기조가 유지될 전망이다. 이는 과중한 가계대출, 실업자 양산, 기업투자 위축 등의 현상이 지속되면서 앞으로도 저성장이 유지된다는 예측이다. 또한 소득의 양극화가 심화되는 가운데 소득계층 간의 양극화는 더욱 확대되어 사회갈등 요인으로 작용할 것이며, 고소득층 집단은 최고 소득층과 하위 레벨로 이원화되는 현상이 나타나고 있다.

(2) 소비집단의 재편

평균수명의 연장으로 고령화의 진전과 저출산 영향으로 자녀수의 감소, 결혼 연령이 높아지므로 미혼 층의 증가 등으로 1인 가구가 급증하고, 노인만으로 이루어진 노령가구, 독거노인 가구도 증대할 것으로 예상된다. 그리고 이 집단도 새로운 소비층을 형성하게 될 것이다. 또한 핵가족사회의 가속화로 딩크(DINK : Duble Income No Kids), 통크(TONK : Two Only No Kids), 싱펫(SINPET : Single + Pet), 딩펫(DINPET : Double Income No Kids + Pet) 등의 혈연중심의 가족에서 결합가족 등의 다양한 가족의 형태를 보이고 있다.

(3) 소비자 주권의 신장

정부에서 정책적으로 소비자 권리를 강화하기 위한 정책 및 제도의 도입으로 고정거래 관련해서 소송 없이 진행되는 소해배상청구제도를 활성화하고 소비자 피해구제가 강화될 것이다. 또한 환경, 안전, 건강을 중시하는 경향이 강해지면서 식품안전, 환경정책이 더욱 엄격해지는 추세이다.

(4) 글로벌 문화의 확산 가속

사이버 네트워크, 대중문화의 실시간 교류, 언어장벽의 소멸 등으로 전 세계적으로 신세대간의 정조 공유의 동시성이 심화되고 문화를 공유하게 된다. 그리고 정보의 공유를 넘어 유사제품과 상품 브랜드가 국가와 지역의 경계 없이 동시에 판매되는 글로벌 소비문화가 형성되고 있다.

2) 국내 소비시장 변화의 주요요인

90년대 이전까지는 상품과서 비스의 가격 혹은 품질에 따라 구매의사결정이 이루어졌고, 가격이나 품질의 차이도 크지 않았다. 그래서 고객을 분석하거나 세분할 필요성을 갖지 않고 공급자 위주의 대량생산 중심으로 산업이 발달되었다. 하지만 90년대 이후 소비자의 주관적인 가치가 중요시되고, 소비자의 욕구가 분화되었으며, 다양한 소비자 유형들이 등장하여 기업은 시장 세분화에 근거하여 다품종 소량생산으로 변화하였다. 특히 외환위기와 사회경제적 여건 급변의 영향으로 개별 소비자가 상반된 소비성향을 동시에 보유하는 양면적 소비 현상이 나타나게 되었다. 그리하여 새로운 소비 트렌드가 기업의 마케팅 방법을 변화시켰다.

(1) 경제적인 요인

소비의 양적 확대와 질적 변화가 동시에 진행되어 소득의 양극화가 결국 소비의 양극화가 되었다.

(2) 환경적 요인

산업기술의 발달로 디지털화가 됨으로써 소비자의 지적능력이 성숙되었고, 고령화, 자녀수의 감소 등에 따라 특정시장이 부상하게 되었다.

3) 소비 트렌드의 양면성

소비시장이 양적으로 증가하는 가운데 양면적 소비로의 질적인 변화가 일어나고 있다. 여기에서 소비시장의 양면성이란 개인의 상반된 소비 가치들이 과거에는 생각에 머물러 있었으나 이제는 행동으로 표출되는 것을 의미하는 것으로 소득 불균형 때문에 소비지출이 양적으로 편중되는 것을 의미하는 양극화와는 다른 개념으로 이해해야 한다.

4) 소비시장 양면성의 4대 요인

(1) 경제적 요인

소득의 양극화가 양면적 소비 행태를 가속화시켰다. 특히 소득격차의 확대, 신용카드의 확산이 소비 다변화를 촉발시켰으며, 그로 인해 중간 이하 계층도 고소득층 소비를 추종, 모방하는 것이 가능해졌다.

(2) 기술적 요인

디지털화에 따라 소비자의 지적 능력이 향상되었다. 즉 이동전화, 인터넷의 사용이 보편화되면서 개인의견을 표현하는 경향을 두드러졌다.

(3) 사회심리적 요인

글로벌화가 급진전됨에 따라 타 문화의 수용성이 증가되었다. 직·간접적인 외국 경험의 증가로 타 문화에 대한 이해가 넓어지고 개방적·수용적 태도로 전환되었다.

(4) 인구통계적 요인

가족수의 감소와 고령화 등이 따라 라이프스타일이 변화하였다. 산업의 발달과 가족수의 감소로 인해 기혼여성의 사회활동 가능성이 커졌으며, 출산 기피현상으로 한 자녀 가정도 증가하고 있다. 또한 건강에 대한 관심이 높아지고 경제력이 있는 노년층을 중심으로 문화생활의 중요한 계층으로 주목되고 있다.

5) 양면적 소비트렌드

(1) 집단소비와 개인소비

양면성을 말하는 것으로 집단소비와 개인적인 소비가 동시에 일어나는 것을 의미한다. 유행을 좇는 집단으로 모방소비를 하는 한편 자기중심적인 사고를 가지고 개성을 표현하는 성숙하고 합리적인 소비문화를 추구하는 것이다. 소비자는 실제 소속하지 않은 집단과 관련시키려 하며 동경집단과 동일시하는 경향과 함께 소비를 통하여 너와는 다르고 그들과는 같다는 표현을 하려고 한다.

(2) 유목성향과 정착 성향

모바일커머스, 디지털화 시대의 양면성을 의미한다. 언제든지 정보처리가 가능한 이동컴퓨팅(mobile computing)시대가 열리고 관련 제품들이 고성장을 하고 있다. 반면에 소비자는 사람의 마음을 온화하게 해주는 것도 동시에 찾고 있다.

유목성향은 노마드족이라는 신조어도 탄생시켰으며 이동의 편리성을 강조한 패스트푸드시장에서 드라이브 스루(drive-thru), 간편 조리식품, 이동하면서 먹을 수 Finger Food 시장이 더욱 확대되고 있다. 산업과 기술이 발달되는 만큼 과거로부터의 회귀 현상도 두드러지는데 전통을 지향하는 복고적 콘셉트나 자연으로 돌아가고자 하는 욕구는 더욱 심화될 것이다.

(3) 이성소비와 감성소비

정보를 수집하고 구매방법을 자신이 결정하는 합리적인 소비 형태인 이성소비와 이미지와 지적인 측면을 중시하는 감성소비가 동시에 공존하는 양면성이다. 이성소비는 인터넷 쇼핑몰이나 매스 미디어의 다양한 광고를 통해서 상품의 속성을 파악한 후 가격을 비교하고 구매를 결정하는 정보를 수집하고 선별할 수 있는 능력이 있는 소비자를 말한다. 따라서 이들 소비자에게는 온라인 동호회나 입소문(word of mouth)이 중요하다.

반면에 감성소비는 가격, 품질 등 기본적 속성 외에 브랜드, 이미지, 디자인 등 감성적 요소를 중요하게 생각하기 때문에 휴머니즘과 부드러움을 함께 제공하는 휴먼터치 상품을 요구한다.

6) 소비시장 변화의 대응

① 소비 트렌드의 변화를 정확하게 읽고 기회를 선점한다.

소비시장의 변화에 능동적으로 대응하기 위해 액티브 시니어시장, 어린이 시장 등을 적극적으로 공략해야 한다. 공급시장이 확대되는 추세에 맞춰 고가, 고품질 제품의 개발이 필요하며 맞춤화된 서비스를 제공해야 한다.

② 시장의 글로벌화에 대응이 요구된다.

초일류 다국적 기업이 경쟁상대임을 인식하고 한 차원 높은 서비스를 제공하고 또한 경쟁력을 높여야 한다.

③ 변화대응을 위한 유연한 경영체계가 필요하다.

고객의 요구를 감지하고 이를 상품에 즉각 반영할 수 있도록 시장 중심체제로 전환할 필요가 있으며 고객 접점부서의 기능을 강화하고 정예화 된 인력을 배치해야 한다. 또한, 온라인과 오프라인의 고객관련 기능이 효율적으로 연계되어야 한다.

④ 소비에 대한 사회적 책임을 강조한다.

사회정서를 감안하여 경영활동 기준을 설정하고 마케팅 활동에 반영하여, 소비자를 최우선으로 한다는 경영마인드를 점검하고 실천해야 할 것이다.

Chapter 11

식자재 구매

Chapter 11 식자재 구매

1. 식자재 구매

1) 식자재 구매 의사결정 모델

(1) 구매의 필요성 인식

외식업에서의 구매는 메뉴를 판매하고자 하는 시점에서부터 시작된다고 보아야 하며, 메뉴에 따라 구매하고자 하는 식자재가 달라진다. 때문에 구매는 신중하고도 신속 정확성에 초점이 맞추어져야 하며, 필요 식자재를 적시에 적량, 적가에 구매할 수 있어야 한다. 각 업장에서 필요로 하는 구매 품목을 정확히 인지하고 있어야 하며, 회사전체의 경영이념을 알고 있어야 좋은 구매가 이루어 질 수 있다.

(2) 정보의 수집

육류, 수산, 신선야채, 유제품 등등의 거래처가 미리 정해져 있으며, 새로운 거래처를 개척하고자 하는 신념에 의해서 정확한 정보 수집은 필수 요건이다. 또한 외식업체에서 사용되어지는 대부분의 식재료는 계절, 날씨 등에 영향을 많이 받는 품목이므로 계절과 날씨 등의 정보도 예측이 가능하여야 한다. 또한 식자재의 산지정보, 유통업자 정보 등도 중요하면 이러한 정보를 확보하기 위한 노력이 필요하다. 식자재 유통업자의 잘된 선택은 업장 또는 업소의 성공을 뒷받침해 주지만 잘못된 유통업자의 선택은 고통을 안겨다 준다. 정보탐색은 내부 또는 외부에서 이루어질 수 있다.

(3) 대안의 평가

식자재는 계절에 따라 또는 날씨의 영향에 의하여 가격변동과 수급에 중대한 영향을 끼친다. 때문에 이러한 경우를 대비한 대안이 있어야 한다. 환경적인 영향에 의한 수급의 문제도 발생하는데, 예로 미국산 소고기가 광우병파동으로 수급이 중단되었을 때 호주산 소고기를 대안으로 확보한 업체들을 위기를 잘 극복할 수 있었다. 이러한 대안에 대한 평가를 하기위한 요소는 다음과 같다.

- 어떤 제품, 어떤 상표, 어떤 모델을 선택할 것인가?
- 가격, 품질, 상표 등의 여러 평가기준을 이용

(4) 선택

필요로 한 식자재를 선택하기위한 방법으로는 여러 가지 방법 등이 있을 수 있다. 지구매를 통한 방법, 유동업자를 통한 방법 등이 있으며 현대에 들어와서는 인터넷을 통한 구매 등 구매방법도 한층 다양화되어 가고 있다.

자금마련 → 유통업체 선택 → 유통업체 이용 → 해당 식재료 탐색 → 구입

(5) 결과의 평가

식자재 구매 후 식자재가 잘 구매되었는지, 잘되지 않았는지를 평가하여야 하며 평가에 의하여 대안이 마련되어야 한다.

구입의 결과 → 기대와 결과의 일치 정도 → 만족 또는 불만족 → 반품, 재발주, 차기발주 준비

〈그림 11-1〉 구매결과 평가도식

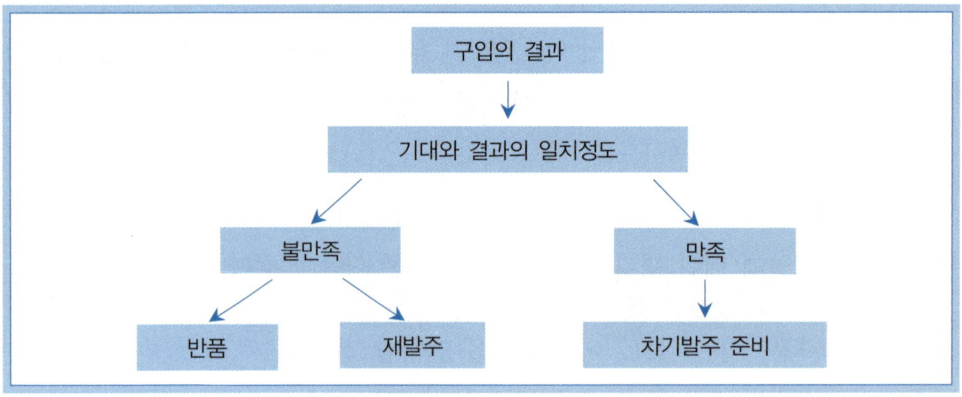

2) 식자재 구매 프로세스

- 제품명세서 요구서 및 업체소개서 요구서 : 구매업체 → 조달업체
- 제품명서서 및 업체소개서 : 조달업체 → 구매업체
- 견적요구서 : 구매업체 → 조달업체
- 견적서 : 조달업체 → 구매업체
- 견적수정요구서 : 구매업체 → 조달업체
- 수정견적서 : 조달업체 → 구매업체
- 거래응락서 : 구매업체 → 조달업체
- 제품정보서 : 구매업체 → 조달업체
- 승인서(납품할 제품에 대한 정보) : 조달업체 → 구매업체
- 승인원 변경요구서(승인서 불합격) : 구매업체 → 조달업체
- 승인원 인가서(승인서 합격) : 구매업체 → 조달업체
- 계약내역변경요구서(협상과정에서 수시로 주고받음) : 구매업체 ↔ 조달업체
- 계약변경내역서(협상과정에서 수시로 주고받음) : 구매업체 ↔ 조달업체
- 계약서 : 구매업체 ↔ 조달업체
- 최종계약서 : 구매업체 ↔ 조달업체

- 주문서 및 발주서 : 구매업체 → 조달업체
- 주문응답서(조달 가능여부 통지) : 조달업체 → 구매업체
- 주문변경요청서 : 구매업체 → 조달업체
- 진행사항보고요청서 : 구매업체 → 조달업체
- 진행사항보고서 : 조달업체 → 구매업체
- 납품독촉서(납기가 지연될 때) : 구매업체 → 조달업체
- 주문변경서(납기일 변경 요청) : 조달업체 → 구매업체
- 발송통지서(제품발송 후) : 조달업체 → 구매업체
- 인수통지서(제품인수 후) : 구매업체 → 조달업체
- 검수보고서 : 구매업체 → 조달업체
- 품질이상통지서 및 품질이상 확인서(검수시 품질이상 발생시) : 구매업체 → 조달업체
- 반품의뢰서 : 구매업체 → 조달업체
- 제품입출고송장 : 구매업체 → 조달업체
- 송금통지서 : 구매업체 → 조달업체
- 착금확인서 : 조달업체 → 구매업체

식자재 구매 전반에 걸쳐 먼저 생각해야 할 내용

- 사용 식자재의 기준 마련
- 식자재의 보관
- 적절 재고량 설정
- 구매, 보관 담당자의 선정
- 입출고 담당자의 선정

현대에 와서 구매는 그 어느 때보다도 중요성이 강조되고 있다. 잘된 구매는 레스토랑의 50% 성공으로 보는 학자들도 있다. 그만큼 구매가 큰 비중을 차지한다고 보아야 할 것이다. 이와 같이 잘된 구매를 하기 위한 노력은 레스토랑 경영자 스스로

할 수밖에 없으면 구매가 주먹구구식이 아닌 체계적이고 합리적으로 이루어져야 하며, 구매과정 또한 투명하여야 할 것이다. 구매과정에 비리나 부정이 개입되어서는 결코 좋은 구매라고 볼 수 없다. 좋은 구매를 위한 첫 번째 조건은 정보력이며, 두 번째는 가격경쟁력이고 세 번째가 신선도이다.

위와 같은 조건을 충족시키기 위하여 식자재 전문 유통업자와 관계를 친밀하고 신뢰감이 갖도록 하여야 할 것이다. 식자재 유통업자와 친밀한 관계를 가지고 있다면 안정으로 식자재를 제공을 받을 수 있고 수시로 변하는 식자재의 시세에 대해 바로바로 대책을 수립할 수 있다. 신뢰가 높은 식자재 유통업자는 컨설턴트의 입장으로 레스토랑의 성공에 관심을 갖고 항상 레스토랑 콘셉트에 맞는 최상의 식자재를 제공해 준다.

또한 현대사회의 유통은 냉동·냉장기술의 발달도 식자재 구매에 영향을 끼쳤다. 레스토랑 입장에서는 신선도가 확보된 식자재를 손쉽게 구할 수 있게 됨에 따라 계절에 따른 제한을 두지 않고 선택의 폭을 넓힐 수 있게 되었고, 또한 반조리 식자재의 발달도 구매 패턴의 변화를 가져왔다. 반조리된 식자재의 구입비용이 부담이 될 수 있으나, 레스토랑은 반조리 상태의 식자재를 사용함으로써 인건비와 로스율 등 부가식자재 원가를 낮출 수 있다.

레스토랑 경영자는 업소 개업 전에 사용 식자재의 기준을 세워 규격명세서를 작성해야 한다. 구매량은 예상 판매량에 근거하여 산출된다. 이전 자료 없이 순수한 예상치로만 산출하는 어려움이 있음으로 유사업소의 현황을 파악하는 것이 중요하다.

(1) 식자재 규격 명세서의 구체적 기재 내용

① 식자재명

② 식자재 코드

③ 식자재 설명

④ 구매 시 주의사항

⑤ 요구구매 기준

- 중량
- 중량 당 개수
- 안전검사 여부
- 조리방법 및 조리규정
- 사이즈의 균일성(예 : 균일크기 = 일정량의 최대크기 / 일정량의 최소크기)
- 결손 여부 : 변질, 용량 부족, 파손
- 친환경 및 GMO 여부

(2) 식자재 구매시스템

구매는 업소운영의 한 축이다. 업소 운영과 연계한 구매시스템의 책정 단계는 다음과 같다.

- 메뉴에 근거한 식자재 기준을 마련한다.
- 가공형태, 등급
- 식자재 규격 명세서의 작성
- 식자재의 지속적 확보 여부와 납품자 상세정보 점검
- 기존 식자재 공급자 대체업자 확보
- 구매, 입고별 담당자의 선정
- 재고보관을 위한 충분한 공간 확보
- 필요재고 산정
- 재고관리시스템 수립
- 비용절감을 위한 납품 사이즈, 수량 설정
- 입고물품 수량 및 중량 체크
- 재고관리와 원가관리의 상호 연관

〈그림 11-2〉 농산물 도매시장의 거래체계

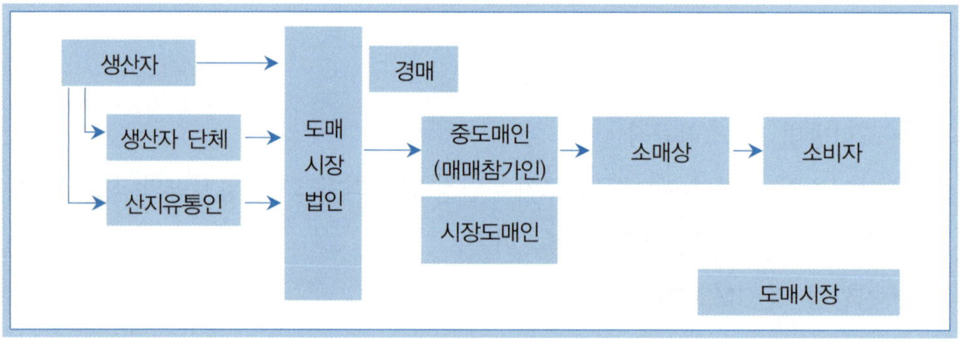

자료 : 농수산물유통공사

(3) 구매 사이클

구매 사이클은 각 부분마다 매일 효율적으로 순환될 수 있게 설정되어야 한다. 구매 사이클은 각 부분마다 미세한 변동이 있는 지속적인 순환을 보이지만 메뉴가 변경되어 새로운 식자재가 필요할 경우 아이템이나 공급자가 바뀌어지기도 한다.

식자재 구매명세서는 주문 전 첫 단계로 구매명세서에 의해서 구매가 시작된다고 보아야 한다. 필요재고 및 재주문 시점에서는 매출의 변화나 메뉴 변동의 상황에서 수정될 수 있다. 주 식자재 공급자는 거의 바뀌지 않는다. 입출고의 모든 기록은 원가관리의 기초 데이터로 활용된다.

(4) 구매관리의 주체

대부분의 업소에서 업주나 관리자는 조리장과 홀 지배인 등과 구매 명세서, 공급자, 재주문 시점에 대해 상의한다. 하지만 원가관리와 외식업계에 대한 충분한 지식이 있는 한 사람만이 구매관리의 주체가 되는 것이 바람직하다. 그런 면에서 업주나 관리자가 구매관리의 주체가 되어야 한다. 업주나 관리자가 아닌 조리장과 절친한 식자재 업자의 부적절한 거래가 이루어지는 경우가 적지 않기 때문이다. 하지만 무조건적으로 공급자와 관계를 소원하게 할 필요는 없다. 업소의 원가관리와 구매관리가 정상적으로 운용된다면 식자재 공급자는 더 없는 업소 운영의 동반자가 될 수 있다.

(5) 품질 기준

일부 업소의 경우 신선한 식자재 이외에는 사용하지 않는 업소가 있다. 신선한 재료만을 주문해 바로 조리한다. 그러한 업소의 경우 특별한 품질 기준이 설정되어 있어야 한다. 품질 기준은 일반 업소에 있어서도 중요하다. 비록 캔 제품의 식자재를 사용하더라도 기준에 맞지 않는다면 해당제품은 사용할 수 없다.

(6) 명세서에 의한 구매

대부분의 업소가 식자재 구매 명세서를 자세히 작성하지 않지만 업주나 관리자의 머릿속엔 식자재에 대한 명세가 정리되어 있다. 모든 업소의 운영에 있어 식자재는 고객의 수요에 상응하는 품질이 요구된다. 단순한 캔 제품이라도 해당 식자새의 명세사항과 고객의 수요에 부합된다면 아무 문제가 없다. 업소에 따라서는 무조건 상등품이 좋은 식자재가 아니다. 목표 마케팅과 부합되는 식자재가 좋은 식자재가 된다.

(7) 재고량

① 필요재고 및 재주문

최소한의 필요량을 필요재고라고 한다. 해당 식자재가 필요재고 이하로 도달했을 때가 재주문 시점이 된다. 필요재고와 재주문 시점의 설정은 사용빈도, 보관 공간, 추가 확보 가능성 등을 고려한다. 신선한 식자재가 요구되는 경우 매일 필요재고 및 재주문이 이루어지고 캔 제품의 경우 6개월 정도의 기간을 두고 재주문이 이루어지기도 한다. 식으로 나타내면 다음과 같다.

- 안전재고량 = 평균 재고량 – 최대재고량 / 2(OR 경제적 발주량)
- 발주점 재고량 = 조달일수 × 1일 평균 재고량 – 안전재고량

(8) 경제적 주문량(Economic Order Quantity)

경제적 주문량이란 식자재의 납품과정에서 소요되는 비용과 유지비용이 일치되는 시점에서 재구매를 하여야 한다는 이론으로서 저장비용과 구매비용 등을 최소화할 수 있는 시점을 말한다.

> **기본적 EOQ 모형이 유지되기 위한 조건**
>
> - 기간 재고유지 비용과 주문비용은 정확히 계산되고 이 두 비용만이 EOQ 계산과 관계가 있어야 한다.
> - 기간 내 수요는 측정가능하고 소비량 또한 측정이 가능하여야 한다.
> - 평균재고비율은 주문량 Q의 반이다(안전재고는 없고 다음 주문이 도착할 때까지 사용됨을 의미).
> - 재고부족비용이 없어야 한다.
> - 가격할인이 고려되지 않는다(많이 주문하면 가격을 할인해 주는데 수량할인이 없다고 가정).
> - 소요시간을 알 수 있고 일정하다.

① 모델요소 정의

- D = 연간 수요량
- Q = 주문량(모델 공식화 과정의 지금 단계에서는 알 수 없음)
- Q / 2 = 평균재고량
- I = 연간 재고유지비용 비율 : 재고를 관리하는데 드는 전체비용의 비율(연간 유지비용 / 연간 총재고비용)
- C = 재고품목당 비용
- S = 주문시 소요되는 비용
- TAC(연간 총비용) = 연간 재고유지비용 + 연간 주문비용

② 비용공식

- 연간 재고유지비용 = 단위당 재고유지비용 × 평균재고량 = IC(Q / 2)
- 연간 주문비용 = 주문당 비용 + 연간 주문회수 = S(D / Q)

- 연간 총비용 = 연간 재고유지비용 + 연간 주문비용 = IC(Q / 2) + S(D / Q)

③ 모형의 도함수

- TAC 함수

  TAC = IC(Q / 2) + S(D / Q)

- TAC 함수는 단지 하나의 변수인 Q를 가지고 TAC의 도함수는 Q에 대해 d(TAC)로 표현된다.

  d(TAC) / d(Q) = (IC / 2) - [(SD)Q - 2]

- 도함수를 0으로 하고 Q에 대해서 푼다.

  (IC / 2) - [(SD)Q - 2] = 0

- 그 결과 연간총비용함수의 최적값 Q*는 다음과 같다.

  Q* = √ 2SD / IC

이 공식에서 Q의 값은 모든 가능한 Q값들의 최소비용을 나타내기 때문에 Q*로 표시된다. 기업의 재고상황이 이 모형의 가정을 모두 만족할 때 이 공식은 최소비용으로 가능한 주문량을 산출한다.

예제 풀이

기업은 재고품목을 구입해야만 하는 상황에 있고 재고환경은 기본적 EOQ 가정을 만족한다고 하자. 상품 C의 개당 재고비용은 20원이며, 연간 수요는 1,000개이고, 재고유지비용 비율 I는 개당 가격의 10%, 주문비용 S는 9월일 때 EOQ를 구한다.

Q* = √2SD / IC = √(2 x 9 x 1,000) / (0.1 x 20) = 94.868 = 약 95개

이 모형결과에 따르면 기업의 고정주문량은 95개이다. 95개의 경제적 주문량은 최적주문량을 의미한다.

(9) 고정메뉴와 필요재고

업소의 메뉴가 한 가지인 설렁탕 전문점의 경우 메뉴는 항상 고정되어 있다. 기간당 평균 고객수가 파악된다면 식자재의 필요재고와 재주문 시점은 어느 정도 일정해진다. 따라서 식자재 품목 하나하나에 필요재고를 설정할 필요 없이 정기적인 식자재 주문이 가능해지는 장점을 갖고 있다.

(10) 식자재 구매의 중요성

경제적으로 구매란 생산, 영업에 필요한 설비, 원재료, 소모품, 부품 등을 구입하는 활동을 말하며, 외식사업에서 식자재 구매란 판매를 목적으로 고객들에게 제공되는 음식을 만들기 위한 식품 원재료 또는 그대로 제공되는 식품을 시장으로부터 구입하는 것을 말한다. 이러한 식자재 구매는 외식사업에 가장 중요한 부분 중에 하나이고, 단순히 고객에게 서빙되는 음식을 만드는 재료를 구매한다는 수동적인 시각이 아닌, 고객만족과 외식사업의 성공을 위해서는 구매에서부터 시작된다는 능동적이고 적극적인 활동이 필요하다.

식자재 구매의 중요성을 여러 가지 측면에서 생각할 수 있으나, 두 개의 큰 축인 이익창출과 고객만족의 측면에서 살펴보면 다음과 같다.

① 이익창출의 원천이다.

외식사업에서 이익창출을 위해 가장 먼저 생각할 것은 매출이 늘어야 한다. 그러므로 매출증대를 위한 다양한 전략과 전술을 수립해야 한다. 그러나 이러한 매출증대 전략에 못지않게 중요한 것이 바로 구매를 통한 원가절감이다. 즉 구매를 잘하느냐, 못하느냐에 따라 기업의 성패가 좌우된다. 그것은 외식기업의 이익이 근본적으로 매출액에서 매출 원가를 제외한 것으로 계산되며, 매출원가의 많은 부분을 차지하는 것이 바로 식재료비이기 때문이다.

② **고객만족의 시작이다.**

외식사업에서 고객만족의 중요성과 그 고객만족의 핵심은 서비스와 음식이라는 사실은 누구나 인식하고 있다. 그리고 식자재 품질의 확보 없이 음식의 질을 확보하는 것은 매우 어려운 것이다. 그러므로 식자재 구매는 외식사업에 있어서는 바로, 고객만족의 시작인 것이다. 한편으로는 고객만족이 되어야 재구매 고객이 증가하고, 충성고객이 생겨나며, 결국 매출액 증가와 안정적 수익증가로 이어질 수 있다. 최근에는 먹는 것에 대한 안전성을 고객들이 가정 중요시 하는 부분이다 때문에, 식품재료 자체의 산지, 등급 등의 정보를 알려고 하는 욕구가 증가하고 있으며, 식재료의 이력과 정보를 제공하는 것은 고객에 대한 배려라고 생각할 수 있다. 따라서 고객이 만족할 수 있는 질 좋고 안전한 식재료 구매의 역할이 더욱 강조되어가고 있는 현실이다.

2. 육류 구매

1) 소고기의 종류별 구분

(1) 소의 종류에 따른 구분

- 한우고기 : 순수한 한우에서 생산된 고기
- 육우고기 : 육용종, 교잡종, 젖소 숫소(♂) 및 송아지를 낳은 경험이 없는 젖소 암소(♀)에서 생산된 고기
- 젖소고기 : 송아지를 낳은 경험이 있는 젖소 암소(♀)에서 생산된 고기

(2) 도축검사 날인의 색깔에 따른 구분

소를 도축한 후 위생검사 도장을 소의 종류별로 달리하여 지육에 날인하므로 색깔에 따라 소의 종류를 구분할 수 있다.

- 한우 : 적색도장
- 육우 : 녹색도장
- 젖소 : 청색도장

(3) 축산물 등급판정 확인서에 따른 구분

축산물 등급판정사가 발급하는 축산물 등급판정확인서에 등급판정한 지육의 소고기 종류를 표시해주고 있다.

〈그림 11-3〉 육류 등급판정 과정

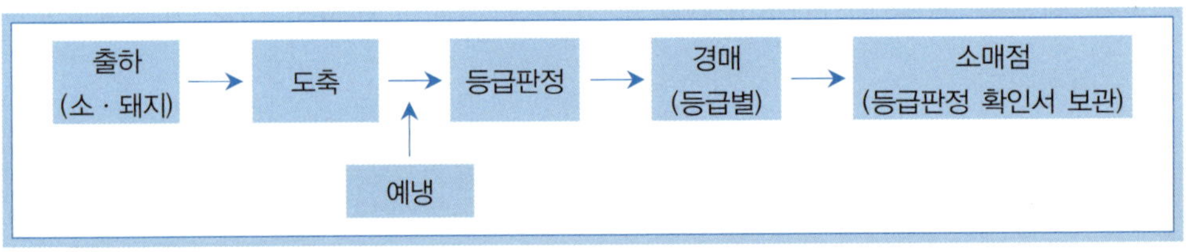

2) 소고기의 육질등급

- 1+등급 : 식육판매 표시판에 1+등급 또는 특상등급(1+)으로 표시되며, 살코기속에 지방이 골고루 많이 분포되어 있고, 고기의 색과 광택, 지방의 색 및 탄력성과 윤기 등이 특히 좋은 고기를 말한다.
- 1등급 : 식육판매 표시판에 1등급 또는 특상등급(1)으로 표시되며, 1등급과 같으나 살코기 속의 지방분포가 1등급보다 다소 적은 고기를 말한다.
- 2등급 : 식육판매 표시판에 2등급 또는 상등급으로 표시되며, 살코기 속에 지방 분포가 보통이고, 고기의 색과 광택, 지방의 색 빛 탄력성과 윤기 등이 보통인 고기를 말한다.
- 3등급 : 식육판매 표시판에 3등급 또는 중등급으로 표시되며, 살코기 속에 지방이 다소 부족하고, 고기의 색과 광택, 지방의 색 및 탄력성과 윤기 등이

다소 떨어지는 고기를 말한다.

- 등외등급 : 살코기 속에 지방이 없거나 있더라도 고기의 색과 광택, 지방의 색 및 탄력성과 윤기 등이 좋지 않는 고기로 노·폐우 고기 등이 이에 속한다.

〈표 11-1〉 소도체 육질등급 최종 판정기준(제5조제3항 관련)

예비등급	등급 하향조정 해당 항목수			
	1개	2개	3개	4개
1++등급	1등급	2등급	3등급	3등급
1+등급	1등급	2등급	3등급	3등급
1등급	2등급	3등급	3등급	3등급
2등급	3등급	3등급	3등급	등외
3등급	3등급	3등급	등외	등외

〈표 11-2〉 소도체의 등급표시방법(제7조제1항 관련)

구분		육질등급					
		1++등급	1+등급	1등급	2등급	3등급	등외
육량등급	A등급	1++A	1+A	1A	2A	3A	
	B등급	1++B	1+B	1B	2B	3B	
	C등급	1++C	1+C	1C	2C	3C	
	등외	D					

※ 등급표시를 읽는 방법(예)
1++A : 일투플러스에이등급, 1+B : 일플러스비등급, 3C : 삼씨등급

〈그림 11-4〉 소도체의 근내지방도 기준

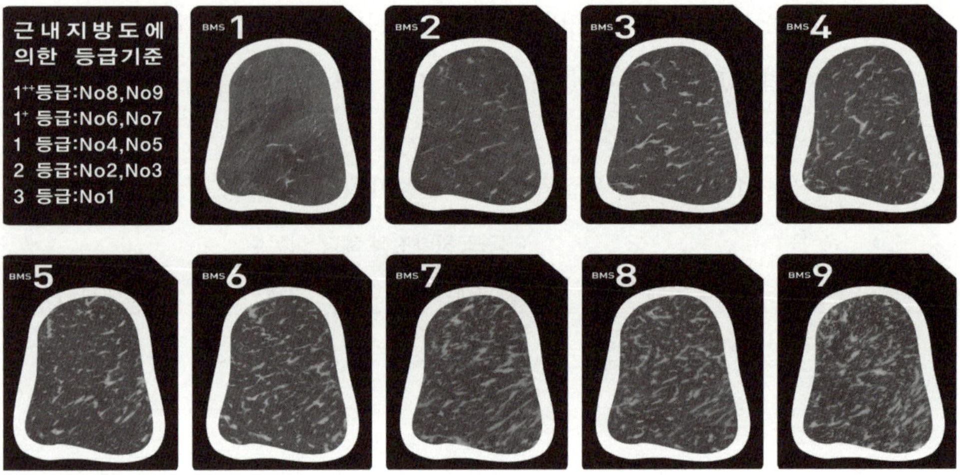

자료 : 축산물 등급판정소(2007)

3) 돼지고기의 등급

- A등급 : 암돼지 또는 거세돼지로 비육이 잘된 돼지에서 생산된 고기로, 살코기 속에 지방이 적당히 분포되고, 육색이 선명하고, 광택이 좋고, 지방은 백색이며, 광택, 탄력성 등이 특히 좋은 고기를 말한다.
- B등급 : 암돼지, 거세돼지 및 수돼지 중 비육이 잘된 돼지에서 생산된 고기로, 살코기 속에 지방이 적당히 분포되고, 육색이 선명하고, 광택이 좋고, 지방은 백색으로 광택, 탄력성 등이 좋은 고기를 말한다.
- C등급 : 비육이 보통인 돼지에서 생산된 고기로 육색, 지방색 및 광택, 고기의 탄력성 등에 큰 결점이 없는 고기를 말한다.
- D등급 : 비육이 너무 과다하거나 또는 과소한 돼지에서 생산된 고기로 육색, 지방색 및 광택, 고기의 탄력성 등이 좋지 않는 고기를 말한다.
- E등급 : 새끼를 분만한 어미돼지나 씨숫돼지에서 생산된 고기로 숫돼지 특유의 이상한 냄새가 나거나, 현저하게 오염되었거나 비육상태가 아주 불량하고, 지방이 적고 고기질이 매우 좋지 않는 고기를 말한다.

〈표 11-3〉 돼지도체의 중량과 등지방두께 등에 의한 규격등급 1차 판정기준

(제9조제1항 및 제2항 관련)

<table>
<tr><th rowspan="3">구분</th><th colspan="4">인력판정</th><th colspan="3">기계판정</th></tr>
<tr><th colspan="2">박피도체</th><th colspan="2">탕박도체</th><th colspan="3">탕박도체</th></tr>
<tr><th>도체중
(kg)</th><th>등지방
두께(mm)</th><th>도체중
(kg)</th><th>등지방
두께(mm)</th><th>도체중
(kg)</th><th>등지방
두께(mm)</th><th>수율
(%)</th></tr>
<tr><td>A등급</td><td>이상 미만
71~84</td><td>이상 미만
12~22</td><td>이상 미만
80~94</td><td>이상 미만
17~27</td><td>이상 미만
80 - 94</td><td>14.0 이상</td><td>56.0 이상</td></tr>
<tr><td rowspan="4">B</td><td>67~71</td><td>10~24</td><td>76~80</td><td>15~29</td><td rowspan="4">76 - 98</td><td rowspan="4">12.0</td><td rowspan="4">54.0</td></tr>
<tr><td>71~84</td><td>10~12</td><td>80~94</td><td>15~17</td></tr>
<tr><td>71~84</td><td>22~25</td><td>80~94</td><td>27~30</td></tr>
<tr><td>84~88</td><td>11~25</td><td>94~98</td><td>16~30</td></tr>
<tr><td rowspan="6">C</td><td>63~67</td><td>8~27</td><td>71~76</td><td>13~32</td><td rowspan="6">71 - 101</td><td rowspan="6">10.0</td><td rowspan="6">52.0</td></tr>
<tr><td>67~84</td><td>8~10</td><td>76~94</td><td>13~15</td></tr>
<tr><td>67~71</td><td>24~27</td><td>76~80</td><td>29~32</td></tr>
<tr><td>71~88</td><td>25~28</td><td>80~98</td><td>30~33</td></tr>
<tr><td>84~88</td><td>9~11</td><td>94~98</td><td>14~16</td></tr>
<tr><td>88~91</td><td>9~28</td><td>98~101</td><td>14~33</td></tr>
<tr><td>D</td><td colspan="2">A・B・C에 속하지 않는 것</td><td colspan="2">A・B・C에 속하지 않는 것</td><td colspan="3">A・B・C에 속하지 않는 것</td></tr>
</table>

자료 : 축산물 등급판정소 , 2007.

4) 고기의 구성요소

고기의 화학적 조성은 가축의 종류, 성별, 연령, 사양조건, 영양상태, 건강상태에 따라 차이가 있으며, 도체 내에서도 부위에 따라 많은 차이가 있다.

(1) 수분

고기의 약 75%(65~80%)를 차지하고 있는 수분은 많은 성분들을 용해시켜 포함하고 있으므로 그 함량 및 화학적 존재 상태는 육질에 큰 영향을 미친다.

(2) 단백질

고기의 구성성분 중 단백질은 약 18.5%(16~22%) 정도를 차지하고 있으며, 고기는 육단백질을 구성하고 있는 아미노산의 조성이 인간의 몸을 구성하고 있는 아미노산의 조성과 유사하기 때문에 가장 중요한 단백질 자원으로 이용된다.

(3) 지방

고기의 구성성분 중 지방은 함량의 변화가 가장 크며(1.5~13%), 살코기에서는 약 3% 정도를 차지하고 있다. 근육 속에 섬세한 지방이 분포되어 있는 정도(근내지방도, 상강도, 마블링)는 소고기와 같은 정육의 육질을 판단하는 기준으로 사용하는데 그 이유는 근내 지방도에 따라 맛이 크게 다르기 때문이다.

(4) 탄수화물, 비타민, 미네랄

고기 속에는 소량의 탄수화물, 각종 비타민, 미네랄이 존재하고 있으며, 축종, 품종 및 부위에 따라 함량이 다르다.

〈표 11-4〉 소고기의 일반성분

구분	한우	젖소	육우
수분(%)	73.3	74.8	73.0
단백질(%)	21.0	20.8	20.9
지방(%)	4.6	3.5	4.5
회분(%)	1.1	1.0	1.0
콜라겐함량(%)	1.5	2.1	1.7
근섬유직경(%)	82.8	86.8	106.0
전단력(연도)(kg/㎠)	7.3	6.6	7.6
관능검사결과(최고 6점 : 최저 1점)			
• 다즙성	4.1	4.0	4.1
• 연도	4.0	3.8	3.9
• 풍미(맛)	4.5	4.2	4.3

자료 : 축산기술연구소

5) 소 · 돼지고기 부위별 고기량

〈표 11-5〉 소고기 부위별 고기량

구분	고기량(kg)	비율(%)	구분	고기량(kg)	비율(%)
도체중량	310.51±33.26	100.0	앞다리	21.53±2.62	6.9
정육량	208.99±23.72	67.3	양지	29.36±4.17	9.5
안심	5.70±0.62	1.8	사태	13.76±1.45	4.4
등심	39.64±6.19	12.8	갈비	35.69±3.83	11.5
목심	5.48±1.18	1.8	잡육	1.63±0.21	0.5
채끝	7.25±0.87	2.3	뼈	32.27±1.61	12.0
설도	29.08±3.00	9.4	지방	64.06±12.77	20.6
우둔	18.50±2.05	6.0	감량	1.45±1.67	0.5

자료 : 1993, 축산물등급판정소

〈표 11-6〉 돼지고기 부위별 고기량

구 분	고 기 량(kg)	비 율(%)	구 분	고 기 량(kg)	비 율(%)
도체중량	67.07±4.7	100.0	뒷다리	12.1±1.2	18.1
정육량	45.0±3.6	67.2±3.0	갈비	4.6±0.5	6.9
안심	1.1±0.1	1.6	사태	3.6±0.4	5.4
등심	5.0±0.7	7.5	갈매기	0.2±0.1	0.3
목심	4.5±0.5	6.7	잡뼈	7.7±0.7	11.5
삼겹	7.8±0.8	11.6	지방	13.7±2.6	20.4
앞다리	6.1±0.7	9.1	감량	0.5±0.9	0.7

자료 : 1993, 축산물등급판정소

6) 좋은 고기 고르는 요령

(1) 효율적인 구매방안(육류를 구입할 때에는)

① 어떤 요리를 얼마만큼 만들 것인가.

② 요리용도에 맞는 부위를 결정한 후

③ 육류구입 예산(경제력)에 따라 육질등급을 선택하는 것이 중요하다.

- 부위별 고기의 특성을 이해하고 있다면 반드시 좋은 등급의 고기를 구매할 필요는 없음
- 식육판매업소에 따라 등급별 가격차이가 심하므로 영양사가 직접 가격을 조사 비교해야 함(철저한 시장조사)

④ 적정가격으로 고기 구입을 원한다면 축협중앙회 직영 축산물 시범판매장의 등급별, 부위별 판매가격을 참고

- 소 · 돼지의 등급별 경락가격 추이파악 : http://www.apgs.co.kr

(2) 육류선택의 순서

① 진열장에 비치되어 있는 식육판매 표시판에서
- 사고자하는 부위와 용도
- 고기의 등급
- 100g당 가격
- 원산지(국내산, 수입육)와 품종을 확인

② 얼리지 않은 냉장육인가를 확인

③ 소고기의 종류(품질)를 확인하려면 냉장고에 있는 지육의 도축검인 색깔을 직접 확인
- 도축검인의 색깔 적색 : 한우
- 도축검인의 색깔 녹색 : 육우
- 도축검인의 색깔 청색 : 젖소

(3) 소고기 고르는 방법

소고기의 품질은 품종, 연령, 성별과 사육방법에 의해서 결정될 뿐만 아니라 도살 방식 및 예냉방식, 고기의 취급방법 등에 따라 달라진다. 중요한 것은 구입하고자하는 고기가 조리·급식에 따른 용도에 합당한 육질의 고기인가 하는 점인데 이는 근내지방도, 고기색 및 지방색, 고기의결 등을 육안으로 관찰하면 소고기의 육질을 판단할 수 있다.

① 근내지방도 : 상강도, 마블링

소고기 등심이나 채끝, 목심 등에는 살코기 속에 섬세한 지방이 곱게 박혀 있는데 이것을 근내지방이라 한다. 근육 속에 우윳빛의 섬세한 지방이 고르게 많이 분포되어 있는 소고기가 더 맛이 있다.

② 고기의 색

선홍색을 띠며 윤기가 나는 고기가 대체로 신선한 고기라고 할 수 있다. 고기의 표면이 건조하며 색이 검은 고기는 장기간 냉동보관된 것일 수 있다.

③ 지방의 색

지방색은 유백색이 정상이며 노란색의 지방은 곡물사료를 급여하지 않고 방목하여 풀사료 위주로 기른 소 또는 나이가 많은 소로부터 얻어진 고기로 유통과정에서 산패가 쉽게 이루어질 수 있다.

④ 고기의 결

결이 곱고 미세하며 탄력이 있는 고기가 우수한 육질의 고기이다. 고기의 결은 숫소보다 암소가, 늙은 소보다 어린 소가 고운 편이며, 일반적으로 냉동저장 후 해동된 고기는 탄력이 떨어진다.

(4) 돼지고기 고르는 방법

돼지고기는 고기의 색, 지방색과 질, 조직감, 지방의 침착 등에 의해 결정되며, 판매점마다 암돼지고기 전문이라고 선전하고 있는데 돼지고기의 절반가량은 수퇘지고기이며 암·수에 관계없이 불쾌한 웅취(돼지 특유의 냄새)가 없는 돼지고기를 구입하면 된다. 그러나 돼지고기일지라도 나이가 어리거나 거세한 돼지의 고기는 냄새가 나지 않는다. 또한 고기의 표면에 이물질이 묻어 있거나 혈액이 말라붙어 있는 것은 도축시 세척이 불량한 것으로 세균오염의 위험이 있으므로 고기구입 시 청결상태를 확인할 필요가 있다.

① 고기의 색

돼지고기의 이상적인 색은 분홍색을 띠는 붉은색이며 색깔이 지나치게 창백한 돼지고기는 조리과정에서 감량이 크고 조리 후에는 퍽퍽한 맛이 난다.

② 지방의 색 및 굳기

비육이 잘된 돼지고기는 지방색이 희고 굳으며, 이러한 돼지고기는 대체로 연하고 냄새가 없으며, 지방이 지나치게 무르고 지방의 색이 노란 고기는 냄새가 많이 나고 맛이 없는 경우가 많다.

③ 고기의 결

결이 곱고 탄력이 있는 고기는 신선한 어린 돼지고기이며 대체로 연하고 맛이 있는 반면 결이 굵은 고기는 질기다.

7) 숙성의 특징

숙성은 지육이나 분할육을 저온(0~5℃)에서 짧게는 2~3일, 길게는 7~10일 정도 보관하는 것으로 고기를 숙성시키면 고기가 연해지고 풍미가 향상된다.

8) 냉장육과 냉동육

고기는 많은 수분과 단백질, 지방 등 다양한 영양성분을 함유하고 있어 실온에서 쉽게 변패하므로 오랜 시간 저장할 수 없다. 장시간 고기를 저장하기 위해서는 저장 온도를 낮추는 것이 필수적이며, 이에는 냉장방법과 냉동방법이 있다.

〈표 11-7〉 냉장육과 냉동육의 비교

구분	냉장육	냉동육
보관온도	동결점이상의 온도(-1~4℃)	동결점 이하의 온도(-10~-40℃)
저장기간	짧은 기간	장기간
비 고	신선도를 유지	육질이 저하됨

주 : 동결점 - 물이 얼어붙는 온도, 소·돼지고기의 동결점은 -2℃임.

9) 고기의 색깔변화

신선육의 붉은색은 고기에 존재하는 색소물질인 마이오글로빈의 존재에 기인하며 마이오글로빈은 근육 속에 산소를 저장하는 역할을 한다. 마이오글로빈이 공기 중에 산소와 결합을 하면 산소화 마이오글로빈을 형성하여 선홍색을 띠게 되며, 만약 오랜 시간 진열을 하면 마이오글로빈은 산화되어 산화 마이오글로빈을 형성하므로 갈색을 띠게 된다.

10) 효과적인 육류의 보관방법

육류보관 시 고기의 색깔이 약간 바랜듯 하거나 암적색을 띠는 것은 신선하지 않으나 안전성에 큰 문제는 없다. 그러나 냄새를 맡아보아 부패한 냄새가 나거나 만져 보았을 때 표면이 미끈미끈하면 부패한 것으로 간주되며, 고기의 색깔이 녹색을 나타낼 때에는 상한 증거이므로 구매하거나 사용해서는 안 된다.

11) 냉동육의 해동요령

냉동육을 해동시키는 방법 중 가장 바람직한 것은 요리하기 하루 전에 냉동육을 냉장실(0~5℃)로 옮겨놓고 서서히 해동되도록 기다리는 것이며 급히 해동시킬수록 육즙 손실이 심해진다. 육즙손실이 많이 발생될지라도 급히 해동시키고자 하는 경우 랩으로 꼭 싸서 흐르는 물에 담가 해동시키거나 전자레인지(microwave oven)를 이용할 수 있다.

12) 식육의 가열조리

고기 심부온도의 높고 낮음에 따라 육색소의 변성 정도가 다르기 때문에 고기의 익은 정도(doneness)는 육안으로 쉽게 구분되는데 레어(Rare, 60℃), 미디엄레어

(Medium-rare), 미디엄(Medium, 70℃), 그리고 웰던(Welldone, 80℃)으로 구분한다.

13) 소고기 부위별 용도

"한우고기와 수입소고기의 차이"

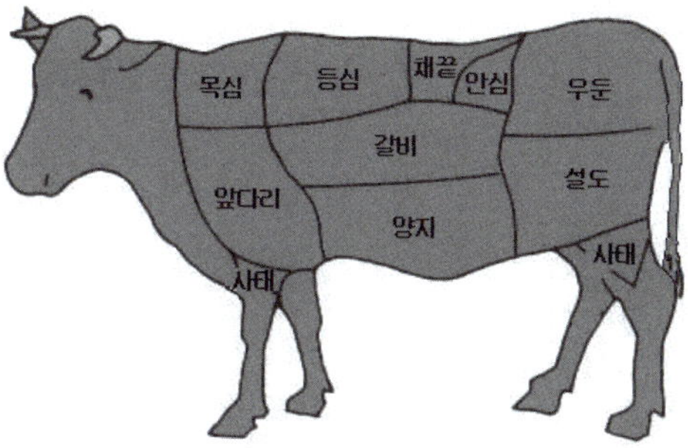

수입소고기는 100% 얼린 상태로 유통된다. 한 번 얼린 고기는 맛이 떨어지며 더군다나 수입소고기는 대부분 뼈가 붙은 상태의 큰 덩어리고기(지육)상태로 수입하여 녹인 다음 뼈를 제거하고 일정한 크기로 잘라낸 후 포장하여 다시 얼리게 되므로 여러 차례 냉동과 해동의 과정을 거치게 된다.

이러한 과정 중에 고기에 존재하는 육즙이 빠져나와 맛이 없게 되며 근육조직은 질기게 변한다. 따라서 냉동·해동의 과정을 거치지 않고 냉장만 시킨 한우고기의 맛이 우수한 것은 자명한 이치이다.

따라서 소고기를 구입할 때에는 반드시 원산지를 확인하여야 하며 고기의 보관상태를 면밀히 알아보고 구입하여야 한다. 비록 한우고기라 하더라도 일단 냉동된(얼린) 고기는 냉장된(얼리지 않고 냉각만 시킨) 고기에 비하여 품질이 떨어지므로 얼리지 않는 고기를 적당량만 구매하여 냉장실에 보관하며 섭취하는 것이 바람직하다. 물론 고기는 변질되기 쉬운 식품이므로 냉각시키지 않은 소고기를 판매하는 식육업소는 이용하지 않도록 하여야겠다.

냉동육(얼린 고기)을 냉장육(냉각시킨 고기)과 같은 가격을 지불하고 구입하는 것은 동태를 생태가격을 주고 구입하는 것과 같이 비합리적이라는 인식을 가지고 한우고기를 구입할 때나 수입고기를 구입할 때나 항상 염두에 두어야 할 사항이다.

〈표 11-8〉 소고기 부위별 용도

대분할 부위명	소분할 부위명	용도	비고
안심	안심살	스테이크, 로스구이	
등심	윗등심살, 아래등심살, 꽃등심살, 살치살	스테이크, 로스구이	
채끝	채끝	스테이크, 로스구이	
목심	목심살	구이 , 불고기	
앞다리	꾸리살, 갈비덧살, 부채살, 앞다리살	육회, 탕, 장조림, 불고기	
우둔	우둔살, 홍두깨살	산적, 장조림, 육포, 불고기	
설도	보섭살, 설깃살, 도가니살	산적, 장조림, 육포, 불고기	
양지	양지머리, 업진살, 차돌박이, 치마살	국거리, 스튜, 찜	
사태	아롱사태, 뭉치사태, 앞사태, 뒷사태	육회, 탕, 스튜, 찜	
갈비	갈비, 마구리, 토시살, 안창살, 제비추리	찜. 탕, 구이	

제2부

메뉴해설

Chapter 12

양식 메뉴해설

Chapter 12

양식 메뉴해설

1. 메뉴의 기능

메뉴는 식당에서 고객에게 제공하기 위한 상품의 가격과 품목을 계획하여 고객이 상품을 구입하는데 필요한 조건과 정보를 기록한 목록표이기도 하다. 또한 메뉴는 식사를 서비스하는 식당에서 상품자체의 설명과 가치증진을 위하여 필요한 것이며, 식당 기업의 이윤과 직결되며, 고객의 육체적 · 정신적 만족을 증대시켜 주기 위해서 제공되는 품목과 형태를 체계적으로 짜놓은 차림표를 의미한다.

1) 식당경영의 상징적 기능

식당의 운영형태를 보려면 그 식당의 메뉴를 보면 알 수 있다. 메뉴는 그 식당의 얼굴이요, 상징적인 판매도구가 되는 것이다.

2) 식당의 근원으로서의 기능

식당의 모든 상품 판매는 메뉴로부터 시작된다. 메뉴가 가지고 있는 최대의 매력은 고객으로 하여금 식욕을 불러일으켜 판매의 효과를 줄 수 있다는 점이다. 따라서 메뉴계획은 중요하다. 그러므로 메뉴는 고객이 무엇을 어떻게 원하는가를 파악하여 그 욕구를 충족시켜주어야 한다. 또한 영업의 궁극적 목표는 이익의 창출에 있다고 볼 때 매출 기여도가 높은 메뉴와 이윤기여도가 높은 식재로가 적절히 배정되어야 할 것이다.

3) 식당의 실내장식으로서의 기능

메뉴는 식당의 실내장식과 큰 조화를 이룬다. 그러므로 색의 선택과 문장 구성의 균형에 대래 고려해야 한다.

2. 메뉴의 계획

레스토랑에 있어서 메뉴는 식음료사업의 경영자와 수요자인 고객을 연결해 주는 역할을 한다. 따라서 메뉴는 수이성 있는 경영성과를 위한 중요한 요소가 된다. 그러므로 성공적인 메뉴랑 경영조직에 대해 이윤을 창출시킬 수 있고 고객의 욕구를 충족시킬 수 있는 방향으로 내용과 외양을 갖추어야 한다.

1) 호텔 연회 메뉴

연회요리는 레스토랑에서 제공하는 요리와 음료의 형태가 다르다. 연회에서는 대량으로 요리와 음료를 서비스한다. 그리고 연회에서는 똑같은 메뉴로서 서비스되고 음료 서비스도 같은 방식을 취한다. 대부분 연회는 사전에 예약을 통해서 개최되고 준비를 해야 하므로 연회장 분위기와 고객의 요구에 맞추어 다양한 연회 연출을 시도하여 연회성격에 맞게 테이블 배치를 하여야 한다. 특히 결혼예식 메뉴는 음식의 다양성과 맛에 모든 것이 좌우되고 있다고 본다.

반면에 양과 청결성은 떨어져 있는 것으로 조사되었다. 이것은 결혼예식 손님들의 상당수가 시간이 없어 간단히 식사만 하고 돌아가는 사람들이 많이 때문인 것으로 보인다. 결혼예식 메뉴는 코스와 뷔페요리가 주종을 이루고 있다.

2) 양식 메뉴

우리나라에서의 양식은 프랑스 요리를 중심으로 미국 외에 서양의 음식을 통털어 양식이라 부른다. 양식도 긴 시간 동안 우리나라 사람의 입맛에 맞게 한국식으로 변화된 것들이 많이 있으며 이 또한 양식이라 부를 수 있다. 세계 2대 요리가 프랑스요리와 중국요리로 볼 수 있는데 서양요리의 중심은 프랑스 요리이며, 국제적인 연회에서는 프랑스식의 조리법이 사용되고, 메뉴도 프랑스어로 적는 것은 프랑스 요리가 더 대중화 되어 있다고 말할 수 있다. 서양요리에 공통되는 특징은 한마디로 육류나 유지를 주재료로 쓰고 스파이스(바닐라・레몬・에센스・후추・고추 등의 향신료)를 많이 넣어 조리하는 것이다. 서양요리가 한국에 전래된 것은 정확하지는 않으나 개화와 더불어 들어온 것으로 알려져 있다.

1883년 주미전권공사로 미국에 간 민영익과 그 수행원 유길준 등이 서양요리를 맛본 후 우리나라에 전해진 것으로 보며, 고종은 아과파천시에 서양요리를 접했을 것으로 보여진다. 1897년 이후 손탁이 손탁호텔을 경영하면서부터는 상류사회까지 서양요리가 보급되어 주미대리공사를 지낸 이하영은 집에 서양요리의 숙수(조리사)를 고용하여 서양요리를 접했다고 전해진다.

1930년에는 국내 최초로 서양요리책이 발간되었고(경성서양부인회 편), 일제 강점기에는 각급학교 가사 시간에 서양요리를 가르쳤으며, 8・15광복 이후 오늘날까지 우리 식생활에서 큰 비중을 차지하게 되었다. 특징은 다음과 같다.

- 양식메뉴는 아침・아점・점심・저녁・정찬・음료시간(tea time) 등에 따라서 준비하는 음식과 조리법이 다르고, 재료도 다양하다.
- 식재료의 양과 조리법 레시피화 되고 과학적이어서 조리과정에서 재료나 영양분의 손실이 최소화된다.
- 식재료의 사용범위가 넓고, 식재료 배합에 따른 음식의 색, 맛의 변화, 데코레이션 방법 등이 합리적으로 연구되어 있다.
- 소스가 체계적으로 정리되어 있어서 음식의 맛과 영양을 보충하며, 음식에 따라 향신료와 식재료용 알코올음료를 많이 쓴다.

- 소금 · 후춧가루 · 버터가 기본조미료로 쓰이며, 개인의 기호에 따라서 간과 맛을 조절할 수 있다.
- 건열조리가 발달하여 오븐을 주로 사용하므로 식품의 맛과 향기를 잘 살릴 수 있다.

서양에서는 식사양식이 끼니마다 다르고, 식사종류로는 아침 · 점심 · 저녁 · 정찬 등이 있다.

(1) 아침식사

아침에 일어나 처음으로 먹는 식사로서 대부분 가족과 함께 하는 경우가 많은 가벼운 아침식사, 여러 가지를 갖춘 아침식사 등이 있다. 첫 번째 식단은 과일 또는 과일 주스 · 토스트 · 음료 등이고, 두 번째 식단은 과일 또는 과일 주스 · 곡류음식 · 달걀 · 빵 · 음료 등이며, 세 번째는 과일 또는 과일 주스 · 곡류음식 · 달걀과 베이컨 · 빵 · 음료 등이다.

(2) 점심식사

약간의 활동을 한 후에 아침보다는 약간 풍성하게 먹는 편인데, 샌드위치로 가볍게 먹는 경우와 일품요리 또는 육류요리와 채소요리까지 곁들이는 경우가 있다. 샌드위치를 먹을 때의 식단은 수프 · 샌드위치 · 샐러드 · 후식 · 음료 등이고 일품요리 식사의 식단은 일품요리 · 샐러드 · 빵 · 후식 · 음료 등이다.

(3) 저녁식사

정찬과의 구별이 다소 어려우나 간소하게 먹는 저녁식사와 주된 요리에 수프 등을 갖춘 가족 디너가 있다. 가족 디너의 식단은 수프(또는 과일 칵테일) · 주요리(생선 또는 고기요리) · 샐러드 · 빵 · 후식 · 음료 등으로 구성된다.

(4) 정찬

손님을 초청해서 대접할 때 또는 행사를 치룰 때 차리는 정식만찬인데, 점심 때 차리는 것을 오찬, 저녁 때 차리는 것을 만찬이라 한다. 정찬의 풀코스는 전채요리·콩소메(consommé : 수프)·생선요리·앙트레(entrée : 부드러운 닭 또는 양고기요리)·고기요리·샐러드·후식·드미타스 커피(demi-tasse coffee)로 이루어진다. 전채요리는 오르되브르(hors-d'œuvre) 또는 애피타이저라고도 한다. 정찬에 곁들이는 음료로는 식욕촉진을 위한 칵테일류·셰리·뒤포네(포도주의 일종)·주스 등이 있으며, 전채요리에는 셰리, 생선요리에는 백포도주, 고기요리에는 적포도주를 쓰고, 축하연일 때는 샴페인을 쓴다. 탄산수·물은 식사 중 필요할 때마다 요구할 수 있고 식후에는 별실에서 리큐어 또는 브랜디·위스키 등으로 마무리를 한다.

(5) 티타임

때때로 아무 때나 차를 마시기도 하지만, 오전 10시경과 오후 3~5시에 가까운 사람들과 함께 거실이나 식당 또는 정원 등에서 갖는 차 시간이다. 계절에 따라 시원한 과일주스를 내거나 따뜻한 커피나 홍차를 마련하기도 하는데, 쿠키·케이크·샌드위치·페이스트류·비스킷류·머핀·빵 등을 곁들이기도 한다.

(6) 뷔페

모든 음식을 한곳에 미리 준비하여, 좁은 공간에서 많은 사람들이 식사할 때 이용하는 형식이다. 큰 식당에서는 상시로 준비를 한 경우도 있지만, 대부분 필요에 의해 준비된 음식을 각각 큰 그릇에 담아놓으면 먹을 사람은 각각 자기 접시에 알맞은 양의 음식을 덜어다먹는 방법으로, 점심·저녁 구별 없이 차리는 상차림이다.

(7) 전채요리(Appetizer)

서양 정찬요리(정식만찬)를 먹을 때 제일 처음에 먹는 요리이다. 애피타이저는 정찬요리를 먹을 때 다음 음식을 먹기 전에 입맛을 돋우는 역할을 한다. 애피타이저는 소량으로 고급음식이다.

전채요리는 크게 두 가지가 있다. 차가운 전채요리와 더운 전채요리다. 미국의 경우에는 전채요리를 처음에 한 번만 먹지만, 프랑스는 차가운 것과 더운 것으로 나누어서 먹는다. 차가운 전채요리와 뜨거운 전채요리의 종류는 다음과 같다.

① 차가운 전채요리(Hors d'oeuvre Froide)

- 칵테일 : 칵테일의 종류는 매우 다양하다, 일반적으로 많이 사용되는 종류는 해산물과 과일 야채주스 등이고 용기는 냉각이 잘된 칵테일글라스를 사용한다. 과일의 속을 파내고 스터핑하여 사용하기도 하고 조개류는 껍질을 용기로 사용하기도 한다. 칵테일은 겉모습이 산뜻하고 귀여운 듯한 매력을 지녀야 하고 한입에 먹을 수 있는 크기여야 한다.
- 육류 : 차가운 소고기(cold beef)
- 어패류 : 기름에 절인 다랑어와 정어리, 새우, 게다리살, 연어알, 굴 등
- 난류 : 달걀, 오리알, 메추리알 등
- 치즈류 : 각종 치즈류
- 훈제품 : 연어, 소시지, 돼지고기, 햄 등
- 기타 : 거위 간, 채소, 과일 등

② 더운 전채요리(Hors d'oeuvre Chaud)

- 달팽이 : 달팽이를 생크림을 곁들인 데미글라스소스에 마리네이드하여 달팽이 전용기에 담아낸다.
- 거위간 : 프라이팬에 살짝 데운 거위간 요리
- 개구리 뒷다리 : 개구리 뒷다리를 튀긴 후에 화이트소스를 곁들여 낸다.

- 꼬치 : 여러 가지 재료를 꼬치에 끼워 소스를 곁들이거나 튀김을 하여 낸다.
- 페이스트리 : 작은 슈크림, 패티 등
- 팬케이크 : 작고 얇게 팬에 부친 케이크
- 기타 : 크로켓, 여러 가지 튀김류 및 구이류

③ 주류 및 음료(Aperritif & Beverage)

식사 전에 마시는 주류로서 포도주가 대표적이다. 쉐리, 마데이라, 두보넷, 소다수, 진저엘, 토닉 등이다. 음료는 각종 주스류이고 칵테일도 여기에 속한다.

④ 카나페(Canape)

빵조각이란 의미를 가지고 있는 카나페는 식빵을 작고 얇게 썰어 토스트 한 것이나 크래커, 비스킷 라이브래드 등의 위에 여러 고급스러운 재료를 얹어 넓은 접시나 트래이 위에 담아내는 것이다. 칵테일파티에서는 10~12가지의 식재료를 사용하여 모양, 색, 맛 등을 조화시켜 조리하여 제공한다.

⑤ 랠리쉬(Relish)

랠리쉬는 신선한 야채를 이용한 애피타이저로 '맛을 즐긴다' 와 '풍미가 있다'는 의미로. 애피타이저란 뜻이 포함되어 있다. 랠리쉬는 약간 깊은 유리볼이나 글라스에 분쇄한 얼음을 채우고 그 위에 신선한 야채를 올려서 제공한다.

- 레디쉬로즈(radish rose) : 둥글고 딱딱한 무를 1인치 정도의 녹색 줄기가 무에 붙어 있도록 하고 무의 꼬리부분을 약간의 하얀색이 보일 정도로 얇게 베어낸다. 페어링나이프(paring knife)를 사용하여 무의 측면에 얇고 깊은 흠집을 낸다. 무의 흠집이 바깥쪽으로 휘어질 때까지 얼음물에 넣어둔다.
- 샐러리스틱(celery stick) : 연한 줄기를 사용하고, 연하지 않는 것은 껍질을 벗겨 사용한다. 약 5cm의 길이에 0.5cm의 두께로 자른 후 냉장 보관하여 제공한다.

• 당근스틱(carrot stick) : 신선한 당근을 선택하여 껍질을 벗기고 일정한 크기로 썰어서 신선하게 보관한 다음 제공한다.
• 오이스틱(cucumber stick) : 돌기를 손으로 문질러 제거한 후 사용한다.

⑥ 딥(Dip)

딥(dip)이란 본래 '적시다 담그다'라는 의미이다. 그래서 우리가 찍어먹는 걸쭉한 소스를 말한다. 소스 자체만으로는 의미가 없으며 크래커, 칩, 또띨라 등과 함께 제공되어야 한다. 그러나 사전에 스터핑하는 예는 드물고 적당한 서비스용 볼에 담아서 딥을 제공하고 크래커, 칩, 또띨라 등은 따로 제공하여 고객이 직접 찍어 먹을 수 있게 서빙하는 것이 일반적이다.

• 크림치즈 딥 : 크림치즈 3큰술, 올리브 오일 1큰술 · 시럽 1큰술, 파슬리가루 약간, 크림치즈를 실온에서 부드럽게 녹인 후 고루 젓다가 올리브 오일을 넣어 고루 저은 다음 시럽을 넣어 묽게 갠 후 여기에 파슬리가루를 넣어 맛을 더한다.
• 두부깨 마요네즈 딥 : 두부 50g, 통깨 1큰술, 다진마늘 $\frac{1}{2}$작은술 마요네즈 2큰술, 파마산 치즈 1작은술, 양겨자 $\frac{1}{2}$작은술, 레몬즙 1큰술, 소금, 흰후추 등. 두부는 으깨고 볶은 통깨는 곱게 갈아 섞은 후 두부에 마요네즈 양겨자, 레몬즙, 치즈, 소금, 흰후추를 넣어 혼합한다.
• 샤워크림 딥 : 사워크림 450cc, 올리브오일 8작은술, 마요네즈 240cc, 이탈리안드레싱 19g, 샤워크림 대신 플레인 요구르트가 사용되기도 한다.

애피타이저 종류

• 감자치즈 구이	• 더운 오르되브르	• 새우칵테일
• 스카치에그	• 찬 오르되브르	• 치즈햄 구이
• 치즈감자 구이	• 에그카나페	• 양송이치즈 구이
• 구운감자	• 햄 케첩볶음	• 미역 오드볼
• 감자버터 지짐		

(8) 수프(Soup)

한국의 죽과 비슷하다. 일반적으로 점심 · 저녁에 사용하며, 정식만찬에서 식욕을 촉진시킬 목적으로 오르되브르 다음에 낸다. 내용물을 많이 넣으면 일품요리로 사용할 수도 있다. 수프는 맑은 수프, 진하고 탁한 수프, 일반가정식 수프 등으로 구별할 수 있다.

① 맑은 수프

- 콩소메(consomm)가 대부분이며, 조수육류 · 어류의 스톡을 달걀흰자로 누린내나 비린내를 없애고 정제하는 것으로서 맛이 좋고 영양가도 높은 고급 수프이다. 수프볼에 담은 후 고명을 얹는데 그 종류에 따라 이름이 달라진다. 고명종류 = 크루통 · 당근 · 마카로니 등
- 부용(Bouillon) : 고기의 살과 야채를 끓여서 걸러낸 육수

② 불투명한 수프

탁한 색을 띤 수프인데 보통 포타주라 하며, 퓌레(pure) · 블루테(velout) · 크림(cream) 등으로 분류된다. 퓌레는 호박 · 콩 같은 전분질이 많은 식품을 볶거나 삶아 믹서에 갈아서 걸쭉하게 만든 것이고, 블루테는 밀가루와 버터를 볶은 루(roux)에 스톡을 넣고 풀어 농도를 더한 것이며, 크림은 루를 우유로 풀어 주재료와 생크림을 넣고 만든 것이다. 띄우는 고명을 쓰지 않을 때도 있으나, 흔히 크래커 · 크루통(croton : 단단해진 빵조각) · 콘플레이크(cornflakes : 옥수수를 볶아서 맷돌에 누른 것) 등을 쓴다.

- 포타주(Potage) : 육류, 생선 또는 야채를 기본으로 하여 받아 낸 국물에 야채, 콩류, 곡류 등을 넣어 삶아 갈아서 만든 걸쭉한 수프
- 크림수프(Cream Soup) : 밀가루를 버터에 볶은 루 (Roux)에 육수를 부어 늘려서 만든 수프

- 차우더(Chowder) : 조개, 생선, 야채, 고기 등을 넣어 건지가 많은 수프
- 스튜(Stew) : 고기를 큼직큼직하게 썰어 야채와 함께 볶다가 육수를 부어 푹 끓여 만든 것
- 콘소메 리에(Consomme Lie) : 콘소메에 노른자와 생크림을 넣어 윤기가 나도록 한 것
- 타이에(Tailler) : 재료(야채)의 모양을 작은 주사위 모양과 같이 곱게 가즈런히 썰어 부용으로 조려서 거르지 않고 그대로 먹는 수프
- 푸레수프(Puree Soup) : 야채를 거른 수프이다. 당근, 완두콩, 감자, 옥수수 등을 물이나 부용으로 조려서 부드럽게 되면 체에 걸러 생크림이나 우유로 농도를 조절한다.

③ 일반 가정적인 수프

만들기 쉽고 새료에 따라 여러 종류를 만들 수 있는데, 대부분 손쉽게 구할 수 있는 제철의 재료를 써서 만들며, 육류와 채소를 함께 끓여 국물을 만든다. 러시아의 보르시치(borshch), 미국의 클램 차우더(clam chowder), 영국의 아이리시스튜(Irish stew) 등이 유명한 가정용 수프이다.

수프의 종류

• 감자수프	• 닭고기 크림수프	• 브로콜리치즈수프
• 옥수수 크림수프	• 완두수프	• 모듬야채수프
• 야채크림수프	• 클램차우더	• 미네스트로니수프
• 휘시차우더수프		

(9) 소스(Sauce)

소스는 음식에 있어서 주재료 외에 가장 중요한 부분을 차지하고 있으며, 조미료 또는 양념 등과 같은 것이다, 소스는 몇 가지의 형태로 나누어지는데 기본적인 구분

은 일반적인 소스(생선 또는 육류)와 달콤한 소스(후식을 위한 아이스크림, 기타 등)로 분리된다.

소스는 그리스 문명의 절정일 때와 뒤이어 로마의 지배권 당시에 처음으로 대중화되었다고 생각되며, 이탈리아 사람들이 소스의 이용방법을 발전시켰고, 17세기와 18세기 동안 프랑스 사람들은 오늘날의 소스를 창조해 냈으며, 광범위하게 발전시켜 대중화시키는 계기가 되었다.

소스는 대부분 크림과 우유, 수프국물, 와인 또는 거의 다른 혼합물의 조화에 의해 만들어지며, 예를 들어, 생선을 끓인다면, 생선국물은 진한 맛을 만들어 내기 위해 소스에 곁들여지는 것이다. 이와 같은 방식으로 닭 또는 고기국물은 닭과 고기에 더욱 진한 향과 맛을 낼 수 있다.

미국에서의 소스는 음식을 빠르게 즉시 요리할 수 있도록 사용된다. 프랑스에서는 진한 향의 소스와 맛을 우려내기 위해 오랜 시간동안 요리를 한다. 소스는 음식에 있어 풍미를 더해주며, 더욱 부드럽게 먹기 위한 없어서는 안 되는 것이다.

서양요리에서 소스는 음식에 맛과 색상, 식욕을 증진시키고, 유용한 재료의 첨가로 영양가를 높이며 음식이 요리되는 동안 재료들이 서로 결합되게 하는 역할을 한다. 소스는 요리의 맛과 형태, 그리고 수분의 함유정도를 결정하기 때문에 서양요리에서 대단히 중요하다.

소스의 어원은 라틴어로 'sal'에서 유래하였으며 소금을 의미하는 말이다. 고대 로마인은 요리는 제각기 개성이 있고 완전히 다른 맛을 내기 위해 연구하는 것을 최고의 가치로 여겼다.

소스는 그 식당의 얼굴이라 해도 과언이 아니다. 일반적으로 단순한 요리에는 영양이 풍부한 소스를 곁들이고 영양이 풍부한 요리에는 단순한 소스 사용이 원칙이며, 색이 안 좋은 요리에는 화려한 소스, 싱거운 요리에는 강한 소스, 퍽퍽한 요리에는 수분이 많고 부드러운 소스 사용으로 소스와 요리의 조화를 중요시해야 한다.

소스는 육수와 농축제(Liaison)로 구성되어 있으며 다른 재료의 첨가에 따라 변형된 소스가 만들어진다. 그러므로 와인, 육수, 부재료 등 모든 구성요소들이 조화있게 결합하여 그 소스의 맛을 낼 수 있다. 마지막으로 소스를 가장 맛있게 하려면 좋은 재료로 만든 기초육수가 좋아야 기초소스, 즉 모체 소스의 맛이 좋아진다. 파생소스는 모체소스의 질에 따라 맛이 좌우되고 요리 또한 소스에 의해 결정될 수 있다.

① 브라운소스

짙은 갈색이나 옅은 갈색을 띠는 브라운소스는 육류나 채소의 조림 등에 주로 이용된다. 화이트소스와 달리 루의 색깔이 날 때까지 볶아야 한다. 약한 화력에서 볶되 나무 주걱을 이용해 계속 저으면서 질퍽하게 볶아내는 것이 중요하다. 알루미늄 냄비를 사용하면 거품기로 섞을 때 소스가 검어지게 되므로 피하는 것이 좋다. 스튜, 포크커틀릿, 햄버거 스테이크 등 고기 요리에 주로 이용되는 브라운소스는 닭이나 칠면조로 만든 요리 그리고 따뜻한 매시드 포테이토에도 잘 어울리고, 이외에도 기호에 맞는 요리에 응용할 수 있는 범위가 넓은 기본 소스이다.

<u>브라운 소스의 종류</u>

- 데미글라스 소스(Demi-Glace Sauce)
- 베르시 소스(Bercy Sauce)
- 샤토브리앙 소스(Chateaubriand Sauce)
- 부르귀뇽 소스(Bourguignonne Sauce)
- 보흐델레즈 소스(Bordelaise Sauce)
- 비가라드 소스(Bigarade Sauce)
- 마데이라 소스(Madeira Sauce)
- 로베르 소스(Robert Sauce)
- 포트와인 소스(Port Sauce)
- 페리구르뎅 소스(Perigourdine Sauce)

② 벨루떼 소스(Veloute Sauce)

화이트 스톡이나 생선 스톡에 화이트 루(Roux)를 사용하여 농도를 내며, 재료에 따라 많은 파생 소스를 만들어낼 수 있는데, 그 이유는 화이트 스톡이나 생선 스톡이냐에 따라 생산되는 벨루떼가 다르고 생산된 각각의 벨루떼에서 파생되는 소스가 또 나누어지기 때문이다.

벨루떼 소스를 좀 더 풍미 있고 부드럽게 생산하기 위해서는 본래의 맛을 좌우하는 스톡의 품질이 제일 중요한데, 스톡은 그 재료의 본래 맛이 부드러우면서도 깊게

배어있어야 한다. 또, 벨루떼 소스를 생산할 때에는 자연스러운 육수향이 깃들게 해야 하고 색은 밝은 상아색을 유지하며, 맛이 깊어야 한다.

농도는 요리에 사용된 재료를 덮을 수 있고 소스가 음식에 충분히 묻어나 요리와 같이 맛을 느낄 수 있어야 한다.

벨루떼 소스의 종류

- 양송이 소스(Mushroom Sauce)
- 알망드 소스(Allemande Sauce)
- 빌레르와 소스(Villeroi Sauce)
- 라비고트 소스(Ravigote Sauce)
- 슈프림 소스(Supreme Sauce)
- 오로라 소스(Aurora Sauce)
- 알브페라 소스(Albufera Sauce)
- 헝가리안 소스(Hongroise Sauce)
- 백포도주 소스(White Wine Sauce)
- 크림 소스(Cream Sauce)

③ 토마토소스(Tomato Sauce)

토마토소스를 만들기 위해서는 신선한 토마토 및 야채와 브라운스톡, 농축제가 필요하다. 현대는 농축제로 농도를 맞추지 않고 토마토와 야채, 허브, 스파이스 등 여러 가지 재료들을 혼합하여 퓨레 형식으로 농도를 조절하여 사용한다.

토마토소스는 다른 일반 소스들과 비교했을 때 그 입자가 매우 크고 거칠다. 토마토소스를 보다 더 맛있고 향과 풍미 및 느낌이 좋도록 생산하려면 사용되는 야채와 향신료도 중요하지만, 시거나 떫지 않고 너무 달지 않은 토마토 자체의 맛이 가장 중요하다.

토마토소스의 종류

- 미트 소스(Meat Sauce)
- 피자 소스(Pizza Sauce)
- 이탈리안 소스(Italian Sauce)
- 나폴리탄 소스(Napolitan Sauce)
- 볼오네즈 소스(Bolonaise Sauce)
- 프로방샬 소스(Provencale Sauce)
- 밀라노 소스(Milanaise Sauce)
- 피가로 소스(Figaro Sauce)
- 크림 토마토소스(Cream Tomato Sauce)
- 바질 소스(Basil Tomato Sauce)

④ 베샤멜소스(Bechamel Sauce)

우유와 버터로 만든 루에 향신료를 가미한 소스로 프랑스 소스 중 가장 먼저 모체 소스로 사용되었으며, 프랑스의 황제 루이 14세 시절 그의 집사였던 루이스 베샤멜(Louis de Bechamel)의 이름에서 유래되었다.

초기의 베샤멜소스는 농도가 짙은 송아지 벨루떼(Thick veal veloute)에 진한 크림(Heavy cream)을 첨가하여 만들었다. 하지만 현대의 베샤멜소스는 화이트 루(White roux)에 우유를 넣어 농도를 맞추고 소금, 후추, 와인 등의 양념을 첨가하여 그라탕과 같은 요리에 사용하고 있다. 또한 너무 진한 향을 내는 것은 피하고 있다. 베샤멜소스를 보다 더 부드럽게 생산하기 위해서는 우유를 루(Roux)에 넣었을 때 덩어리가 생기지 않고 완전히 풀어진 상태에서 야채와 향신료를 함께 넣고 간을 해야 한다. 색은 짙은 크림색의 윤택이 있어야 하며, 다른 재료들을 감쌀 수 있을 정도의 농도가 되어야 한다. 우유와 루의 맛이나 향이 지나치게 소스에 남아 있어서는 안 된다.

베사멜소스의 종류

- 모어네이 소스(Mornay Sauce)
- 뉴버그 소스(Newberg Sauce)
- 슈비즈 소스(Soubise Sauce)
- 카디날 소스(Cardinal Sauce)

⑤ 홀란다이즈 소스(Hollandaise Sauce)

오일의 유화작용을 이용해 만든 소스이다. 계란노른자에 다량 함유하고 있는 자연유화성분 '레시틴(Lecithin)'의 영향과 따뜻한 버터, 소량의 물, 레몬주스, 식초 등이 서로 작용하여 생성된다. 마요네즈를 만드는 조리법과 같다.

소량의 향신료를 곁들인 액체와 계란 노른자를 섞으며 따뜻한 버터를 첨가하게 되면 난황 속의 유화제가 기름의 입자 하나하나를 감싸서 수분과 함께 고정시키는 역할을 한다. 완성된 홀렌다이즈 소스는 매우 부드럽고 표면이 반짝거리며 잘 익은 레몬과 같이 밝은 노란색을 띄게 된다. 물론 풍미도 매우 깊다.

홀란다이즈 소스는 버터향에 계란, 식초, 레몬향이 어울려 새로운 향을 포함하고 있다. 농도는 너무 되어서는 안 되고 마요네즈보다는 좀 더 묽고 연해야 한다.

홀란다이즈 소스의 종류	
• 샹틸리 소스(Chantilly Sauce)	• 베어네즈 소스(Bearnaise Sauce)
• 무슬린 소스(Mousseline Sauce)	• 쇼롱 소스(Choron Sauce)
• 말테즈 소스(Maltase Sauce)	• 라헬 소스(Rachel Sauce)
• 겨자 소스(Mustard Sauce)	• 포요트 소스(Foyot Sauce)

(10) 생선요리(Poisson)

정식코스에서 생선요리는 메인요리인 육류요리 앞에 나온다. 이때는 보통 백포도주가 제공되고 담백한 맛으로 먹는 생선, 조개류 등에는 씁쓸하고 뒷맛이 개운한 드라이한 백포도주가 어울린다. 흔히 생선요리에 백포도주를 마시거나 요리시 사용되는 것은 고기색깔과 맞추기 위함이다.

생선요리에 쓰이는 소스는 묽은 소스와 진한 소스가 있는데, 생선요리에는 진한 소스가 많이 사용된다. 묽은 소스는 요리 위에 직접 뿌리고, 진한 소스는 접시에 덜어놓고 찍어 먹는다. 진한 소스를 요리 위에 그대로 얹으면 소스의 맛이 너무 강해 요리본래의 맛을 잃게 되기 때문이다.

소스란 요리의 맛을 더하기 위하여 사용된다. 따라서 요리와의 조화가 무엇보다 중요하다. 생선요리의 종류는 혀 가자미에 밀가루를 발라 버터에 구운 혀 가자미 뫼이에르, 연어를 살짝 구어 버터나 토마토소스에 찍어 먹는 연어소테, 왕 새우구이, 바다가재구이 등이다.

(11) 메인요리

소고기뿐만이 아니라 양고기, 송아지고기, 돼지고기, 또는 사슴고기, 꿩고기, 가금류 등 다양한 재료를 사용한 육류코스이다. 각 재료에 따라 다양한 소스가 발달되어있는데 가장 유명한 모체소스로 퐁드보(fond de veau)나 데미그라스(Demiglace) 소스가 있다. 이는 소고기의 사골과 야채, 적포도주 등을 8일 정도 푹 고아서 채에 거르고 졸여서 만든 소스로 이 소스들을 기본으로 다양한 소스가 분화된다. 프랑스 요리의 한 장르로서 빼놓을 수 없는 것이 앙트레와 함께 곁들여지는 가니쉬(Garni, garnish)인데, 삶아서 시럽에 절인 당근, 부로콜리, 구운감자 등을 말하는 것으로, 배합되는 색과 놓여지는 위치에 따라 요리를 더욱 돋보이게 하고 입맛을 환기시키는 역할을 한다.

'뼈에 가까운 고기일수록 맛있다(Nearer the Bone, Sweeter the Meat)'는 말이 있다. 뼈와 가까이에서 채취한 안심이나 등심을 뼈째로 구운 포터 하우스 스테이크나 티본스테이크는 스테이크의 진수라 하겠다.

안심을 프랑스어로 Filet이라 한다. 안심 자체는 지방이 적은 부드러운 육질을 갖고 있어 소고기 중 최상급에 속한다. 소의 등뼈 안쪽으로 콩팥에서부터 허리부분까지 이르는 가느다란 양쪽 부위를 말하는데, 이러한 안심스테이크 중 최고급의 스테이크가 앞쪽의 넓은 부분만의 안심을 이용해 만든 샤토브리앙(Chateaubriand)이다. 그 이름은 19 세기 프랑스의 귀족작가였던 샤토브리앙이라는 이름에서 따온 것이다.

서양의 스테이크 중 유일한 날고기 스테이크인 비프 타르타르 스테이크(Beef Tartar Steak)는 1240년 유럽의 북동쪽을 정복하고 통치한 몽고족이 전쟁 중 소고기를 말 엉덩이에 매달고 다녔는데 오랜 원정 동안 그 날고기가 말의 유동으로 인하여 보들보들 해지게 되었고, 이에 그들이 그 고기에 채소를 집어넣어 그냥 날 것으로 먹었던 것이 유럽에 전해지게 되어 생겨나게 되었다고 한다.

서로인 스테이크(Sirloin Steak)의 탄생은 영국 국왕 찰스 2세(1660~1685)가 등심 스테이크를 무척이나 좋아하였는데 어느 날 시종에게 "내가 항상 먹는 고기의 부분이 어느 부분이더냐"고 물었고, 시종이 로인(Loin) 부분이라고 대답하였다. 국왕은 "그렇다면 그 로인이라는 고기가 매일 나의 식사를 즐겁게 하여 주니 내가 그 공적에 보답하는 뜻으로 나이트(Knight) 작위를 수여하노라"라고 하여 그 이후부터 Sir경이 붙은 Loin이 되어 Sirloin이 되었다고 한다.

스테이크는 굽는 정도에 따라 맛도 달라지는데, 대개 적게 구울수록 육즙이 많아

고기의 참맛을 즐길 수 있다. 때로는 "피가 뚝뚝 떨어질 것 같다"고 하는 표현을 하기도 하는데 스테이크를 자를 때 나오는 핑크색의 즙은 피가 아니라 고기가 열을 받을 때 나오는 엑기스이다. 이 육즙이야말로 스테이크의 고유한 맛의 원천인 것이다. 따라서 굽는 시간이 길어지면 이 육즙이 증발해버려 맛이 떨어지고 또 씹을 때 육질이 다소 질기게 느껴지기도 한다.

그 레스토랑의 육질을 믿을 수 없을 때에는 완전히 구운 Welldone으로 먹는 것이 좋을 수도 있다. 간혹 고기를 전부 잘라놓고 먹는 사람이 있는데, 이럴 경우 육즙이 접시로 전부 흘러내려 버려서 스테이크의 맛도 떨어질 뿐만 아니라 미리 잘라놓으면 바로 식어버리므로 스테이크 본연의 맛이 먹을수록 줄어들게 되는 것이다.

스테이크를 자를 때는 접시의 바깥쪽에서부터 안쪽으로 하여 살짝 비스듬히 잘라 먹는다. 스테이크는 각 부위마다 자르는 방법이 제각각이나 어느 부위이든 고기의 결을 따라 잘라서 요리하고 손님에게 제공될 때에는 고기의 결이 위에서 아래로 향하도록 담겨져 나오기 때문이다.

스테이크 굽기 정도

- 레어(Rare) : 약간 구운 것, 표면만 구워 중간은 붉은 날고기 상태 그대로이다.
- 미디엄 레어(Medium Rare) : 좀 더 구운 것, 중심부가 핑크인 부분과 붉은 부분이 섞어져 있는 상태
- 미디엄(Medium) : 중간 정도 구운 것, 중심부가 모두 핑크빛을 띠는 정도
- 웰던(Welldone) : 완전히 구운 것, 표면이 완전히 구워지고 중심부도 충분히 구워져 갈색을 띤 상태

메인요리의 종류

- 티본스테이크
- 크림소스해물그라탱
- 플레인오믈릿
- 로스트포크
- 감자그라탱
- 치즈햄버거스테이크
- 포크커틀릿
- 시금치라자니아
- 피자파이
- 과일카레라이스
- 생선살커틀릿
- 영어양념꼬치구이
- 햄버거스테이크
- 믹스드그릴

(12) 샐러드(Salad)

샐러드는 야채요리를 뜻한다. 때문에 고기를 많이 먹는 서양인들은 샐러드를 함께 먹어야 영양의 조화를 이룰 수 있다. 고기와 야채는 맛과 질감에서도 조화를 이루지만, 고기는 산성이 강한 식품이므로 알칼리성이 강한 생야채를 먹음으로써 서로를 보완해 주는 영양학적인 의미를 가진다. 또한 고기요리의 냄새를 중화시키는 역할도 한다. 대개 고기요리를 전부 먹고 난 다음 샐러드를 먹기도 하는데 고기와 샐러드는 번갈아가며 먹는 것이 더욱 효과적이다.

서양인들은 샐러드를 고기요리와 같이 먹거나 그전에 먹는 반면, 프랑스 사람들은 고기요리가 끝난 다음에 먹는 습관이 있다. 가니쉬로 나오는 생야채는 단순한 장식이 아니라 요리와 조화를 이루는 맛과 향을 고려해 함께 요리한 것이므로 같이 섭취를 해야 한다.

테이블 위에는 대개 소금, 후추, 타바스코 등의 조미료가 놓여 있게 된다. 음식이 나오면 무턱대고 조미료를 뿌리기보다는 일단 한두 번 먹어본 다음 취향에 맞게 간을 하는 것이 좋다. 요리의 맛이 제일 좋은 상태에서 음식이 제공되었다는 주방장의 생각을 자칫 무시하는 것으로 여겨질 수도 있기 때문이다.

<u>샐러드의 종류</u>

- 감자 샐러드
- 닭고기다드 샐러드
- 달걀 샐러드
- 월도프 샐러드
- 야채 샐러드
- 계절 샐러드
- 니스풍의 샐러드
- 게살 샐러드
- 딸기 샐러드
- 마카로니 샐러드

(13) 디저트(Dessert)

요리로서는 가장 마지막에 먹는 걸로, 디저트란 불어의 데세르비르(Desservir)에서 유래된 용어로 '치운다. 정리하다'라는 의미이다. 메인코스가 끝나고 디저트를 주문하기 전에 식사가 끝난 모든 접시는 치우는 것과 관계가 있다고 볼 수 있을 것이다. 디너의 따뜻한 디저트로는 푸딩이나 크림으로 만든 과자, 과일을 이용한 과자나 파이 등이 있고 차가운 디저트로는 아이스크림과 셔벗이 있다.

옛날, 알렉산더 대왕이 페르시아를 공격하던 때, 병사들이 싸움보다도 더위의 일사병으로 자꾸 쓰러지고 있었다. 이에 알렉산더대왕은 특공대를 조직해 알프스의 만년설을 떠오도록 하여 과일즙과 꿀을 넣어 병사들이 먹도록 했는데 이것이 셔벗의 시초라고 한다. 그 후 1533년, 프랑스의 앙리 2세와 결혼한 이탈리아의 부호 '메디치가'의 둘째딸 카트린느 드 메디치를 따라온 요리사들이 셔벗에 크림을 넣어 부드럽고 진한 맛의 아이스크림을 만들어냈다고 전해지며 1904년 미국의 세인트루이스 만국박람회 때 처음으로 일반인들에게 선을 보여 전 세계로 퍼지게 되었다고 한다. 아이스크림을 불어로는 Glace라고 하는데 이는 '농축된, 매끄러운' 등의 뜻이다.

(14) 식후주(After Dinner Drink)

음식을 다 먹고 난 다음에 커피를 마시고 있으면, 식후 주 왜건을 테이블 앞으로 가지고 와 식후주에 대한 주문을 받게 마련인데, 양식에서 식후주는 크게 브랜디(Brandy)와 리큐르(Liqueur)로 나뉘어진다.

브랜디란 원래 네덜란드어의 Brandewijn에서 유래된, '불에 태운 와인 Burnt Wine'이라는 뜻으로 이는 증류하는 과정을 의미하는 것이다. 브랜디는 와인을 증류한 것으로 와인이 생산되는 곳이라면 어디든지 생산이 가능한데, 보통 8병 정도의 와인을 증류하면 1병의 브랜디를 만들 수 있다고 한다. 증류된 원액이 불그스름한 빛깔을 갖게 되는 것은 무색의 브랜디가 불에 그슬린 오크(Oak)통 속에서 숙성되는 동안 오크통의 향과 색이 자연스럽게 브랜디에 스며들기 때문이다.

Remy Martin, Hennessy, Courvoisier, Camus, Martell과 같은 우수한 브랜디의 생산지로 유명한 꼬냑 지방은 원래 좋은 포도주를 생산해 내지 못하는 지방이었다. 그로 인해, 주로 수출용 와인을 만들어야 했었고, 이에 수출용 와인의 운반량을 줄이기 위해 증류를 했던 것인데 이것이 브랜디의 대명사로 꼬냑을 떠올릴 만큼 우수한 브랜디 생산지로 꼽히게 되는 계기가 되었던 것이다.

꼬냑 지방은 조용한 지역으로 꼬냑 향기가 항상 공기 중에 퍼져 있다. 이 곳 사람들은 매일 그들의 오크통에서 약 25.000병의 꼬냑이 증발해 버리는데 그것을 천사의 몫이라 하여 Angel's Drink, 혹은 Angel's Share라고 유머스럽게 표현한다.

영국은 독특한 퇴장 습관이 있다. 우리나라 역시 그러하지만 유럽에서는 식사를 마치고 식당에서 물러나오면 남녀 모두가 거실로 자리를 옮겨 디저트나 음료를 마시며 담화를 나눈다. 그러나 영국에서는 식사가 끝나면 우선 여성들만 식당에서 나가 파우더룸 Powder Room에서 화장을 고친 후 거실로 옮기고, 남성들은 부인들을 내보낸 식당에 한동안 남아 식후주를 서로 나눠 마시기도 하고 시가나 담배를 피우기도 한다. 그리고 나서 거실로 가서 여성들과 합류를 한다. 영국인들의 이러한 연회석상에서의 관습은 거의 철저히 지켜지고 있다.

(15) 기타

① 샌드위치

샌드위치라는 말은 18세기 후반 영국의 J. M. 샌드위치 백작이 항상 트럼프놀이에 열중하여 식사할 시간이 아까워 고용인으로 하여금 육류와 채소류를 빵 사이에 끼운 것을 만들게 하여 옆에 놓고 먹으며 승부를 겨룬 일에서 생겨났다고 한다. 샌드위치와 비슷한 음식은 오래 전부터 볼 수 있었는데, 로마 시대에 벌써 검은 빵에 육류를 끼운 음식이 가벼운 식사대용으로 애용되었고, 러시아에서도 전채(前菜)의 한 종류인 오픈 샌드위치를 만들어 사용하였다고 한다. 샌드위치는 형태상으로 클로즈드 샌드위치와 오픈 샌드위치로 구별한다. 클로즈드 샌드위치는 2쪽의 빵 사이에 속(filling)을 끼우는 것으로 빵의 가장자리를 잘라내기도 하고 그냥 두기도 한다. 오픈샌드위치는 한쪽의 빵 위에 육류와 채소를 조화 있게 놓아먹는 것으로, 이것을 특히 카나페(canapé)라 한다. 그리고 샌드위치는 용도에 따라 모양과 속을 다르게 만든다.

- 점심 또는 소풍용 샌드위치 : 이 종류의 샌드위치는 주식의 구실을 해야 하므로 필요한 영양분을 고루 함유하며, 만복감을 줄 수 있는 크기나 양이어야 한

다. 따라서 빵의 두께도 너무 얇을 필요는 없고 가장자리를 잘라 버릴 필요도 없다. 물기가 적은 것을 속으로 사용할 때는 특히 버터를 넉넉히 바르도록 한다. 그러나 채 썬 고기나 닭고기를 마요네즈로 버무려 넣을 때는 버터를 많이 바르지 않아도 좋다. 속은 채소와 육류를 곁들여 2가지 정도 함께 넣는 것이 보통이다. 삶아서 저민 또는 채로 썬 소고기·닭고기·햄·생선 등과 달걀·치즈·토마토·오이·셀러리·양파 등을 알맞게 선택하여 마요네즈·케첩 등과 버무려 다양하게 만들 수 있다.

- 티와 칵테일용 샌드위치 : 티 샌드위치는 맛있어야 하지만 반드시 정교하게 만들 필요는 없다. 또한 이 샌드위치는 배가 부르는 것이 목적이 아니므로 자그마하게 만들고 고급재료를 사용한다. 속은 보통 다지거나 얇게 썰어 모양을 자유롭게 만들 수 있게 한다. 빵을 쿠키 커터로 떼어내서 오픈샌드위치로 만드는 경우가 많다.
- 파티용 샌드위치 : 빵을 쿠키 커터로 자르거나 얇게 썰어 여러 종류의 속을 바른 후 돌돌 말아 이쑤시개로 고정시킨 후 썰거나 또는 여러 겹의 빵 사이에 속을 발라 눌러서 붙게 한 후 썰어 놓는다. 쿠키 커터로 빵을 잘랐을 때는 오픈 샌드위치가 되는데, 그 위에 여러 가지 재료를 다져서 마요네즈로 버무린 속을 한쪽에만 바른다. 파티용 샌드위치는 손이 많이 가는 아름다운 음식이다.

샌드위치를 만드는 빵은 하루 묵은 빵이 적합하고 토스트용보다 얇게 썬다. 도시락이나 가벼운 식사용으로는 빵의 두께가 1cm 전후, 티와 칵테일용으로는 5~6mm, 파티용으로는 3mm로 써는 것이 상식이다. 버터를 빵에 바를 때는 버터를 미리 실온에 꺼내 놓아 말랑말랑하게 한 후 포크나 나이프로 으깨어 덩어리 없이 만들어서 빵에 골고루 바른다. 약 60g의 버터를 16쪽의 빵에 바르면 알맞다. 속으로는 덩어리 없이 잘 저은 버터, 마요네즈, 겨자 갠 것, 안초비, 레몬즙에 파슬리 다진 것을 섞은 것을 많이 사용한다. 식사 대신의 샌드위치는 모양보다 영양분이 고루 들어 있도록 해야 한다.

샌드위치의 종류

• 과일 샌드위치	• 터널 샌드위치	• 야채달걀 샌드위치
• 프루츠 샌드위치	• 참치샐러드 샌드위치	• 핑거 샌드위치
• 바게트 샌드위치	• 오픈 샌드위치	• 크루아상 샌드위치
• 햄치즈 샌드위치	• 클럽 샌드위치	

② 햄버거

타타르 스테이크를 불에 구운 함부르크 스테이크는 유라시아 정복으로 거대제국을 건설한 몽골족의 고유음식이 헝가리 등지의 동구권에 전해지면서 이것이 '타타르 스테이크'가 되었다. 이렇게 헝가리 등지에 뿌리를 내린 타타르 스테이크는 함부르크(Hamburg)를 중심으로 활동하던 독일 상인들에 의해 독일로 전파되었다.

본래 독일 상인들은 12~13세기 이전가지만 해도 자체적인 상인세력을 갖추지 못하고 있었으나 영국의 헨리 3세가 런던에서 활동하던 독일과 플란더스 상인늘에게 하나의 집단으로 연합해도 좋다는 교서를 내렸다. 이를 계기로 한자(Hansa) 동맹이 결성되기에 이르렀고, 이후 독일상인들을 주축으로 독일 북부의 영국 네덜란드 러시아의 노브고로드, 발트해 연안을 중심으로 하는 북해 상권이 대두하였다.

북해 상권은 지중해를 중심으로 사치품 교역을 하던 베니스 상권과 중세 유럽 상권의 상두마차를 형성하였다. 이처럼 강력한 상인 집단에 의해 타타르 스테이크는 한자동맹의 주요 항구 가운데 하나인 함부르크로 전해졌고, 훗날 신대륙으로 전파되는 계기를 맞기에 이르렀다. 헝가리에서 전래된 타타르 스테이크는 함부르크를 무대로 상류층의 유럽인들에게 호기심과 함께 별미음식으로 인기를 얻었고 일명 독일식 스테이크(German steak)라는 별칭도 얻게 되었다. 어느 날 이 지역의 영주는 자신이 거느린 요리장에게 더 맛있게 요리할 수 있는 방법을 찾아보도록 지시하였다. 이렇게 해서 잘 다진 고기를 불에 굽는 요리법이 등장하게 되었고 오늘날의 햄버거로 진화하는 토대가 되었다.

결과적으로 타타르 스테이크는 고기를 잘게 다진 육회에서 둥근 모양의 가장자리를 먹음직스럽게 노릇노릇한 형태로 굽는 요리법이 변화 정착되었다.

이때를 계기로 명칭도 타타르인들의 음식이 아니라 함부르크 음식이라는 뜻에게 함부르크 스테이크(Hamburg steak)로 바뀌었다. 그리고 북유럽인들이 소금, 후추, 양파즙을 타타르 스테이크에 뿌려 먹던 습관이 남아 오늘날 어류 요리의 소스로 피클, 양파, 올리브, 마요네즈, 양념류로 만들어진 타타르 소스(tartar sauce)가 생겨나게 되었다.

19세기가 끝날 무렵 타타르 스테이크는 함부르크에서 불에 굽는 요리법으로 변화 정착된 것에 연유해 햄버그(hamburg)라는 명칭을 얻기에 이르렀다. 이후 1949년 맥도널드(Mcdonald) 형제가 캘리포니아 산 버나디노(San Bernadino)에 처음 식당을 열고 주요 메뉴 가운데 하나로 햄버거를 선보이면서 본격적인 상품화가 시작되었다. 이렇게 해서 햄버거는 중앙아시아와 극동의 대초원 지대에서 활동하던 투르크-타타르인들의 음식에서 출발해 헝가리와 함부르크를 거쳐 요리법이 변화된 다음 미국으로 건너가 활짝 꽃을 피웠다.

일본에는 제2차 세계대전 이후 미군이 진주하면서 햄버거가 소개되었고, 1970년대에는 맥도날드가 진출하기에 이르렀다. 우리나라 역시 6·25동란 이후 미군이 주둔하면서 알려진 뒤 1979년 10월 롯데리아가 국내 최초로 소공점을 개점하면서 일반인들에게 첫 선을 보였다.

③ 스낵(Snack)

간단히 표현한다면 '가벼운 식사'를 뜻하는 말로서 하루 세끼의 주식 이외에 가볍게 먹을 수 있는 식품은 모두 스낵의 범주에 들어갈 수 있다. 일반적으로 사용되는 스낵의 개념은 위에 부담을 주지 않고, 간편하게 증숙이나 건조 또는 팽화의 공정을 거쳐서 바삭바삭한 조직성을 가지는 동시에 코팅(coating)이나 씨즈닝(seasoning) 등을 통해 다양하고 복합적인 맛과 풍미를 가진 것을 의미합니다. 스낵의 어원은 스냅(Snap)으로 중세 네덜란드어인 'Snackem(깨물다)'에서 유래되었다. 이것은 변천과정을 거쳐 오늘날의 스낵(Snack)으로 발전되었으며. 또한 비스킷은 비스킷(BISCUIT)의 BIS는 '두 번', CUIT는 '굽다'라는 라틴어와 고불어 'Bescoit'에서 유래되었다. '두 번 굽는다'라는 뜻을 가지고 있으며, 뜨거운 오븐에서 한 번 굽고 냉각 오븐에 옮겨서 건조시킨다. 즉 쿠키(COOKIE)는 '작은 케이크'를 의미하는 독일어 'Koekje'에서 유래되었고, 크랙커(CRACKER)는 먹을 때 Cracking Noise 때문에 그렇게 불리게 되었다고 한다.

비스킷의 역사는 BC 4000년경 고대 이집트의 고분에서 발견되었고, 근대 비스킷 산업은 19세기 때 발달된 항해술로 인해 세계로 진출하던 영국에서 시작되었다고 한다. 오랜 항해나 전쟁 중의 비상개념으로 시작되어 Hand Made Type으로 전해오다가, 산업혁명 이후 기계기술이 발달함에 따라 비스킷 제조 설비 및 기술도 급속히 발전하여 세계적으로 확산되게 되었다. 우리나라는 일제시대 때 초기 단계의 비스킷이 유입되었다.

<u>스넥류의 종류</u>

• 메밀쿠키	• 초콜릿 쿠키	• 새우오징어링튀김
• 과일 셔벗	• 고구마 도넛	• 초콜릿 바바로아
• 닭살 스넥	• 크렘 캐러멜	• 참깨 그리시니
• 바나나 플람베	• 마시멜로 비스킷	• 블랑망저
• 요구르트 젤리	• 홍차빙수	• 커스터드 푸딩

디저트의 기원

본래는 프랑스어로 '식사를 끝마치다' 또는 '식탁 위를 치우다'의 뜻이다. 이 과정을 디저트 코스라고 하여, 영국이나 미국에서는 젤리 · 푸딩 · 케이크 · 아이스크림 · 과일 등을 낸다. 프랑스요리에서 말하는 앙트르메는 원래 정식식사에서 요리 사이에 내는 음식이었으나 현재는 식사 후의 후식을 의미한다. 앙트르메는 이미 끝마친 요리의 맛을 효과적으로 돋우기 위한 것으로 그 종류가 많으며 달걀 · 설탕 · 우유 · 크림 · 양주 · 과일 · 너트 · 향료 등을 사용하여 만드는데, 뜨거운 것과 찬 것으로 나뉜다. 뜨거운 것을 앙트르메 쇼(entremets chaud)라고 하는데, 수플레(soufflé) · 푸딩 등이 있고, 찬 것은 앙트르메 프루아(entremets froid)라고 하여 냉과(冷菓)와 아이스크림이 있다. 더운 것과 찬 것을 모두 낼 때는 더운 것을 먼저 내고 찬 것을 후에 내는 것이 순서이다. 디저트 코스로 들어가면 흡연을 해도 되고, 테이블 스피치(table speech)도 이 때 한다.

초콜릿

초콜릿은 멕시코 원주민이 카카오콩으로 만든 음료를 초콜라틀(Chocolatl)에서 유래되었다. 멕시코 원주민은 카카오나무의 열매인 카카오 콩을 '신이 내린 선물'이라고 부르면서 음료나 약용으로 사용하였으며, 화폐로도 이용되었다.

초콜릿의 전파기원은 1502년 C. 콜럼버스가 최초로 유럽에 전하였으며, 그 당시는 이용법이나 이용가치를 알지 못하였다. 그러나 멕시코를 정복한 에스파니아의 H. 코르테가 사람들이 카카오 콩음료를 마시는 것을 보고 그 용도를 발견해 병사들은 이를 피로 회복제로 이용하였으며, 이것이 전 유럽에 초콜릿 음료가 전파된 계기가 된 것이다.

1828년 네덜란드의 반 호우텐이 초콜릿에서 지방을 분리하여 음료로 완성하였으며, 1847년 영국에서 과자로서 Plane 초콜릿이, 1876년엔 스위스에서 Milk 초콜릿이 만들어져 오늘날의 간식 및 기호식이 되고 있다.

캔디

어원은 라틴어에서 나온 말로 캔(CAN)은 설탕, 디(DY)는 틀에 넣어 굳힌다는 뜻이며 캔디의 역사는 BC 2000년 고대 이집트 사료 가운데 무화과 · 야자 · 견과 · 향신료 등에 꿀을 넣은 과자를 그림과 함께 설명한 것이 있고, 이스라엘 · 그리스 등에서도 꿀을 넣은 과자를 만들었다는 기록이 있다. 14세기 중엽부터 본격적으로 만들어지기 시작하였고, 16세기에 이르러 제과업자들이 다양한 제품을 생산하게 되었다. 이때까지는 간단하고 수공업의 형태였고, 18세기 후반부터 최초의 캔디제조기계가 개발되어 공업적 생산이 가능하게 되었다.

한식 메뉴해설

Chapter **13**

Chapter 13 한식 메뉴해설

1. 한국요리의 역사

기원전 6000년경부터 만주 남부에서 한반도에 걸치는 지역에 빗살무늬 토기를 가지는 신석기인들이 살고 있었는데, 초기시대에는 고기잡이나 사냥 등을 주로 하다가 신석기시대 후반부터 원시적인 농경생활을 하게 되었다. 그 후 북방 유목민들이 청동기를 가지고 들어와 이곳의 원주민들과 서로 어울려 우리민족의 원형인 맥족을 형성하게 되었고 단군 고조선이 세워졌다.

그 뒤에 철기문화가 들어오고 부족국가시대로 접어들어 벼, 기장, 조, 보리, 콩, 팥, 수수 등을 생산하게 되었으며 유목계의 영향을 받아 가축이 크게 발달하였다. 그 이후 농경이 더욱 발달하게 되니 풍요로운 생산을 기원하고 생산물에 대한 감사의 뜻에서 하늘에 제사를 지내는 각종 제천의식들이 생기게 되어 이 무렵에는 떡과 술이 있었으며 여러 가지 과일들이 특산물로 생산되었다. 그 후 삼국시대에 접어들어 이 나라에 불교가 들어오게 되었고, 신라나 백제에서는 살생금지령이 내려져 불교가 식생활에 미친 영향은 매우 컸다.

통일신라를 거쳐 고려시대에 이르니 불교가 더욱 융성해지고 이에 따라 육식이 쇠퇴하여 자연히 식물성 식품의 음식이 연구되었고 사찰음식이 크게 발달하게 되었다. 그 후 조선시대로 들어들면서 조선왕조는 유교를 숭상하여 식생활도 숭유주의의 영향을 크게 받게 되었으며 차 문화가 점차 쇠퇴하게 되었다.

우리의 식생활에 또 하나의 전기를 이룬 것이 고추의 전래이다. 「지봉유설」에서 “고추는 일본에서 건너온 것이니 ‘왜개자’라고 하는데, 요즘 이것을 간혹 재배하고 있다."라고 하였는데 고추, 호박, 고구마, 감자 같은 식품들이 일본으로부터 들어온 것으로 보인다. 여기에 채소와 젓갈을 결합시켜 김치를 만들었으니 우리 조상이 개발한 콩장의 맛과 더불어 김치는 우리의 대표적인 음식이 되었다. 이렇게 볼 때 우리의 음식문화사란 유구한 역사와 함께 이루어진 자랑스러운 우리의 민족 문화사라고 할 수 있다.

우리나라는 아시아주 동부에 돌출한 반도로서, 사계절의 구분이 뚜렷하고, 기후의 지역적인 차이가 있어 각 지방마다 식물이 다양하게 생산된다. 따라서 자연히 이러한 지역적 특성을 살린 음식들이 고루 잘 발달되어 왔다. 또한 삼면이 바다로 둘러싸여 수산물이 풍부하며, 조육류와 채소류를 이용한 조리법도 발달되었고 장류, 김치류, 젓갈류 등의 발효식품의 개발과 기타 식품저장기술도 일찍부터 이루어져 왔다.

특히 조선시대를 기준으로 볼 때, 궁중음식을 근간으로 하는 궁중 반상음식과 반가음식, 일반 대중들의 서민음식을 비롯하여 각 지역에 따른 향토 음식도 특색 있는 발달을 하여 왔다. 또 이러한 음식이 발달, 전승되어 오늘에 이르는 데는 반드시 나름대로의 과학성과 필연성이 있음을 찾아 볼 수 있다.

특히, 한국 음식은 다른 나라 음식에 비하여 정성과 노력이 많이 드는 음식이다. 따라서 음식을 만드는 과정에서 자기 수련도 되고, 바른 태도와 함께 바른 맛을 만들어 내는 요령이 스스로 습득되어지는 것이다.

그러한 과정 속에서 우리의 식생활 문화가 정립되고 존속되며, 후세에까지 계승되는 것이다. 한국 음식을 만드는 데 있어, 첫째는 정신적인 자세를 바르게 하고, 둘째는 식품에 대한 이해를 충분히 해야 하며, 그 다음으로는 각 식품을 다루는데 있어 과학적인 방법을 도입하여야 할 것이다.

2. 한국요리의 상차림

한국 음식의 상차림은 준비된 음식을 한꺼번에 모두 차려 놓고 먹는 것을 원칙으로 한다. 따라서 식사예절은 상차림이 매우 중요하고 형식도 까다롭다.

상차림이란 한 상에 차려 놓은 찬품의 이름과 수효를 말한다. 한국 일상 음식의 상차림은 전통적으로 독상이 기본이다. 한국 음식은 한 상에 음식을 한꺼번에 모두 차려내는데 특징이 있다. 또 반드시 음식이 놓이는 장소가 정해져 있어 차림새가 질서정연하였고, 먹을 때는 깍듯이 예절을 지켜야 했다.

〈그림 13-1〉 한국을 대표하는 메뉴들

1) 죽상

새벽이나 이른 아침 자리에서 일어나 부담 없이 가볍게 먹을 수 있는 음식상을 말한다. 응이·미음·죽 등의 유동식을 주식으로 해서 간단한 찬을 낸다.

죽상에 올리는 김치류는 동치미나 나박김치 같은 맵지 않은 국물김치로 하고, 찌개는 젓국이나 맑은 조치 정도로 하며, 찬은 북어보푸라기·육포·어포 같은 마른 것으로 낸다. 죽은 큰 그릇에 담아 중앙에 놓고 오른편에는 공기를 놓아 조금씩 덜어 먹게 한다. 죽상에는 짜고 매운 찬은 놓지 않는다.

- 곡물에 열매를 넣은 죽 : 잣죽, 깨죽, 호도죽, 녹두죽, 콩죽

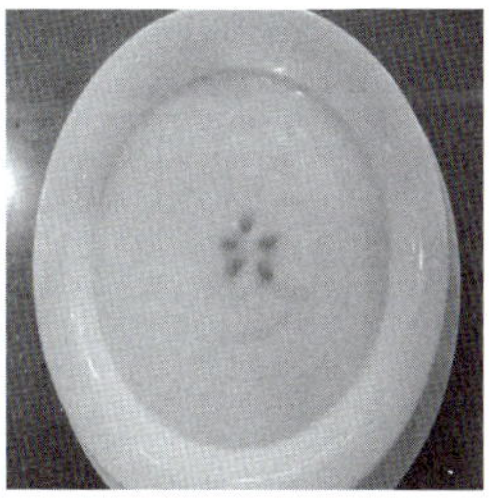

- 채소를 넣은 죽 : 호박죽, 애호박죽, 표고죽, 아욱죽
- 어패류죽 : 전복죽, 어죽, 조개죽
- 육류죽 : 장국죽, 소고기죽, 닭고기죽이 있으며,
- 죽상의 세부적인 종류로는 응이상, 미음상, 죽상이 있다.
- 응이상 : 응이, 동치미, 꿀, 소금
- 미음상 : 미음, 동치미 또는 나박김치, 마른찬, 간장 또는 소금, 꿀
- 죽상 : 잣죽, 동치미 또는 나박김치, 마른찬, 자반, 맑은 찌개

2) 반상

밥과 반찬을 주로 하여 격식을 갖추어 차리는 상차림으로 반상 · 진지상 · 수라상으로 구별하여 쓰는데, 받은 사람의 신분에 따라 명칭이 달라진다. 또 한 사람이 먹도록 차린 반상을 외상 또는 독상이라 하고, 두 사람이 먹도록 차린 반상을 겸상이라 한다. 그리고 외상으로 차려진 반상에는 3첩 · 5첩 · 7첩 · 9첩 · 12첩이 있는데, 여기에서 첩이란 밥 · 국 · 김치 · 조치 · 종지(간장 · 고추장 · 초고추장 따위)를 제외한 쟁첩(접시)에 담는 반찬의 수를 말한다.

이 중 3첩은 있는 대로 적당히 먹었던 서민들의 상차림이었고, 5첩은 어느 정도 여유가 있었던 서민층의 상차림이었다. 7첩은 여염집에서 신랑 · 색시상을 차리는 것을 말하고, 9첩은 반가집에서의 최고 상차림이었고, 12첩은 궁중에서 차리는 수라상을 말한다. 수라상은 반드시 12첩이 아니고 그 이상이어도 상관이 없었다. 많은 가짓수의 반찬을 한 상 위에 모두 차릴 수 없을 때 보조상을 옆에 곁들여 놓는데, 이를 곁상 또는 곁반이라고 한다.

첩수에 따른 반찬의 종류를 정할 때는 재료가 중복되지 않도록 했고 빛깔과 영양도 고려해서 정했다. 오늘날 이 원칙을 그대로 따를 필요는 없지만 반찬을 놓는 위치는 참조할 필요가 있다.

(1) 3첩반상

기본적인 밥, 국, 김치, 장 외에 세 가지 찬품(숙채 또는 생채, 구이, 장아찌)을 내는 반상이다.

(2) 5첩반상

밥, 국, 김치, 장, 조치 외에 다섯 가지 찬품을 내는 반상이다.

- 첩수에 들어가지 않는 음식 : 밥, 국, 김치, 장, 초간장, 조치
- 첩수에 들어가는 음식 : 숙채 또는 생채, 구이 또는 조림, 전류, 마른반찬 또는 젓갈

5첩반상에서는 반찬 중에 전유어가 더 있으므로 초간장을 놓아 종지를 2개로 한다.

(3) 7첩반상

양반가 대갓집의 상차림이다.

- 첩수에 들어가지 않는 음식 : 밥, 국, 김치, 장, 조치, 찜, 전골
- 첩수에 들어가는 음식 : 숙채, 생채, 구이, 조림, 전, 마른 반찬, 젓갈, 회, 장아찌

7첩반상 이상에서는 곁상이 따르며 곁상에서는 반주와 반과를 차려 놓는다.

(4) 9첩반상

양반가 대갓집의 상차림이다.

- 첩수에 들어가지 않는 음식 : 밥, 국, 김치, 장, 조치, 찜, 전골
- 첩수에 들어가는 음식 : 숙채, 생채, 구이, 조림, 전, 마른 반찬, 젓갈, 회, 장아찌

장류가 3개, 조치류(찜, 찌개)가 2개 놓인다.

(5) 12첩반상

왕과 왕비, 왕대비, 대왕대비에게 평소에 올리는 진짓상으로 수라상이라고도 한다. 상은 3개를 쓰고 각각 한 사람씩 수라상궁이 앉아서 시중을 든다. 오른쪽은 따뜻한 음식, 젓가락이 자주 가는 음식, 조미료를 찍어 먹는 반찬을 놓고 왼쪽은 약간 간이 세고 밑반찬이 되는 장아찌나 젓갈류, 마른반찬, 나물, 조림 등을 놓는다.

3) 면상

국수를 주식으로 차리는 상을 '면상'이라 하는데 주로 점심때 많이 낸다. 주식으로는 온면・냉면・떡면・만둣국 등이 오르며, 부식으로는 배추김치・나박김치・생채・잡채・전 등이 오른다. 주식이 면류이기 때문에 각종 떡류를 곁들여 양을 보충하기도 하는데, 이때는 식혜・수정과・화채 중의 한 가지를 같이 낸다.

4) 주안상

이름 그대로 주류를 대접하기 위해서 차리는 상이다. 당연히 안주도 내는데 안주는 술의 종류, 손님의 기호를 고려해서 장만하는 것이 좋다.

보통 약주를 내는 주안상에는 육포・어포・건어・어란 등의 마른안주와 전이나 편육・찜・신선로・전골・찌개 같은 얼큰한 안주 한두 가지 그리고 생채류・김치・과일 등이 오른다. 또 정종류의 주안상에는 전과 편육류, 생채류와 김치류 그 외에 몇 가지 마른안주가 오른다. 기호에 따라 얼큰한 고추장찌개나 매운탕, 전골, 신선로 등과 같이 더욱 국물이 있는 음식을 추가하면 좋다.

5) 교자상

잔치나 명절 등 여러 사람이 모여 회식할 때 차리는 상차림으로 잔치상이라고도 한다. 주식은 손님의 기호와 계절에 따라 밥, 국수, 떡국, 만두 중에서 고른다.

식단은 전, 편육, 회, 생채, 숙채, 마른반찬, 신선로, 찜, 떡, 한과, 과일, 화채 등을 준비하고 국수장국이나 냉면, 떡국 등을 마지막에 대접한다.

6) 다과상

다과상은 식사 외에 시간에 다과만을 대접하기 위해 내는 경우와 주안상이나 교자상에서 후식으로 내는 경우 두 가지가 있다.

보통 떡류와 생과류 등을 차리고 음료로는 화채나 차 등을 내는데, 각 계절에 어울리는 종류로 준비하는 것이 좋다. 다과상만을 낼 때는 떡과 조과류를 많이 준비하고, 후식상인 경우 한두 가지씩을 간단히 마련하도록 한다.

- 봄 : 타래과, 경단, 송편, 꿀, 진달래화채, 과일
- 여름 : 정과(당근·연근·생강),증편, 꿀, 얼음수박, 보리수단, 과일
- 가을 : 율란, 대추초, 백편(또는 승검초편), 꿀, 생률, 배화채
- 겨울 : 약과, 곶감쌈, 잣강정, 밤초, 식혜, 수정과, 과일 등을 각각 낸다.

3. 한국의 발효식품과 식생활

우리 조상들은 오래 전부터 자연환경에 알맞는 전통발효식품을 만들어 왔으며, 현재 우리의 식생활에 중요한 몫을 차지하고 있다.

이러한 발효식품은 병원성 미생물과 유독물질을 생성하는 생물체의 발육을 억제하는 병원성 유해 생물의 오염을 막아 음식의 맛과 향을 증진 시킬 수 있다. 발효된 식품은 미생물의 효소활성화에 의하여 원료보다 더 바람직한 식품으로 전환된 것이며, 영양가와 저장성이 원료보다 더 개선된 것으로, 전통적인 제조방법은 복잡하지 않고 비싼 기구가 요구되지도 않는다.

우리나라는 일찍부터 농경을 시작하여 곡물음식이 발달하였다. 또한 높은 저장기술로 각종 곡류나 두류, 채소류, 어패류를 이용한 저장 발효음식이 많이 나왔으며, 양조기술이 발달하여 술은 통일신라시대 이전에 이미 완성단계에 접어들었다.

이는 농작물의 재배로 농경의례, 고사행위, 토속신앙을 배경으로 한 각종 제례, 무속행위, 부락제 같은 의식에 이미 술을 빚었고, 콩의 재배로 장류의 발생도 자연적으로 이루어졌다. 채소의 재배가 안 되는 겨울철의 저장을 위해 염장했던 데서 김치류가 생겨났고, 삼면이 바다인 자연적인 지형으로 염장생선 발효된 젓갈류 등이 발달하게 되었다. 이와 같은 염장기술과 양조기술의 조기 정착으로 또한 이들의 융합기술에 의해 장류, 김치류, 젓갈류, 식초류, 주류 등의 저장 발효식품 문화권이 정립되었다.

초기의 우리조상들은 유목계로 가축을 많이 사육하면서 단백질은 주로 섭취하였다. 신석기 후기에는 중국의 농경문화가 유입되었고 곡류를 주로 섭취하면서 대두재배를 통한 장류를 담그기 시작했다. 장류는 삼국시내에 이르러 기본 식품이 되었는데 삼국시대의 해동역사에 발해의 명물로 책성의 시를 들고 있다. 시란 콩 찐 것에 소금을 혼합하여 어두운 곳에서 발효시킨 청국장, 된장의 원료가 되는 짠맛의 메주덩이를 말한다. 이 기록으로 보아 고구려 사람들이 3세기경 콩으로 장류를 만들었으며, 이것이 중국으로 건너갔다가 통일신라시대인 8세기경에는 일본으로 건너간 것으로 추정된다.

삼국시대에는 젓갈류와 술을 만들었고, 주식과 부식이 분리되었다고 전해진다. 또한, 무, 가지 등을 소금에 절여 먹는 일종의 김치를 제조했음을 짐작할 수 있다.

그 후, 통일신라시대의 초기에 혼용장, 간장과 된장이 따로 분리된 단용장이 만들어졌다. 신라 선덕여왕 19년에는 속리산 법주사에 돌로 김치독이 설치되어 오늘날까지 보존되고 있다. 고려시대에는 불교융성과 사찰음식의 발달로 식물성 식품의 섭취가 증가되어 채소를 이용한 나물, 부각, 튀김, 장아찌 등의 음식이 보편화 되었다. 이규보가 고려중엽에 지은 「동국이상국집」에는 장아찌에 대해 무청을 장 속에 박아 넣어 여름철에 먹고 소금에 절여 겨울에 대비한다는 기록이 있다.

그 후 조선시대로 들어들면서 조선왕조는 유교를 숭상하게 되어 식생활도 숭유주

의의 영향을 크게 받게 되었으며, 차 문화가 점차 쇠퇴하게 되었다. 농경을 중시하여 곡식과 채소의 생산이 늘어나게 되었으며, 차차 식생활 문화가 발달하면서 한글 조리서인 음식디미방, 규합총서 등이 나오고 밥, 국, 김치, 반찬으로 식단이 체계화되고 상차림의 구성법이 정착하게 되었다.

조선시대 중엽에는 남방에서 고추가 유입되어 새로운 김치문화가 형성되었는데 「지봉유설」에 고추가 일본에서 건너온 것이니 '왜개자'라고 하는데 "요즘 이것을 간혹 재배하고 있다"라는 기록으로 보아 일본에서 들어온 것으로 보인다.

붉은 색깔의 고추를 넣고 여기에 채소와 젓갈을 결합시켜 김치를 만들었으니, 우리 조상이 개발한 콩으로 만든 장과 더불어 김치는 우리의 대표적인 음식이 되었다.

4. 절기요리

기후와 계절과 밀접한 관계가 있는 농경 위주의 생활을 해온 우리나라는 옛부터 세시풍습이 발달하였다. 이는 농경과 깊이 관계 되었으며 종교적으로도 불교, 유교의 영향을 조상에게 예를 올리게 되었다.

세시가 뚜렷한 우리나라의 절후에 따라서 많은 열정이 있어 계절에 어울리는 특별한 음식을 먹었다. 세시음식은 절식과 시절식으로 나뉘는데, 절식은 4계절 자연의 영향을 받고 역사의 변천에 따라 자연스럽게 형성되어온 전통적인 식생활 문화의 한단법이다.

이처럼 자연과 함께 음식을 즐기던 풍속을 시식과 명절음식에서도 엿볼 수 있다. 절식이란 다달이 있는 명절에 차려먹은 음식이고, 시식은 계절에 따라 난 식품으로 만드는 음식을 말한다.

1) 절식

설날절식, 상원절식, 입춘절식, 중삼절식, 등석절식, 단오절식, 유두절식, 삼복절식, 추석절식, 중구절식, 상달절식, 동지절식, 납향절식이 있다. 우리 민족은 명절을 맞으면 가족들과 친척들 친구들이 한자리에 모여앉아 음식을 나누면서 즐겁게 시간을 보낸다. 어느 때 먹는 음식보다 더 맛있고 색깔도 화려하고 모양도 고움 가지가지 음식을 차리는 과정에서 우리나라 고유한 민족음식에는 이름난 명절음식이 더욱 풍부하게 마련되었다.

(1) 설날절식

묵은해를 보내고 새해의 첫날은 맞아 새로운 몸가짐으로 가내 만복을 기원하며 세찬과 세주를 마련하여 조상께 차례를 올리는 날로써 고종 31년 태양력의 사용으로 신정이라는 설이 생겼으나, 일반국민들은 음력설의 풍습이 성행하고 있다.

설날음식을 대표하는 것은 흰떡국으로 속칭 떡국차례라 함은 메 대신 떡국을 올리기 때문이다. 떡국은 백색의 음식으로 새해를 시작함으로써 천지만물의 부활 신생을 의미한다는 종교적 뜻이 남겨져 있는 것으로 해석된다.

중부 이북지역에서는 떡국에 꿩고기나 숙주, 두부, 벗서, 김치 등으로 만든 만두를 넣어 만들기도 한다. 그 외 세찬상에 강정류, 식혜, 수정과, 전유어, 약식, 편육, 빈대떡, 만두, 인절미 등을 놓는다. 또한 세주를 올리는데 이것은 병이 생기지 않고 오래 돌고 살 수 있다고 하여 여러 약재를 넣어 전승되어온 것이다.

(2) 상원절식

신라시대부터 지켜온 명절로 재앙과 액을 막는 제일이며 정월 14일 저녁에는 오곡밥과 9가지의 묵은 나물, 나박김치를 준비하여 일찍 저녁을 먹는다. 보름날 새벽에는 부럼을 깨물어 멀리 던지면 1년 동안 부스럼이 않으며 이가 단단해진다고 하였으며, 아침상에는 귀밝이술을 마시면 일년 내내 귀가 밝아지고 몸에서 잡귀를 몰아낸다고 한다. 또한 김이나 채엽에 밥을 싸서 먹는 복쌈은 풍년들기를 기원하며 먹었으며 묵은 나물은 9가지로 더위를 타지 않는다고 하여 먹었다.

(3) 입춘절식

봄이 시작되는 좋은 명절로서 집집마다 입춘대길이라는 범맞이 글귀를 붙이는 날마다 봄철에 새로 싹뜨는 자연 소재인 산개, 토당귀, 무, 생강류를 교자에 무쳐 낸 요리로 새봄의 미각을 돋우었다. 오신반은 재료가 극히 제한된 것이었으니 일부상류층의 절식이었다.

(4) 중삼절식

3월3일 삼짇날이라 하는데 강남 갔던 제비가 돌아와 봄을 알린다. 유생들은 화류를 즐겼으며 그 고적이 경주 포석정에 남아 있다. 대표적인 절식으로는 진달래화전, 오미자즙으로 만든 화면과 수면, 청면 등이 있다.

(5) 등석절식

사월 초파일 석가탄신일 날 소밥이라 하여 느티나무 열매로 만든 시루덕의 일종인 느티떡과 볶은콩, 미나리강회 등이 있다.

(6) 단오절식

조선시대 4대 명절의 하나로써 우리말로 수릿날이라고도 한다. 단오의 가장 널리 알려진 절식으로는 수리취 절편이라 할 수 있다. 수리취떡은 쌀가루에 숙을 넣어서 차륜의 모양으로 만들어 낸 것이다. 또 하나의 절식으로 제호탕을 들 수 있다. 오매, 백단, 사향, 초과 등을 달여 꿀을 섞은 차가운 차로 진사였다.

(7) 유두절식

음력 6월 보름에 동으로 흐르는 물에 머리를 감고 재앙을 푼 다음 음식을 차려서 물가에서 술자리를 만들어 유두연을 베풀었는데 이때 수단을 만들었다. 유두절식에는 수단, 편수, 연병, 밀쌈 등이 대표적이다.

(8) 삼복절식

여름철 중 가장 더운 초복, 중복, 말복을 가리켜 삼복이라 한다. 이 때 몸을 보신하기 위한 음식을 즐겼다. 삼복절식의 대표적인 것은 개장국, 삼계탕이며 팥죽과 증편 등이 있다.

(9) 추석절식

8월 15일은 추석 또는 한가위라 하여 햇곡식, 햇과일이 풍성하여 명절 중 가장 풍성한 마음으로 맞이하는 날이다. 추석에는 조상님께 천신하는 마음으로 차례를 모시며 대표적인 절식에는 솔잎향기가 나는 송편과 이 철에 많이 나는 토란으로 토란탕을 끓여 솔잎향기가 나는 송편과 이 철에 많이 나는 토란으로 토란탕을 끓여 먹었으며 그 외 느름적이나 닭찜이 있다.

(10) 중구절식

음력 9월 9일 삼짇날에 온 제비가 강남으로 떠나는 날이다. 중구절식에는 국화전, 국화주, 국화화채이며 농가에서는 추수가 한창이다.

(11) 상달절식

10월 상달은 집안의 풍요함을 비는 뜻에서 고사를 지내는 풍습이다. 햇곡식으로 술을 빚고 시루떡을 만들어 성주신을 맞이하여 빌었다.

(12) 동지절식

동지에는 팥죽을 쑨다. 팥죽에는 찹쌀가루로 둥글게 빚은 새알심을 나이대로 넣어 떠주었고 귀신을 쫓는다하여 장독대와 대문에 뿌리기도 했다.

(13) 납향절식

천지만물의 덕에 감사하기 위하여 산짐승을 사냥하여 제물을 드리는 날로써 제사에는 산돼지, 산토끼를 사용하였다.

(14) 시식

우리나라는 봄, 여름, 가을, 겨울 등 철 바뀜이 명확하여 예로부터 민족의 식생활에서 일련의 계절적 특성을 가지게 되었다. 그것은 무든 음식들이 제철에 나는 것으로 만들어야 가장 맛이 좋고 영양가도 높으며 입맛을 당기게 하고 건강에도 이롭기 때문이다.

5. 계절요리

1) 봄

봄이 오면 사람들은 입맛을 당기게 하고 가력을 도우며 산뜻한 맛과 싱그러운 향기, 아름다운 색깔을 가진 음식을 만들어 먹기 위해 산과 들에 싹트고 지나는 쑥, 달래, 냉이 같은 나물을 이용하여 먹게 되었다. 쑥은 카로틴과 비타민 C 등 매우 풍부한 영양소를 갖추었으며 사람들의 입맛을 돋우기 위한 더없이 좋은 음식감이다. 이외에도 달래김치, 냉이국과 봄의 상징인 진달래꽃을 가지고도 음식을 만들었다.

2) 여름

여름에는 사람들이 땀을 많이 흘리고 더위 때문에 피로하고 영양분도 많이 소모하게 되어 입맛이 떨어질 수 있다. 따라서 시원한 음식, 기력을 돋우는 음식을 요구하게 되었다. 대표적인 음식으로는 맑은 청포묵과 노란색을 물을 들인 녹두묵들이 좋은 음식이다. 또한 시원한 콩국과 깨국에 칼국수를 말아먹는 맛도 각별하며 이 콩국과 깨국은 질좋은 단백질과 기름을 보충해주어 여름철 사람들의 원기회복에 좋다. 뿐만 아니라 육개장, 개장국, 복죽, 애호박으로 만든 편수 등 영양가가 높은 음식들이다. 이와 같이 더위로 인한 영양분의 소모를 보충하기 위하여 단백질과 비타민, 광물질이 풍부한 음식을 해먹는 풍습은 과학적이고 문화적인 우리 민족의 식생활 방상의 일란을 잘 보여준다.

3) 가을

오곡백과가 무르익고 한해농사를 마무리 짓는 가을의 대표적인 시식은 싱그러운 솔잎을 이용한 송편과 토란국을 들 수 있다. 소고기나 다시마를 조금 섞어 두르고 끓인 토란국은 가을에 맛 볼 수 있는 감칠맛 나는 국으로서 두고두고 그 맛이 잊혀지지 않는다.

4) 겨울

예로부터 겨울에는 어느 집이나 반년양식이라 하여 김장을 하였으며 시루떡을 해먹었다. 겨울은 한해가 가고 새로운 한해가 오는 계절로서 음식과도 밀접한 관련성이 있다. 즉 동짓날의 팥죽, 대보름의 오곡밥과 아홉 가지 묶은 나물, 부럼 등이 겨울철의 시식이라 할 수 있다. 특히 설, 명절을 끼도 있는 겨울철의 만두와 떡국은 가장 보편적인 음식이 되었다.

6. 궁중요리

궁중에서의 일상식이란 평일에 왕, 중전, 대비전, 대왕대비전께 이른 아침 7시 전에 초조반을 드리는데 이것이 '죽수라'이다. 아침 10시경 비로소 아침 수라를 젓수시고 저녁 5시경에 저녁수라를 젓수시며 이를 수라(水喇)라 지칭하였다. 궁중에서 사용하는 수라라고 하는 말은 원나라의 여인이 고려왕의 왕비가 되면서부터 사용되기 시작한 것으로 수라는 그대로 조선조에 이어져 임금의 진지를 뜻하게 되었다. 궁중의 음식은 한 나라의 가장 높으신 어른이 잡수시는 음식이다. 오후 1시경 또는 2시경, 밤 9시경에는 면(麵)을 위주로 한 다과상을 마련한다. 수라상은 12첩 반상 차림으로 반가의 9첩이나 7첩 반상 차림보다 가짓수가 많을 뿐만 아니라 식사 예법도 까다로운 편이다.

음식용어는 반(飯), 갱(羹), 탕(湯), 조치(助致), 구이(炙伊), 좌반(佐飯), 젓갈, 전(煎), 회(膾), 채(菜), 침채(沈菜), 담침채(淡沈菜), 간장(艮醬), 초장(醋醬), 고초장(苦醋醬), 증(蒸), 적(炙), 죽(粥)으로 표기하고 있고, 같은 적류라 해도 원반은 구이, 곁반은 적으로 하고 있으며 이는 갱과 탕의 차이와 같은 양상이다. 궁중에서의 조치는 볶기, 초, 증을 모두 포함하고 있었지만 조치라는 명칭은 원반에서만 사용하고 있고, 곁반은 초, 증을 그대로 사용하고 있다. 원반에 있는 좌반이란 밥을 먹도록 도와주는 음식이다.

포류로 이러한 포를 찍어 먹을 수 있는 장과 함께 구성된 음식이 좌반이다. 반과상은 흑칠원족반에 장(醬)과 청(淸)을 제외한 19기를 자기에 4촌에서 5촌까지의 고배(高排)로 담았고 이 고배음식에는 상화(床花)를 꽂아 올렸다. 반과상에서의 음식용어는 수라와 죽수라에서와 달리 조치, 구이, 전, 좌반, 해, 침채, 담침채 등과 같은 용어가 보이지 않고 있다. 즉 독특한 반과상의 성격을 갖고 있는 것이다.

면, 탕, 적, 전유어, 어채, 증, 다식, 강정, 연사과, 정과, 조란, 율란, 강과, 당, 병, 생과, 수정과, 청·초장으로 면, 탕, 화양적, 전유아, 조과, 병, 생과, 음료 등을 위주로 한 다과상이다. 궁중에서의 미음상은 초조반으로 알려졌던 음식으로는 생각되지 않는다. 여행길에 또는 병이 생겼을 때 몸보신을 위하여 올려졌던 것이다. 원족유쟁반에 미음, 고음, 각색정과 3기를 화기에 담아 올리는 것이 미음상의 원칙으로 보인다. 고음이란 오늘날의 곰국이다. 병약한 사람에게 국물이 진한 곰국과 미음, 여기에 곁들여 후식으로 각색정과를 올렸다. 의례식에 대한 영접도감의궤(迎接都監儀軌), 가예도감의궤(嘉禮都監儀軌), 진찬의궤(進饌儀軌)에 의하면 간반, 다과상 및 안주상, 사찬이 의례식의 일반적인 구성이고, 가례에서 폐백상이 있게 된다. 이들 상은 주인공 1인을 위한 상차림이다.

1) 궁녀의 직위와 명칭

궁녀는 왕의 사생활이 영위되는 구중궁궐(九重宮闕) 깊숙한 곳에서 의식주(衣食住)에 사역(使役)되는 여성들이며, 공적인 제향(祭享), 축의(祝儀) 등에도 관련하는 중요한 임무를 맡은 여인 집단이라 할 수 있다. 궁녀는 정 5품 상궁(尙宮)직을 최고로 하여 최하 4, 5세의 어린 견습나인(아기나인)까지 있으며 각기 소속된 처소, 직분, 신분에 따라 명칭이 다르다. 다양한 궁녀의 명칭은 의식(儀式) 때 직무를 분장(分掌)할 때에 쓰이고 평상시에는 단지 '상궁', '내인'의 두 종류로 크게 나뉜다.

(1) 상궁

상궁은 직첩을 받으면 그날부터는 머리에 첩지(머리 가르마 가운데에 장식하는 것)를 달게 된다. 상궁이 되기 전은 항아(姮娥, 嫦娥; 달 속에 있는 선녀)님이라 부르고 상궁이 되면 비로소 마마님이라 부르고 대접받는다. 상궁 첩지를 받으면 궁안에 방을 하나씩 주어 따로 세간을 내준다. 따로 밥짓고 빨래하는 하녀를 두고 살림을 하는데 이 일을 하는 사람을 각방서리라 한다.

① 제조(提調)상궁

제조상궁은 일명 큰방상궁이라고 하여 수백 명의 궁녀 중 으뜸이 되는 상궁으로 권세와 권위가 대단하여 남자관리로 치면 영의정의 지위와 같다고 하겠다. 제조상궁은 단 한사람이며, 자격은 궁녀 중에 연조가 오래되고 위품이 있고 인격이 높아야 한다. 학식이 많고 수많은 궁녀를 통솔할 수 있는 영도력이 있어야 하고 인물도 출중하여야 한다. 제조상궁의 임무는 대전 어명을 받들고 내전의 대소 치산(治産)을 주관한다. 제조상궁에 대한 음식대접은 임금님의 수라상과 가짓수를 같게 하고 분량만 적게 한다. 그리고 큰방상궁이 궁궐을 출입할 때는 세수간 나인과 비자(婢子)가 따라다닌다.

② 부제조(副提調)상궁

부제조상궁은 제조상궁의 다음 자리로 일명 아랫고(阿里庫, 下庫)상궁이라고도 하며 제조상궁이 세상을 떠나면 그 자리를 이어간다. 보석과 의식주에 걸친 왕의 귀중품은 물론 수라에 쓰이는 반상기용인 은기(銀器), 자기(磁器) 및 유기(鍮器)와 비단 등이 있는 아랫곳간의 물품들의 출납은 부제조상궁의 담당이다.

③ 대령(待令)상궁

대령상궁은 일명 지밀상궁이라고 한다. 항시 왕의 곁에서 어명(御命)을 받드는 자세로 대기하고 있다.

④ 보모(保母)상궁

보모상궁은 왕자녀의 양육을 맡는 내인들 중의 총책임자이다. 동궁에 두 명, 그 밖의 궁에는 한 명씩 있다. 왕자녀들은 어릴 때에 이들을 '아지(阿只)'라고 부른다.

⑤ 시녀(侍女)상궁

시녀상궁은 궁중의 지밀에서 상시 봉사하면서 여러 가지 업무를 행한다. 서적 등을 관장하고 글을 낭독하고 글의 정사(淨寫)를 맡고, 대소잔치의 내연에 좌우 찬례(贊禮), 전도(前導), 승인(承引), 시위(侍衛) 등을 거행하고, 각 종실(宗室), 외척(外戚)들의 집에 내리는 하사품에 관한 업무를 관장, 규찰(糾察)하고 그릇과 기타를 다스리는 일 외에 대소 사우(祠宇; 따로 세운 사당집)를 총관하여 곡읍(哭泣; 소리내어 슬퍼움)도 하며, 왕비와 왕대비의 특사로 그 본댁(本宅; 친정)에 어명을 받들고 나가기도 한다.

⑥ 일반상궁

이상의 상궁들 외에 뚜렷이 직함이 붙지 않은 일반상궁들이 각 처소마다 7, 8명씩 있어서 그 아래의 내인들을 총괄하고 처소마다의 모든 업무를 책임지기도 한다. 상궁들은 존칭으로 '마마님'이라 부르는데 민가에서는 대가댁의 소실(小室)을 높이는 말이기도 하다.

(2) 내인

내인은 관례를 치르고 성인이 된 궁녀를 이르는 말이다. 원칙으로는 소녀 때에 견습여관(女官)으로 들어와서 15년이 경과되어야 내인이 된다. 왕이 계신 대전(大殿) 외에도 왕대비(中殿), 대왕대비, 동궁 그 밖의 왕자, 공주의 궁과 그리고 후궁과 별궁에 소속된 여인들까지 속한다. 더욱이 왕의 사친(私親)의 사당(祠堂)을 지키는 이들까지 포함된다. 즉 왕과 왕비가 거처하는 궁전을 각전(各殿)이라 하고, 대군, 왕자, 공주, 옹주, 후궁, 신주를 모신 곳을 각궁(各宮)이라 하여 궁인(宮人)이라는 관리를 두고 있다. 왕족들이 사는 궁들은 각기 사유재산과 그밖에 국가에서 내리는 공물(供物)을 가지고 완전히 독립세대를 이루고 있으므로 그 궁에 소속된 내인들은 물론 그 궁에서 보수를 받는다. 내인(內人)은 대전(大殿), 내전(內殿)에 항시 사는 지밀(至密)내인과 침방(針房), 수방(繡房) 등에서 일하는 도청(都廳)내인, 안소주방(內燒廚房), 밖소주방(外燒廚房), 생과방(生果房), 세답방(洗踏房), 세수간(洗水間) 등에서 일하는 처소내인으로 크게 나뉜다.

① 지밀(至密)내인

'지밀'은 대궐에서 가장 지엄(至嚴)하고 중요한 곳으로 말 한마디 새어나가지 못한다는 뜻이다. 왕 내외가 거처하는 궁궐 중에서 가장 깊은 곳으로 침전(寢殿)을 말한다. 이들은 우선 왕과 왕비의 신변보호 및 기거(起居), 침(寢), 식(食), 의(衣) 등 일체의 시중과 물품관리 및 내시부(內侍府), 내의원(內醫院), 내선사(內膳司)들과 중요한 교섭을 담당한다.

② 소주방(燒廚房)내인

수라간(水剌間)은 소주방이라고도 하며 안 소주방과 밖 소주방으로 나뉜다. 안소주방(內燒廚房)내인은 왕, 왕비의 조석 수라상을 관장하며 주식에 따르는 각종 찬품을 맡아 한다. 밖 소주방(外燒廚房)내인은 궐내의 대소 잔치는 물론 윗분의 탄일에 잔칫상을 차리며 차례, 고사 등도 담당한다.

③ 생과방(生果房)내인

후식에 속하는 것, 즉 생과(生果), 숙실과(熟實果), 조과(造菓), 차(茶), 화채(花菜), 죽(粥) 등을 만든다. 조석 수라상은 소주방 나인을 도와서 거행하며 잔치음식의 다과(茶菓)류는 이곳에서 관장한다.

④ 퇴선간(退膳間)내인

지밀에 부속되어 있는 중간 부엌인 퇴선간에서 수라를 지으며 안소주방에서 운반한 음식을 다시 데워서 수라상에 올리고 수라상 물림을 한다.

⑤ 무수리(水賜伊)

각 처소에서 물긷기, 불때기 등 험한 잡역을 맡아하는 여인이라 대개 기혼자로 아침저녁 출퇴근한다. 앞에 패(牌)를 달고 다니는데 이 패는 조석의 대궐 통근과 각 별궁간 심부름 다닐 때 아무 때나 드나들 수 있는 신분증과 같은 것이다.

⑥ 의녀(醫女)

여의(女醫)라고도 하며 여러 읍의 비(婢) 중에서 뽑아들여 간단한 진맥이나 침술법을 가르치는 여인들로 출산 때 조산부 노릇까지 하였고 궁중잔치에 춤을 추는 기생 역할도 하여서 일명 약방(藥房)기생이라 불리었고 여 죄인을 잡아가는 등의 여순경 역할도 했었다.

⑦ 비자(婢子)

붙박이로 각 처소나 상궁의 살림집에 소속된 하녀를 말한다.

⑧ 각심이(손님방아이, 방자; 房子)

나인들 살림집의 가정부 격인 여인들이다.

2) 궁중의 주방

궐내에서 왕, 왕비, 대왕대비, 세자는 각각 대전, 중궁전(왕비전), 대비전, 세자궁의 전각에서 각각 기거하신다. 일상의 식사는 각전에 딸린 주방에서 담당이 정해진 벼슬아치나 차비들이 만들어 올렸다.

왕과 왕비의 침전에서는 수라를 드신다. 왕과 왕비의 수라를 만드는 곳을 수라간(水剌間) 또는 소주방(燒廚房)이라고 하며, 침전과는 별채에 배치하고 있다. 창덕궁의 수라간은 침전인 대조전(大造殿)과는 상당히 떨어진 곳에 있었다. 수라상을 올릴 때는 배선실에 해당하는 퇴선간에서 상을 차리고 물린 상을 정리한다. 생과방(生果房)에서 후식을 만들어 올린다. 그밖에 주원숙설소(廚院熟設所)에서는 궁중의 연회 때에 임시로 가가(假家)를 지어서 설치한 주방을 주원숙설소, 또는 내숙설소(內熟設所)라고 하였다. 그리고 임시로 설치한 주방을 행주방(行廚房)이라 하였다.

3) 궁중의 조리인

조선시대 후기 궁중에서는 평상시의 수라상에 올리는 음식을 조리하는 일은 주로 내인인 주방상궁들이 만들었으며, 궁중의 잔치인 진연이나 진찬 때는 대령숙수라고 하는 남자조리사들이 만들었다.

(1) 주방상궁(廚房尙宮)

주방상궁은 대개 40세가 지나서 되는데 이미 이때는 조리경험이 30년 이상이나 되는 전문조리인이다. 상궁은 궁녀 중 정 5품으로 최고직이고 최하는 4,5세의 어린 견습내인까지 있다.

주방내인은 대개 10세 이상부터 시작한다. 주방내인들은 처소내인에 속하며 평상시는 왕과 왕비의 조석 수라상을 준비한다. 궁녀 중 장식(掌食), 장찬(掌饌), 전선(典膳), 상식(尙食) 등이 음식에 관련된 직종을 맡는 이들이다.

조선시대의 마지막으로 주방상궁은 한희순(韓熙順, 1889~1972) 상궁으로 1971년 중요무형문화재 제38호 [조선왕조궁중음식]의 제1대 기능보유자로 지정받았다.

(2) 내시(內侍)

「경국대전」 이조에 속하는 내시부는 궐내 음식물의 감독, 왕명의 전달, 궐문의 수직(守直), 소제의 임무를 맡는다. 음식관련 업무를 맡는 내시는 상선(尙膳), 상온(尙醞), 상차(尙茶)가 있다. 음식을 직접 만드는 일보다는 전체를 주관하고 대접하는 일을 주로 맡는다. 특히 상선은 종2품 벼슬로 식사에 관한 일을 맡으며 정원이 두 명이고, 상온은 정 3품 벼슬로 술에 관한 일을 맡으며 정원은 한 명이며, 상차는 정 3품으로 차에 관한 일을 맡으며 정원은 한 명이다.

(3) 대령숙수(待令熟手)

대령숙수는 조선조에 이조에 속해있는 남자 전문조리사이다. 궁중의 잔치인 진연이나 진찬 때는 대령숙수들이 음식을 만든다. 솜씨가 좋은 숙수들은 대부분 대를 이어가며 궁에 머물렀고 왕의 총애도 많이 받았다. 한말에 나라가 망하게 되니 궁중의 숙수들이 시중의 요정(料亭)으로 빠져나가서 일을 하게 되니 자연히 궁중의 연회음식이 일반에도 널리 알려지게 되었다.

(4) 차비(差備)

「경국대전」 형조(刑曹)에 궐내각차비(闕內各差備)에 관한 규정이 있다. 차비(差備)란 각 궁사(宮司)의 최하위 고용인으로 이들이 궁중식 마련의 실무를 맡는다. 궁궐 내의 문소전, 대전, 왕비전, 세자궁의 네 곳으로 나누어 각 전의 정원이 정해져 있다. 음식관련 업무자 중 반감(飯監), 별사옹(別司饔), 상배색은 상위 직급에 속한다. 반감은 어선과 진상을 맡아보는 벼슬아치이고, 별사옹(別司饔)은 음식물을 만드는 구슬아치, 상배색(床排色)은 음식상을 차리는 구슬아치이다.

(5) 기타 조리인

주자(廚子)는 지방관아의 소주(廚房)에 딸린 음식을 만드는 자를 이른다. 반비(飯婢)는 밥짓는 일을 맡아하던 여자 종을 말한다. 찬모(饌母)라고도 한다. 도척(刀尺)은 지방에서 음식을 만드는 사람을 이른다.

농어회, 양주메밀국수, 난면, 깨국수, 골동면(비빔면), 도토리묵무침, 된장, 고추장, 간장, 약과, 화전, 미역자반, 풋고추찜, 갈비찜(가리찜), 잡채, 백김치, 콩국수, 팥죽, 보리밥, 무장, 책면(착면, 창면), 진달래화채, 제호탕, 인삼수정과, 원소병, 오과차, 생강차, 보리수단, 모과청과화채, 모과차, 당귀차, 서여향병, 무릇곰, 땅콩엿강정, 조란, 밤초, 오미자편, 앵두편, 살구편, 빙사과, 매작과, 만두과, 개성(모)약과, 찹쌀부꾸미, 주악, 우메기(우매기), 수수도가니, 색편(무지개떡), 상치떡(상추떡), 보리개떡, 물호박떡, 은행단자, 율무단자, 유자단자, 석이버섯단자, 밤단자, 건시단자, 꽃절편, 우메기떡(개성주악, 우메기), 개성경단, 각색편(백편, 꿀편, 승검초편), 피마자잎쌈(아주까리잎쌈), 상추쌈, 배춧잎쌈, 밀쌈, 어리굴젓, 새우젓무침, 청어젓(비웃젓), 오이갑장과, 삼합장과, 배춧잎장아찌, 무릇장아찌, 무갑장과(무숙장아찌), 더덕장아찌, 이천게걸무장아찌(게거리장아찌), 박대껍질묵(벌버리묵, 벌벌이묵), 고구마묵, 우설편육, 수란, 쇠머리편육, 장똑똑이, 어포, 어채, 약포, 암치포무침, 산포, 북어보푸라기(북어무침), 매듭자반, 대추편포, 웅어회, 밴댕이회, 민어회, 두릅회, 전복찜, 옻닭, 어선, 생복찜(전복찜), 분원붕어찜, 떡찜, 두부선, 대하잣즙무침, 궁중닭찜, 개성무찜, 가지찜, 가지선, 홍해삼(해삼·홍합쌈), 해삼전, 파산적, 조개전, 제육저냐, 장산적, 잡누름적, 연근전, 어산적, 양동구리, 송이산적, 섭산적, 대하전, 사슬적, 민어전, 두부적, 도토리빙떡, 김치전병, 개성장땡이(장떡), 천엽전, 간전, 부아전, 홍합초, 천엽볶음, 전복초, 떡볶이, 주꾸미조림(주꾸미조림), 조기조림, 은행장조림, 북어조림, 병어조림, 병어고추장조림, 청어구이(비웃구이), 콩팥구이, 웅어구이, 염통구이, 양구이, 북어구이, 밴댕이구이, 민어구이(암치구이), 도미구이, 대합구이, 너비아니, 가자미양념구이, 호박나물(눈썹나물), 질경이나물, 죽순채, 원추리나물, 씀바귀나물, 달래순나물, 냉이무침, 겨자채, 달래무침, 노각생채, 호박김치, 장김치, 이천게걸무김치(게거리김치), 숙깍두기, 석류김치, 비늘김치, 배추김치, 닭김치, 고춧잎석김치, 개성보쌈김치, 감동젓무김치, 조기고추장찌개, 웅어매운탕, 애호박젓국찌개, 알젓찌개, 신선로, 병어감정, 민어찌개(암치지짐이), 두부새우젓찌개, 동태찌개, 대합전골, 게감정, 강된장찌개, 각색전골, 초계탕(醋鷄湯), 준치국, 족탕, 조깃국(조기맑은탕), 임자수탕(깨국탕), 완자탕, 오이냉국(오이창국), 어알탕, 어글탕(북어껍질탕), 양곰탕, 애탕, 아욱토장국(아욱국), 소고기맑은장국, 소루쟁이토장국, 설렁탕, 선지해장국, 석류탕, 새알심미역국, 복매운탕, 배추꼬리국(배추꼬랭이국), 묵냉국, 무국, 갱국(갱구탕), 가리탕(갈비탕), 양즙, 조랭이떡국, 편수, 준치만두, 어만두, 메밀만두, 만둣국(병시), 개성편수, 칼싹두기(메밀칼싹두기), 제물칼국수, 잣국수, 주메밀국수, 도미면(도미국수), 냉콩국수, 속미음, 대추미음, 행인죽, 타락죽, 장국죽, 원미, 율자죽(밤죽), 애호박죽, 아욱죽, 시래기죽, 대추죽, 김치죽, 용문산산채백반, 안성소머리국밥(안성탕), 곤지암소머리국밥, 무밥, 김치밥, 골동반

출처 : http://koreanfood.rda.go.kr/tf_srch/TF_srch_01.aspx
농촌진흥청 농식품종합정보시스템-서울지역의 한국음식

중식 메뉴해설

Chapter 14

Chapter 14

중식 메뉴해설

1. 중국요리의 개요

중국은 5000년이 넘는 역사를 가지고 넓은 영토와 영해에서 다양한 생산물과 풍부한 해산물을 얻을 수 있었으며, 이들 식품을 이용한 요리는 불로장수를 목표로 오랜 기간의 경험을 토대로 꾸준히 다듬고 연구 개발되어 현재는 세계적인 요리로까지 발전하게 되었다. 다시 말하면 폭 넓은 재료의 이용, 맛의 다양성, 풍부한 영양, 손쉽고 합리적인 조리법, 풍성한 외양 등이 중국요리로 하여금 세계 어느 곳, 어느 사람에게나 적용 또는 환영을 받게 하였다.

한 나라의 요리가 그 나라의 역사와 전통, 기후, 풍토의 소산인 동시에 민족성을 나타낸다고 할 수 있다. 중국요리가 오늘날 세계적인 요리로 발전하게 된 것도 이러한 연유에서 비롯되었다.

일찍이 동양문화를 이룩해 낸 중국인의 민족성이 광대한 영토에서 산출되는 다중다양한 산물을 바탕으로 하여 수천 년 역사 속에서 문화의 한 분야로 꾸준히 다듬고 가꾸어 온 결과라 할 수 있다. 또한 넓은 영토를 지녀 온 중국은 지역적으로도 풍토, 기후, 산물, 습관이 다른 만큼 지방색이 두드러진 요리를 각각 특징 있게 독특한 맛을 낼 수 있는 요리로 발전시켰다. 이처럼 독특한 개성을 지니고 발전해 온 각 지방의 요리는 예부터 빈번하게 있어 온 민족 간의 이동과 더불어 상호교류와 보완을 통해서 오늘의 중국요리로 발전된 것이다.

2. 중국요리의 특징

중국요리의 가장 큰 특징 중 하나는 상상을 초월할 만큼 음식재료가 많다는 것이다. 우리가 익히 알고 있는 동식물, 해산물은 물론이고 뱀, 전갈, 원숭이, 쥐, 곰 등 다른 문화권에서는 흔히 먹지 않는 음식재료까지 자주 이용되는 재료만 3,000가지가 넘는다.

동물로 음식을 만들 때는 살코기뿐 아니라 내장, 아킬레스건, 껍질(돼지), 피(돼지, 닭), 귀(돼지), 뿔(사슴), 발바닥(곰)까지 알뜰하게 이용한다. 그만큼 조리법이 다양하게 개발되어 있다는 말이다. 이처럼 다양한 음식 문화는 중국의 유구한 역사와 광대한 국토, 한족을 포함해 56개 민족이 서로 부딪치고 어울리는 가운데 만들어진 것이다. 지금 중국인들이 돼지고기를 즐겨 먹는 이유는 중국 인구의 주를 이루는 한(漢)족과 청나라를 세운 만주족이 돼지고기를 좋아했기 때문이다. 산악지대에 터전을 둔 이들은 오히려 곰 발바닥을 귀한 요리로 먹었다고 한다.

지금은 북경에서도 뱀 요리를 흔히 먹지만, 뱀을 먹는 식습관은 광동지역의 소수민족에게서 비롯된 것이다. 수많은 중국 음식의 배경과 뿌리를 알려면 각 지역의 지리적 특성, 각 민족 고유의 문화와 식습관, 그리고 이들 각 민족이 어떻게 교류하고 융합되었으며, 지배계급과 어떻게 이어졌는가를 이해해야 한다. 중국요리는 역사와 지역적 특성에 따라 크게 산동요리(魯菜系), 사천요리(川菜系), 강소요리(淮揚菜系), 광동요리(廣東菜系), 이렇게 네 계통으로 나눈다.

좀 더 세분해 8대 요리로 나누면 절강요리・복건요리・호남요리・안휘요리가 더해지고, 10대 요리로 나누었을 때는 북경요리와 상해요리가 추가된다(중국요리에서 채(菜)는 요리를 말한다.) 크게 보아 황하를 중심으로 한 중국 북방 문화권에서는 만두・교자・국수・포자 등 밀가루를 주재료로 한 음식을 주식으로 하고 독한 증류주를 마셨으며, 양자강을 중심으로 한 남방 문화권에서는 쌀을 주식으로 하고 알코올 농도가 낮은 발효주를 마셨다. 중국의 4대 요리를 나누는 방식은 한국, 중국, 일본, 대만이 모두 다르다.

3. 중국의 음식문화

1) 중국인들은 왜 음식문화를 중시하는가?

중국의 음식문화는 5천년의 역사 속에서 하나의 국가가 설립되고 왕조가 구축되면서 새로운 풍습과 음식문화를 형성하였다. 이렇게 수천 년의 전통을 이어 오면서 중화민족 문화의 한 부분으로 형성되어온 중국의 음식문화 안에는 중화인의 사상, 도덕관념, 민족심리, 생활방식, 신앙과 예절이 어우러져 있다.

중국에서는 의식주(衣食住) 대신 식의주(食衣住)라는 말이 보편적으로 쓰일 정도로 중국인들은 식생활 향상에 가장 먼저 신경을 쓴다. 그러나 예로부터 중국인의 음식섭취 목적은 단순히 맛있는 음식을 탐하는 것이 아니라 건강과 장수에 초점을 두고 있다. 이러한 특성은 의식동원(醫食同源)이라는 용어로 설명할 수 있는데, 즉 의약과 음식은 본래 그 뿌리가 하나라는 의미로 중국에서는 음식으로 몸을 보신하고 병을 예방하여 치료하고 장수한다는 인식이 보편화되었다. 곰, 자라, 고양이, 쥐, 벌레에 이르기까지 독특한 재료를 사용하는 중국요리는 불로장생의 사상과 밀접한 관계를 맺고 발전해왔다. 또한 동북아시아에서 중앙아시아에 이르는 광대한 영토, 다양한 민족 구성은 중국요리가 다채로운 형태와 독특한 맛을 갖게 한 중요한 배경이 된다.

2) 풍성다채의 음식과 요리법

중국 사람들은 '하늘을 나는 것 중에는 비행기, 땅 위에 있는 것 중에는 자동차만 빼고는 다 먹는다'라는 말이 있다. 중국에서 식탁에 올려지는 요리의 재료는 종류가 많아서 헤아릴 수도 없고, 먹는 방법도 다양하다. 대체로 색(色)·향(香)·미(味)의 조화를 철저히 이루고 있는 중국요리의 비법은 다음의 다섯 가지 요소에 의해서 결정된다.

첫째, 중국요리에 사용되는 재료는 광범위하면서도 재료 선택이 엄격하다. 상용되는 재료는 약 3천여 종이고, 총 재료수는 1만종 이상이다. 재료선택 면에서도 주재료와 부재료의 조화를 중요하게 생각한다.

둘째, 칼질이 정교하고 모양이 다양하며, 크기, 굵기, 두께가 고르다. 어떤 재료는 칼질을 거쳐 살아있는 것과 같은 새, 짐승, 화초 등 아름다운 조각과 같은 형상을 만들어 요리를 예술의 경지에까지 끌어올리기도 한다.

셋째, 중국음식은 불의 강약과 시간조절에 따라 그 요리의 색(色)·향(香)·미(味)가 크게 좌우된다.

넷째, 중국요리의 특징은 날것으로 먹지 않는데 있으며, 반드시 숙식(熟食)을 기본으로 한다.

다섯째, 양념의 배합을 중요시한다. 중국요리의 조미료는 백여 종에 달하여 세계적으로도 첫 손가락에 꼽히고 다양한 조미료는 중국요리에 있어서 맛의 조화를 이루어내는 관건이기도 하다.

3) 지역별 요리의 특징 및 대표음식

전반적으로 중국 음식의 특징은 '동쪽음식은 맵고, 서쪽은 시고, 남쪽은 달고, 북쪽은 짜다'라고 말한다. 지역마다 제각기 두드러진 특색을 가진 중국요리는 크게 산동요리, 강절(강서·절강) 요리, 사천요리, 광동요리로 분류하며, 그 밖에 북경지역 요리까지 포함한 각 지역별 요리의 특징은 다음과 같다.

(1) 4대 요리

① 북경요리(北京料理)

일명 징차이(京菜)라고도 하며 베이징(北京)을 서쪽으로 타이완까지의 요리를 포함한다. 베이징은 수도로서 정치, 경제, 문화의 중심지였고 고급요리 문화를 이룩한 곳이며, 지리적으로는 북방이기 때문에 육류를 중심으로 강한 화력을 이용한 튀김요리와 볶음(炒)요리가 특징이다.

북경요리의 대표적인 것은 오리통구이인 카오베이징야쯔인데, 이 요리의 먹는 법이나 독특한 맛, 그리고 칭기즈칸 구이인 카오양로우 등이 한 특징이다.

베이징(北京)은 화북평야의 광대한 농경지, 농작물, 과물(果物)등이 풍부하며 미엔, 만토우, 빵 등이 많다. 빵(餠)에는 계절의 꽃향기를 넣어 풍미를 살리는 것도 있다.

② 사천요리(四川料理)

중국 서방 양쯔강 상류의 산악지대 요리를 대표하는 사천요리는 윈난, 꾸에이조우(貴州)지방요리까지를 총칭한다.

쓰촨(四川)지방은 바다가 멀고 더위와 추위가 심한 지방으로서, 예부터 악천후를 이겨내기 위해 향신료를 많이 쓴 요리가 발달해 왔기 때문에 매운 요리와 마늘, 파, 고추를 사용하는 요리가 많다. 또한 오지이기 때문에 소금절임, 건물(乾物) 등의 보존 식품이 발달하여 채소를 이용한 짜차이 같은 특산물을 낳기도 했으며 신맛과 매운맛 톡쏘는 맛과 향기가 기본을 이루었다. 두부와 다진 고기를 이용한 마포또우후(麻婆豆腐) 회교도들의 양고기 요리인 양로우꿔쯔(羊肉鍋子) 새우고추장 볶음인 깐사오밍시아 등이 유명하다.

사천요리는 일명 촨차이(川菜)라고도 한다. 조리방법에서는 살짝 볶거나 부치고, 단술로 맛을 내고 약한 불에서 중탕으로 조리하는 것이 특징이다. 조미료의 사용에서 고춧가루, 후춧가루, 생강들을 애용하기 때문에 맵고 강한 향기가 있는 것이 많다. 고추 등 향신료를 사용해 고온에 익히고 맵고 강한 맛을 내 한국 사람들이 가장 선호한다. 짠맛, 달콤한 맛, 신맛, 매운 맛, 산초 맛, 쓴맛과 향이 사천요리의 7가지 기본 맛이다. 두부와 돼지고기요리가 유명하며 유명 요리로는 삼겹살야채볶음, 마파두부, 두반어, 삼선누룽지탕, 닭고기조림 등이 있다.

③ 광동요리(廣東料理)

중국 남부의 요리를 대표하는 광동요리는 광주(廣州)요리를 중심으로 복건(福建)

요리, 조주요리, 동강요리 등 지방요리 전체를 일컫는다. 광동 요리를 흔히 난차이라고 하는데 광주는 외국과의 교류가 빈번하여 16세기부터는 스페인, 포르투갈의 선교사와 상인들이 많이 왕래하였기 때문에 특이한 요리에다가 국제적인 요리관이 정착되어 독특한 특성을 이룩했고, 사람들은 일찍부터 이 매력 있는 식생활의 고장을 일러 식채 광주라고 칭찬했던 것이다.

남쪽의 더운 지방인 광주의 요리는 재료가 가지고 있는 자연의 맛을 잘 살려 내는 담백함이 특징인데, 서유럽 요리의 영향을 받아 소고기, 서양채소, 토마토케첩, 우스터소스 등 서양요리의 재료와 조미료를 받아들인 요리도 있다. 이러한 재료는 전통요리의 맛에 변화를 가져온 것이 사실이었고 그것을 소화하고 중국화 하는 데에 능한 그들은 서유럽풍이 섞인 다채로운 맛의 요리로까지 발전시켰다.

④ 남경요리(南京料理)

중국 중부의 대표적인 요리로 난징, 상하이(上海), 쑤조우, 양조우 등지의 요리를 총칭한다. 중국 내륙의 젖줄인 양쯔강 하구에는 오랜 옛날부터 난징을 중심으로 풍부한 해산물과 미곡을 바탕으로 한 식생활이 발달하였다. 그러나 19세기부터 밀어닥치기 시작한 서유럽의 대륙잠식은 상하이(上海)에 조계를 다투어 설치하기에 이르렀고, 이러한 외세의 입김으로 결국 상하이는 중국 중부의 중심지가 되었다.

이 남경요리 중 구미풍으로 국제적인 발전을 이룩한 것을 상하이요리(上海料理)라 한다. 상하이(上海)는 따뜻한 기후와 풍부한 노산물, 갖가지 해산물의 집산지로서 다양한 요리를 낳게 했고 특히 이 지방의 특산물인 장유를 써서 만드는 요리가 독특하다.

상하이요리는 간장이나 설탕으로 달콤하게 맛을 내며 기름기가 많고 진한 것이 특징이다. 돼지고기에 진간장을 써서 만드는 홍사오로우가 유명하고 한 마리의 생선을 가지고머리에서 꼬리까지 요리하는 조리법과 양념을 달리 해서 맛을 내는 생선요리도 일품이다. 바다가재로 만드는 뚜롱지엔시에, 두부로 만드는 스진사꿔또우후와 꽃 모양의 빵인 후아쥐안이 유명하다.

(2) 중국의 기타 요리

① 상해요리

상해요리는 중국 중부지방의 대표적인 요리로써 남경, 상해, 양주, 소주 등지의 요리를 총칭한다. 양자강유역에서 나오는 풍부한 해산물과 미곡, 따뜻한 기후를 바탕으로 이 지방의 특산물인 장유를 사용하여 만드는 것이 특징이다. 맛이 비교적 담백하고 기름기가 많으며 진하다. 요리는 내륙요리의 진수로서 중국 서부지역의 요리를 대표하며 양자강 상류의 산악지대인 사천, 운남, 귀주 지방의 요리를 말한다. 새우, 게 등의 해산물요리와 쌀밥, 소흥주가 유명하며 유명 요리로는 진주완자, 게볶음, 생선찜, 사자두, 산선볶음국수 등이 있다.

② 궁정요리

궁중에서 황제를 위하여 만든 요리로, 청대에 이르러 그 절정에 이룬 것이다, 베이징이 그 본고장으로, 베이징요리 라고도 한다. 궁정요리는 각지의 진귀하고 좋은 재료를 골라 쓰는 것이 기본이다. 그리고 가장 맛깔스러운 모양을 꾸미는 것. 역시 영양면에서도 다른 어떤 요리보다 으뜸이다.

③ 정진요리

수도하는 불교도들이 살생을 할 수 없었기 때문에 어류나 육류를 이용하지 않고 채소만을 이용하여 만든 요리이다. 육류를 이용하지 않고 버섯이나 기타 다른 채소를 이용하여 고기 맛이 나도록 한 것이 특색이다. 정진요리는 다른 어떤 요리보다 요리사의 연구와 노력의 결과가 많이 들어갔다고 볼 수 있다. 맛은 대체로 담백한 것이 특징이다. 주로 사찰 내에 음식점이 있다.

④ 약선요리

각종 한방약의 재료로 쓰이는 것들을 요리에 사용하여 만든 건강식. 약선요리는 중국에서 기원전부터 전통적으로 내려오는 요리로 의식동원(醫食식同源) 사상에서 유래한다. 그러나 약선요리는 한약방처럼 사람의 몸에 어떤 효과를 단기간에 기대할 수는 없고 단지 지속적으로 체질에 맞게 먹는 것으로 다른 요리보다 좀 더 다양한 재료를 사용한다.

⑤ 산동요리

산동 지방은 중국 고대문명발상지 가운데 하나로 춘추전국 시대부터 요리가 유명했다. 제나라 항(恒)왕을 섬긴 요리사 역아(易牙)가 당대를 휘어잡았고, 공자가 '곡식은 곱게 빻을수록 좋고, 생선은 섬세하게 다룰수록 좋다'라고 식도(食道)를 펼친 것으로 보아 당시의 조리 기술이 이미 상당한 수준에 다다랐음을 알 수 있다.

남북조 시기에 등장한 중국 최초의 요리책 「제민요술(劑民要述)」에는 산동요리가 100가지 이상 수집되어 있다. 산동요리(山東菜는 shan dong cail), 노채(魯菜 lu cail)라고도 했으며, 소아라 때는 북식(北食)이라고 했다. 원 · 명 · 청나라 때는 산동 출신 요리사들이 궁궐 요리시로 들어가면서 산동요리가 궁중 요리의 중심을 이루게 되었다. 청나라 때 이르러서는 산동요리는 자체적인 요리계통을 이루어 황하 유역과 북방 지역에 널리 영향을 마쳤고, 청나라 말부터 중화민국 초기에는 그 영향권이 동북아 지역으로 확대되어 북방채(北方菜)라고 불리기도 했다.

산동요리는 고온에서 단시간 조리하는 볶음 요리가 많으며, 요리본연의 맛을 살리는데 중점을 두는 것이 특징이다. 신선하고 짠맛을 주된 맛으로 삼지만, 시고 달고 매운맛도 모두 사용한다. 복합적인 맛이 비교적인 적은 편이다. 해물과 고기를 많이 사용하고 탕 만드는 방법을 중시한다.

산동요리는 제남(劑南)과 교동(膠東)반도 지역의 지방 요리로 구성되어 있다. 남풍미는 제남, 덕주(德州), 태안 일대의 요리를 말하고, 교동 풍미는 청도(淸島), 연대(煙臺), 복산(福山) 지방의 요리를 말한다. 황하 유역은 고대 문명의 발생지이며, 공자나 맹자 같은 문현을 많이 배출한 지역으로, 이 영향을 받은 공부채(孔腐菜)라는 요리도 있다.

대표적인 요리로는 총소해삼(燒海參), 청탕연와(淸湯燕窩), 구전대장(九轉大腸),

해황해삼(蟹黃海參), 유폭쌍취(油爆), 장즙황어(醬汁黃魚), 복산소계(福山燒鷄) 등이 있다.

⑥ **강소요리**

초기에 강소요리(jiang su cail)는 회양요리라고 했다. 즉 처음에는 강소성의 양주(揚州)와 회양(淮陽) 일대의 지방 요리를 가리키던 것이 남경(南京) 풍미, 소주(蘇州)풍미가 형성된 이후 강소 요리라고 일컬어지게 된 것이다. 강소성은 동쪽으로 황해, 서쪽으로는 홍택(洪澤), 남쪽으로는 태호(太湖)와 닿아 있으며, 장강이 중심을 가로지르고 운하가 남북을 잇는다.

이러한 지리적 조건과 온화한 기후 덕택에 먹을거리가 많이 나고, 교통도 편리해 상업과 요식업이 일찍부터 발달했다. 전체적으로 강소 요리는 해산물을 즐겨 쓰고, 썰기가 섬세하며, 불의 세기와 가열 시간을 중시한다. 재료 본래의 맛을 추구하는데, 맛은 짜면서도 달콤하다. 푹 삶아 뼈를 발라낸 요리도 모양이 흐트러지지 않을 만큼 요리가 우아하고 아름답다. 강소요리는 회양 풍미, 금릉(金陵) 풍미, 소석(蘇錫) 풍미, 서해(徐海) 풍미 등으로 나뉜다.

⑦ **회양요리**

대운하의 중추인 양주(揚州), 회음(淮陰), 회안(淮安) 일대의 요리로 재료가 풍부하고 맛이 담백하다. 예로부터 양주의 칼 다루는 기술은 최고로 친다. 회안과 회음의 장어요리가 유명하다.

⑧ **금릉요리**

경소채(京蘇菜)라고도 하며, 남경을 중심으로 한 지방요리를 말한다.

⑨ **남경요리**

냉채는 색이 아름답고, 열채는 맛이 진하다. 생선과 새우요리가 유명하며, 오리

요리 기술로도 유명하다. 남경요리는 여러 지방의 장점만을 취해 변화시킨 것으로 송서어(松鼠魚), 단소맥(蛋燒麥), 미인간(美人肝), 봉미하(鳳尾蝦), 염수압(鹽水鴨) 등이 대표적이다.

⑩ 소석요리

소주와 무석(無錫)지방의 요리로, 맛이 달고 뒷맛이 짜며 기름과 간장을 많이 사용한다. 송서계어(松鼠桂魚), 벽라하인(碧螺蝦仁), 계용단(鷄茸蛋), 상숙규화계(常熟叫化鷄) 등이 유명하다.

⑪ 서해요리

서주(徐州)와 연운항(蓮云港)일대의 지방요리이다. 신선하고 짠맛이 주를 이루며, 순박하고 실용성을 중시한다. 대표적인 서해요리로는 연두장어(軟兜長魚), 창호미(虎尾), 수정효제(水晶肴蹄), 계탕자간사(鷄湯煮干絲), 청돈해분사자두(淸蟹粉獅子頭), 설화계탕(雪花鷄湯), 계유채심(鷄油菜心) 등이 있다.

4) 중국인의 주식과 주요 명절 전통음식

중국인의 주식은 쌀과 밀가루이다. 남방 사람들은 미판(米飯 : 쌀밥), 니앤까오(중국식 설떡) 등과 같이 쌀로 만든 음식을 즐겨 먹는 반면, 북방 사람들은 만토우(饅頭 : 소 없는 찐빵), 라오빙(烙餠 : 중국식 밀전병), 빠오즈(包子 : 소가 든 찐빵), 화쥐앤(花卷 : 둘둘 말아서 찐 빵), 미앤티아오(面條 : 국수), 쟈오즈(餃子 : 밀가루를 반죽하여 얇게 민 다음, 잘게 저민 고기나 야채 따위를 넣어 싼 것) 등과 같은 밀가루 음식을 즐겨 먹는다. 부식으로는 돼지고기, 생선, 닭, 오리, 소고기, 양고기와 채소, 콩으로 만든 식품을 위주로 하며, 주식과 부식의 조화와 영양의 균형을 매우 중요하게 생각한다.

대부분의 중국인들은 아침을 집에서 만들어 먹기보다는 밖에서 사먹는 것이 보통이다. 아침식사로는 요우티아오(油條), 지앤빙(煎餠)같은 밀가루 음식과 죽, 또우지앙(豆醬) 등을 주로 먹는다. 중국에서는 점심식사 시간이 2~3시간이나 되므로 직장과 집이 가까운 사람들은 집에서 간단한 음식을 만들어 먹고 낮잠을 자기도 한다. 저녁식사는 대체로 가족들이 함께 가정에서 식사를 한다. 또한 개혁·개방 이후 중국의 대도시에서는 경제적으로 성공한 사람들이 급격히 증가함에 따라 식생활 문화에도 많은 변화를 가지고 왔는데 그 중의 하나는 대도시에 외식산업이 성업 중인 것이다.

- 춘절(春節) : (음)1월 1일 지아오즈(餃子 : 물만두)
- 정월대보름 : (음)1월 15일 위엔샤오(元宵 : 새알심모양의 찰떡)
- 단오 : (음)5월 5일 쫑즈(粽子 : 찹쌀을 댓잎 또는 갈잎에 세모나게 싸서 찐 찹쌀떡)
- 중추절 : (음)8월 15일 위에빙(月餠 : 달처럼 생긴 떡과자)
- 섣달 초여드레 : (음)12월 8일 라빠조우(臘八粥 : 여러 가지 종류의 쌀, 콩, 과일 등을 넣어 만든 죽) 또한 절기에 따라 입춘에는 봄 떡을 먹고, 입하에는 국수를 먹으며, 입동에는 훈둔(얇게 빚은 일종의 물만두)을 먹는 등 여러 가지 풍부하고 다채로운 음식관련 풍속이 있다.

5) 중국요리 이름 구성

중국 음식의 이름은 요리의 모양이나 처음 만든 사람, 지명을 포함하기도 하지만, 대부분 조리법, 주재료, 주된 맛을 나타내도록 구성되어 있다. 따라서 요리 이름을 통해 그 음식이 어떤 음식 재료를 주재료로 하여 어떤 방법으로 조리되었으며, 어떤 맛인지는 대강 짐작할 수 있다.

(1) 조리용어

① 쩬(煎)

프라이팬에 기름을 조금 넣은 후 가열하여 재료를 넣고 중간 불에서 천천히 익혀 가는 조리법이다. 이때 화력이 너무 강하면 속은 익지 않고 표면이 쉽게 타며 화력이 약하면 조리시간이 길어져 영양소가 파괴되고 신선한 맛이 저하되므로 불의 강, 약에 주의한다.

② 쯩(蒸)

고온의 증기를 이용하는 조리법으로 물이 끓어서 증기가 최대로 올라 올 때 재료를 넣는다. 재료를 빨리 익히고 맛을 보존하기 위해서는 반드시 뚜껑을 닫고 조리해야 하며 조리 중에는 뚜껑을 자주 열지 않도록 하여야 한다. 재료에 따라 불의 강, 약을 조절하여 육류, 생선, 만두 등은 강한 화력에 조리하고 계란 등 부드러운 것은 약한 화력을 사용하여 조리한다.

③ 짜아(炸)

프라이팬(鍋)에 기름을 많이 넣고 가열한 후 재료를 넣어 튀기는 조리법으로 열량이 높아지고 기름의 성분에 따라 독특한 향이 난다. 재료에 따라 불의 강, 약을 조절하며 짜아(炒)에는 다음과 같은 방법이 있다.

- 칭짜아(淸炸) : 재료에 간을 하지 않고 전분을 묻히지 않는 상태로 튀기는 방법
- 깐차아(乾炸) : 재료에 전분을 묻혀서 튀김옷을 입혀 튀기는 조리법
- 꺼어리(高麗) : 흰색으로 가볍게 튀기는 조리방법

④ 차오(炒)

프라이팬(鍋)에 기름을 조금 넣고 달군 후 강한 불에서 빠른 속도로 볶아내는 조리법으로 영양소의 파괴가 적어 가장 많이 사용된다. 조리할 때 재료를 많이 넣고

볶으면 재료가 골고루 익지 않으며 맛도 고르지 않으므로 한꺼번에 많은 양의 재료를 볶지 않도록 한다. 차오(炒)의 방법으로는 다음과 같은 방법이 있다.

- 칭차오(淸炒) : 재료에 아무 것도 묻히지 않고 볶는 방법
- 깐차오(乾炒) : 재료에 튀김옷을 입혀 튀긴 다음 다른 재료와 함께 볶는 조리법
- 차오(京炒) : 녹말 이외의 달걀흰자 등을 재료에 묻히고 녹말가루를 묻혀 튀긴 다음 다른 재료와 함께 볶는 조리법

⑤ 먼(燜)

재료를 살짝 튀긴 후에 육수를 많이 넣고 약한 불에서 천천히 오랫동안 조리하는 방법으로 조리할 때는 반드시 뚜껑을 덮어야 한다. 이때 대부분의 영양소가 육수에 용출 되므로 음식을 만들 때에는 반드시 육수와 재료를 혼합하여야 한다.

⑥ 뚠(燉)

쯩(蒸)과 민(燜)을 혼합한 조리법으로, 프라이팬(鍋)에 재료를 넣고 적당한 육수와 향신료, 조미료 등을 첨가한 후 뚜껑을 덮고 끓이는 조리법

⑦ 루(滷)

물에 각종 향신료와 조미료를 넣은 후 재료를 넣고 삶아내는 조리법으로 재료는 잠길 정도로 넣는 것이 가장 적당하다.

⑧ 카오(烤焗)

재료에 양념을 하여 불에 직접 굽는 조리법으로 두 가지 방법이 있다.

- 밍루(明爐) : 재래적인 방법으로 시간이 많이 걸리고 많은 양을 조리할 수 없으나 뛰어난 맛과 향을 낼 수 있다.
- 문루(燜爐) : 현대적인 설비를 이용한 방법으로 한 번에 많은 양을 구워낼 수

있다. 또한 재료에 함유되어 있는 지방이 제거되기 때문에 담백한 맛이 나지만 맛과 향은 밍루(明爐)보다 떨어진다.

⑨ 쉰(燻)

양념한 생(生) 재료나 익힌 재료를 훈제하여 색과 향을 내는 이때 주로 톱밥, 엽차, 겨, 설탕, 감초, 회양가루 등을 숯불에 뿌려 연기를 내서 사용한다.

⑩ 류(溜)

쩬(煎) 또는 짜아(炒)의 방법으로 조리하거나 혹은 물에 살짝 데친 재료를 여러 가지 조미료가 혼합된 소스에 넣어서 빠른 속도로 복아내는 조리법이다. 소스의 종류에 따라 형(烹) 또는 회(회)라고 구별하여 부른다.

⑪ 빠이차오(白杓)

끓는 물로 익힌 재료를 접시에 건져 놓고 소스를 덮어 주는 조리법으로, 재료를 익힐 때에 물이 너무 많으면 맛이 저하되므로 물의 양에 유의한다.

⑫ 탕(湯)

육수나 즙에 재료를 넣어 만드는 조리법으로 수프 또는 국이라고 한다.

⑬ 빠오(爆)

재료를 자른 후 높은 화력에서 매우 빠르게 프라이팬에서 뒤섞어 익혀 조미료를 참가 후 바로 프라이팬에서 내린다. 가장 단시간에 조리할 수 있는 조리법이다.

⑭ 삐엔(邊)

천천히 조리하는 조리법으로 소량의 기름과 약한 화력을 이용하여 재료를 프라이팬에서 계속 저어가며 오랜 시간을 이용하여 육수를 조리거나 연하게 하여 반 탈수

상태로 만들어 다시 조미료를 첨가하여 섞는 방법이다. 천채(川菜)(국물이 적은 요리)에 이 방법이 비교적 많으며 그 맛이 향기롭고 좋으며 어울려 찬 음식에도 사용할 수 있다.

⑮ 사오(燒)

신선한 재료 또는 이미 처리된 재료를 물과 조미료를 넣고 비교적 장시간 동안 끓여 그것이 푹 삶아져 즙이 농축되면 그 맛이 농후해진다. 홍사오(紅燒) 와 바이사오(白燒)의 두 종류로 나눌 수 있다.

⑯ 아오(熬)

각종재료를 덩어리로 잘라 먼저 기름에 볶은 후에 다시 육수 및 조미료를 넣고 약한 불로 비교적 장시간동안 푹 삶아 재료가 연하게 되게 하고 즙이 많지 않게 한다. 녹말을 넣어 걸쭉하게 하지 않는다.

⑰ 후에이(燴)

삶거나 구워서 조리하는 방법. 재료를 자른 후에 먼저 끓는 물에 삶아 육수를 넣고 같이 삶는다. 조미한 후 녹말을 풀어 탕즙이 진득진득한 상태로 되게 한다.

후에이차이(燴菜)는 여러 가지 재료를 사용하여 육류, 채소 등에 고루 사용할 수 있는 조리법이다.

⑱ 빠(扒)

'燒'와 같은 조리법이고 시간이 좀 긴 편이다. 재료를 더 연하게 하나 그 남은 탕즙이 많고 물 전분으로 농도를 맞춘다.

⑲ 웨이(煨)

은근한 불에 오랜 시간을 걸쳐서 삶는 조리법으로, 아주 약한 화력을 사용하여 육수와 조미료를 첨가한 후 약 3시간 정도 삶는다. 재료가 연해지고 맛이 들고 농후해지면 완성된 것이다.

⑳ 쥐(焗)

재료를 비단천이나 조리용 종이에 싸서 볶은 뜨거운 소금에 묻어서 소금의 열을 이용하여 재료를 익히는 조리방법으로 재료의 질감이 연해지고 부드러우며 향기롭게 조리 할 수 있다. 닭이나 새우 등에 사용한다.

㉑ 추안(川)

날 것 또는 이미 조미한 것을 적당한 크기로 잘라 이미 끓고 있는 탕에 넣어 맛이 배게 한 후 꺼내어 다시 조미를 한다. 빨리 만드는 탕요리에 속하며 재료의 신선하고 부드러움을 유지할 수 있고 탕즙을 맑게 한다.

㉒ 쭈(煮)

재료와 육수를 솥 안에 넣고 익힌 후 조미료를 넣고 다시 익히는 방법으로, 가장 보편적인 조리법의 하나이다. 재료는 어느 재료라도 가능하다.

㉓ 코우(扣)

날 것 또는 이미 익힌 재료를 사기그릇에 담은 후 조미료와 육수를 넣고 찜통에 쪄서 연해지면 다시 뒤집어 쟁반에 올려놓아 그 형태가 반구 형태를 유지하도록 한다.

㉔ 치앙(熗)

재료에 조미료를 섞고 야채, 조갯살 등을 넣어 무치는 방법. 날것이나 이미 조미된 재료에 강한 화력을 이용하여 잘 섞어서 빠른 시간 내에 섭취한다. '온반(溫拌)', '뜨거운 것을 섞는다'라는 뜻이다.

㉕ 빤(拌)

모든 재료를 넣고 골고루 섞는 방법을 말한다. 간편하게 조리할 수 있는 방법이며, 재료의 원 상태를 유지할 수 있다.

㉖ 똥(凍)

고기를 조린 국물을 묵과 같이 굳히는 조리방법. 덩어리로 자른 재료(닭, 오리, 해산물)에 탕즙과 조미료를 넣고 삶아 연하게 한 후 고기껍질이 젤리화 되면 재료를 차게 한 후 응고시켜 반투명의 냉채류를 만든다.

㉗ 기타 방법

죽처럼 만드는 죽(粥)이 있고, 약한 불에서 서서히 연하게 익혀내는 홍숙(간장을 넣어 색을 내는 것)과 백숙이 있다.

(2) 요리의 주재료 표현

① 용(龍; long) : 요리를 용의 형태로 표현한 요리(용하(龍蝦)는 대하, 바다가재 등 갑각류를 일컫는다.)

- 육(肉; rou) : 일반적으로 돼지고기이나 소고기도 뜻한다.
- 압(鴨; ya) : 오리고기
- 봉(鳳; feng) : 닭고기
- 계(鷄; ji) : 닭고기
- 토두(土豆; tu dou) : 감자
- 백채(白菜; bai cai) : 배추
- 청채(靑菜; qing cai) : 청경채
- 하(蝦; xia) : 새우
- 우어(魚; you yu) : 오징어

(3) 칼질법

① 피엔(片) : 재료를 전 처리 후 칼을 30도 정도 눕혀서 왼쪽으로 방향으로 밀면서 앞으로 끌어당기듯이 하면서 저민다. 고기류, 표고버섯, 배추 등에 많이 사용되며 가장 보편적인 칼질법이다.

② 쓰(絲) : 5~6cm 길이로 성냥개비 굵기의 가늘게 채 써는 방법, 잡채 등을 할 때의 칼질법이다.

③ 띵(丁) : 정육면체로 써는 것이 기본이며 크기에 따라 달리 부른다. 팔보채에 들어가는 야채류의 칼질법이다.

- 쑈우띵(小丁) : 5~7mm 정도로 작은 것을 말한다.
- 띵(丁) : 약 1cm의 크기이며 중간 크기이다.
- 다이띵(大丁) : 2cm 이상의 정육면체 썰기이다.

④ 송(鬆) : 약 5mm 정도의 小丁과 비슷한 크기이나 각각의 굵기가 다를 수 있다. 양주볶음밥의 야채 썰기이다.

⑤ 미(米) : 쌀알크기로 작게 써는 것. 볶음밥의 야채 등에 사용

⑥ 시모어(小末儿) : 米보다 잘게 써는 것. 유미 짜장의 미에 속한다.

⑦ 용(茸) : 아주 잘게 다지는 것이다. 만두의 속에 들어가는 재료이다.

⑧ 터우빠오피엔(透薄片) : 보통크기의 위에서 아래로 밀듯이 썰어 내는 것

⑨ 헝따오피엔 (衡刀片) : 재료에 칼을 평행으로 대고 저미는 것이다. 녹은 고기를 채썰 때 편으로 떠서 채를 치는 과정이다.

⑩ 시에따오피엔(斜刀片) : 얇은 재료를 칼을 비스듬히 대고 저미는 것처럼 써는 것. 오징어 등을 저미는 과정이다.

⑪ 권따오피엔(滚刀片) : 재료를 넓게 펴기 위하여 두꺼운 재료를 얇게 펴가며 자르는 것, 레몬기편 등에 들어가는 닭고기를 얇게 펴주는 과정이다.

⑫ 따이차오치에(刀) : 썰리는 재료를 왼손으로 잡고 칼을 몸 쪽으로 당기면서 써는 방법. 북경오리를 서빙할 때 하나하나 썰어내는 과정이다.

⑬ 쑤에이피엔치에(随片切) : 재료를 적당한 길이로 자른 후 도마에 대고 칼을 평

행으로 하여 저민 후 채를 치는 것, 냉채의 재료로 쓰이는 당근, 오이 등 야채를 채치는데 사용

⑭ 권통치에(滚同切) : 재료를 돌려 깎기 한 후 다시 말아서 채로 치는 것. 가니쉬로 사용하는 당근을 썰 때 사용

⑮ 티아오(条) : 직사각형의 막대모양으로 50×7mm 정도임, 탕수육 고기의 써는 방법이다.

⑯ 이쯔티아오(一直条) : 티아오보다 1~2 mm 두꺼운 모양이다. 야채스틱의 모양임

⑰ 팡싱팅(方形丁) : 띵(丁)의 전 단계로 먼저 막대 모양을 만드는 것이다.

⑱ 싼찌어오띵 (三角丁) : 돌려 썰기의 일환으로 재료를 적당한 굵기로 자른 후 돌려가면서 썬다. 고구마 빠스에 사용된다.

⑲ 콰쯔토우(斧头) : 보통 小丁의 크기이면 크기가 일정하지 않은 것이 특징이다.

⑳ 모어 (末儿) : 얇게 저며 채로 친 후 잘게 써는 방법

㉑ 쏸니(蒜泥) : 마늘 다지기이다.

㉒ 콰(块儿) : 토막을 치는 것으로 두께와 상관없이 약 2~3cm 정도임

㉓ 팡싱콰 (方形块儿) : 大丁 의 전단계임

㉔ 싼찌아오콰 (三角块儿) : 재료의 주위에 칼집을 미리 낸 후 피라미드형으로 토막 치는 것

㉕ 팡화아콰(方花块儿) : 사각 기둥을 만든 후 주위에 칼집으로 모양을 낸 후 토막치듯 모양을 내는 것

㉖ 뚜완(断) : 일정한 크기에 관계없이 툭툭 토막을 친다. 육수에 들어가는 야채 등을 써는 것

㉗ 마알(麻儿) : 당근 등의 야채를 돌려서 막썰기 하는 방법이다.

㉘ 투알(头儿) : 마알보다 길게 토막 치는 방법이다.

(4) 재료배합 표현

① 삼선(三鮮 san xian) : 한국에서는 해삼, 전복, 새우 등의 3가지. 해산물로 만든 요리를 뜻하나 3가지 신선한 야채로 만든 요리를 뜻하기도 한다.
② 팔보(八寶 ba bao) : 여덟 가지 진귀한 재료를 배합하여 만든 요리
③ 오향(五香 wu xiang) : 중국요리에 쓰는 다섯 가지 향신료(팔각, 정향, 계피, 진피, 산초)
④ 십금(什錦 shi jin) : 3가지 이상의 재료를 배합을 뜻하며, 보통 '모듬'을 뜻한다. 모둠야채볶음(素什錦)
⑤ 삼정(三丁 san ding) : 세 가지 재료를 정육면체로 썰어서 배합한 요리를 말한다.

(5) 메뉴의 구성 및 특징

중식 메뉴는 식재료별로 구성되어지는 것이 일반적이다. 하지만 세트메뉴로 구성이 될 시에는 종류별로 다양하게 구성이 된다. 중식당을 이용시 식사만을 할 경우와 식사와 요리를 할 경우 등으로 나눌 수 있는데, 전자는 인원에 상관없이 식사시간에 가서 식사를 하면 되지만 요리를 먹을 시에는 미리 인원과 먹을 요리를 예약을 하는 것이 좋다.

- 냉채류 : 식욕을 촉진시키기 위한 차가운 요리
- 특수 재료 : 제비집 요리, 상어지느러미 요리 등의 희귀요리
- 해산물 : 해삼, 전복, 새우, 바다가재 등
- 가금류 : 오리, 닭, 비둘기 등
- 육류 : 돼지고기, 소고기, 양고기 등
- 잡품류 : 야채류, 두부류 등
- 생선류 : 도미, 농어, 광어, 다금바리 등
- 수프류 : 맑은수프, 옥수수수프, 산라탕 등

- 식사 : 면, 볶음밥, 만두류
- 감채류 : 찹살떡탕, 옥수수탕, 사과탕 등
- 과일

중국요리는 1인분을 기준하지 않고 요리의 양에 따라 大 : 7~8인분 中 : 5~6인분, 小 : 2~4인분의 3가지 혹은 대, 소의 두 가지로 나뉘어 있는 경우가 일반적이다. 따라서 함께 식사를 하는 손님의 취향을 충분히 살려 주문을 하되 요리의 양을 염두에 두고 적절하게 주문해야 한다.

(6) 메뉴 읽는 방법

중식당에서 메뉴를 내놓으면 한자로만 되어있어 무조건 모른다고 여겨 무엇을 고를까 고민하는 사람이 많다. 중국요리의 메뉴의 구성은 ① 조리법, ② 주재료의 이름, ③ 재료를 자르는 법으로 되어있는 것이다.

메뉴는 이상의 순서에 따라 한자로 편성되므로 메뉴 속에 그 요리에 관한 정보가 포함 되어 있다. 메뉴 명은 4문자가 대부분이며, 3문자도 있고, 5문자(광동요리)인 경우도 있다.

〈예〉 蒜香 漁球

조리법 주재료 자르는 법

• 생선을 둥굴게 잘라서 마늘향을 낸 요리

(7) 중식 주문 시 요령

- 술과 차의 종류를 확실히 알고 주문하면 좋다.
- 세트 메뉴가 있는 식당인 경우에는 요리를 일일이 주문하는 것보다 세트 메뉴를 주문하면 훨씬 경제적이다.

- 4명 이상인 경우에는 요리 중에 수프류를 넣는다.
- 재료와 조리법, 소스 등이 중복되지 않도록 주문한다.
- 해물, 상어지느러미, 제비집 등은 일단 가격이 비싸다는 것을 알아둔다.
- 처음 이용 시에는 웨이터에게 자신의 취향을 알려 주고 도움을 받는 것이 좋다.

(8) 중국요리에 사용되는 조미료

중국요리의 맛을 내는 기본 조미료로는 콩 또는 콩을 가공한 각종 된장, 고추장 등이 있다. 콩을 발효시킨 된장은 한국이나 일본에 비해 장에 기름기가 많아 볶아도 쉽게 타지 않는다. 한마디로 볶음요리가 많은 중국요리에 어울리는 형태라고 할 수 있다. 또 볶는 조리법이 발달한 중국요리에는 기름의 역할이 무척 중요하고, 실제로 다양한 기름이 있다. 간장을 중심으로 소스의 활용도도 높다. 중국요리에는 밑간과 완성(마무리)단계에서 두 번 조미료를 첨가하는 것이 많다. 조미료를 단독으로 사용하는 경우는 드물고, 대개 10가지 이상의 조미료를 조합하여 복잡 미묘한 맛의 세계를 연출 한다. 조미료를 어떤 순서로 사용하는가에 따라 또 다른 색과 맛을 만들어 낼 수 있다.

① 춘장

짜장면을 만드는 재료이다. 춘장은 된장류에 속하며 황장(黃醬, huang jiang), 대장(大醬), 경장(京醬), 황두장(黃豆醬), 면장(麵醬)이라고도 한다. 대두, 밀가루, 소금, 누룩, 캐러멜 등을 발효시켜서 만든다. 황장은 향기로우며 갈색을 띠고 있다. 그 묽기에 따라 마른 황장 걸쭉한 황장으로 나눈다. 황장은 황하 이북 지역에서 비교적 많이 만들어 먹는다. 황장은 검은 색깔을 띠지 않는다. 검은색을 띠는 춘장은 중국보다는 한국화가 많이 된 조미료라 할 수 있다.

② 첨면장

첨면장(甛麵醬, tian mian jiang)은 소량의 콩에 밀가루와 소금을 이용해 발효시켜 만든 된장류이다. 붉은빛이 도는 갈색을 띠고 있으며, 달고 재질이 섬세하다. 양자강 이남에서 많이 만든다. 볶아서 찍어 먹는 장이나 북경의 오리 요리에 주로 쓰인다.

③ 검은콩장

검은콩장(豆, dou chi)은 대두(大豆)를 발효시킨 된장이다. 검은 대두를 물에 불러 푹 삶아 말린 다음 항아리에 넣고 햇볕에 7번 말려서 만든다. 검은색으로 향이 나며 독특하고도 신선한 짠맛이 난다. 강소, 광동, 호남성 등에서 많이 사용된다. 음식 특유의 신선한 맛을 증가시키고 원료의 나쁜 맛을 감춰 주는 역할을 한다.

④ 두반장

두반장(豆瓣醬, dou ban jiang)은 두반 말린 새우(蝦米, 金鉤)로 신선한 맛을 더 낸 것도 있는데, 예를 들어 사천(四川) 비현두반장(脾縣豆瓣醬) 인 산성(山城)표 금구두반장(金鉤豆瓣醬) 등이다. 두반장은 잠두콩을 원료로 만든 된장으로, 콩은 완전히 으깨지지 않은 채로 들어 있다.

⑤ 고추장

고추장(辣椒醬, la jiao jiang)은 선홍색 고추에 소금, 산초, 백주(白酒) 등을 넣고 절여 발효시켜 만든 것이다.

⑥ 포랄초

포랄초(泡辣椒, pao la jiao)는 고추 절임이며, 어랄자(魚辣子, yu la zi)라고도 한다. 사천에서는 사천식 김치(泡菜, pao cail)에 넣는 고추를 사용하고, 운남에서는 고추를 3개월간 재워서 쓴다. 어향맛(魚香味)과 가상맛(家常味)이 있다.

⑦ 선장유

선장유(鮮醬油, xian jian you)는 소금에 기타 부재료를 배합한 간장의 일종이다. 일반 간장과 별로 다를 것이 없어 보이지만 맛은 아주 신선하고 좋다. 다른 조미료와 섞어서 복합적인 맛을 내기도 한다.

⑧ 노두유

노두유(老豆油, lao tou you)는 광동 일대에서 스는 색깔이 진한 간장을 말한다. 노두추(老豆抽) 또는 노추(老抽)라고도 하며, 맛은 약간 달고 짠맛이 덜하다.

⑨ 생선소스

생선소스(魚露, yu lu)는 어장유(魚醬油, yu jiang you)라고도 한다. 멸치나 작은 갈치 등을 소금에 절여 장시간 발효시켜 추출한 조미액즙이다. 가용성 단백질과 아미노산이 풍부하고 짜며 어류 특유의 향이 있어 남방 사람들의 환영을 받고 있는 소스이다. 붉은 오렌지 빛으로 투명하고 깨끗하며 소금 함량이 27%를 초과하지 않는 유리형 결성제를 띠고 있는 것이 상등품이다. 사용 방법은 새우기름과 비슷하고 절임이나 볶음, 조림, 고기나 닭을 구울 때 등에 많이 사용한다.

⑩ 해선장

해선장(海鮮醬, hai xian jiang)은 소금에 절인 새우장(蝦醬), 게장(蟹醬), 대합장(蛤醬) 등의 총칭이다. 맛이 신선하며 짜고 붉은 갈색을 띤다. 볶음이나 조림 요리에 많이 쓴다.

⑪ 굴소스

굴소스(油, hao you)는 굴의 즙을 소금에 절여 발효시킨 것이다. 검은색을 띠며 약간 걸쭉하다. 짠맛과 단맛 두 가지가 있으며, 기름에 살짝 데쳐내 볶는 요리, 뚜껑을 덮고 오래도록 조린 요리, 구이, 냉채 등을 만들 때 자주 사용한다.

⑫ 파기름

파기름(油, cong you)은 파의 향과 맛이 나는 기름이다. 끓는 기름에 파 3~4뿌리와 양파 $\frac{1}{4}$개를 넣고 150℃로 가열하여 대파가 황갈색으로 변하기 시작하면 불에서 내려 식힌다. 비린 맛을 없애고 요리에 풍미를 더해 준다. 기름의 유해 성분도 없애 준다.

⑬ 홍유

홍유(紅油, hong you)는 기름 500g, 고춧가루 100g, 생강, 파 각각 50g으로 만든다. 우선 가열된 기름에 파, 생강을 넣고 튀기다가 온도를 40도까지 낮춘 다음 고춧가루를 넣고 다시 향이 날 때까지 튀긴다. 산초가루를 넣기도 한다.

⑭ 고추기름

고추기름(辣椒油, la jiao you)은 고춧가루와 기름을 동시에 끓인 것이다. 고춧가루와 고추기름은 매운맛을 내는 음식에 중요한 조미료이다.

⑮ 황주

황주(黃酒, huang jiu)는 청주에 해당하는 조미술로, 요주(料酒, liao jiu)라고도 한다. 찹쌀이나 차수수를 원료로 하여 만든 양조주를 통틀어 일컫는다. 보통 요리에 사용하는 대부분의 황주는 소흥주(紹興酒)이다. 황주는 알코올 농도가 낮고 향기가 진하며 맛은 순수하고 부드럽다. 음식에 넣으면 비린내가 제거되고 조미가 되며 향을 증가시켜 준다. 동물성 원료를 사용할 때 없어서는 안 되는 조미술이다. 녹색 채소를 조미할 때 채소가 거의 다 익어갈 즈음 조미술을 넣으면 향기가 날 뿐 아니라 푸른빛이 더 선명해진다.

⑯ 고량주

고량주는 고량(高粱) 등을 원료로 하지만 일반적으로 증류주인 백주를 통칭한다.

무색투명하고 알코올 도수가 높다. 백주는 주로 음식에 농후한 술향기를 첨가하는 것이 목적이다. 약한 불에서 오래도록 볶아내는 야채요리를 만들 때 사용한다. 맛이 담백한 야채에 향기를 더해 주고, 야채의 바삭거리는 질감을 유지시켜 준다.

(9) 인스턴트 소스

① 중화마늘콩소스

중화마늘콩소스(蒜茸豆醬, suan rong dou chi jiang)는 맛이 고소하며 짜다. 갈비찜 닭 요리와 생선 요리에 적합하다(닭고기마늘 콩볶음).

② 중화고추마늘소스

육류, 가금류, 생선 및 해물류에 적합하다. 고추와 마늘의 매콤한 향이 있다(오징어야채볶음).

③ 사천식 두반장

해물과 두부요리에 적합하며 매콤한 맛이 강하다(마파두부, 생선조림).

④ 중화매실소스

중화매실소스(花梅醬)는 가금류나 육류의 구이, 튀김 요리의 소스로 적합하다. 매실의 새콤한 맛과 생강의 매운맛이 난다(매실새우튀김).

⑤ 중화바비큐소스

중화바비큐소스(叉燒醬, cha shao jiang)는 소고기, 돼지고기, 닭고기를 구울 때 적합하다. 달짝지근하면서 짠맛이 난다(돼지갈비바비큐).

⑥ **중화탕수육소스**

소고기, 중화탕수육소스(酸甛醬, suan tian jiang)는 돼지고기, 생선류 등에 적합하며 맛은 새콤달콤하다(닭고기탕수).

⑦ **중화마파소스**

중화마파소스(麻婆醬, ma po jiang)는 두부와 생선요리에 적합하며, 매콤한 맛이 강하다(마파두부).

⑧ **중화닭요리소스**

닭고기와 생선요리에 적합하다. 달콤하면서 은은한 간장 맛이 난다(닭고기조림).

⑨ **굴소스**

가금류, 해물, 야채를 볶을 때 이용한다. 감칠맛이 나며 단맛, 신맛과는 잘 어울리지만 매운맛과는 함께 사용할 수 없다(야채삼겹살요리).

⑩ XO소스

중국식 햄, 말린 패주와 말린 새우 간 것에 파머리, 마늘, 설탕, 굴즙, 소금, 향료, 화학조미료를 넣고 만든 매운맛이 나는 소스이다. 각종 안주와 간식, 국수, 죽 등에 곁들이기 적합하고, 특히 팔보채 같은 고급스런 해산물 요리에 사용하면 맛이 더욱 풍부해진다.

(10) 향신료

중국요리에는 유난히 향신료가 많이 쓰인다. 가장 대표적인 향신료는 마늘, 파, 생강으로, 주로 볶음 요리에 많이 사용된다. 역시 대표적인 향신료인 팔각과 산초가루, 계피는 간장으로 간을 해 오래 조리하는 요리에 많이 쓴다.

① 파

중국요리에서 파(cong)는 빠져서는 안 되는 감초와도 같다. 파의 매운 향은 비린내를 없애 주고 식욕을 자극하고 소화를 돕는다. 북방에서는 주로 대파를 쓰고, 남방에서는 실파를 쓴다.

② 마늘

마늘(大蒜, da suan)은 맛과 향을 돋우고 살균 효과도 있다. 폐결핵, 장염, 설사에 좋다.

③ 생강

생강(姜, jiang)은 북방요리에서 주로 쓰는 향신료이다. 비장(지라)을 보호하고 땀을 나게 한다.

④ 팔각

팔각(八角, ba jiao)은 상록수인 대회향의 열매로 대회향(大茴香)이라고 도 한다. 중국 광서성에서 많이 난다. 늘 쓰는 조미료의 하나로 오향분의 주재료이다. 방향이 강해 음식의 향기를 증진시킨다. 오래 끓이거나 고는 요리, 또는 재어 두었다가 만드는 요리에 주로 쓴다. 소화불량이나 설사에 좋다.

⑤ 소회향

소회향(小茴香, xiao hui xiang)은 회향의 열매로 향이 진해 대회향(팔각)과 함께 자주 사용한다. 음식에 향을 더해 주고 나쁜 맛을 없애므로 소고기 요리나 양고기 요리에 자주 쓴다.

⑥ 마른 고추

건고추(乾辣椒, gan la jiao)는 맵고 얼얼한 요리에 꼭 필요하다. 말린 붉은 고추는 토막내어 기름에 타지 않게 볶아서 쓴다. 고추는 특히 사천요리에 많이 쓰인다.

⑦ 계피

계피(肉桂, rou gui)는 계수나무 가지 껍질이다. 늘 쓰는 향신료로, 오향분의 주재료이다. 향이 있고 맛이 매우면서 달아 음식의 맛과 향을 좋게 한다. 오래 푹 고는 요리에 주로 쓴다. 탕수육 소스를 만들 때 조금 첨가하면 독특한 맛을 낼 수 있다. 혈액 순환을 돕고 위액 분비를 촉진한다.

⑧ 고수

고수(香菜, xiang cail)는 방향이 특이한 향신료로, 칼슘, 철분, 비타민 A가 풍부하다. 고기 요리나 탕 요리에 많이 쓴다. 내장이나 고기의 누린내를 없애준다. 향이 한국 사람의 입맛에는 맞지 않은 편이다.

⑨ 후추

후춧가루(胡椒粉, hu jiao fen)에는 흰 것과 검은 것 두 종류가 있다. 흰 후춧가루는 완전히 익은 열매를 빻은 것이고, 검은 후춧가루는 설익은 열매를 빻은 것이다. 후추는 향과 맛이 맵고 뜨거운 성질이므로 장과 위를 따뜻하게 한다. 비린내를 없애 주므로 비린 맛이 강한 동물성 재료를 조리할 때 주로 사용한다. 살균 효과도 있지만, 지나치게 많이 먹으면 위 점막을 자극하며 폐에도 좋지 않다.

⑩ 산초

산초(花椒, hua jiao)는 날것은 아린 맛이 강하므로 볶아서 향을 낸다. 조리할 때 넣어 단순히 아린 맛을 내기도 하고 찍어 먹는 양념장으로도 쓴다. 육류, 내장요리, 생선 조림이나 생선 찜 등에 쓴다.

⑪ 진피

진피(陳皮, chen pi)는 귤껍질이다. 먹는 귤보다 작으며 씨가 많은 열매의 껍질을 쓴다. 맛은 쓰지만 비타민이 많고 향이 좋다. 요리에 향을 증가시키고 비린 맛, 느끼한 맛을 없앨 때 쓴다. 기의 순환을 돕고 가래를 삭이는 효능이 있다.

⑫ 정향

정향(丁香, ding xiang)은 정향나무의 꽃봉오리이다. 맛이 맵고 뜨거운 성질로, 위를 따뜻하게 하여 체기를 없애 주므로, 소화불량, 구토, 설사 등에 좋다. 항균작용을 하고, 피부의 백선치료에 쓰며, 구취를 없애주는 효능도 있다.

⑬ 초과

초과(草果, cao guo)는 맛이 맵고 뜨거운 성질로 구취를 없애고 술독을 풀어 준다. 비장에 좋고, 이류와 육류의 녹을 해독하는 효능이 있다. 반드시 쪼개서 사용한다.

⑭ 차조기

차조기(紫蘇, zi su)는 맛이 맵고 성질이 따뜻하다. 잎은 겨울 감기에 좋고 심장과 폐를 보하며 식욕을 촉진한다. 천식을 가라앉히고 자라 독을 풀어 주는 효과도 있다. 차조기 기름은 간장 방부제로 쓰인다. 간장 1kg에 40cc를 넣어 두면 방부 효과가 있고 향기도 난다.

⑮ 고량강

고량강(高良薑, gao liang jiang)은 맛이 맵고 뜨거운 성질이다. 소화를 돕고 숙취를 없애며 위를 따뜻하고 튼튼하게 해준다.

⑯ 두구

두구(豆, dou kou)는 맛이 맵고 향기가 있으며, 성질은 따뜻하다. 위를 따뜻하게 하고 가래를 삭여 준다. 또 장벽을 자극하여 식욕을 돋우고 소화를 촉진한다.

⑰ **사인**

사인(砂仁, sha ren)은 매운맛의 따뜻한 성질로, 폐와 신장을 보하고 소화를 돕는다. 숙취를 없애주며 식욕을 증진시키는 효능이 있다. 매번 2.5~7.5g씩 사용한다.

⑱ **자연**

자연(孜然, zi ran)은 안식회향(安息茴香)이라고도 한다. 모양은 회향과 비슷하며 흑녹색을 띤다. 매운 향이 강하다. 나쁜 맛을 없애고 향미를 증가시킬 때나 양고기 노린 맛을 없애는 데 쓴다. 신강성에서는 소화불량이나 위가 냉하여 생긴 복통을 치료하는 데 사용하기도 한다.

⑲ **참깨장**

참깨를 볶아서 참기름을 짜내고 남은 찌꺼기가 참깨장(芝麻醬, ji ma jiang)이다. 걸쭉하고 진한 갈색으로 향이 진하다. 찬 음식과 뜨거운 음식의 조미료로 쓰며 기름진 향이 강하다.

6) 중국음식의 기본 조리방법

(1) 냉채(冷菜)

량채(凉菜) 또는 냉채(冷菜)라고 하며 여러 가지 재료를 한 접시에 담아서 내는 것을 냉분(冷盆) 또는 냉반(冷盤)이라 한다. 정탁요리의 맨 앞에 나오는 차가운 요리를 뜻한다. 삶거나 쪄서 차갑게 보관한 다음 썰거나 모양을 내서 낸다.

- 해파리냉채 · 새우냉채 · 해산물 냉채 · 오향장육 · 송화단

(2) 열분(熱盆)

중국요리의 전채 중 하나로서 더운 요리 중 가장 먼저 내는 요리를 말하며, 양, 질, 맛이 강조되는 요리이다. 볶는 요리가 주를 이루며 튀기거나 쪄서 볶기도 한다.

• 삼선어취 · 전가복 · 해삼주스

(3) 증채(蒸菜)

고온의 증기를 이용하여 식재료를 익히는 방법이며, 딱딱한 재료를 연하게 할 수 있는 요리법이다. 솥의 물의 끓는 힘으로 올라오는 증기를 이용하여 이미 조미된 것, 혹은 신선한 재료를 긴 시간동안 수증기로 익힌다.

이 방법은 재료의 신선하고 부드러움을 유지 할 수 있으며 푹 익혔지만 잘게 부서지지 않는 장점을 지니고 있다. 탕류에 속하며, 즉 탕즙을 맑게 하고 재료의 본래의 맛을 유지 해주며 음식물을 보온하는 용도로도 사용된다. 중국요리법 중 사용범위가 넓은 조리법이다.

• 닭찜요리 · 삼겹살찜 · 조기찜

(4) 작채(炸菜)

많은 양의 기름을 솥에 넣고 가열하여 튀겨내는 방법이다. 이 방법은 기름을 사용함으로서 더욱 맛있는 요리를 만들 수 있으며 적은 양으로 높은 칼로리를 얻을 수 있는 방법과 단시간에 고온을 이용함으로서 영양분의 손실을 적게 하는 방법이다.

① 기름의 양이 적으면 분해가 빠르고 재료가 팬에 눌러 붙어 타버린다.
② 기름의 용량을 재료의 2배 이상 사용한다.
③ 재료를 넣을 때는 기름의 온도가 내려가지 않도록 양을 조절하여 넣는다.

• 탕수육, 닭고기레몬, 큰새우튀김 등

(5) 초채(炒菜)

강한 화력을 이용하여 달군 프라이팬에 빠른 속도로 볶아 내는 요리법이다.

- 잡채, 해삼전복, 소고기아스파라거스 등

(6) 먼채(燜菜)

뚜껑을 꼭 닫고 화력이 약한 불에 은근히 끓이는 방법이다. 재료를 자른 후 먼저 물에 끓이거나 혹은 기름에 튀긴 후에 다시 소량의 육수와 조미료를 넣고 약한 불로 비교적 장시간 동안 삶아 재료가 연하게 되어 즙이 마를 때까지 조린다.

먼채(燜菜)의 방법으로는 다음 3가지를 들 수 있다.

① 홍먼(紅燜) : 간장이 비교적 많이 들어감
② 유먼(油燜) : 기름의 양이 비교적 많이 들어감
③ 황먼(黃燜) : 간장의 양이 작고 즙의 형태가 옅고 황색을 띤다.

- 식스핀찜, 사슴힘줄요리, 동파육 등

(7) 고채(烤菜)

재료에 양념을 한 뒤 불에 굽는 방법. 가장 원시적으로 음식물을 익혀 먹는 방법으로 직접 재료를 숯불 위에서 굽는 방법 이외에도 일반적으로 화덕(烤)에 굽고 렌지에서 밀봉된 상태로 익힌다. 조리시간은 재료의 밀도, 크기, 또는 자른 상태에 따라 적당한 시간을 조절하여야 한다. 굽는 방법은 재료의 표면이 바삭바삭 하며 향기가 나고 내부는 연하고 부드럽게 굽는다. 육류, 해산물 외에도 가금류, 과일, 야채까지도 이 방법을 사용할 수 있다.

- 북경오리

(8) 류채(溜菜)

기름에 튀겨서 그 위에 소스를 끼얹는 조리법이다. 주재료를 먼저 튀기거나 혹은 삶거나 찌는 방식으로 조리한 후에 다시 여러 종류의 조미료를 혼합하여 삶고 즙이 걸쭉하게 되면 섞거나 주재료 위에 끼얹는 것이다. 즙을 끓일 때는 불에서 빨리 완성을 해야 주재료의 향기가 깨끗하거나 부드럽고 연한 맛을 유지할 수 있다.

溜는 醋溜(초류), 糟溜(조류), 軟溜(연류) 등으로 나눌 수 있다.

- 탕수육, 깐풍기, 야채볶음 등

(9) 탕(湯)

재료를 넣고 끓이는 방법

① 주탕(做湯) : 한식의 육수, 양식의 스톡(Stock) 등과 같은 국물요리, 볶음요리, 조림요리, 찜요리 등에 많이 사용되며, 중국요리의 기초가 된다.

② 상탕(上湯) : 맑고 짙은맛의 국물로 국요리, 볶음요리, 조림요리, 찜요리 등에 사용된다.

③ 청탕부용(淸湯芙蓉) : 계란 지단과 쪄서 만든 계란을 재료로 한 탕

④ 청탕연와(淸湯燕窩) : 남얀의 해변에 사는 제비집을 건조시킨 것으로 해초와 새털을 뭉친 것으로 우윳빛이 나고 광택이 있는 중국요리의 최고급 요리이다.

⑤ 청탕어편(淸湯魚片) : 흰살 생선에 소금, 정종, 계란 흰자, 녹말가루를 넣어서 버무려 끓는 물에서 대쳐 내고, 야채도 데쳐 그릇에 담아 뜨거운 육수를 붓는다.

- 삭스핀수프 소고기완자탕, 옥수수수프 등

일식 메뉴해설

Chapter **15**

Chapter 15

일식 메뉴해설

1. 일본요리의 역사 및 특징

1) 일본 식문화의 특징

어느 나라 음식이나 마찬가지로 일본의 음식문화도 일본의 기후와 풍토가 크게 영향을 주고 있다. 일본은 열도라고 하는 데서 알 수 있듯이 많은 섬들로 이루어져 있다. 복잡 다양한 바다는 지형과 지질이 수많은 생물이 다양하게 분포하기에 적당해서, 수산자원을 풍부하게 해 주는 받침이 되었다.

남쪽으로부터 난류와 북쪽으로부터의 오호츠크해의 한류가 서로 교류하는 일본해 환류는 각종 수산물의 품종을 생산하고 이를 이용한 다양한 음식을 만들어 내게 한다. 또한 일본은 강우량이 많은 관계로 산지나 고원에 키워야 하는 목축업은 발달하지 못했지만 현대에 와서는 다양한 기술력으로 육식도 즐긴다. 더구나 일본은 아시아 대륙의 동쪽에 위치하고 있기 때문에, 한국, 중국의 문화는 물론 중국 음식문화가 유입되어 있던 중앙아시아, 동유럽의 음식문화요소까지 들어왔다.

2) 일본요리의 형성

일본요리는 그 형성시대가 다양하지만 크게 여섯 시대로 구분해서 시대마다 특징을 가지고 있는데, 그 특징을 간략히 알아보고자 한다.

(1) 자연물 잡식시대 : 自然物雜食 時代(기원 전후)

신석기시대에 남방과 북방의 문화가 혼재해 있었음은 식생활면에서 확인된다. 물가에서는 활, 작살, 그물 등으로 근해의 물고기를 잡아먹었고, 한편 산지에서는 단궁과 같은 북방의 활을 사용하여 멧돼지와 사슴을 사냥했다.

이 시기를 조몬식 시대라고 하는데 대개 기원전 6,000년부터 200년까지라고 본다. 이 시기에 고대 일본인들은 자연에서 나는 음식물을 채집하는 시기로 주식과 부식의 구별은 없었다.

당시의 조리법은 불에 그을리고 굽고, 어류나 식물성 식품이 상상 이상으로 밥상을 푸짐하게 하는 잡식이 행하여졌다. 찌는 등의 방법으로 화식을 하고 있었다. 이것은 주거 자리에 화로가 있는 것이나 토기의 바닥에 그을음이 묻은 것이 많은 것으로 알 수 있다. 그 당시 사람들이 어떤 조미료를 사용하고 있었는지는 확실치 않으나, 패총에서 권패(卷貝)의 일종으로 매운 맛이 나는 조개류가 출토되고, 다른 유적에서 신초가 들어 있는 토기가 있는 것으로 보아 매운맛이 사용됨을 알 수 있다.

(2) 주곡 부육시대 : 主穀副肉 時代(1~4세기)

기원전 3~4세기가 되면 벼농사가 활발히 진행되고 금속의 수입, 야요이식 토기의 등장으로 지금까지의 석기문화에 획기적인 변화가 나타나 일본 내에 일종의 생활혁명을 일으켰다. 일본의 벼농사는 중국의 양자강 하류 델타지역에서 기원된 것으로 생각된다.

이때부터 쌀을 주로 하는 곡물이 주식이 되면서 수산물과 동물성 식품은 하부 지위로 바뀌었다. 이와 더불어 염분의 섭취도 동물의 내장을 통한 유기염 대신에 해조를 구워 만든 식염으로 바뀌었다. 또한 사냥과 어업이 각기 독립되어 사회적 분업을 이루면서 종속산업화해 갔다. 이 쌀 음식의 풍습은 당시부터 현재에 이르기까지 일본인의 생활을 크게 규정하였고, 국책의 중심에는 항상 쌀의 생산과 보유가 중요한 위치를 차지하였다.

이 시대에 가열조리가 행해지고 있던 것은 야요이식 시대의 도로 유적에서 마찰

발화법에 의한 발화기가 발견되거나 주거지에 화로가 있거나 고분에서는 부뚜막이 발견되는 것으로 명백하다. 가열조리는 찌는 것, 끓이는 것, 굽는 것, 볶는 것 등의 방법이 있던 것으로 보인다.

부식은 야채, 수산물, 조수 등이었고 대개는 불을 이용하여 익혀 먹었다. 조개류나 채소는 향신료나 소금으로 맛을 내 생식을 하고, 곡물, 생선(生鮮), 수육(獸肉), 야생초(野生草) 등의 발효염장 식품이 등장하고, 각종 조미료와 향신료도 사용되었다. 쌀로 술도 만들어 먹었는데, 초기엔 단단하게 반죽된 것이어서 젓가락으로 먹다가 점차 양조법의 발달로 액체가 되었다.

(3) 당나라 음식 모방시대 : 唐國飮食模倣 時代(나라시대)

나라시대는 당나라(645)를 모델로 한 율령국가 체제가 성립되는 시기를 시작으로 중국식 도성(都城)의 설립도 8세기 초의 헤이죠우코우(平城京)에 이르면 본격적인 도역으로 교토(京都)가 완성되었다. 국가가 발달하게 됨에 따라 수도를 중심으로 발전을 하는데, 이때를 전·후하여 귀족계급의 생활양식이 당나라 풍으로 바뀌면서 음식문화에도 영향을 미쳤다.

6세기 초에 대륙(백제)에서 들어온 불교는 일본 지배계급과 결합되어 점차 퍼지게 되었다. 그 결과 불교는 정치와 결부되어 그 교리가 일반 정치에 포함되어 생활을 규제하는 수단으로 등장하기에 이른다.

그 중 대표적인 것이 살생을 금지하는 것으로 676년에는 칙령을 내려 육식을 금하는 법령까지 내리게 된다. 이러한 칙령은 장원을 배경으로 계급이 고정되기 시작한 귀족계급에게 강하게 영향을 미치기 시작했다. 후지와라(藥原)시대에는 궁정식을 대표로 하는 귀족요리가 생겨났는데, 귀족들은 부자연스럽고 지나치게 틀에 박힌 식생활을 함으로서 비타민이나 칼로리의 부족으로 인한 영양실조 상태를 초래하기도 했다.

일본에 우유나 유제품의 제조법이 전해진 것은 고토쿠(孝德)천황 무렵인데, 이러한 우유나 유제품은 왕궁에서 사용되었고, 또한 위생과 의료의 측면에서 오히려 더

취급되었다.

본선요리인 귀족요리의 탄생은 헤이안조의 초기 무렵으로 이 시대에는 오늘날과 같은 복잡한 요리법은 없으나 요리에 대해서 고심을 하고 좋은 것을 만들어 내려는 의욕은 여러 곳에서 보여 진다. 각종 요리에 관련된 서적이 많이 등장하였으며 소금도 조미료로서 널리 이용되었고, 조개류 등을 날 것을 그대로 먹을 때에도 적당한 맛을 가미하는데 사용하였다. 초를 사용해서 사슴의 고기나 내장을 회로 요리하는 법도 있었다. 또한 참기름 등의 식물성 기름을 사용하여 볶는 법도 많이 하게 되었다.

헤이안(平安) 시대의 후지와라(藥原)家의 영화는 일본 요리에 반영되는데, 이 때 일본요리의 기본이 형성되었으며, 불교의 활성화로 동물성 식품의 금기로 나타나 귀족의 식탁에서는 동물성 단백질과 지방이 추방되었다. 또한 사원생활의 영향을 받아 귀족계급에 생긴 의식적 식사법이 후세의 식생활 규범이 되었으나 식욕을 성욕과 더불어 낮게 보고 천히 여기는 풍습이 있었다.

(4) 일식의 발달시대 : 日食의 發達 時代(13~17세기)

겐지(源氏)가 12세기에 교토의 헤이케(平家)정권을 뒤엎고 가마쿠라에 막부를 연 14세기 초에 이르는 가마쿠라 시대는 고대의 장원제 중심에서 무가사회가 형성되어 성장하는 시대이다. 헤이안 시대에는 일상생활이 형식적이고 그것이 음식문화에도 영향을 미쳤었다. 그러나 이 시대에는 무가중심의 사회였고, 그들이 본래 가지고 있던 생활모습이 식생활 분야에 그대로 반영되고 있다.

그러나 무사들의 귀족 생활에 대한 동경은 당나라를 모방한 요리문화를 동화시키면서 옛날의 일본 전통 음식 문화와 혼합하여 일본 음식의 기본을 만들기도 하였다. 여기에 선종의 영향으로 신도우(禪堂)식사가 가미되어 회석풍의 요리법과 식사법이 생겨났다. 밥도 이때부터 쌀을 쪄서 먹지 않고, 죽의 형태를 거쳐 지금과 같은 모습으로 변화하게 된다.

무로마치(室町)시대에는 차가 유행하게 되었는데, 원래 차는 나라시대부터 귀족이나 승려의 일부가 마시고 있었다. 헤이안 시대에는 궁전의 뒷뜰에 차밭이 있었으며 귀족의 일부에서는 차가 약으로 애호되고 있었던 듯하다.

이 시대는 농업의 발달에 의해 쌀의 수확량은 늘어나서 쌀을 상식하는 일이 많아졌다. 이로 인하여 이 시대의 공가(公家)나 승려는 점심을 먹는 습관이 있었는데, 이것이 일반 서민에게까지 퍼지게 된다. 이 시기의 후반부인 아즈치(安土), 모모야마(桃山)시대부터 전국시대 말기까지는 대외 무역이 활발해졌는데, 주로 포르투갈과 에스파니아, 그리고 네덜란드가 중심이었다. 이때 들어온 포르투갈의 서구의 식품, 설탕, 설탕을 넣어 만든 과자는 일본 요리 문화에 커다란 영향을 미치게 된다.

임진왜란 이후에도 조선이나 명과의 교역은 끊임없이 이루어지고 있었고, 외국과의 교역은 새로운 작물을 일본 땅에 새로 전해지게 되었다. 이때 수입된 대표적인 작물로 수박, 호박, 옥수수, 고추, 고구마 등을 들 수 있다.

(5) 일본요리의 완성 : 日本料理의 完成(17~19세기 전반)

지배계급이었던 무사는 막부시대 후반에 이르러 스스로 귀족화하여 활력을 상실하고 때마침 대두한 화폐경제에 의해 생활면에서는 이미 지배계급의 지위에서 전락하기 시작했다. 한편 이와는 반대로 도시상인들은 생활이 급격히 향상되었다. 이들은 종래의 요리문화를 집대성하고 새로이 중국과 서구의 것을 받아들여 일식을 완성시켰다.

에도시대의 식생활은 귀족적인 궁정풍의 요리, 사원풍의 회석요리, 남만요리, 중국요리 등이 취사선택되면서 이전시기보다 더욱 집대성되었다. 또 막부나 제번(諸藩)의 식산흥업(殖産興業)의 정책에 의해서 경지의 확대, 농경기술의 개량, 작물의 품종개량, 어업기술의 발전, 식품가공의 진보 등으로 식품의 생산이 증대되고 국민 일반의 식생활은 질적으로나 양적으로나 모두 풍부하게 된 시기였다.

이 시기에는 종래의 조미료였던 소금(塩), 된장(味噌), 초(酢) 외에 새로이 간장(醬油), 설탕(沙糖), 다시마(昆布), 가다랭이포(かつおぶし)가 추가되었다. 이러한 조미료의 추가는 부식물의 조리법에도 영향을 미치고, 그 조리법을 다양화하는데 기여를 하게 된다.

(6) 일식과 양식의 공존시대 : 日食과 洋食의 共存 時代 (19세기 후반~현재)

메이지(明治)유신에 의해 봉건체제가 무너지고 서구문물을 적극적으로 수용하려는 풍조 속에서 요리문화에도 커다란 변화가 생겼다. 메이지 시대에 와서 스키야키가 유행하고, 양주나 서양요리가 보급된 것이다.

메이지 초년은 신정책의 강행으로 여러 가지 문물이 섞이는데, 식품에 관계되는 것을 보면, 소고기, 돼지고기, 서양요리, 양국선(洋國船)요리, 도시락집, 단팥죽집, 떡국 등이 있다. 각종 요리법이 수입되어 일반가정에까지 영향을 미치는데, 일본요리를 서양식으로나 서양식품을 일본식으로 조리하게 되었으며, 따라서 일본인의 식생활은 동양풍과 서양풍이 섞인 복잡한 형태가 되었다.

3) 일본요리의 특징

다른 문명제국의 요리사상과는 현저히 다른 면이 있는, 일본요리를 지탱해 온 일본인의 요리사상에는 자연적인 것. 음식에 손대야 할 기술은 최소한으로 하고 되도록 자연에 가까운 상태로 먹어야 한다는 것을 강조하고 있다. 즉 '조리를 하지 않아야 한다는 것이 조리의 이상이다.'라고 한다.

일본요리는 '눈으로 먹는 요리'라고 할 만큼 자연으로부터 얻은 식품 고유의 맛과 멋을 최대한 살리는 조리법을 택하며, 어패류를 이용한 요리가 많기 때문에 신선도와 위생을 제일 중요시하고, 요리의 양이 비교적 적으며 섬세하고, 계절감이 뚜렷하며 담백한 맛이 특징이다. 그리고 일본음식은 소재(素材)에 대한 정확한 시식을 요하여 같은 소재라도 첫물(はしり : 하시리), 제철(しゅん : 슌), 끝물(なごり : 나고리) 등으로 구분하며, 재료에 따라 알맞은 조리법을 사용하는 것이 또 하나의 특색이다. 생선을 사용할 때는 선도를 매우 중요시하며 선도에 따라 "날것으로 먹고, 구워먹고, 그래도 나쁘면 졸여서 먹는다."고 할 정도로 다양하게 구분되고, 또 하나의 특징은 감칠맛을 우려낸 국물의 사용이다. 일본의 국물 재료는 가다랭이포, 다시마,

멸치 등을 주로 사용한다.

조미료는 된장, 간장, 설탕, 식초, 소금, 청주, 미림 등을 주로 사용하며, 요리를 담을 때에도 도자기, 칠기그릇, 대나무제품, 유리제품과 같은 것을 다양하게 사용하여 요리와의 조화를 중요시하고 계절감을 살린다. 종래의 일본요리에는 육류요리가 적은 것이 특징이었으나, 1571년에 나가사키항(長崎港)이 개항된 이래로 포르투갈, 네덜란드 등의 유럽의 영향을 받고, 2차 세계대전 이후 일본에 주둔한 미국 식문화의 영향을 받게 되었다.

1964년 동경올림픽 등을 계기로 외국인과의 접촉이 빈번해지면서 스키야키·샤브샤브·돈가스·스테이크·철판구이 등의 육류요리가 발전하여 전통적인 식습관과 식문화에 많은 변화를 가져왔다.

이상에서 살펴본 일본요리의 특징을 구체적으로 나열해 보면 다음과 같다.

첫째, 생선회, 생선초밥 등 가열하지 않고 신선한 식품을 생식하는 조리법이 발달하였다.

둘째, 계절감각을 매우 중요시한다. 서양요리에 비해 냉동식품이나 통조림 등의 장기 저 장된 식 재료 보다 제철에 나는 신선한 식재료를 이용하여 계절감을 살린다.

셋째, 섬나라이므로 어패류 요리가 발달하였다.

넷째, 요리를 담는 데에도 동양철학을 담고 있다. 여백과 농담(濃淡)의 조화를 중요시하는 동양화처럼 공간과 색상의 조화를 중히 여긴다.

다섯째, 자연소재의 기물을 다양하고 예술적으로 활용한다(나뭇잎, 대나무, 죽공예품, 대 바구니, 칠기그릇, 종이, 나무열매, 나무껍질, 토기, 자기, 금속, 유리 등).

여섯째, 자연으로부터 얻은 재료의 고유한 맛과 멋을 최대한 살리며 대체로 담백한 맛을 추구한다.

일곱째, 비교적 양이 적으며 미적 감각을 중요시한다.

여덟째, 근래에는 외국의 요리를 받아들여 일본의 풍토에 맞게 개량하여 정착된 요리가 발달하였다(돈가스, 비후가스, 스키야키, 샤부샤부, 철판구이 등).

아홉째, 식품산업이나 외식업에 있어서 콘셉트가 될 자연 지향적·친환경적 요리이다. 조리법에 있어서도 가열을 하지 않는 생식법이 발달하였고, 조리를 하더라도 재료 자체의 맛과 특성을 잘 살리며, 요리를 담을 때에도 자연소재의 기물을 이용하여 자연과의 조화를 추구한다.

4) 일본인의 식사예법

본 음식은 젓가락만을 사용하여 식사를 하게 되어 있다. 젓가락은 중국, 우리나라, 동남아시아 국가의 일부에서도 사용되고 있는데, 일본에서는 아주 오래 전부터 사용했던 것 같다. 문헌상으로는 712년에 편찬된 역사서인 「고지기(古事記)」에 그 기록이 보인다.

젓가락과 숟가락이 일본에 전해진 것은 당나라 때라고 알려져 있다. 특히 젓가락은 당나라에서 전해 온 것이라 하여 '가라와시(唐箸)'라 불렀다. 원래 고대 일본에는 대나무를 반으로 굽힌 젓가락이 있었다. 그러나 당나라로부터 한 쌍으로 된 젓가락이 전해진 후 귀족들 사이에서 숟가락과 함께 이것이 사용되었고, 나라(奈良)시대에 들어와서는 서민들 사이에서도 젓가락이 보편적으로 사용되었다.

숟가락은 극히 일부 귀족에 한정되어 시도되었던 것으로 여겨진다. 그러나 일반인들은 밥먹을 때 숟가락보다는 젓가락을 많이 사용했다.

젓가락만으로 밥을 먹는 일본인들의 습관을 두고 일본의 민족학자 이시게나오미찌(石毛直道)는 신석기 시대인 야요이시대에 이미 찰기가 있는 자포니카 계통의 쌀을 재배하였기 때문에 굳이 숟가락을 사용할 이유가 없었다고 주장한다.

음식이 나오면 국물에 젓가락을 적시고 국물로 입을 축이고 나서 밥을 한 입 먹는다. 밥과 반찬은 번갈아 가면서 먹어야 한다. 이때 젓가락이 반찬에서 또 다른 반찬으로 직접 가서는 안 된다. 이렇게 되면 반찬의 맛이 뒤섞여 반찬 본래의 제 맛을 알 수 없게 되기 때문이다. 오른손으로 젓가락을 사용할 경우 왼손은 밥그릇과 국그릇, 반찬그릇을 나르는 데 써야 한다.

일본의 식사예법에서 젓가락과 관련된 금기사항은 이 외에도 아주 많다. 몇 가지 예를 들면 감자나 무 등으로 만든 반찬을 젓가락으로 찔러 보는 것은 실례이다. 이것은 속까지 잘 익었나를 확인하기 위한 것이겠지만 음식들 만든 사람을 의심하는 행위가 되기 때문에 좋지 않다. 또 뼈가 있는 생선을 먹을 때 뼈를 발라내지 않고 그대로 뼈 뒷면의 고기를 먹으려고 젓가락으로 들쑤시는 경우, 이것도 매너로서는 좋지 않다.

일본에서 손님으로 초대받았을 때 두 공기 세 공기를 먹는 것은 상관이 없으나 한 공기로 끝내는 것은 실례이다. 두 공기를 먹을 수 없을 때는 두 번째는 조금만 달라고 하여 두 공기를 먹는 형식을 취하면 된다. 일본에서는 예로부터 한 번으로 끝내면 인연이 끊긴다는 속신이 있다.

2. 일본요리의 기본조리법과 분류

1) 일본요리의 기본조리법

일본요리의 기본이 되는 조리법에는 오법(五法), 오미(五味), 오색(五色)의 조화에 계절감각을 매우 중요시하는 특징이 있다. 오법은 생·조림·구이·찜·튀김 등이 있으며, 오미에는 단맛·짠맛·신맛·쓴맛·매운맛 등을 적절하게 요리에 적응하였다.

오색은 빨강색·청색·흰색·검정색·노란색 등을 말하는데, 이 다섯 가지의 색은 계절과 영양 등을 고려한 여러 표현으로 나타난다.

청색은 봄, 빨강색은 여름, 흰색은 가을, 검정색은 겨울과 사계절, 노란색은 입추전(立秋前)을 나타내고 있다. 이러한 색의 조화는 일본요리를 만들 때 중요한 고려 대상이다.

위에서 언급한 일본요리의 기본 조리법 중 가장 직접적인 영향을 받은 오법(五法)에 대하여 살펴보면 다음과 같다.

(1) 나마(生 : なま : 날 것을 그대로 이용하는 조리법)

일본요리는 재료의 가지고 있는 맛을 살리고, 불필요한 가공이나 맛의 첨가를 가능한 피하고, 순수한 자연그대로의 맛을 음미할 수 있는 일본요리의 특징적인 조리법이며 대표적인 것으로 생선회와 생선초밥 등을 들 수 있다.

(2) 니루(煮る : にる : 조림, 삶거나 조리는 것)

조림요리는 적은 국물로 단시간에 졸이는 방법과 많은 국물 속에서 장시간 조리는 방법이 있다.

(3) 야꾸(焼く : やく : 구이 · 굽기)

열원에 직접 재료가 닿는지 여부에 따라서 직접구이(석쇠구이 · 꼬치구이 등)와 간접구이(펜구이 · 철판구이 · 조개껍질구이 · 알루미늄 호일 구이 · 오븐구이 등)로 나눌 수 있고, 사용된 조리기구에 따라 석쇠구이 · 꼬치구이 · 냄비구이 · 조개껍질구이 · 철판구이 · 오븐구이 등으로 나눌 수도 있다.

(4) 무시(蒸し : むし : 찜 · 찌기)

조미방법에 따라 사카무시(酒蒸し : 술찜), 시오무시(鹽蒸し : 소금구이), 미소무시(味噌蒸し : 된장찜) 등으로 나누고, 재료에 따라 가부라무시(かぶら蒸し : 순무찜), 신슈무시(信州蒸し : 메밀국수를 곁들여 찜), 기미무시(蒸し : 계란노란자찜) 등으로 구분할 수 있다. 또 재료를 담는 용기나 부재료에 따라서 도빙무시(土瓶蒸し : 질주전자찜), 호네무시(骨蒸し : 뼈찜), 시바무시(紫蒸し : 섶나무찜), 사꾸라무시(櫻蒸し : 벚꽃찜), 가시와무시(栢蒸し : 떡갈나무찜) 등으로 나누기도 한다.

(5) 아게루(揚げる : あげる : 튀김)

튀김의 첫 번째 포인트는 기름의 온도를 식품에 맞게 그 온도로 조절하는 것이다. 튀김에 사용하는 기름의 온도는 저온·중온·고온의 3종인데, 저온(150~160℃)에서는 야채의 소튀김(素揚げ : 모도아게)·돈가스를, 중온(170~180℃)에서는 생선의 가라아게·덴뿌라 등을, 고온(180℃ 이상)에서는 프라이·고로케 등이 적합하다.

2) 일본요리의 분류

일본요리를 지역에 따라 구분해보면 관동지방(關東地方)과 관서지방(關西地方)으로, 형식에 따라서 본선요리(本膳料理)·회석요리(懷石料理)·회석요리(會席料理)·정진요리(精進料理)·보차요리(普茶料理)·탁복요리(卓袱料理)로 나눌 수 있으며, 조리방법에 따라 생선회·초밥·구이·조림·찜·무침·튀김·절임·초회 등으로 나눌 수 있고, 요리에 사용한 주재료에 따라 도미요리(たいりょうり)·복어요리(ふぐりょうり)·장어요리(うなきりょうり)·송이요리(まつたけりょうり)·자라요리(すっぽんりょうり) 등으로 나눌 수 있다.

(1) 지역적 분류

① 관동지방(關東地方)

관동요리는 에도요리(江戶料理)라고도 하는데, 에도마에(江戶前), 동경만(東京灣)과 우전천(隅田川) 등에서 잡은 어패류를 사용한 요리로 생선초밥, 덴뿌라, 민물장어, 메밀국수 등이 대표적인 것들이다. 역사적으로는 겐로쿠우(元綠 1688~1704) 시대로부터 생기기 시작한 요리와 찻집을 중심으로 발달한 요리이다.

관동요리는 무가(武家) 및 사회적 지휘가 높은 사람에게 제공하기 위한 의례요리(儀禮料理)가 발달하였으며, 또한 관동지방은 깊은 바다에서 나는 단단하고 살이 많은 양질의 생선이 풍부한 반면, 토양과 수질이 거칠어 간을 진하게 하여 농후한 맛을 이루게 한다. 그 결과 맛이 진하고, 달고, 짜고, 국물이 적은 것이 관동요리의 특징이다.

관동・관서 두 지역요리의 맛의 차이는 수질의 좋고 나쁨, 동경만에서 잡힌 생선과 관서지방 주변에서 잡힌 생선의 맛, 어종의 차, 토질에 의한 야채류 맛의 차이 때문이며, 이러한 차이가 요리의 지역분할에 일역을 하지 않았나 본다.

② 관서지방(關西地方)

관서요리는 오사카(大阪)와 교토(京都)를 중심으로 발달한 요리이며, 가미가다(上方 : 교토 부근의 옛 이름)요리라고도 한다. 같은 관서요리이지만 교토요리와 오사카 요리는 조금 다른 점이 있다. 즉 바다로부터 멀리 떨어져 있으며 물이 좋은 교토에서는 야채와 건어물을 사용한 요리가 발달하여 양질의 두부・야채・밀기울・대구포 등을 사용한 요리가 많으며, 바다가 가깝고 어패류를 많이 접할 수 있는 오사카에서는 상가(商家)의 요리로 양질의 어패류를 이용한 생선요리가 발달했다. 그러나 간을 하는 데는 그렇게 많이 다르지 않았다.

관동요리에 비해 역사가 길며, 재료도 자연의 맛을 최대한 살리기 위해 간을 연하게 하고 색상과 형태도 그대로 살리며, 국물이 다소 많은 담백하고 아름다운 것이 관서요리의 특징이라고 할 수 있다.

(2) 형식(形式)에 의한 분류

정식으로 준비한 정찬요리인 본선요리(本膳料理), 그리고 우리가 가장 접하기 쉬운 회석요리(會席料理), 다도(茶道)의 작법과 형식에 따라 합리적이고 간소하게 만드는 것이 특징인 회석요리(懷石料理), 선종의 사원에서 사용되며 일반적인 불교의 행사에 식물성 식품만을 사용하는 정진요리(精進料理), 에도시대 전기에 중국과 남방에서 강한 영향을 받아 확립되어 현대까지 전해지는 보차요리(普茶料理), 탁복요리(卓袱料理) 등이 있다.

① 본선요리(本膳料理 : ほんぜんりょうり : 혼젠요리)

아시카가시대(足利時代 : 1338~1543년)에 뿌리를 둔 조리방법이 에도시대(江戸時代 : 1603~1866년)로 내려오면서 형식이 갖추어진 전통적인 일본요리로서 현재에도 관혼상제 등의 의식요리에 쓰이고 있다.

본선요리의 기본구성은 일즙삼채(一汁三菜), 이즙오채(二汁五菜), 삼즙칠채(三汁七菜), 일즙오채(一汁五菜), 이즙칠채(二汁七菜), 삼즙구채(三汁九菜), 삼즙십일채(三汁十一菜) 등이 있는데 일반적으로 일즙삼채(一汁三菜), 이즙칠채(二汁七菜) 등이 잘 사용되어 왔다.

② 회석요리(懷石料理 : かいせきりょうり : 가이세키요리)

다도의 일부로 초대한 손님에게 차를 달여 대접하면서 나무의 열매, 과일, 단 것을 조린 것, 곤약, 당근 등으로 만든 자우케라는 과자를 곁들여 먹었다.

③ 회석요리(會席料理 : かいせきりょうり : 가이세키요리)

회석(會席 : 가이세키)이란 모임의 좌석, 회합의 좌석이라는 의미로서, 에도(江戸)시대에 연가(俳諧 : 하이가이)의 좌석에서 식사를 즐긴 것에서 시작하였고, 형식보다는 식미본위(食味本位)의, 즉 보아서 아름답고, 냄새를 맡아서 향기롭고, 먹어서 맛있는 것을 전제로 한다 요즘 일본이나 우리나라에서의 회석요리는 아주 고급스러운 요리로 형식을 갖추고 있다.

④ 정진요리(精進料理 : しょうじんりょうり : 쇼진요리)

불교의 전통에 따라 절을 중심으로 발달한 요리로 채소, 해초, 건조식품 등 식물성 식품의 재료로 만드는 요리이다.

⑤ 보차요리(普茶料理 : ふちゃりょうり : 후차요리)

일본요리는 개개인의 상을 준비하는 것이 기본적인데, 보차요리, 즉 후차요리는 자연의 색과 형태를 잘 살린 아름다운 중국식 요리로 탁자에 둘러앉아 4명의 1조를 기본으로 한다. 한 그릇에 담겨져 있는 요리를 나누어 먹는 형식이며, 친숙함이 있고 진한 맛이 있어 에도 중기에 유행이 되었다. 일명 오오바쿠요리(黄壁料理)라고도 한다.

⑥ 탁복요리(卓袱料理 : しっぽくりょうり : 싯보꾸요리)

탁(卓)은 식탁을, 복(袱)은 식탁을 덮는다는 의미를 갖고 있으며 몇 사람이 식탁을 중심으로 둘러앉아 큰 그릇에 담긴 요리를 자기 앞의 작은 그릇에 옮겨 먹는 방법으로 탁복요리(卓袱料理)라고 한다. 중국식 요리가 일본화 된 것으로 나가사키(長崎)에서 정착되고 전파되었기 때문에 나가사키요리(長崎料理)라고도 한다.

(3) 조리방법에 따른 분류

① 생선회(刺身 : さしみ : 사시미)

흰살 생선회(しろみさしみ : 시로미사시미), 붉은살 생선회(あかみさしみ : 아까미사시미), 엷게 뜬회(うすつくり : 우스쭈꾸리), 통사시미(すがたもり : 스가다모리)

② 맑은국(吸物 : すいもの : 스이모노)

도미머리맑은국(たいあたますいもに : 다이아다마스이모노), 대합맑은국(はまぐりすいもの : 하마구리스이모노)

③ 구이요리(燒物 : やきもの : 야끼모노)

소금구이 (しおやき : 시오야키), 간장구이(てりやき : 데리야키), 된장구이(みそやき : 미소야키) 등

④ 조림요리(煮物 : にもの : 니모노)

도미머리조림(かぶとに : 가부또니), 닭고기 야채조림(うまに : 우마니), 된장조림(みそに : 미소니), 부드럽게 조림(やわらかに : 야와라가니) 등

⑤ 튀김요리(揚げ物 : あげもの : 아게모노)

그냥튀김(もとあげ : 모또아게), 덴뿌라(ころもあげ : 코로모아게), 양념튀김(からあげ : 가라아게) 등

⑥ 찜요리(蒸し物 : むしもの : 무시모노)

술찜(さけむし : 사케무시), 계란찜(ちゃわんむし : 자완무시), 질그릇찜(とびんむし : 도빙무시) 등

⑦ 무침요리(和え物 : あえもの : 아에모노)

야채두부무침(やさいしらあえ : 야사이시라아에), 깨무침(こまあえ : 고마아에) 등

⑧ 초회(酢の物 : すのもの : 스노모노)

모듬초회(すのものもりあわせ : 스노모노모리아와세), 문어초회(たこす : 다꼬스), 해삼초회(なまこす : 나마꼬스) 등

⑨ 냄비요리(鍋物 : なべもの : 나베모노)

복어냄비(ふくちり : 후구지리), 샤브샤브(しゃぶしゃぶ), 전골냄비(すきやき : 스키야키), 냄비우동(なべうどん : 나베우동) 등

⑩ 면류(麵類 : めんるい : 멘루이)

우동(うどん), 소면(そうめん : 소우멘), 모밀(そば : 소바) 등

⑪ 덮밥류(丼類 ： どんぶり ： 돈부리)

소고기덮밥(きゅにくどんぶり：규니꾸돔부리), 닭고기덮밥(おやこどん：오야꼬동), 돈가스덮밥(かつどん：가스동) 등

⑫ 밥(御飯 ： こはん ： 고항)

송이버섯밥(まつたけごはん：마쯔다게고항), 죽순밥(たけのここごはん：다케노꼬고항), 굴밥(かきごはん：가키고항) 등

⑬ 차밥(お茶漬け ： おちゃつけ ： 오차스케)

김차밥(のりちゃつけ：노리차스케), 도미차밥(たいちゃつけ다이차스케), 연어차밥(さけちゃつけ：사께차스께) 등

⑭ 초밥(寿司 ： すし ： 스시)

생선초밥(にきりすし：니기리스시), 상자초밥(はこすし：하꼬스시), 김초밥(のりまき：노리마끼), 유부초밥(いなりすし：이나리스시)

⑮ 절임류(漬け物 ： つけもの쯔께모노)

단무지(たくわん：다꾸앙), 메실절임(うめぼし：우메보시), 가지절임(しばつけ：시바쯔케), 쌀겨절임(ぬかつけ：누가쯔케) 등

3) 복어요리

복어를 즐겨 먹는 나라는 주로 동남아 지역인 한국, 일본, 중국 등으로, 특히 일본에서 복요리가 발달되어 있다. 복어는 바닷물고기로 수십 종이 있으며 우리나라에는 20여종이 있는데, 그 중에서 가장 귀하게 여기는 것은 참복, 검복, 까치복 등이 있으며, 주로 겨울의 계절 요리로 맛이 좋다. 민물과 바닷물을 오가는 대표적인

복으로는 황복이 있다.

복을 하돈(河豚)이라 표기하는 것은 황복을 두고 하는 말인데, 중국에서 전래된 한자를 그대로 사용하고 있기 때문이다. 중국에서도 하돈(河豚)은 고대부터 식용되고 있으며, 여기에 해당되는 한자는 이 밖에도 많으나 현재에도 하돈(河豚)으로 사용되고 있다.

중국에서는 양자강, 황하, 요하 등에 많고, 한국에서는 한강, 임진강, 금강과 낙동강 등 큰 강의 하류에서 봄에서 여름까지 잡히며, 요즘은 양식도 하고 있다.

복어 중에는 무독한 것도 있지만 유독한 것이 많고, 치사율이 60%에 이르고 있다. 사람의 치사량은 약 2mg이다. 복어의 독은 테트로도톡신으로 빛깔이 없고, 맛은 동물성 자연독 중 제 1위에 이르고 있으며, 한 마리에 30명 정도가 죽을 정도다. 복의 독은 산란기 직전인 5~7월에 강하고, 밀복은 독이 없으나, 참복은 맹독으로 난소와 간장에 제일 많고, 이 독은 물에 안 녹기 때문에, 독은 반드시 제거해야 한다.

복어의 중독 증상은 흡수와 배설이 빨라 중독 증상은 식후 30분에서 2~3시간 정도이고, 늦어도 8시간을 넘어서면 회복될 확률이 크다.

(1) 복어의 종류

복어는 참복과의 바닷물고기를 통틀어 이르는 말. 몸은 똥똥하고 비늘이 없으며 등지느러미가 작고 이가 날카롭다. 적에게 공격을 받으면 물 또는 공기를 들이마셔 배를 불룩하게 내미는 특색이 있다. 고기는 식용하나 내장에 맹독(猛毒)이 있어 조리를 잘못하면 중독을 일으킨다. 가시복, 검복, 꺼끌복, 매리복, 밀복, 황복, 흰점복 따위가 있다.

- 가시복 : 닷물고기. 몸의 길이는 40cm 정도이고 짧고 굵으며, 등은 검은 갈색, 배는 흰색에 흑점이나 검은 무늬가 있다. 공격을 받으면 배를 불리어 가시를 세운다. 한국의 서남부·중부, 일본의 남부 및 온대와 열대에 널리 분포한다.
- 참복과 : 조기강 복어목의 한 과. 검복, 매리복, 졸복, 흰점복 따위가 있다.

- 황복 : 참복과의 바닷물고기. 몸의 길이는 45cm 정도이며, 참복과 비슷하나 조금 작고 등과 배에 잔가시가 많다. 등 쪽은 어두운 갈색이며 희미한 흰색 가로띠가 있고, 배 쪽은 흰색이다. 식용하는데 알집, 간, 장, 껍질에 독이 있다. 한국, 중국 등지에 분포한다.

〈그림 15-1〉 복어의 종류

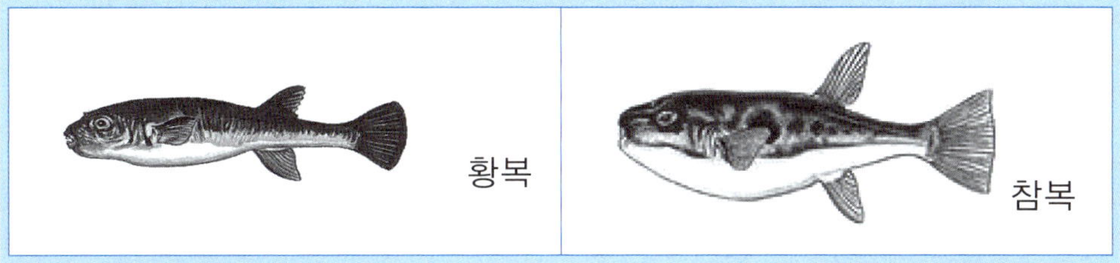

출처 : 다음 국어사전

(2) 복어의 중요성

복어는 값이 비싼 것과 손질을 제대로 하지 않고 먹었을 경우에 죽을 수 있다는 것이 단점이지만 최근에는 이런 모든 것을 감수하고 자기 건강을 위해 많이 찾고 있으며 또한 호텔이나 일반 음식점에서도 많이 취급하고 있다.

동의보감에는 복에 대해 이렇게 설명하고 있는데, "하돈(河豚)성질이 따뜻하고 맛이 달며 독이 있다. 허한 것을 보하고 습한 것을 없애며 허리와 다리의 병을 치료하고 치질을 낫게 하며 벌레를 죽인다."라고 하였다. 또한 중국의 시인 소동파는 특히 복을 좋아하여 그가 양주의 장관으로 있을 때 복이 올라올 철이면 복요리를 먹느라고 정사를 게을리 했을 정도라고 한다. 많은 시인들을 불러 복 맛을 찬미케 하는 자리에서 소동파는 "사람이 한번 죽는 것과 맞먹는 맛"이라고 까지 극찬하였다. 가시가 있는 장미가 아름답고 절세미인에 독부가 있듯이 독이 있는 복이 맛있는 이유일 것 같다.

복을 먹는 나라는 중국과 일본, 동남아와 이집트다. 특히 이집트는 복 껍질로 돈주머니를 만들면 돈이 들어온다고 하여 지금도 복지갑을 가지고 다니는 사람이 많다. 아마 복을 잡았을 때 배가 풍선처럼 부푸는 것을 식재로 생각하였음 직하다.

(3) 복어의 역사 및 유래

복어는 위에 둥근 주머니가 있어 그 속에 물이나 공기를 흡입하기도 하고 때때로 이 물을 내뿜어 모래나 뻘을 헤쳐서 먹이를 찾는 습성과 적을 위협하기 위한 수단으로 복어 자신의 공기 주머니를 3배 가까이나 부풀어 커지게 함으로써 방어를 하기도 한다. 이러한 이유로 물을 뿜어내거나 부풀어지는 생선이라 하여 영어로 puffer 라고 불린다. 한자로는 하돈이라고 하며 해돈이라 표현되었다고도 한다.

복어의 유래를 보면 우리나라에서 복어는 석기시대의 패가에서 복어과의 뼈가 도미, 고등어, 넙치 등의 뼈와 같이 출토된 것으로 보아 이때부터 식용한 것으로 추정된다. 즉 경남 김해군 수조리 패가에서 가오리, 대구, 농어, 도미의 어류 잔해와 함께 졸복이 출토된 것으로 보아 신석이 시대인 약 5000년경부터 식용하였음을 알 수 있다.

복어가 문헌에 나타난 것은 약 200년 전에 중국의 〈산해경〉이라는 산과 바다의 동식물을 기록한 책 중에 '패어'라고 하여, 이것을 먹으면 사람이 죽는다고 하였다.

또한 일본 어획사에 보면 패총 속에서 도미, 농어 등과 함께 복어의 화석이 나왔다고 기록되어 있으므로 원시시대부터 일본인이 먹고 있었다고 생각된다. 원시시대의 식료는 대체로 수렵에 의 해 얻어지고 있었기 때문에 해안 부근에서 어획을 해온 부락은 복어가 흔한 생선이었을 것이다. 처음에는 단순한 호기심에서 일부러 일부의 사람이 먹고 중독되고, 어느 때는 죽기도 하고 하는 사이에 어슴푸레 그 독성을 이해하고 동시에 약용으로서의 이용 등도 조금씩 알 수 있었을 것이며 그때부터 점점 보급되었으리라 여겨진다.

(4) 복어의 특성

복어 한 마리는 성인 30여명의 생명을 빼앗을 수 있는 맹독을 지니고 있으며, 그 독을 테트로도톡신이라 불린다. 복어는 난소에 가장 독이 많고, 그 다음이 간, 피부, 장의 순이며, 근육에는 적다. 이 독은 물이나 알칼리에 분해되나 열에는 파괴되지 않으므로 주의해야 한다.

복어는 먹을 수 있는 복과 먹을 수 없는 복으로 나뉜다. 먹을 수 없는 복은 국매리복, 복섬복이고, 먹을 수 있는 복은 까치복, 황복, 참복, 은복, 졸복, 밀복 등이 있다. 그러나 먹을 수 있는 복이라 해도 내장, 아가미, 피, 난소 등을 먹으면 절대 안 된다. 그러나 은 종류의 복어 중에 일반적으로 식용되어 온 것은 유독부분을 제거하면 충분히 안전한 것으로서, 그 미각은 한 번 맛보면 잊을 수 없는 것으로 되어 버렸다.

우리나라에서는 전 세계 1백 20여종의 복 중에서도 참복으로 통하는 검복, 까치복, 자주복, 흰밀복 등을 식용으로 사용하고 있다. 검복을 최고로 치며 그 다음이 자주복, 그리고 까치복과 흰밀복은 일반적인 가격대로 판매되는 복이다.

검복과 자주복은 모양이 비슷해 구분하기 어려운데 가슴지느러미 뒤쪽의 원형 반점에 흰 테두리가 없는 것은 검복, 그 원형 반점에 테두리가 있고 등과 배 쪽에 작은 가시가 있는 것은 자주복으로 보면 대개 맞는다. 자주복은 몸집이 커 50cm급도 드물지 않으며, 등 쪽에 검은 점들이 있고, 특히 가슴지느러미 후방 등 쪽에 흰 테를 두른 커다랗고 둥근 흑색점이 있어 형태적으로 다른 종과 쉽게 구분할 수 있다. 이 또한 난소와 간에 강한 독을 가지고 있으며, 반면 밀복은 독이 없거나 약한 독을 가지며 거북복은 아예 무독이다. 복어는 납작한 비늘은 없지만 종에 따라 등과 배에 수많은 작은 가시를 가지고 있어 만지면 까칠까칠하다.

우리나라에서는 한국어도보에 참복과 16종이 기재되어 왔으나 최근 복어류의 분류학적인 연구가 활발히 진행되어 우리나라 연안에서 미기록 종들이 계속 발견됨에 따라 6속 25종, 10속 28종으로 보고되어 있다.

(5) 복어요리 문화 및 맛과 영양

요리법은 먼저 지느러미를 자르고 꼬리 쪽에서 등과 배에 칼집을 넣어 머리 쪽으로 껍질을 벗겨낸다. 이어서 머리를 자르고 내장을 제거한 다음 몸을 3쪽으로 가른다. '복 한 마리에 물 한 섬'이란 말이 있듯이 다량의 흐르는 물을 사용하여 충분히 씻는다. 회요리는 살을 될 수 있는 대로 얇게 저며 접시에 나란히 담고, 무즙과 식초, 간장, 다진 실파 등을 넣고 양념장을 만들어 찍어 먹는다. 이밖에 냄비요리는 머리와 뼈 등을 적당한 크기로 썰어 냄비에 담고 다시마 국물과 두부, 날배추 등을 넣고 끓이다가 쑥갓, 파채, 다진 마늘을 얹어 끓어오를 때 내려놓고 초간장을 찍어 먹는다. 이때 살 도막을 넣거나 간장으로 미리 간을 맞추어 하얗게 맑은 찌개를 끓여도 된다. 복어 지느러미술은 말린 지느러미를 센불에 약간 탈 정도로 구워 따끈한 청주를 부어 2~3분 후에 마시는 별미 술이다. 또 작은 복은 내장과 껍질을 제거한 다음 등쪽을 갈라 납작하게 만들어 말려두고 먹는다.

복어는 독성 제거 때문에 손질에 정성을 다해야 하지만 요리는 간단하게 하는 것이 특징이다. 탕은 가장 대중적인 복 요리로 매운탕과 맑은탕이 있다. 복매운탕은 생선 매운탕을 끓이는 방법과 비슷하다. 독성을 제거하는 성분이 있는 미나리를 함께 넣는다. 맑은탕은 팽이버섯과 배추, 쑥갓 등 채소로만 맛을 낸다. 미식가들은 양념을 많이 하면 기름기 없는 생선인 복어 특유의 담백한 맛이 사라진다며 맑은탕을 즐겨 찾는다. 냄비 바닥에 농축된 마지막 국물로는 밥을 비벼 먹는다. 집에서 요리할 때는 시장에 가서 독이 완전히 제거되고 손질된 것인지 확인하고 구입한다. 흐르는 물에 서너 시간 정도 담가 피를 한 번 더 빼서 쓴다. 일반적으로 복어는 살이 찌는 늦가을에서 초봄까지 맛이 좋고, 이때 우리나라 제주도 근해에서 많이 잡는다. 복어는 밤에 대부분 모래집 바닥에 숨어 휴면을 하므로 주로 밤에 집어 등을 이용하여 낚아 올린다. 이렇게 낚아 올린 복어는 손질을 잘 해야 한다.

일본 속담에 '복어국과 도미의 맑은 국이 있는데도 무분별하다.'라는 금언이 있듯이 역시 복어의 고기는 잊을 수 없는 미각을 갖추고 있다. 특히 눈 내리는 겨울밤에 복 냄비요리와 복어 지느러미술, 복어회 등은 겨울의 정취로서는 최고의 요리다. 까다롭게 손질해도 일부의 독성은 남지만 이 독성은 오히려 온몸으로 퍼지면서 몸을 덥게 하여 피로를 풀어주고 숙취를 해소시켜 준다고 한다. 복어요리는 한겨울의 진미 가운데 하나다. 독성이 약해지고 살집이 차오르는 10월부터 3월초까지 잡히는 복어가 가장 맛있다. 뜨거운 청주에 복어 지느러미술 한 잔과 쫄깃 담백한 복요리는 추위를 잊게 만든다.

배가 볼록하게 생긴 복어는 다른 생선과 비교할 수 없을 정도로 감칠맛이 뛰어난

어종인데 그 중에서도 가장 맛이 좋은 고급 종이 바로 참복이다. 말복은 11월에서 12월에 이리가 가장 많이 생기는데 이 이리가 고단백질이다. 이것이 간경화, 간염이 있는 사람에게 매우 좋다고 한다. 횟감용으로 좋은 것은 황복, 참복이며, 복탕용과 지리용으로 먹기 좋은 것은 까치복이 있다. 복어회는 일본에서 발달했다. 살만을 발라 아주 얇게 종잇장처럼 뜨는데 회를 뜨는 것으로 복어요리 솜씨를 짐작할 수 있다. 이밖에 복껍질 무침, 튀김, 복찜 복 샤브샤브, 복껍질 균힘 등 여러 가지 요리가 있다.

(6) 복어 효능 및 맛과 영양성분

복어는 저칼로리 고단백질 저지방과 각종 무기질 및 비타민이 있어 다이어트 식품으로는 최고로 친다. 특히 예부터 수술 전후의 환자 회복 및 당뇨병, 신장 질환의 식이요법의 적격으로 쳐왔으며 갱년기 장애 혈전과 노화를 방지하고 폐경이 연장되고 각종 암 종양, 궤양의 예방 및 치료에도 좋다. 뿐만 아니라 신경통, 두통, 진정, 해열, 일사병, 파상풍, 혈압 강화와 치질, 치루 환자 등에도 좋다.

콩나물과 미나리를 함께 넣어 탕을 만드는 이유는 해독 작용은 물론이고 복어의 성분을 더욱 상승시켜 혈액을 맑게 해주며, 피부를 아름답게 하고 고혈압, 신경통의 효과를 증진시키기 때문이다.

복어가 알코올 해독은 물론 콜레스테롤 감소에 탁월한 효과가 있다는 사실이 학술적으로 증명되어 학계의 관심을 모으고 있다. 부산해기연수원 김동훈 교수는 「까치복 수용성 추출물의 알코올 해독에 미치는 영향」이라는 경성대 약대 박사학위 논문에서 복어가 혈액 및 간 기능 장애시 알코올 중독 해독과 숙취의 원인으로 알려진 아세트알데히드를 분해하는 효소를 적절히 조절해 준다.

김 교수는 이 연구를 위해 25%의 소주를 실험쥐에 6주간 투여하여 중독 상태를 만든 후 내장과 독성 등을 제거한 복어를 체중 kg당 100mg을 1일 1회 2주간 투여한 결과, 혈액 중 알코올과 아세트알데히드가 각각 34%, 24%의 농도 감소가 나타났다고 밝혔다. 또 음주로 콜레스테롤이 정상보다 최고 45%까지 증가하던 것이 복어 투여로 인해 정상을 회복했으며 동맥경화 지수도 현저히 감소했다는 것이다. 이는 복어가 말초 조직에서 간으로의 혈액순환 등을 촉진시킴으로써 알코올로 생성된 지방 성분의 분해를 촉진시키기 때문이다.

복어는 근육 중에 IMP가 전 핵산 관련 물질에 대하여 39.6%를 차지할 정도로 식미가 우수하다. 복어 열수추출물은 숙취해독에 효과가 있으며, 고도 불포화지방산인 복어의 지질 성분에는 EPA와 DHA가 비교적 많이 함유되어 있는 것으로 보고되고 있다. 특히 최근 뇌 영양화학 연구소의 Michael A Crawford 박사가 그의 저서에서, 생선에만 있는 이 영양소는 학습, 기억 기능을 향상시키고, 혈액 중의 콜레스테롤의 함량을 줄이며, 혈전을 방지하는 우수한 기능을 가지고 있다.

복어의 영양이라고 하는 복어 회를 즐겨 먹으면 가공, 조리에 의한 영양소의 파괴 없이 영양을 효과적으로 잘 이용 할 수 있다. 또한 복어는 깊은 맛과 관련이 있는 유리 아미노산인 타우린, 글리신, 알라닌 및 루신이 전체 아미노산의 83%를 차지하고 있다. 고급 어종일수록 결합조직 중의 콜라겐 함량이 높아 촉감이 좋은데, 복어는 식용 가능한 어종 중에서 가장 높은 콜라겐 함량을 가지고 있다.

(7) 복어에 의한 식중독

복어의 독은 1909년 일본의 다하라 박사에 의하여 테트로도톡신으로 명명되었으며, 그 성분은 물과 유기용매에는 녹지 않고 산에 녹는다. 열에 대하여는 중성 또는 유기산성에서는 상당히 안정하나, 알칼리성에서 빨리 독성이 소실된다.

복어 독도 사용하기에 따라서는 약이 된다는 말이 있다. 복어 독은 신경계의 마비작용을 하기 때문에 신경통이나 관절염, 류머티즘 진통, 파상풍의 경련, 천식, 발작 등에 진정 효과가 있어 진통제, 신경제, 진정제 등으로 사용하고 있다. 테트로도톡신은 체내에서 만들어지지 않음이 1980년대에 밝혀졌다.

여름부터 겨울에 걸쳐 간의 독력이 증가하여 복어가 먹는 먹이 사슬인 불가사리에 의해 계절에 따라 독력이 변한다. 하지만 양식 복어는 무독이거나 천연 복어보다 독성이 낮다. 복어의 독은 눈으로 볼 수 없을뿐더러 계절, 개체, 암수 등의 차이에 의해 내장 등의 독의 유무, 강약이 다르며 결코 외관상으로 유독인지, 무독인지를 감별할 수 없는 어려움이 있다. 특히, 난소와 간장에 많이 들어 있고 거의 모든 내장에 다 들어 있으므로 가식부분을 제외한 내장 부위는 가급적 먹지 않는 것이 좋다.

보통 복어요리 중에 함유되어 있는 정도의 독의 양이면 혈관 운동신경의 활동이 활성화되지만 그보다 양이 많게 되면 반대로 활동이 중지되어 호흡이 곤란하게 되고, 결국 산소의 결핍에 의해서 죽음에 이르게 된다.

복어 독의 특징은 수용성이기 때문에 주방에서 요리 전 세척을 할 때 깨끗한 물로 잘 씻는 것이 중요하며 표면의 독은 물에 잘 씻겨 나가지만 조직 중의 복어 독은 파괴되거나 씻겨지지 않으므로 이를 잘 제거하는 기술이 복어 조리법의 비결이라고 할 수 있다.

(8) 복어의 중독증상

복어의 중독 증상은 흡수와 배설이 빨라 식후 30분, 늦어도 2~3시간이면 발병한다. 치사시간도 1시간 30분에서 8시간 정도이고, 8시간을 넘어서면 회복될 확률이 크다.

① 제 1도(중독의 초기증상)

입술 주위나 혀끝에 나타나고, 가볍게 떨리고 저려온다. 먹은 후 20분부터 2~3시간 내에 감각이 둔화되며 손끝이 저려오고, 보행은 할 수 있어도 술에 취한 것 같이 비틀거리며, 구토가 일어난다. 때로는 구토가 심하지 않을 때도 있는데 이러한 경우에는 일반적으로 뒤끝이 좋지 않은 경우이다.

② 제 2도(불완전 운동마비)

운동마비는 복어중독 증상 중 특이한 것으로 구토 후 급격하게 진척되며, 앉아 있으면 옆으로 넘어지고 또 지각마비, 언어장애도 나타나고 호흡곤란을 느낄 수 있으며 혈압도 급속히 떨어지나 의식은 뚜렷하다.

③ 제 3도(완전 운동마비)

이 시기에는 완전 운동마비가 오고 지각마비가 현저하게 일어난다. 골격근이 이완하여 손가락 끝도 움직일 수 없게 된다. 증상이 진척됨에 따라 호흡곤란과 혈압강하는 더욱 심해진다. 혈액 중의 산소가 급격하게 결핍되어 피부나 점막이 검푸르게 변하는 상태가 나타난다. 다음은 약물을 삼키는 것조차 되지 않으며, 반사기능을 모두 상실하게 되어 의식이 혼미해진다.

④ 제 4도(의식소실)

복어중독의 특이증상 중 하나가 의식이 죽음직전까지 명확하다는 것이다. 이 임종 기에는 혼미가 극심해지며 의식불명으로 된다. 의식소실 후 곧바로 호흡은 정지하지만, 심장은 잠시 박동을 계속하다가 이윽고 정지한다. 또 복어 중독의 주증상은 지각이상, 운동장애, 호흡장애, 혈행장애, 위장장애 등으로 구분되기도 한다.

복어 중독의 응급조치

복어 중독 시 응급처치로는 중독된 것을 알아차리면 무엇보다도 먹었던 유독물을 1초라도 빨리 구토하게 하는 것이 중요하다. 손가락으로 인두를 자극하여 구토를 하게 하면 된다. 이 경우 물, 미온탕, 증조수, 식염수 등을 다량으로 마시고 위 안의 내용물을 전부 토해낸 다음 위세척이 응급조치이고, 가장 먼저 행해야 할 조치이다.

(9) 복어의 먹는 부분

입, 껍질, 항문쪽 지느러미, 살, 머릿부분, 이리 등

(10) 복어의 먹을 수 없는 부분

간장, 알, 위장, 속아가미, 쓸개, 비장, 눈, 피, 신장, 심장, 속아가미 점막을 싸고 있는 얇은 껍질 등

이탈리아요리 및 기타 메뉴해설

Chapter **16**

Chapter 16 이탈리아요리 및 기타 메뉴해설

1. 이탈리아요리

이탈리아는 우리나라와 마찬가지로 반도국가이며, 매운 음식과 밀가루 음식 등이 발달한 국가 중하나로 우리나라 음식과 매우 흡사한 것들이 많이 있는 나라이다. 지중해세계의 중심에 있으며, 예로부터 여러 문화가 건너와 융합한 곳이었다. 고대에는 에트루리아·그리스·로마, 중세에는 비잔틴·아랍 등 다양한 문화가 각지에서 번영했다. 그로 말미암아 이탈리아의 요리문화는 역사가 길고 내용도 다양하다.

중세로부터 르네상스까지 이탈리아반도에는 도시국가가 번영했고, 음식도 도시국가마다 제각기 특징을 가지고 발달하게 되었다.

베네치아요리(오징어의 먹물을 이용하여 삶은 것 등의 생선요리와 옥수수가루를 사용한 포렌타), 롬바르디아요리(리조토라고 불리는 쌀요리), 볼로냐를 중심으로 한 에밀리아로마냐요리(살라미소시지·소시지·파르메산치즈 등 고기나 밀크를 재료로 한 식품, 라비올리·라자냐 등의 生파스타), 피렌체·시에나·리보르노 등의 토스카나요리(피렌체식 비프스테이크, 포르치니라고 하는 버섯요리), 제노바를 중심으로 한 리구리아요리(소스의 페이스트 제노베제를 사용한 파스타요리), 로마를 중심으로 한 라치오요리(로마식의 사르팀보카의 고기요리와 로마식의 뇨키), 나폴리요리(주파 디 페이셰라는 생선요리, 나폴리식 소스의 스파게티나 피자), 시칠리아요리(정어리가 들어간 파스타요리) 등이 탄생하게 되었다.

그리고 이들 도시문명의 소산인 요리문화는 알프스를 넘어서 프랑스로 전해졌다. 한국에서는 지금까지 서양요리라고 하면 프랑스요리라고 생각해 왔으나 최근에는 서양요리의 기원인 이탈리아요리가 재평가되고 있다.

이탈리아는 1861년 통일국가를 이루기까지 국토가 여러 왕국, 왕령으로 나뉘어 있었던 까닭에 지방색이 강하여 음식도 "이탈리아요리는 없고 향토 요리뿐이다."라는 말이 생길 만큼 각기 그 지방마다 특색이 뚜렷하다. 북쪽은 버터와 쌀로 만든 요리가 발달되었고, 남쪽 지방은 올리브유와 파스타를 이용한 요리가 많다. 또한 국경이 각각 프랑스, 스위스, 오스트리아, 유고슬라비아와 접해 있기에 각국 요리의 영향 또한 무시할 수 없다.

1) 북부

알프스 산맥과 바다가 접해 있어 수산물과 목축업 등으로 풍부한 지방. 버터, 치즈, 햄 등으로 만든 다양한 요리가 있고 리조또 등 쌀로 하는 요리가 발달되어 있다. 버터를 이용한 크림소스가 많이 사용된다.

- 피에몬테지방 : 토리노를 중심으로 하는 프랑스 국경의 산간지방. 버섯 요리가 유명하다.
- 리그리아 지방 : 항구도시 제노비아가 있는 지방. 바질과 올리브유의 산지이고 해산물이 풍부한 지방이다.
- 롬바르디아 지방 : 밀라노를 중심으로 하는 지방. 밀라노는 리조토와 비프 커틀릿이 유명하다.
- 베네토주 : 베네치아를 중심으로 하는 포강 유역. 바다와 육지의 산물이 조화를 이루고 있고 와인 산지로 유명하다. 어패류 요리가 많다.

2) 중부

맛이 진하고 감칠맛이 강한 소스를 사용하는 요리가 유명하다.

- 토스카나 지방 : 프랑스 요리의 원조가 된 메디치가로 유명한 지방. 티본스테이크가 유명한 피렌체 중심 지역. 올리브와 포도 재배가 왕성하고 와인 생산에 있어서도 이탈리아 제일이다.
- 라쯔이오 지방 : 카르보나라 파스타가 대표적인 로마 중심의 지방. 아티초크, 브로콜리가 특산물이고 새끼양, 내장 등을 이용한 육류요리가 유명하다.

3) 남부

경제적으로는 낙후되어 있지만 풍요로운 자연조건으로 음식문화가 가장 발달된 지역이다. 올리브 오일과 토마토, 파스타를 이용한 요리가 풍부하다.

- 시실리아 지방 : 이탈리아 최남부의 시실리아섬. 가지, 참치, 레몬, 잣 등을 이용한 요리가 많고 어업도 성행한다. 이 섬을 통해 파스타와 와인, 설탕이 전해져 이탈리아요리의 고향이라고 불리기도 한다.
- 캄파니아 지방 : 피자의 본고장인 나폴리와 카프리 섬으로 알려진 남부 이탈리아의 대스타, 피자가 발달한 곳이다. 건조파스타의 본고장이기도 하며 모짜렐라 치즈의 산지이다.

2. 이탈리아인들의 식생활

이탈리아에는 전통적으로는 다섯 번의 식사가 있다.

1) 아침식사–콜라지오네(Colazione)

대부분 진한 에스프레소 커피 한 잔 정도로 때운다. 먹는다고 해도 곁들임으로 크로와상이나 브리오슈 같은 빵 한 조각을 먹는 정도이다.

2) 스푼티노(Spuntino)

오전 11시를 전후해서 아이들은 학교에서 간식으로 가져간 빵을 먹고 직장인들도 바에 나가 간단하게 빵과 커피를 마신다.

3) 점심식사-프란조(Pranzo)

시에스타가 있어서 대부분의 상점은 오후 1시 무렵부터 4시 경까지 문을 닫는다. 이 때문에 집에 가서 느긋하게 정찬으로 점심을 즐기는 경우가 많은데 요즘 직장인들은 회사 근처에서 간단히 때우기도 한다.

4) 메렌다(Merenda)

오후 4시경에 다시 오후 업무가 시작되고 나서 5시 무렵 거리 피자집에서 피자를 먹거나 집에서 구운 케이크와 커피를 마신다.

5) 저녁식사-체나(Cena)

오후 일과는 대개 7시 반경 끝나게 되므로 저녁 식사는 보통 8시 반 전후해서 갖게 된다. 이탈리아인들은 온 가족이 다 함께 식사하는 것을 매우 중요하게 생각한다. 주로 저녁 식사 때 온 가족이 모여 정찬을 즐기는 경우가 많다.

3. 이탈리아의 정찬코스

식사는 와인과 함께 시작된다. 이탈리아의 식사예절은 다른 유럽국가에 비해 자유로운 편이다. 그러나 주의할 점 한 가지는 소금이나 후추통을 타인에게서 건네받으면 안 좋은 일이 생긴다고 믿고 있다. 그러기 때문이 본인이 직접 가지고 가서 뿌려야 한다. 또 샐러드를 즐길 때 소스는 항상 개인 접시에 따로 담아야 한다. 각자의 입맛을 중요하게 생각하는 이탈리아인들은 드레싱을 올리브오일이나 비네거로 자기 입맛에 맞게 섞어서 즐긴다.

1) 전채 요리-안티 파스토(Antipasto)

식사 전 입맛을 돋우기 위한 요리들. 간단한 야채나 어패류의 마리네(오일에 절인 것)와 같이 산뜻한 맛을 강조한 것이나 맑게 끓인 수프(zuppa) 등이 있다. 그 외에 대표적인 것으로 꼽을 수 있는 것이 햄과 과일, 소고기 카르파초(소고기를 날것으로 얇게 저며 썰어 올리브 오일, 식초, 마요네즈에 잰 것), 토마토 카나페 등이 있다. 주로 올리브 오일을 사용한 차가운 메뉴가 많은 것이 특징이다.

2) 첫 번째 접시-프리모 피아토(Primo Piatto)

파스타(pasta)와 같은 밀가루 요리, 쌀로 만든 리조또(risotto) 등이 나온다. 야채 중심의 가벼운 것부터 고기와 어패류가 들어간 호화스러운 것까지 다양하다. 우리가 즐겨 먹는 파스타는 이 프리모 피아토에 속한 음식들이다.

3) 두 번째 접시-세콘도 피아토(Secondo Piatto)

생선이나 해물, 고기를 이용한 메인 디쉬에 해당되는 요리. 송아지고기를 이용한 밀라노식 커틀릿, 티본을 이용한 피렌체식 스테이크, 생햄을 싸서 구운 송아지고기, 힘줄이 있는 송아지 고기를 조린 것 등이 유명하다. 조리법은 주로 간단해서 찜이나, 조림, 소테, 튀그는 것이 중심이 된다. 콘토르노(contorno)라고 하는 곁들임 야채로 샐러드(insalada)가 나오고 물론 빵도 함께 나온다.

4) 후식-돌체(Dolce)

식사 후 치즈를 먹고, 달콤한 케이크나 과일 디저트를 먹은 후 커피나 식후 술로 식사를 마무리 한다. 산뜻한 맛의 아이스크림이아 달콤한 티라미수, 진한 에스프레소 커피 등이 속한다.

바바로아에 캐러멜 소스를 뿌린 판나코타 멜렝게와 생크림을 이용한 카사타, 딱딱하고 달콤한 비스코티를 술에 담가 먹는 것도 이탈리아만의 독특한 디저트이다.

4. 이탈리아요리의 각종 재료

1) 토마토

이탈리아요리에서 가장 중요한 재료인 토마토는 10세기 남아메리카에서 유럽으로 건너간 것으로 그 당시의 토마토는 푸른색을 띄고 맛도 없었다고 한다. 그런 토마토를 식용으로 키워낸 곳이 나폴리지방이다.

나폴리의 양질의 토양과 기후 아래 토마토가 점차 개량되면서 오늘날의 '황금의 사과(pomo-doro)'라고 불리는 토마토가 만들어졌다.

토마토는 신진대사를 도와주는 비타민C, 지방의 분해를 도와주는 비타민 B, 모세혈관을 강화하고 고혈압을 개선시키는 루틴, 두뇌활동을 좋게 하는 아미노산, 조혈에 필수적인 철분, 뼈의 구성성분인 칼슘 등 영양성분을 고루 갖춘 식품이다. 고기나 생선처럼 기름기가 많은 음식을 토마토와 함께 먹으면 위장에서의 소화를 촉진시키고 산성 식품을 중화시키는 역할을 해 준다.

토마토는 빨갛게 잘 익으면 꼭지 부위에 노란 별 모양이 생기는데 이것이 클수록 당도가 높다. 토마토는 실온에 보관해야 더 맛있다.

(1) 콩까세(Concasser)

토마토에 십자로 칼집을 내서 뜨거운 물에 넣어 살짝 데친 다음 찬물에 담그면 껍질이 잘 벗겨진다. 이렇게 껍질 벗긴 토마토를 씨를 없애고 잘게 써는 것을 콩까세 한다고 말한다.

(2) 토마토 홀

작고 길쭉한 토마토를 부드럽게 삶은 것으로 그 국물과 함께 캔에 들어있다. 적당히 시고 달착지근한 맛이 있으며 토마토소스를 비롯한 졸이는 요리나 수프 등 이탈리아요리에 없어서는 안 되는 재료이다. 가격도 비교적 저렴하다.

(3) 말린 토마토

토마토를 건조시킨 것으로 말리는 과정에서 감칠맛이 강해지지만 생것과는 달리 약간 떫은맛이 있다. 사용할 때 잘게 다져서 파스타와 함께 버무리거나 수프나 오믈렛에 넣어서도 사용된다. 또 토마토소스 맛을 내는 요리에 넣기도 한다.

2) 와인 비네거-포도주 식초

비네거는 식초를 말하는 것으로 와인 비네거는 포도로 만든 와인 식초다. 보통 우리가 먹는 현미식초보다 신맛이 강한 것이 특징이다. 포도과즙에 초산균을 넣어서 발효시킨 것으로 와인처럼 레드와 화이트가 있다.

레드 비네거는 떫은맛이 있으며 깊은 맛을 내 드레싱이나 조림용 소스로 사용되고, 화이트 비네거는 산뜻한 맛이 강하고 깔끔하고 가벼워 마리네(절임)의 재료로 주로 이용되고 생선요리에 어울린다.

3) 발사믹 비네거

발사믹이란 '향기가 좋다'는 의미로 이름 그대로 향이 좋고 깊은 맛을 지닌 최고급 포도식초. 의도적으로 향을 낸 방향 식초로 선명한 암갈색을 띠고 그 주원료는 트레비아노종 포도이다.

다른 와인 비네거가 세계 각지에서 생산되는데 비해 발사믹 비네거는 이탈리아의 북부 에밀리아 로마냐주의 모데나 지방과 레조 에밀리아에서 전통적인 기법으로 만든 식초를 말한다.

전통적인 발사믹 비네거 제조방법은 100년 동안 바뀌지 않고 있는데 포도를 건조시켜 단맛을 농축시킨 다음 압착하여 주스를 추출하고 주스 속의 설탕을 캐러멜화시키기 위해 졸인다. 이것을 오크나무통에 넣어 1년 동안 숙성시킨 다음 밤나무나 앵두나무 혹은 뽕나무로 된 작은 통으로 다시 옮겨 숙성시켜 만든다. 와인과 마찬가지로 숙성된 기간이 길면 길수록 향기와 풍미가 좋아진다.

식초는 12년 정도 장기간에 걸쳐 숙성시키면 강렬하고 농축된 맛을 낸다. 전통적인 발사믹 비네거는 감미롭지만 다소 강한 신맛을 지니고 있다. 이런 발사믹 식초는 '공작의 식초'라고도 한다. 11세기 모데나 지방을 다스리던 에스테 공작이 초대한 손님들에게 한 잔씩 마시게 했다는데서 유래되었다.

4) 팔마산 치즈

정식 이름은 '파르미자노 레자노(Parmigiano Reggiano)'로 파르므(팔마)지방에서 만들어지는 치즈로, 치즈의 왕이라고 할 정도로 깊은 맛과 품위 있는 풍미를 지녔다. 현재 이탈리아 에밀리아 로마냐 지방에서 제조된 제품만이 공식적인 이탈리아 팔마산 치즈이다. 덩어리 째로 판매되는 것을 구입하여 그레이터에 갈거나 치즈나이프로 얇게 저며서 쓰는 것이 좋다.

보통은 시중에 나와 있는 팔마산 치즈가루를 사용하게 된다. 감칠맛이 깊고 달착지근한 맛이 있으며 저며 썰어서 그대로 먹거나 파스타나 리조또 위에 뿌려서 먹는

데 이탈이라 요리의 최후를 결정한다고도 할 수 있다. 크림소스와 토마토소스, 베이컨이나 고기와는 맛이 잘 어울리지만 해산물류의 요리와는 잘 어울리지 않는다. 해산물이 들어간 요리에는 뿌리지 않는다.

5) 모짜렐라 치즈

이탈리아 남부 캄파니아 주의 대표적인 치즈로 원래는 물소젖으로 만들었지만 우유로 만든다. 요즘에는 거의 치즈 특유의 냄새가 없기 때문에 누구나 먹기 쉽다. 혀에 닿는 감촉은 매우 부드럽지만 고무처럼 탄력이 있어 씹는 맛도 적당히 즐길 수 있다.

오일이나 비네거와 잘 어울리는 치즈로 슬라이스한 토마토와 같은 두께로 썰은 모짜렐라 치즈에 바질과 올리브 오일을 곁들여 만드는 '토마토 모짜렐라 치즈 샐러드'는 이탈리아 샐러드의 대표적인 메뉴이다. 나폴리식 피자에 반드시 들어가야 할 재료로 우리나라에서도 흔히 피자와 그라탱에 얹어서 구워 먹는다.

6) 올리브 오일

올리브 오일의 최대 생산지는 이탈리아이고 특히 토스카나 지방이 유명하다. 올리브 오일은 올리브 열매를 압축해 짜낸 기름으로 비타민과 토코페롤과 같은 영양분이 파괴되지 않고 들어있다.

올리브 오일은 그 산도에 따라 등급이 나눠는데 산도가 1% 미만인 엑스트라 버진이 가장 먼저 짜낸 것으로 순도가 가장 높은 최고급 올리브 오일이다. 또 일반 식용유와 달리 가열해도 220℃까지 산화가 일어나지 않는 강점이 있다. 자연상태 그대로 먹을 수 있어 소스나 드레싱으로 많이 쓰인다. 파스타에 있어서 올리브 오일은 필수적인 재료라고 할 수 있다.

7) 마늘

마늘은 그 독특한 냄새로 인해 가장 잘 알려진 스파이스 중의 하나로 이탈리아요리의 대표적인 향신료이다. 생것으로 먹는 일은 거의 없고 쉽게 타기 때문에 곱게 다져서 사용하기보다는 대부분 칼을 눕혀서 으깨는 정도로 해서 사용한다. 주로 올리브 오일에 볶아서 마늘 향기가 오일에 풍기면 그 마늘 오일을 요리에 이용한다.

5. 이탈리아 주요 메뉴

1) 피자(Pizza)

이탈리아를 대표하는 음식중의 하나인 피자(pizza)는 피사의 탑으로 유명한 도시 피사가 발생지라는 설이 타당성이 조금 더 있다. 고대 그리이스 로미 시대에 모레둠(moretum)이라 하여 이스트를 넣지 않고 소금과 식초를 넣은 반죽을 구워낸 납작한 빵에 마늘과 양파를 곁들여 먹은 일반적인 빵이었다. 또한 당시 이탈리아 남부의 나폴리에서는 모레툼과 비슷한 라가노(lagano)라는 것이 있었는데, 이스트를 넣지 않고 납작하게 구워내는 빵으로 각종 야채를 얹어서 먹는 오늘날의 피자와 비슷한 음식이 있었다.

이후 나폴리에서는 시타치아타와 라가노를 복합하여 라가노라는 용어를 일반적으로 사용하였다. 이후에 또다시 나타난 피체아(picea)라는 용어는 이 라가노의 대용어와 같은 역할을 한 것으로 보인다. 18세기에 접어들어 토마토를 첨가하여 이 피체아라는 말에서 피자라는 신어가 생겨난 것으로 보인다. 이는 점차 모짜렐라 치즈, 엔초비, 각종 오일, 마늘 등을 첨가하기 시작하면서 오늘날과 같은 피자의 원형이 생겨났다.

19세기가 되면서 라드(돼지기름), 돼지고기, 치즈, 토마토 등을 함께 사용하여 일반 대중의구미를 당기게 된 것이다.

1830년 이전, 일반상점에서 오픈에어 스텐드 방식으로 판매되던 피자가 나폴리에서 처음으로 Port Albs라는 피자 전문점을 개점하면서 피자 대중화의 서막을 알리게 되었다. 점차 피자 전문점이 이탈리아뿐만 아니라 구라파, 구미지역에 확산되면서 피자는 일상적인 음식으로서의 자리를 굳혀 나갔다. 그 후 미국으로 건너간 피자는 미국의 상업성과 맞물려서 대량 생산의 기틀을 마련해 피자의 대형매장과 피자의 대형 메이커를 창출하였다.

한국에 피자가 건너온 것은 해방 이후 미군들이 진주하면서 미군들 주변의 술집에서 부터라고 한다. 그때는 술안주로 먹었는데 그것은 피자가 알코올 분해에 탁월하기 때문에 술안주로 애용되어 왔고 한국의 김치처럼 서양의 피자는 그야말로 신이 주신 선물이라고 여기고 있고 실제로 치즈는 신이 주신 선물이라 말할 수밖에 없을 정도로 오묘하고 탁월하며 발효식품의 극치이기 때문이다.

(1) 피자빵 두께에 의한 분류

- Thin Crust Pizza : 아주 얇은 피자 빵 위에 Topin 재료를 얹어 굽는 피자로 나폴리 피자(Neapolitan Pizza)라 하며, 가장 기본적인 피자이다.
- Medium Crust Pizza : Thin Crust와 Thick Crust의 중간 정도 두께의 피자빵을 사용하며, 피자를 조각내기 용이하도록 하였다.
- Thick Crust Pizaa : 피자빵을 제조시 유지, 설탕 등을 더 넣고, 빵이 두꺼운 피자로 시실리 피자(Sicilian Pizza)로 불린다.

(2) 도구에 따른 분류

- Pan Pizza : 빵굽는 두툼한 pan에 올려놓고 굽는 pizza로서 대체로 빵이 두껍고, 기름지다. Deep-dish Pizza로도 불린다.
- Screen Pizza : 얇은 쇠그물망(screen) 위에 올려놓고 굽는 pizza로서 빵이 얇고 맛이 담백하다. Thin pizza라고도 한다.
- Peel(paddle) Pizza : pan이나 screen같은 도구 없이 화덕 위에 직접 혹은 baking paper 위에서 직접 굽는 피자로서 제품의 불량률이 높다.

(3) Topin에 의한 분류

제조회사 혹은 피자가게에서 Topin 재료에 따라 이름을 지어 분류하는 방식으로 Combination, Cheese, Supreme 등 재료의 종류에 따라 여러 이름을 붙인다.

2) 파스타(Pasta)

파스타의 유래에 관한 여러 가지 이야기는 많이 있다. 밀가루 반죽을 좀 더 먹기 쉽게 만들기 위해 잘라서 굽다가 점점 기술이 발달하여 국수처럼 가늘게 잘라 먹었다는 설도 있다. 또 다른 기록에 의하면 기원전 5000년경부터 중국인들은 파스타를 먹었다고 한다. 그래서 면의 발상지인 중국에서 파스타가 들어왔다는 설이 많지만 누구에 의해서 그것이 전래되었는지는 아직 분분하다.

혹자는 동방견문록에서 원나라 황제인 쿠빌라이칸의 궁에서 파스타를 먹었다는 기록을 통해 마르코 폴로가 이탈리아로 돌아올 때 파스타를 가지고 왔다고도 한다. 또 혹자는 로마 북쪽의 동굴에 남겨진 파스타를 만들었던 기구나 밀가루, 반죽을 담았던 큰 그릇들로 에트루리아 사람들이 기원전 400년경에 만들었다고 추정하기도 한다. 또는 주류를 이루던 생파스타가 건조를 통해 건조 파스타로 만들어져 보존기간이 길어지게 되면서 아라비아 상인들이 더운 지방을 여행하면서 식량으로 가지고 다니다가 이탈리아로 들어왔다고도 한다.

이렇게 전래된 파스타는 이탈리아의 풍부한 자연조건의 산물인 토마토와 올리브 오일, 허브, 버섯, 해산물들과 함께 다양한 파스타 요리로 만들어지게 되었다. 파스타의 종류는 다음과 같다.

(1) 길이가 긴 파스타

- spagettini : 아주 가는 국수
- spagetti : 가는 국수
- spagetti grossi : 굵은 국수

- bavette : 가는 리본형의 국수

(2) 짧은 파스타

- conchigliette : 작은 조개
- gocce d'oro : 금방울
- stortini : 휘어진
- gramigna : 겨이삭
- corallini : 산호
- rigati : 줄이 쳐진
- ditallini : 작은 손가락 마디만한 크기
- lisci : 매끈한
- subbioti : 끌, 정
- subbioti grandi : 큰 끌, 정
- genovesini : 제노바의
- elicoidali : 꽈배기 모양, 나선형
- rigatini : 줄이 쳐진
- rugoncini rigati : (확실하진 않지만)주름진
- pennine : 작은 펜
- mezze penne rigate : 줄쳐진 반쪽의 펜
- penne (lisce) : 매끈한 팬촉
- nocciole : 너츠, 개암나무 열매
- gnocchi : 경단모양, 낙타 등
- torri di Pisa : 피사의 사탑
- eliche : 꽈배기, 나선형
- treccine : 엮은 모양
- conchiglie : 조개

- lumache : 달팽이
- mezzemaniche : 반소매
- cavatappi : 병따개
- gomittini : 팔꿈치처럼 구부러진 것

(3) 수프용 파스타

- semola di grano : 밀알
- tempestine : 작은 폭풍우
- grattini : 긁개
- stelline : 작은 별
- sementine : 씨앗
- occhi di pernice : 유럽 자고새(조류)의 눈
- stellette : 작은 별
- risone : 쌀
- anellini : 작은 반지

(4) 라자냐

- lasagne all'uovo : 계란을 넣은 라자냐
- lasagne all'uovo con spinaci : 계란과 시금치를 넣은 라자냐

(5) 3색 파스타

- farfalle(tricolori) : (3색의)나비
- eliche : 꽈배기 모양
- rigati : 줄이 쳐짐
- conchiglie : 조개의 한 종류

- spagetti : 가는 국수
- lunghi : 긴, (con)pomodoro : 토마토(의)

(6) 새둥지 모양

- tagliatelle : '잘려진'이라는 의미가 있습니다.
- tagliatelle mezzane : 반으로 잘려진
- tagliolini : 역시 '잘려진'이라는 의미
- tagliatelle con spinaci : spinaci는 시금치
- capelli d'angelo : 천사의 머리카락
- paglia : 짚, 밀짚

(7) 기타

- sorpresine : 작은 놀라움
- farfalline : 작은 나비
- orecchiette : 작은 귀
- farfalle : 나비
- cannelloni : 대롱
- bucatini : 구멍이 남
- fettucce : 테이프, 리본

3) 리조또(Risotto)

베네치아와 밀라노, 볼로냐, 제노바를 포함하는 북부지역은 알프스 산맥을 접하고 있어서 육류와 치즈를 이용한 요리가 많고, 남부보다 쌀 요리를 많이 먹는다. 그 대표적인 음식이 우리의 볶음밥과 비슷한 리조또(risotto)이다.

이탈리아에서 쌀을 많이 생산하는 포(Po)강을 중심으로 발전되었다. 리조또 요리

에 가장 적합한 쌀은 적은 양의 물로 요리가 가능한 품종, 예를 들면, 카르나로리(carnaroli), 아르보리오(arborio), 비아로네 나노(vialone-nano) 등이다.

쌀을 버터나 올리브유로 볶아 양파, 닭고기, 치즈 등과 섞어 만든 후 뜨거울 때 포크로 떠먹는다. 새우와 조개, 홍합 등의 해산물을 듬뿍 넣어 담백하고 고소한 맛이 일품이다. 쌀 이외에 첨가되는 부재료에 따라 여러 형태의 리조또를 만들 수 있다. 원래 해산물이 들어간 리조또에는 파마산 치즈를 첨가하지 않으나, 요즘에는 전문 요리사들이 맛과 향를 증진시키기 위해 파마산 치즈를 조금씩 넣기도 한다.

밀라노인들이 즐기는 사프란을 넣어 볶은 노란 빛깔의 밥에 북부지방 사람들이 좋아하는 닭고기수프를 끼얹어 먹는 리조또, 사프란의 얼얼한 맛이 버터의 느끼한 맛을 없애준다. 사프란은 붓꽃의 일종인 crocus sativus의 암술을 말린 것으로 스페인 라만차 지방이 주산지. 꽃 한 송이에서 세 가닥밖에 얻지 못하며, 1kg의 사프란을 얻으려면 무려 16만 가닥을 손으로 다듬어야 하기 때문에 세계에서 가장 비싼 향신료이다.

4) 녹끼(Gnocchi)

감자, 위트(wheat), 옥수수(corn) 등을 재료로 토마토소스와 각종 소스 등과 함께 만드는 요리이다. 기본적인 조리법은 감자를 찐 다음 껍질을 벗기고 감자를 으갠 다음 계란, 밀가루와 함께 혼합하여 도우(dough)를 만든다, 모양을 내어 자른 후 끓는 물에 삶는 다음 준비한 소스와 함께 버무린 후 치즈를 뿌려낸다.

〈표 16-1〉 파스타의 종류

구분	종류	
길이가 긴 파스타	• spagenltini : 아주 가는 국수 • spegelti grossi : 굵은 국수	• spegelti : 가는 국수 • bavelte : 가는 리본형의 국수
길이가 짧은 파스타	• co chiglietle : 작은 조개 • storlini : 휘어진	• gocce of oro : 금방울 • gramigna : 겨이삭

구분	종류
	• coralini : 산호 • rigatl : 줄이 쳐진 • ditalini : 작은 손가락 마디만한 크기 • licsi : 매끈한 • subbioti : 끌, 정 • subbioti grandi : 큰 끌, 정 • genovesini : 제노바의 • ellcoidall : 꽈배기 모양, 나선형 • ngatini : 줄이 쳐진 • rugonclni rigati : 주름진 • pennine : 작은 펜 • mezze penne rigate : 줄쳐진 반쪽의 펜 • penne(lisce) : 매끈한 팬촉 • nocciole : 너츠, 개암나무 열매 • gnocchi : 경단모양, 낙타 등 • torri di Pisa : 피사의 사람 • eliche : 꽈배기, 나선형 • treccine : 엮은 모양 • conchiglie : 조개 • lumache : 달팽이 • mezzemaniche : 반소매 • cavatappi : 병따개 • gomitini : 팔꿈치처럼 구부러진 것
수프용 파스타	• semola di grano : 밀알 • tempestine : 작은 폭풍우 • graltini : 긁개 • steline : 작은 별 • sementine : 씨앗 • stellelte : 작은 별 • occhi di pemice : 유럽 자고새(조류)의 눈 • risone : 쌀 • anellini : 작은 반지
라자냐	• lasagne all uovo : 달걀을 넣은 라자냐 • lasagne all uovo con spinaci : 달걀과 시금치를 넣은 라자냐
3색 파스타	• tartalle(tricoloni) : 3색의 나비 • eliche : 꽈배기 모양 • rigali : 줄이 쳐짐 • conchiglie : 조개의 한 종류 • spagetli : 가는 국수 • lunghi : 긴(con) • pomodoro : 토마토(의)
새둥지모양	• tagialelle : '잘려진'이라는 의미 • tagliatelle mazzane : 반으로 '잘려진'이라는 의미 • taglionlini : 역시 '잘려진'이라는 의미 • tagiatelle con spinacl : spinacl는 시금치 • capelli d angelo : 천사의 머리카락 • paglia : 짚, 밀짚
기타	• sorpresine : 작은 놀라움 • larlalline : 작은 나비 • onecchletle : 작은 귀 • larlalle : 나비 • canneloni : 대롱 • bucatini : 구멍이 남 • lettucce : 테이프, 리본

5) 기타 메뉴

(1) 에스닉푸드

에스닉 푸드는 각국의 향토음식을 말한다. 때문에 모든 나라의 전통음식을 에스닉 푸드라고 말할 수 있다. 인도네시아, 인도, 태국, 베트남, 파키스탄 등의 다국적 요리, 즉 에스닉 푸드(Ethnic food)로 불리는 제3세계 요리이다.

에스닉 푸드는 베트남 쌀국수, 태국의 톰양쿵, 인도의 커리 등 제3세계의 문화적 특징이 반영된 음식 등이 있다. 자국에서 생산된 전통적인 식재료로 만드는 에스닉 푸드는 건강에 좋은 요리로 인식되며 전 세계적으로 주목 받고 있다. 해산물에 대한 관심이 증가되는 우리나라의 경우, 에스닉 푸드에 대한 관심이 더욱 고조되고 있다. 대표적인 에스닉 푸드인 태국 톰얌쿵은 새우를 주재료로 끓이는 국물요리다. 톰얌쿵은 프랑스의 부야베스, 중국의 샥스핀과 함께 세계 3대 수프로 대접을 받고 있다.

에스닉 푸드는 각 국가를 상징하기도 하고 그 국가의 문화가 숨쉬고 있는 음식이다 따라서 조금씩 다른 특징을 갖고 있다.

베트남과 태국의 쌀국수는 거의 같으나 다른 점은 베트남에서는 양지를 우려낸 국물을 쓰고, 태국 쌀국수는 돼지 뼈와 새우를 같이 끓인 육수를 사용한다. 때문에 태국의 쌀국수가 국물이 더 담백하다.

태국 음식들은 풍부한 해산물과 과일을 재료로 사용하여 독특한 향의 향신료와 양념을 더해 만든다. 때문에 음식은 자극적이고 맛을 낸다. 베트남 음식은 쌀을 주재료로, 갖가지 신선한 야채를 곁들이는 것이 특징이다.

에스닉 푸드의 국가별 조리법의 차이는 주요 메뉴만 살펴봐도 확연히 드러난다. 인도네시아의 전통 요리인 나시고랭은 중국의 볶음밥과 비슷하지만 굴소스 등 인도네시아 특유의 향신료를 사용해 인도네시아 바다의 시원함을 함께 담아낸 것이 특징이다. 나시(nasi)는 '쌀', 고랭(goreng)은 '볶음'이라는 뜻의 인도네시아어로 여러 가지 인도네시아산 해산물과 닭고기, 돼지고기, 소고기 등을 한 번에 맛볼 수 있다.

인도 전역에서 즐기는 대중적인 음식인 탄두리 치킨(Tandoori Chicken)은 인도의 전통 화덕인 '탄두르'에서 구워진다고 해서 탄두리 치킨이란 이름이 붙었다.

탄두리 치킨은 굽기 전에 양념이라는 뜻을 가진 '마살라'로 양념을 한다. '마살라'는 요구르트, 심황, 고추, 올리브오일, 파프리카, 레몬 등의 재료와 여러 가지 향신료를 섞어 만든 소스로 인도 특유의 매콤한 맛과 향의 비결이다. 에스닉푸드의 종류는 다음과 같다.

① 톰얌쿵

세계 3대 수프의 하나로 주목을 받는 요리로서 매운 해물탕, 새우가 주재료이고 맵고 신맛이 특징이다.

② 카레

전 세계에서 이용하는 식품으로 인도가 원산지이다. 전 세계에 널리 보급된 대표적인 혼합 향신료이며, 카레라는 말은 국물이라는 뜻의 인도 말에서 유래된 것이다. 더위가 심한 인도에서는 더위를 이기기 위한 방법으로 상쾌함과 매운 맛의 향신료를 즐겨 사용한다. 배합·제조하는 데는 일정한 기준은 없으며, 제조자가 재량껏 적당히 배합하는데, 원료는 빛깔을 주로 내는 것에 울금(鬱金)·사프란·진피(陳皮) 등이 있고, 매운 맛을 내는 것에 후추·고추·생강·겨자가 있고, 향미를 내는 것에 마근(馬芹)·회향·정향·육계·계피·너트메그·코리앤더(coriander : 미나리과의 고수) 등이 있다.

③ 쌀국수

쌀국수는 베트남과 태국의 음식으로 베트남어로 쌀국수는 '퍼'라고 한다. 퍼는 쌀가루를 불려서 열을 약하게 가한 판 위에 빈대떡 모양으로 얇게 펴고 그 위가 약간 마르면 이것을 떼어내어 칼국수보다 가늘게 썰어 만든다. 퍼의 국물은 소고기 안심, 닭고기, 뼈다귀를 이용하여 국물을 낸다. 소고기로 국물을 낸 것을 '퍼보', 닭고기로 국물을 낸 것을 '퍼가'라고 하고 양지머리로 맛을 내어서 담백한 국물 맛을 느낄 수 있다.

④ **나시고랭**

인도네시아의 전통 요리로, 볶음밥과 비슷하다. 해산물이나 닭고기·돼지고기·소고기 등을 각종 야채와 함께 넣고 특유의 향신료로 양념하여 센불에서 단번에 볶아낸다. 나시(nasi)는 '쌀', 고렝(goreng)은 '볶음'을 뜻한다. 재료는 해산물 또는 고기·야자기름(또는 식용유)·밥·나시고렝소스·토마토·달걀·완두콩·옥수수·다진 양파·다진 마늘 등의 야채를 준비한다.

만드는 방법은 먼저 해산물 또는 고기 등의 주재료를 볶은 다음 따로 담아 놓는다. 달군 팬에 달걀을 스크램블처럼 풀어서 익힌 다음, 나시고렝소스와 밥을 넣고 볶는다. 여기에 양파·마늘 등을 다져서 넣고 볶다가, 완두콩·옥수수 등의 야채를 넣는다. 야채가 익으면 미리 준비한 주재료를 넣어 함께 볶는다. 잘게 다진 토마토를 넣어 고루 섞으면 완성된다. 기호에 따라 땅콩소스나 칠리소스 등과 함께 먹기도 한다.

⑤ **탄두리치킨**

탄두리라고 하는 것은 원래 인도 전통 화덕을 뜻한다. 큰 항아리처럼 생긴 화덕 속에 숯과 돌을 넣고 달군 후 내벽에 밀가루 반죽을 붙혀 '난'(nann)을 굽고-넙적한 빵-, 꼬치에 고기를 꿰어서 화덕 중간에 꼽아서 고기를 굽는다. 따라서 고기가 열기 속에 떠있는 모습을 하게 되는데, 이러한 구조 덕분에 재료를 뚫어야 하는 단점이 있지만 고기가 사방에서 골고루 구워지게 된다.

이렇게 탄두리를 이용한 음식은 모두 탄두리라는 말이 붙을 수 있는데, 탄두리치킨의 경우 인도에서 유명한 스파이스와 요거트로 절인 독특한 음식이다. 속살까지 아주 빨간 색이 특징인데, 기름기가 거의 없어 맛이 매우 담백하며 스파이스가 밋밋한 닭의 맛을 보안하여 매우 인기가 높다.

⑥ **또띠아**

보통 밀전병이라고도 하는데, 옥수수나 밀로 만든다. 멕시코 요리 중에 또띠아로 만들어 지는 것이 많은데 부리또, 퀘사 딜라, 홀타스 등이 또띠아로 만드는 멕시코

요리다. 크기는 보통 6인치, 8인치, 10인치를 사용한다(물론 다른 크기도 있다). 또띠아는 종류도 다양해서 하얀 또띠아, 콘 또띠아 그리고 여러 색의 또띠아도 있다.

⑦ 케밥

케밥(Kebab)은 꼬챙이에 끼워 불에 구운 고기를 뜻하며, 소, 양, 닭고기를 통째로 꼬챙이에 꿰어 즉석에서 바비큐한 뒤 피타 브레드(pita bread)라는 얇은 빵에 싸서 먹는 음식이다.

터키 남부지역에서 클레오파트라와 시저가 움푹 패인 돌에 고기를 매달고 돌려가며 숯불에 익혀 먹었던 것에서 유래됐다, 지금도 지중해 연안에 있는 나라들에서는 고급 레스토랑부터 일반 패스트푸드점까지 대중으로부터 널리 사랑받고 있다.

⑧ 파에야

에스파니아 음식으로 올리브기름에 얇게 썬 마늘과 다진 양파를 넣고 쌀과 함께 볶은 뒤, 사프란을 넣은 해물국물을 넣고 끓인 쌀 요리다. 사프란은 크로커스 꽃으로 만든 향신료로 파에야가 노란색인 이유는 바로 사프란 때문이다.

⑨ 페이조아다

브라질 리우데자네이루의 대표음식으로 현지에서는 토요일 점심식사로 많이 먹는다. 흑인 노예들이, 백인들이 먹다 남긴 돼지꼬리, 족발, 귀 등 허드레 고기를 검은콩, 마늘과 함께 끓여먹던 데에서 유래했다.

부 록

Family Restaurant Menu. 1

F-1

Combo & Salad
Bennigan's Best Sampler
베니건스 베스트 샘플러 ₩ 19,200 → ₩ 14,600
모짜렐라 치즈 스틱, 버팔로 앤 비온드 윙,
포테이토 스킨으로 구성된 콤비네이션 요리
Cajun Chicken Salad
케이준 치킨 샐러드 ₩ 14,200 → ₩ 10,800
케이준 양념에 구운 닭 가슴살과 콜비 치즈,
토마토를 얹은 샐러드
Bennigan's Southwest Sampler
베니건스 사우스웨스트 샘플러 ₩ 19,800 → ₩ 15,200
사우스웨스트 에그롤과 얼티밋 나초, 치킨 퀘사딜라가
어우러진 콤비네이션 요리
Beef & Chicken Quesadillas
비프 앤 치킨 퀘사딜라 ₩ 14,600 → ₩ 10,800
그릴에 구운 쇠고기와 닭고기를 함께 즐길 수 있는 콤보 퀘사딜라
Country Chicken Salad
컨츄리 치킨 샐러드 ₩ 14,500 → ₩ 11,000
바삭바삭하게 튀겨낸 닭 가슴살과
스모키 허니 디종 드레싱이 곁들여진 샐러드
Grilled Chicken Caesar Salad
그릴드 치킨 시저 샐러드 ₩ 14,200 → ₩ 10,600
시저 드레싱에 버무린 로메인 상추 위에
닭 가슴살을 얹은 샐러드

F-1

Beverage
Creamy Shake 크리미 쉐이크
(Vanilla/Chocolate/Strawberry)
₩ 0,200 → ₩ 3,200
바닐라 아이스크림에 우유를 혼합한 칵테일
(바닐라, 초콜렛, 딸기 세 가지 맛 중 선택)
Cool Running
쿨 러닝 ₩ 5,400 → ₩ 3,000
오렌지 주스, 파인애플 주스를 혼합한
새콤달콤한 칵테일
Strawberry Lemonade
스트로베리 레모네이드
₩ 5,400 → ₩ 3,000
딸기와 레모네이드를 섞은 상큼한 칵테일
Soda 탄산음료 (펩시, 펩시라이트, 미린다, 칠성사이다, 마운틴 듀) ₩ 3,200 → ₩ 1,600
Coffee 커피 ₩ 3,200 → ₩ 1,600
Soup & Dessert
Soup O' The Day
오늘의 특선 수프 ₩ 5,400 → ₩ 3,300
Ultimate Potato Soup
얼티밋 포테이토 수프 ₩ 5,400 → ₩ 3,300
콜비 치즈와 베이컨, 그린 어니언이 곁들여진
포테이토 수프
Brownie Bottom Pie
브라우니 바텀 파이 ₩ 6,800 → ₩ 3,900
진한 브라우니 위에 바닐라 아이스크림을 얹은 디저트
베니건스의 모든 메뉴는 10%의 부가가치세가 부가됩니다. 10% VAT will be added.

Family Restaurant Menu. 2

F-2

Down Under, Shiraz | 다운언더 쉬라즈 | Red
Grilled VIPS Steak
빕스 스테이크 + 샐러드바 무료 (호주산(채끝))
30,800 w (227g)
엄격한 기준으로 선별된 채끝 등심을
빕스 고유의 한국풍 소스로 맛을 낸 빕스의 고유 스테이크
Grilled Tenderloin Steak
안심 스테이크 + 샐러드바 무료 (호주산(안심))
31,800 w (170g)
소의 부드러운 안심을 두툼하게 절단하여 풍부한 육즙과 맛을
느낄 수 있도록 구워 낸 스테이크
Wineade
와인에이드
3,800 w (330ml)
Grilled Ribeye Steak
립아이 스테이크 + 샐러드바 무료 (호주산(꽃등심))
31,800 w (240g)
고소하고 풍부한 맛의 꽃등심 부위를 엄선하여 구워 낸 스테이크
비프 스테이크의 참맛을
한층 업그레이드 시켜주는
갈릭 브라운 소스와 함께 즐기세요
빕스의
다양한 고기 굽기 선택!
기호에 맞게 스테이크를 즐기세요
레어
미디움 레어
미디움
미디움 웰던
웰던
10%의 부가세가 가산됩니다. (10% VAT will be added.)

F-2

Premium Steak
Montes Alpha, Cabernet Sauvignon
몬테스 알파, 까베르네 소비뇽 | Red
Prime NewYork Steak
On the YUM STONE GRILL
프라임 뉴욕 스테이크 온 더 얌스톤 그릴
+ 샐러드바 무료 호주산(채끝)
37,600₩ (250g)
최상급 육질과 마블링의 프라임 뉴욕 스테이크를
뜨거운 돌판 위에 원하시는 굽기로 익혀 맛있게 드세요
Sirloin Steak On the YUM STONE GRILL
등심 스테이크 온 더 얌스톤 그릴 + 샐러드바 무료 호주산(채끝)
31,800₩ (227g)
스테이크 본연의 육질을 자랑하는 채끝 등심 스테이크를 야채 슬라이스와
통마늘과 함께 맛있게 즐기세요
얌스톤 스테이크란?_
1. 300°C의 뜨거운 접시에서
2. 70°C의 스테이크 온도를 유지하여 최상의 맛을 즐길 수 있으며
3. 야채나 스테이크 굽기를 스톤접시에서 구워 드실 수 있는 신개념 스테이크
PRIME
Seasoning Prime Tenderloin Steak
프라임 안심 스테이크 + 샐러드바 무료 호주산(안심)
36,800₩ (200g)
격이 다른 안심 스테이크의 참맛과 부드러움을 입안 가득 즐기세요
Grilled Wagyu Ribeye Steak
와규 립아이 스테이크 + 샐러드바 무료 호주산(꽃등심)
48,800₩ (270g)
스테이크 마니아 고객님을 위한 최상급 육질인
와규의 부드럽고 풍부한 맛을 즐기세요
WAGYU
Special Offer
Grilled Wagyu Ribeye Steak
와규 립아이 스테이크
₩48,800
₩41,400
(제휴할인 중복가능)
10%의 부가세가 가산됩니다. (10% VAT will be added.)

Family Restaurant Menu. 3

F-3

Combination

Sizzler COMBINATIONS

스테이크와 랍스터
Steak & Lobster 39,000
등심 스테이크와 최고급 바다가재를 조화시킨 최고급 콤비네이션 요리

스테이크와 폭립
Steak & Pork Ribs 34,000
등심 스테이크와 바베큐 소스의 폭립을 조화시킨 대표적인 콤비네이션 요리

NEW
스테이크와 쉬림프케밥
Steak & Shrimp Kebob 30,000
등심 스테이크와 각종 야채를 곁들인 새우꼬치 요리

NEW
그릴드 스파이시 치킨과 쉬림프케밥
Grilled Spicy Chicken & Shrimp Kebob 25,000
닭고기살을 씨즐러 특유의 매콤한 소스에 재워 구운 치킨과 각종 야채를 곁들인 새우꼬치 요리

그릴드 스파이시 치킨과 칠리 쉬림프
Grilled Spicy Chicken & Chili Shrimp 25,500
닭고기살을 씨즐러 특유의 매콤한 소스에 재워 구운 치킨과 각종 야채와 새우가 새콤 매콤한 칠리소스와 어우러진 새우요리

모든 메뉴에는 10% 부가세가 추가됩니다. 10% VAT will be added

F-3

Duo Set Menu

듀오세트 메뉴는 가족, 친구, 연인과 함께 이용하시면 더욱 좋습니다. (2인이용메뉴)

듀오 A 세트
Duo A Set 61,000
최고급 등심 스테이크와 버터 소스, 데리야끼 소스를 곁들인 랍스터, 바베큐소스를 발라 오븐에서 구운 폭립을 조화시킨 씨즐러의 대표적인 콤비네이션

듀오 B 세트
Duo B Set 57,000
최고급 등심 스테이크와 버터 소스, 데리야끼 소스를 곁들인 랍스터, 매콤한 치킨을 조화시킨 콤비네이션

듀오 C 세트
Duo C Set 49,000
매콤한 스파이시 치킨과 바베큐 소스를 발라 오븐에서 구운 폭립, 새콤 매콤한 칠리소스에 갖은 양념과 함께 볶은 새우요리가 조화된 콤비네이션

모든 메뉴에는 샐러드바가 포함됩니다. / Including Super Value Salad Bar

Family Restaurant Menu. 4

F-4

◀블루밍 어니언

Aussie - Tizers (전채요리)

Bloomin' Onion®
블루밍 어니언
아웃백이 최초로 개발하여 트레이드 마크가 된
연꽃모양의 양파요리. ₩ 6,500

골드 코스트 코코넛 쉬림프

Gold Coast Coconut Shrimp
골드 코스트 코코넛 쉬림프
비어 배터에 코코넛 가루를 입힌 특선 새우튀김 요리.
마말레이드 소스가 함께 제공됩니다 (8마리) ₩ 12,900

Grilled Shrimp On The Barbie
그릴드 쉬림프 온 더 바비
아웃백의 레몰레이드 소스가 함께 제공되는
새우 양념구이 요리. (8마리) ₩ 12,900

Kookaburra Wings® 쿠카부라 윙
버팔로 치킨윙으로 널리 알려져 있는 닭날개 튀김요리.
순한맛, 중간맛, 매운맛 중에서 선택할 수 있습니다. ₩ 8,500

쿠카부라 윙

Popcorn Shrimp
팝콘 쉬림프
영양만점 새우를 고소하게 튀겨낸 뒤,
칠리 마요소스와 코울슬로를 함께 제공합니다. ₩ 10,900

팝콘 쉬림프

Aussie Cheese Fries
오지 치즈 후라이즈
몬트레이 잭 치즈와 체다 치즈에 베이컨을 곁들인 오스트레일리안 스타일의 감자 튀김요리.
* 스파이시 랜치 드레싱이 함께 제공됩니다. ₩ 9,900

Rangeland Riblets
레인지랜드 립레츠
나눠먹기 좋은 부드러운
돼지갈비 바베큐 요리. ₩ 8,600

오지 치즈 후라이즈

Coogee Bay Calamari
쿠지 베이 칼라마리
신선하고 고소한 맛의
한치 링 튀김요리. ₩ 7,900

레인지랜드 립레츠

쿠지 베이 칼라마리

Soup Of The Day
오늘의 수프
직원에게 오늘의 수프를 문의하여 주십시오. 컵:₩ 3,700 볼:₩ 4,800

10% 부가세가 가산됩니다.

F-4

Down Under Favorites (특선 메뉴)

NEW
Teriyaki Beef Skewers 데리야끼 비프 스큐어
소고기와 각종야채를 꼬치에 끼워 데리야끼 소스로
양념한 뒤 그릴에 구워낸 꼬치 요리. ₩ 18,900

데리야끼 비프 스큐어

Bib 'N Tucker Pasta 빕 앤 터커 파스타
마늘, 와인, 향신료등에 조리한 새우, 오징어등의
해산물을 곁들인 토마토 소스 스파게티. ₩ 13,500

빕 앤 터커 파스타

Walhalla Chicken Pasta
왈할라 치킨 파스타
그릴에 구운 닭가슴살에 신선한 야채를 곁들인 알프레도 소스의
페투치니 파스타 요리. ₩ 14,100

왈할라 치킨 파스타

Toowoomba Pasta 투움바 파스타
최고급 파마산 치즈, 신선하고 풍부한 새우와
양송이로 함께 요리된 크림소스의 페투치니 파스타. ₩ 14,500

Queensland Chicken 'N Shrimp®
퀸즐랜드 치킨 앤 쉬림프
그릴에 구운 닭고기와 새우를 곁들인 알프레도 소스의
페투치니 파스타 요리. ₩ 14,500

퀸즐랜드 치킨 앤 쉬림프

Adelaide Rice 아델레이드 라이스
신선한 야채와 그릴에 구운 닭고기 또는 새우를 얹은 맛있는 특선 볶음밥.
치킨 라이스 ₩ 11,500
쉬림프 라이스 ₩ 13,500

아델레이드 쉬림프 라이스

Alice Springs Chicken®
앨리스 스프링 치킨
그릴에 구운 닭가슴살에 베이컨, 잭 치즈, 체다 치즈를 곁들인 요리.
• 허니 머스터드 소스와 감자튀김이 함께 제공됩니다. ₩ 13,500

앨리스 스프링 치킨

위의 모든 요리에는 하우스 샐러드 또는 수프를 보다 저렴한 가격으로
함께 드실 수 있습니다.
샐러드 ₩ 4,900 → ₩ 3,800
수프 ₩ 3,700 → ₩ 3,200

10% 부가세가 가산됩니다.

Family Restaurant Menu. 5

Family Restaurant Menu. 5

Japanese Restaurant Menu. 1

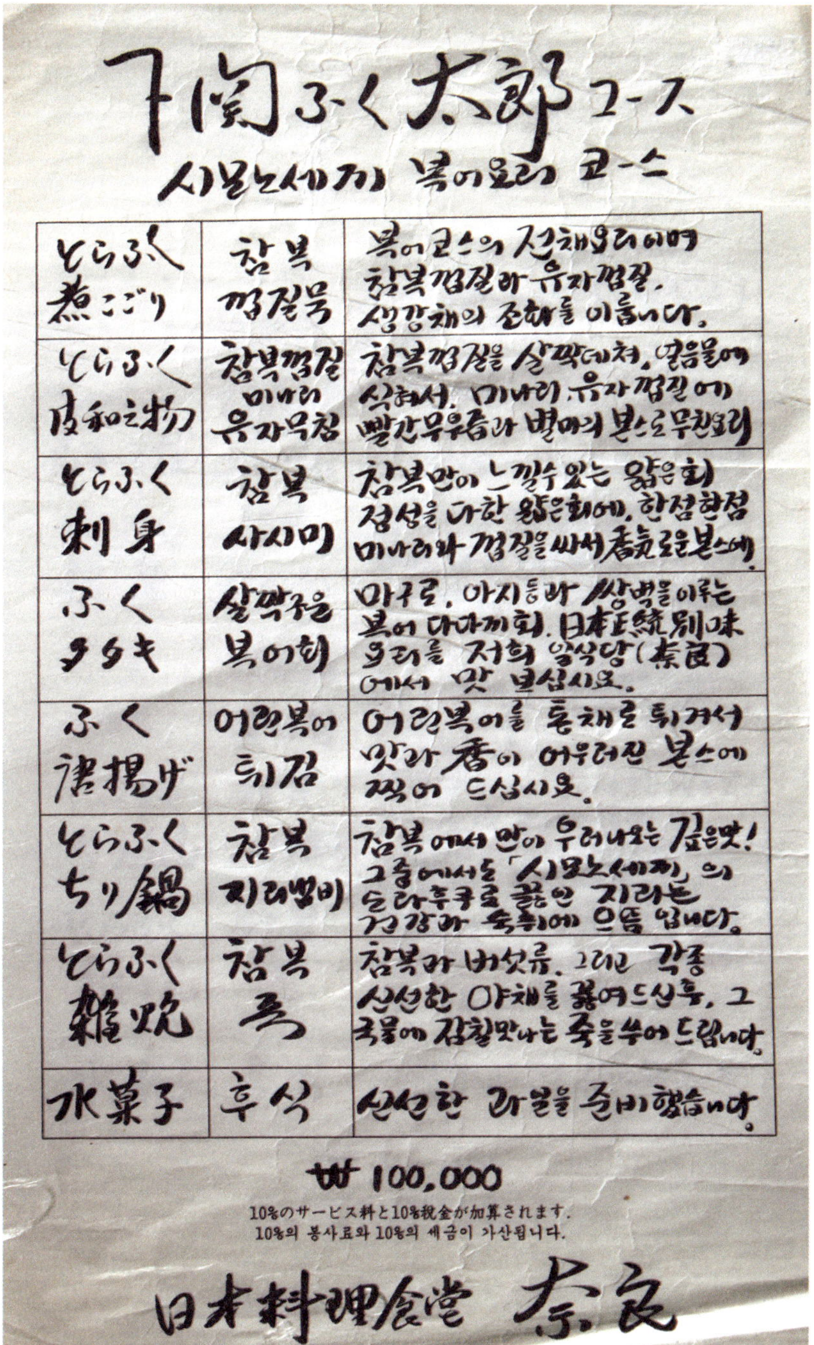

下関ふく太郎コース

시모노세끼 복어요리 코스

とらふく煮こごり	참복 껍질묵	복어코스의 전채요리이며 참복껍질과 유자껍질, 생강채의 조화를 이룹니다.
とらふく皮和え物	참복껍질 미나리 유자무침	참복껍질을 살짝데쳐, 얼음물에 식혀서, 미나리 유자껍질에 빨간무우즙과 별미의 본스로 무친요리
とらふく刺身	참복 사시미	참복만이 느낄수 있는 얇은회 정성을 다한 얇은회에, 한점한점 미나리와 껍질을 싸서 香氣로운 본스에.
ふくタタキ	살짝구운 복어회	마구로, 아지등과 쌍벽을 이루는 복어 다다끼회. 日本正統別味 요리를 저희 일식당(奈良)에서 맛 보십시요.
ふく唐揚げ	어린복어 튀김	어린복어를 통채로 튀겨서 맛과 香이 어우러진 본스에 찍어 드십시요.
とらふくちり鍋	참복 지리냄비	참복에서만이 우러나오는 깊은맛! 그중에서도 「시모노세끼」의 슬라후쿠로 끓인 지리는 건강과 숙취에 으뜸 입니다.
とらふく雑炊	참복 죽	참복과 버섯류, 그리고 각종 신선한 야채를 넣어드신후, 그 국물에 감칠맛나는 죽을 쑤어 드립니다.
水菓子	후식	신선한 과일을 준비합니다.

₩100,000

10%のサービス料と10%税金が加算されます。

10%의 봉사료와 10%의 세금이 가산됩니다.

日本料理食堂 奈良

Western Restaurant Menu. 1

Soups
스프

Delicate Lobster Bisque
Prepared at your Tableside
바닷가재 크림스프
₩7,400

Normandie Onion Soup
Flavoured with Apple Cider
노르만식 양파스프
₩5,900

Crab and Pumpkin Soup
With Bacon and Chives
베이컨과 차이브를 가미한 게살과 호박 스프
₩6,200

Clear Oxtail Soup
With French Morrel
프랑스 야생버섯을 가미한 소꼬리스프
₩6,800

Prawn and Clam Chowder
With Saffron
새우와 조갯살 차우더
₩6,300

Salads
샐러드

Mixed Tossed Salad
Your Choice of Dressing
모듬 샐러드
₩4,900

Tomato Salad
With marinated Artichokes
절인 아티쵸크와 토마토 샐러드
₩6,000

Fresh Mushroom Salad
신선한 버섯 샐러드
₩6,500

Caesar Salad
For Two prepared at your Tableside
주문대로 양념해드리는 시저샐러드
₩14,000 (2인분)

10% service charge & 10% tax will be added. No tipping please!
10% 봉사료 및 10% 세금이 추가됩니다. 개별팁은 사양합니다.

Western Restaurant Menu. 1

Fish and Shellfish

생선과 어패류

Panfried Fillet of Red Snapper
On poached Spring Onions with Fresh Tomato and Olive Salsa
토마토와 올리브소스의 도미구이
₩20,500

Poached Scallops
On Julienne of Vegetables in a light Dill and Mustard Sauce
딜과 겨자소스의 가리비찜
₩22,800

Broiled Salmon Steak
With Barbeque Sauce Lemon-Pepper Fettuccine and Garden Vegetables
바베큐소스의 연어구이
₩21,500

Tiger Prawn Cutlets
Topped with sauteed Crab Meat on Shellfish Sauce and complimented by Pilaff Rice
조개소스와 양념게살을 얹은 왕새우 커틀렛
₩24,500

Baked Halibut Fillet
with Semolina-Olive Paste Crust, Tomato Ragout and Tondini
토마토 소스와 감자 요오끼의 오븐구이 광어
₩24,000

10% service charge & 10% tax will be added. No tipping please!
10% 봉사료 및 10% 세금이 추가됩니다. 개별팁은 사양합니다.

Western Restaurant Menu. 2

LUNCH C

Bourguignonne Style Grilled Snails
보르귀뇽풍의 달팽이 구이

Bread of Torino Stick
이태리식 스틱빵

Chef's Recommendation Cream Soup
주방장 추천 크림 수프

Sirloin of Beef Steak or Grilled Sea-bass
최상급의 등심 스테이크 또는 농어 구이요리

Seasonal Fresh Lettuce with Green Vegetable Salad
특수야채 곁들인 양상추 샐러드

Seasonal Fresh Fruits
계절 과일

Coffee or Tea
커피 또는 차

W30,000

10% 봉사료와 10%의 세금이 가산됩니다.
10% Service charge and 10% tax will be added.

Western Restaurant Menu. 2

Garden
Salad Bar

Starter 전채

Select your appetisers and salads from the buffet table.
전채와 샐러드는 뷔페 테이블에서 선택하여 드십시오.

Soup 스프

Special Cream Soup of the Day 오늘의 특별 크림스프

Main Dish 주요리

Select your own main dish. 메인코스를 선택하여 주시기 바랍니다.

Fried Saffron Rice with Seafood 해산물을 곁들인 샤프랑 라이스
₩ 20,000

Today's Special main Platter 오늘의 스페셜 메인요리
₩ 27,000

Grilled Mero with Lemon Sauce 메로구이와 레몬 소스
₩ 25,000

Sirloin of Beef Steak with Bordelaise Sauce
최상급의 쇠등심 스테이크와 보델레이즈 소스
₩ 29,000

Tenderloin of Beef Steak with RedWine Sauce
특제 안심 스테이크와 레드와인 소스
₩ 33,000

Dessert 디저트

Enjoy pastries, cake and fruit from the buffet table.
각종후식은 뷔페 테이블에 준비되어 있습니다.

Coffee or Tea 커피 또는 홍차

*평일에 한하여 판매 하며 이용시간은 11:30~15:00입니다.

10% 봉사료와 10%의 세금이 가산됩니다.
10% Service charge and 10% tax will be added.

Western Restaurant Menu. 3

WINE BAR FOOD

COLD

Assorted Dry Snack 모듬마른안주 (육포:뉴질랜드)	₩ 35,000
63 Home-Made Smoked Salmon with Salad 63 에서 만든 훈제연어와 샐러드	₩ 40,000
Musk Melon with Selection Parma Ham & Salami 이태리 생햄과 살라미를 곁들인 머스크메론	₩ 40,000
Seasonal Fresh Fruits 신선한 계절과일	₩ 40,000
Seasonal Fresh Fruits & Assorted Cheese 신선한 계절과일과 모듬치즈	₩ 45,000

CHEESE

Mozzarella Cheese & Tomato 모짜렐라 치즈와 토마토	₩ 40,000
Special Cheese Platter for Red Wine 레드와인에 어울리는 치즈	₩ 45,000
Assorted Cheese Platter for White Wine 화이트 와인에 어울리는 치즈	₩ 45,000
Assorted Canape with Cheese Platter 스페셜 카나페와 치즈	₩ 50,000

WATER

Evian 에비앙	₩ 7,000
Acqua Pana 아쿠아 파나	₩ 10,000
San Pellegrino 산 펠레그리노	₩ 10,000

Western Restaurant Menu. 3

HOT(MEAT)

Pan-Fried Tenderloin of Beef with Salad — ₩ 50,000
한우 안심볶음과 신선한 야채 샐러드
소스: 국내산 한우와 호주산 섞음

Babaque Platter "Chicken, Sausage, Prawn" — ₩ 50,000
스페셜 모듬바베큐-닭가슴살(국내산),소시지,왕새우

Pan Fried Foie Gras with Balsamic Sauce — ₩ 80,000
프랑스산 오리간 구이와 발사믹 소스 (소스 : 국내산 한우와 호주산 쇠고기)

Roasted Rack of Lamb Flavoured with Aromatic Herbs (6Pice) — ₩ 85,000
양갈비 로스트 허브구이 (6조각)
소스 국내산한우와 호주산 섞음

HOT(FISH)

Fried King Prawn with Seasonal Vegetable Salad — ₩ 50,000
왕새우 튀김과 계절야채 샐러드

Assorted Seafood Saute wite Broccoli in a Oysrer Sauce — ₩ 60,000
굴소스로 맛을 낸 해산물 볶음 " 청가재, 가리비, 참소라"

Chef's Special Platter A (Canape, Lobster, Eel.Abalone, — ₩ 175,000
주방장 스페셜 A:모듬카나페, 바닷가재, 장어, 전복

Chef's Special Platter B (Salmon, Snail, Cheese, Shrimp, Lobster) — ₩ 120,000
주방장 스페셜 "B" (연어, 달팽이, 치즈, 새우, 바닷가재)
소스: 국내산 한우와 호주산 섞음

Chef's Special Platter C (Snail, Lobster, Tenderloin) — ₩ 85,000
주방장 스페셜 "C" (달팽이, 바닷가재, 안심)
소스: 국내산 한우와 호주산 섞음

오리간 : 프랑스산
본 메뉴 북에 사용되는 쇠고기 안심은 국내산 한우, 양갈비는 호주산 청정육입니다.

10% Service charge & 10% V.A.T will be added
10% 봉사료와 10%의 세금이 가산됩니다.

Korea Restaurant Menu. 1

K-1

한가위상
"Hangawi" Table d'Hôte

1人(per person): ₩. 65,000

구 절 판	ROLLED PANCAKE WITH ASSORTMENT OF NINE TRADITIONAL APPETIZERS
죽	SEASONAL PORRIDGE
해물잣즙무침	SEAFOOD SALAD WITH PINENUT SAUCE
전 유 어	PAN - FRIED VEGETABLES, MUSHROOMS AND FISH
어 선	ROLLED FLAT FISH WITH GOURMET VEGETABLES
산 적	HANGAWI BROCHETTE
야채와 해물볶음	SAUTEED VEGETABLES AND SEAFOOD
갈 비 구 이	BROILED BEEF SPARE RIB
신 선 로	AMBROSIA CASSEROLE
기 본 찬	STANDARD SIDE DISHES
진 지 와 탕	STEAMED RICE AND SOUP
후 식	DESSERT

10% 봉사료와 10%세금이 가산됩니다. 개별팁은 사양합니다.
10% service charge and 10% tax will be added. Please no gratuities
10%のサービス料と10%税金が加算されます. チップは不要でございます.

K-1

무궁화상
"Moogungwha" Table d'Hôte

1人(per person): ₩ 55,000

계절냉채	SEASONAL COLD APPETIZER
죽	SEASONAL PORRIDGE
해물잣즙무침	SEAFOOD SALAD WITH PINENUT SAUCE
전유어	PAN - FRIED VEGETABLES, MUSHROOMS AND FISH
생선찜	STEAMED FISH FILLET IN NATURAL STOCK
산적	MOOGUNGWHA BROCHETTE
야채와 해물볶음	SAUTEED VEGETABLES AND SEAFOOD
너비아니구이	BARBECUED KOREAN BEEF TENDERLOIN
기본찬	STANDARD SIDE DISHES
진지와 탕	STEAMED RICE AND SOUP
후식	DESSERT

10% 봉사료와 10%세금이 가산됩니다. 개별팁은 사양합니다.
10% service charge and 10% tax will be added. Please no gratuities
10%のサービス料と10%税金が加算されます。チップは不要でございます。

Korea Restaurant Menu. 2

K-2

사비루 교자상
KOREAN SET MENU "SABIRU"

₩60,000

오늘의 특제죽　お粥(本日の調理長特選)
PORRIDGE OF THE DAY

청정 야채　フレッシュベジタブル
ASSORTED FRESH VEGETABLES

수삼과 꿀　生人蔘と蜂蜜
SLICED FRESH GINSENG WITH HONEY

생선 만두　韓国風ギョーザ
FISH DUMPLING WITH SOY SAUCE

삼색 전유어　三種類の卵付け焼き
PICCATA TRIO OF BEEF, FISH AND VEGETABLES

신선로　宮中の神仙炉
AMBROSIA CASSEROLE OF BEEF, MUSHROOMS AND PINENUTS

안심 쇠고기 산적　牛とし肉
PANFRIED SKEWER OF BEEF TENDERLOIN

생선 구이　季節の焼魚
BROILED SEASONAL FISH

갈비 구이　カルビ焼き
BROILED MARINATED BEEF SHORT RIBS

꽃게 된장 찌게　わたりがに味噌鍋
SOY BEAN PAST SOUP WITH CRAB MEAT AND VEGETABLES

한과　韓国伝統餅菓子
TRADITIONAL KOREAN COOKIE

수정과　干柿のパソチ
PERSIMMON PUNCH

10% Service Charge & 10% Tax will be added. No Tipping Please!　10% 봉사료 및 10% 세금이 추가됩니다. 개인팁은 사양합니다.

K-2

교자상
KOREAN SET MENU

₩50,000

오늘의 특제죽　お粥(本日の調理長特選)
PORRIDGE OF THE DAY

청정 야채　フレッシュベジタブル
ASSORTED FRESH VEGETABLES

모듬숙회　貝類の熟盛合せ
ASSORTED KOREAN STYLE SASHIMI WITH HOT BEAN PASTE

패주찜
STEAMED SCALLOP WITH VEGETABLE AND EGG

두부전　特製豆腐付け焼き
PANFRIED WHITE BEANCURD WITH SAY SAUCE

닭고기 산적　チキンのブロシェット
PANFRIED SKEWER OF CHICKEN

생선 구이　季節の焼魚
BROILED SEASONAL FISH

갈비 구이　カルビ焼き
BROILED MARINATED BEEF SHORT RIBS

두부 된장 찌개　豆腐と野菜入り味噌鍋
SOY BEAN PASTE SOUP WITH BEAN CURD AND VEGETABLES

한과　韓国伝統餅菓子
TRADITIONAL KOREAN COOKIE

수정과
PERSIMMON PUNCH

10% Service Charge & 10% Tax will be added. No Tipping Please!　10% 봉사료 및 10% 세금이 추가됩니다. 개인팁은 사양합니다.

Chinese Restaurant Menu. 1

C-1

蝦類 바닷가재와 새우류
Lobster, Prawns and Shrimps

31 干燒龍蝦 바닷가재와 칠리소스
Braised Lobster with Chili Sauce ₩52,000

32 黑椒龍蝦 바닷가재와 양파, 마늘요리
Sautéed Lobster with Onion and Garlic ₩52,000

33 干燒大明蝦 왕새우와 칠리소스
Braised King Prawns with Chili Sauce Per Piece ₩12,500

34 炸麵包大蝦 빵가루에 튀긴 왕새우 요리
Chef's Special Deep Fried King Prawn Per Piece ₩12,500

35 干烹大蝦 마늘 양념을 곁들인 왕새우 요리
Fried King Prawn with Garlic Sauce Per Piece ₩12,500

36 清炒蝦球 새우 볶음과 생강, 파, 향료
Sautéed Prawns with Ginger and Chinese Onion Small ₩30,000 Regular ₩45,000

37 豉汁明蝦 새우 볶음과 검은콩 소스
Sautéed Prawns with "Tau Si" Sauce 30,000 45,000

38 鳳梨炒蝦球 파인애플을 곁들인 새우요리
Sautéed Prawns with Pineapple 30,000 45,000

39 糖醋明蝦 사천식 새우 탕수육
Sweet and Sour Prawns 30,000 45,000

海鮮干貝類 관자살과 생선류
Seafood and Scallops

41 各種鮮魚料理 각종생선요리
(干燒、清蒸、糖醋汁) (칠리소스, 찜, 탕수요리)
Today's Fresh Catch.
Deep Fried with Chili Sauce
Steamed with Chinese Parsley
Deep Fried with Sweet and Sour Sauce
Market Price

42 蘭花帶子 관자살과 브로코리 볶음
Sautéed Scallops and Broccoli with Oyster Sauce Small ₩29,000 Regular ₩42,000

43 松茸帶子 관자살과 송이볶음
Sautéed Scallops with Pine Mushroom 32,000 45,000

10% 봉사료 및 10% 세금이 추가됩니다. 개인팁은 사양합니다. 10% Service charge & 10% Tax will be added. No tipping please!

Europe Restaurant Menu. 1

E-1

Parrilladas Plato Grillgerichte

Cerdo-Schwein

Schweinesteaks mit Kartoffelecken
Saftige, zarte Schweinerücken-Steaks mit Kartoffelecken und Sauercreme.
3 x 80 g € 11,55

Schweinelendchen „Parrilla"
Drei Schweinemedaillons mit Champignonsauce und Steakhaus-Pommes frites.
3 x 60 g € 13,05

Schnitzel Wiener Art
Paniertes Schweineschnitzel mit Steakhaus-Pommes frites.
250 g € 8,75

Cordero-Lamm

¡NUEVO! **Lammgeschnetzeltes mit Reis**
Mit Pfannengemüse und einer pikanten Paprika-Tomaten-Sauce, dazu eine Mischung aus Langkorn- und Wildreis.
150 g € 12,20

¡NUEVO! **Lammhüfte mit Papa Asada**
Zartes, fast fettfreies Lammfleisch mit einer pikanten Paprika-Tomaten-Sauce, dazu eine Papa Asada mit Sauercreme oder Kräuterschaum.
200 g € 12,50

¡NUEVO! **Lammrückensteaks mit Papa Asada**
Mit Pfannengemüse und einer Papa Asada mit Sauercreme oder Kräuterschaum.
200 g € 12,90

Pescado-Fisch

Lachsfilet „Natural"
Gegrilltes Lachsfilet, dazu Langkorn- und Wildreis mit Sauce nach Art Béarnaise.
200 g € 11,90

¡NUEVO! **Catfish mit Papa Asada**
Gegrillte Filets vom amerikanischen Wels, dazu eine pikante Paprika-Tomaten-Sauce und eine Papa Asada mit Sauercreme oder Kräuterschaum.
200 g € 12,50

Gambas Gigantes
Zehn Riesengarnelen am Spieß mit Knoblauchdip, dazu Knoblauchbrot.
€ 17,95

¡NUEVO! **Lachsfilet und Gambas**
Gegrilltes Lachsfilet, 200 g, und drei Riesengarnelen, dazu Blattspinat, serviert mit einer Scheibe Knoblauchbrot.
€ 14,50

Aves-Geflügel

Putensteak „Prado"
Mit Sauce nach Art Béarnaise, dazu Langkorn- und Wildreis.
200 g € 8,95

¡NUEVO! **Putensteak „Verduras"**
Mit einer Gemüsemischung und Kräuterschaum, dazu eine Papa Asada mit Sauercreme.
200 g € 10,85

¡NUEVO! **Chicken Wings mit Papa Asada**
Sieben scharf gewürzte Hühnerflügel mit Barbecue-Sauce, dazu eine Papa Asada mit Sauercreme oder Kräuterschaum.
€ 6,90

Chicken Spareribs
Knusprige Hühnerstücke mit Barbecue-Sauce, dazu Kartoffelecken und Sauercreme.
ca. 340 g € 7,65

Hühnerbrust „Mexicana"
Feurig-würzige Hühnerbrust nach mexikanischer Art, mit Salsa, Kartoffelecken und Sauercreme.
€ 8,65

Hühnerbrust „Fuego"
In Kräutern und Knoblauch mariniert, mit Steakhaus-Pommes frites.
€ 8,40

Kontrollierte MAREDO Qualität

Extra für Kids!
Die Maredo Kinderspeisekarte Chicas y Chicos mit speziellen Kindergerichten wie z. B. Fischstäbchen oder Spaghetti.
Und alle 2 Monate tolle neue Geschichten und Ausmalbilder mit „Bunte Feder" und „Pepe Gaucho" auf dem Kindertischset!

Hotel (Room Service) Menu. 1

참고문헌

【국내문헌】

강병남 외(1999). 외식실무론, 지구문화사.

강병남 외(2003). 메뉴관리론, 대왕사.

강인희(1990). 한국식생활사, 삼영사

______(2000). 한국의 맛, 대한교과서.

경성대학교(2002). 패밀리 레스토랑의 관계 마케팅 요인과 관계의 질, 성과간 관계에 관한 연구, p. 28.

고재준 외(2003). 마케팅, 도서출판 범함.

구효진 · 고재연(2003). 호텔상품에 대한 고객의 지각 품질에 관한 연구, 호텔경영학연구, 12(2), p. 61.

권금택(1992). 한국생명보험 기업의 포지셔닝 전략 전개 방향, 월간생보, 11월호, p. 11.

권영민(1993). 편익에 의한 담배시장 시장세분화 전략에 관한 실증적 연구, 충남대학교 석사학위논문.

김기영(1997). 호텔주방관리론, 백산출판사.

김기영 외(2003). 외식산업관리론, 현학사.

김기영 · 추상용(2001). 연회기획관리 실무론, 가산출판사.

김길평 · 이봉수(1999). 현대경영학원론, 금왕출판사.

김동승(1998). 외식창업마케팅, 백산출판사.

김미자(1999). 중국 관광객의 호텔, 레스토랑 메뉴 평가에 관한 연구, 경기대학교 박사학위논문.

김보성 외(2009). 만들기 쉬운 일본요리, 교문사.
김성혁(1993). 서비스경영론, 대왕사.
김시종(1995). 상품학총론, 학문사.
______(2004). 현대상품학, 영운출판사.
김양명(1999). 상품학의 이해. 학문사.
김옥란 외(2008). 외식산업경영론, 백산출판사.
________(2011). 최신 서양요리, 백산출판사.
김원수(1989). 마케팅관리론, 경문사.
______(1990). 신제품개발론, 무역경영사.
______(1995). 일반상품론, 법문사.
김윤태(2006). 호텔・외식산업 메뉴관리론, 대왕사.
김장익・홍철희(1998). 메뉴상품 마케팅 전략방안에 관한 연구, 한국조리학회, p. 353.
김재화(1978). 상학적 상품학, 진명문화사.
김준희 외(2010). 메뉴관리의 이론과 실제, 백산출판사.
김충기 역(1989). 포지셔닝, 나남신서.
김충호(1996). 호텔경영학, 형설출판사.
김학윤・이호배(1996). 소비자행동, 무역경영사.
김헌희(1996). 외식서비스업 신경영, 한국마케팅연구원.
김희기 외(2010). 메뉴관리론, 교문사.
________(2010). 만들기 쉬운 중국요리, 교문사.
나정기(1994). 메뉴계획과 디자인에 평가에 관한 연구, 경기대학교 박사학위논문.
______(2004). 메뉴관리의 이해, 백산출판사.
롯데호텔. 조리직무 교재.
미야 에이지(1992). 외식비즈니스, 한국산업훈련소.
박무익 역(1994). 최신 마케팅조사기법, 한국갤럽조사연구소, pp. 50-51.
박제모(2002). 수명주기 분석을 통한 관광지 성장관리 전략-제주도를 중심으로, 경기대학교 학사학위논문.

박찬수 · 이유재(1996). 신상품 마케팅, 시그마.

박충환 외(1993). 마케팅관리, 박영사.

박혜원(1996). 의류상품의 편익이 상표이미지 형성에 미치는 영향, 이화여자대학교 박사학위논문.

반병길 외(1999). 마케팅관리, 박영사.

백방선(1984). 제품관리론, 무역경영사.

서성한 · 박기안(1998). 마케팅론, 법경사.

서성한 · 최덕철 · 이신모(1993). 관광마케팅론, 법경사.

송보경 외(1997). 소비사회학, 집현전.

송청락(1995). 일식메뉴구성에 관한 연구, 한국조리학회 논문집 창간호, p. 161.

______(1996). 호텔레스토랑의 메뉴수명주기에 관한 연구, 한국조리학회지.

쉐라톤 워커힐. 조리직무 교재.

신재영 · 박기용(2001). 호텔 · 레스토랑 식음료서비스관리론, 대왕사.

신재영 · 선동규 · 김의근 · 최창권(2000). 외식사업 경영론, 백산출판사.

신진수 외(1995). 마케팅, 세영사.

신한리뷰(1997). 불황기 상품전략, 신한경제연구소, 봄호.

안영면(2001). 현대관광 소비자행동론, 동아대학교출판부.

안진환 역(2002). 포지셔닝(J. Trout and A. Ries, Positioning), 을유문화사.

안호기 외(2006). 만들기 쉬운 제과 · 제빵, 교문사.

오희선 · 박화순(1994). 의상디자인, 경춘사.

워커힐호텔 메뉴 북

유동근(1987). 최신마케팅론, 석정.

______(1992). 마케팅조사실문, 미래원.

______(1993). 통합마케팅, 미래원.

유동근 · 박노현(1998). 서비스품질에 따른 고객만족 및 행동의도의 구조적 관계, 한국호텔 경영학연구, 7(1).

유봉식 외(1997). 신경영학원론, 학연사.

유상근(1989). 포지셔닝에 관한 문헌적 연구, 고려대학교 경영연구, 23(1), pp. 47-49.

유태종(1993). 음식궁합, 도서출판 둥지.

유필화 외(1994). 현대마케팅론, 박영사.

이기춘 외(2001). 소비자학의 이해, 학현사.

이명복(1993). 체질을 알면 건강이 보인다, 대광출판사.

이수근(1997). 워드프로세서 시장에서의 포지셔닝 전략에 관한 연구, 서강대학교 석사학위논문, p. 6 재인용 : J. Trou and A. Ries, "The Positioning Era" Advertising Age, 1972, pp. 35-38.

이수동(1989). 차별화 시대에 있어서의 상표와 광고의 중요성, 광고연구 3, pp. 19-34.

이애주(1996). 식음료관리론, 일신사.

이인숙(2003). 고객의 외식성향 및 메뉴 분석을 통한 한정식의 마케팅 전략, 대구가톨릭대학교 박사학위논문.

이정자(1997). 메뉴관리, 기문사.

이종화(1993). 호텔식음료부문의 메뉴분석에 관한 연구, 세종대학교 석사학위논문.

이지호 · 임붕영(1996). 외식산업경영론, 형설출판사.

이호정(1996). 패션마케팅 트렌드분석, 교학연구소.

이훈영(1995). 포지셔닝에 의한 개인연금보험 마케팅, 한국보험한회지, 6, pp. 203-236.

이희승(2001). 민중 엣센스 국어사전, 민중서림.

임붕영 · 박병렬(1995). 외식사업 주방관리론, 대왕사.

쟝 보들리아프 저(1970). 소비의 사회, 이상률 역(1992). 문예출판사.

정경 외(2010). 메뉴관리기획, 파워북.

정웅용(1999). 카지노태도분석을 통한 효율적 포지셔닝 방안에 관한 연구, 세종대학교 석사학위논문.

정종훈(1998). 호텔 · 레스토랑 식음료경영론, 백산출판사.

조용남 외(2003). 메뉴관리론, 대왕사.

진양호(1997). "호텔 · 레스토랑의 메뉴엔지니어링에 관한 연구", 경기대학교 박사학위논문.

진양호(1998). "메뉴 평가모델의 개발에 관한 연구", 외식경영학연구.

_____(2001). "외식업체의 메뉴분석, 적용방안에 관한 연구", Culinary Research 제7권 3호.

_____(2003). 현대 서양요리, 형설출판사.

진양호 · 강종헌(2005). 호텔 & 외식산업 메뉴관리론, 지구문화사.

채서일(1993). 마케팅, 학현사.

최덕철(1995). 서비스마케팅, 학문사.

하야트호텔 메뉴 북

하워드 슐츠 · 도리 존스(1999). 스타벅스 커피 한 잔에 담긴 성공신화, 김영사.

한국능률협회(1995). 마케팅 포지셔닝 전략, 한국능률협회.

한국음식업중앙회(1996). 96한국외식산업연감.

한의영(1994). 상품학총론, 삼영사.

허현(1990). 호텔 포지셔닝에 대한 마케팅 전략에 관한 연구, 세종대학교 석사학위 논문.

호텔신라 메뉴 북

홍기운(2001). 최신외식산업개론, 대왕사.

황혜철(1996). 제품 포지셔닝 전략에 관한 연구, 서강대학교 석사학위논문.

http://blog,naver.com/enpereur?redircet=log&logNo=10002753811 :

두산백과사전. Encyber&Encyber.com, 01.

【국외문헌】

Anil Kaul & Vithala R. Rao(1995). Research for product positioning and design decisions : An integrative review. International Journal of Research in Marketing, 12(4), pp. 293-320.

Christopher J. Easingwood & Vijay Mahajan(1989). Positioning of financial services for competitive advantage. Journal of Product Innovation Management, 6(3), pp. 207-219.

D. A. Aaker & Myers, J. G.(1982). Advertising Management. Prentice-Hall Inc., pp. 145-149.

D. Ogivy(1963). Confessions of an Advertising Man. Atheneum, N. Y., pp. 312-334.

E. Jerome McCarthy(1971). Basic Marketing, IIlinois : Richard D. Irwin, pp. 341-346.

Edgar A. Pessemier(1996). New Product Decisions. New York : McGraw-Hill, p. 13.

J. B. Steenkamp(1989). Product Quality, The Netherland Van Gourcum.

Jan Olhager(2003). Strategic positioning of the order penetration point. International Journal of Production Economics, 85(3), pp. 319-329.

Kansanava, M. L. & D. I. Smith, Menu Engineering, Okemos, MI : Hosprtality Publications, Inc., 1990.

Kansavana, M. L., Computer Systems for Foodservise Opertions, New York : Van Nostrand Reinhold Co., 1984.

Khan, Mahmood A., Concepts of Foodservice Operations and Management, 2nd de., VNR, 1991.

Kreck, Loather A., Menu : Analysis and Planning, 2nd ed., CBI Book, 1984.

Marketing Definitions : A Glossary of Marketing Terms, Committee on Definitions(Chicargo : AMA, 1960).

Marketing Definitions : A Glossary of Marketing Terms, Committee on Definitions(Chicargo : AMA, 1985).

Martin L. Bell. "Marketing : Concepts and Strategy", 2nd ed. Houghton Miffin Co., 1972, p. 620.

Mathews. Buzzell, Levitt & Frank, "Marketing : AN Introductory Analysis", New York : Mcgraw-Hill, 1964, pp. 191-192.

Maudel, Mauries I., Larry J. Rosenderg(1981). Marketing. New York, Prentice-Hall Inc., pp. 156-157.

Miller, Jack E., Menu : Pricing and Strstergy, CBI Books, 1980.

Ninemeier, Jack D., Management of Food and Beverage Operations, AH& MA, 1990, p. 124.

Ninemeier, Jack D., Principles of Food and Beverage Operations, AH & MA, 1984.

Otto Kleppener(1960). Advertising Procedure. New Jersey : Prentice-Hall. p. 51.

"Prime Numbers : Finding Your menu's Strengths", Cornell, H.R.A. Quarterly, Nov. 1985.

P. F. Green & D. S. Tull(1978). Research for Marketing Decision. Printice-Hall, Inc., 4th ed., pp. 138-146.

P. J. Monar(1995). A model for overall description of food quality, Food quality and preference, 6, p. 186.

Parasuraman, A. Valarie A., Zeithaml & Leonard L. Berry(1985). A conceptual model of service quality and its implications for future research. Journal of Marketing, 49, Fall, pp. 41-50.

Paul E. Green & Abba M. Krieger(1991). Prouduct design strategies for target-market positioning. Journal of Prouduct Innovation Management, 8(3), pp. 189-202.

Paul E. Green & Frank J. Carone, JR. & Scott M. Smith(1989). Multidimensional scaling : Concepts and Applications, Allyan and Bacon.

Pavesic, David V., "Cost-Margin Analysis : A Third Approach to Menu Pricing and Design", Interractional Journal of Hospitality Management, 2(3) : 127~134, 1983.

Philip kotler(1980). Marketing Management : Analysis. Planning and Control. Prentice-Hall. New Jersey. p. 289.

Philip kotler, op. cit., p. 430.

Robert C. Lewis(1982). positioning analysis for hospitality firms. International Journal of Hospitality Management, 1(2), pp. 115-118.

Robert D. Buzzell(1966). Competitive Behavior and Product Life Cycle, Chicago : American Marketing Association.

Roberto Friedmann & V. Parker Lessig(1987). Psychological meaning of products and product positioning. Journal of Product Innovation Management, 4(4), pp. 265-273.

Skeenkamp(1989). Product quality. The netherlands van gourcum.

Thomas A. Standt & Donald A. Taylor(1970). A Managerial Introduction to Marketing. New Jersey : Prentice-Hall.

William J. Stanton(1964). Fundamentals of Marketing. New York : McGraw-Hill, 1964, pp. 540-542.

저자약력

김옥란

한국관광대학 호텔조리과 교수
경기대학교 대학원 외식조리관리학 박사
경기대학교 대학원 외식경영학 석사
대한민국 국가공인 조리기능장

〈주요약력〉
한국조리학회 이사
한국외식경영학회 이사
한국식공간학회 이사
서울기능경기대회 심사위원
한국산업인력공단 심사위원
서울시교육청 특성화고 선정 자문위원
인천국제공항공사 외식업체 선정 평가위원
한국직업능력개발원 심사 평가위원
한국외식창업연구소 전문 연구위원
미국 University of Nevada Las Vegas 연수
미국 The Culinary Institute of America 연수
미국 Copia: The American Center for Wine, Food & the Arts 연수
캐나다 Dubrulle international Culinary & Hotel Institute of canada 연수

〈저 서〉
서양요리, 도서출판 효일
서양요리실무, 도서출판 효일
한식조리론(공저), 백산출판사
건강 밑반찬(공저), 동아일보
외식산업경영론(공저), 백산출판사
최신서양요리, 백산출판사

〈논 문〉
외식업체 내부마케팅전략이 갈등지각수준과 서비스품질에 미치는 영향(2006) 외 다수

호텔·레스토랑 메뉴관리론

2012년 3월 10일 초판 1쇄 발행
2020년 3월 10일 초판 4쇄 발행

지은이 김옥란
펴낸이 진욱상
펴낸곳 백산출판사
교　정 편집부
본문디자인 편집부
표지디자인 오정은

저자와의
합의하에
인지첩부
생략

등　록 1974년 1월 9일 제406-1974-000001호
주　소 경기도 파주시 회동길 370(백산빌딩 3층)
전　화 02-914-1621(代)
팩　스 031-955-9911
이메일 edit@ibaeksan.kr
홈페이지 www.ibaeksan.kr

ISBN 978-89-6183-573-2　93350
값 26,000원